지혜자 잠언

이 책 저작권은 성서침례대학원대학교출판부에 있습니다. 「신저작권법」에 따라 한국에서 보호받는 저작물이므로, 무단 전재와 무단 복제를 금하며 저작권자와 성서침례대학원대학교출판부의 동의를 얻어야 내용 전부 또는 일부를 이용할 수 있습니다.

지혜자 잠언

최철광 지음

성서침례대학원대학교출판부

지혜자 잠언

초판발행 2022년 10월 3일
지 은 이 최철광

발 행 인 김택수
기획총괄 곽철호
편집총괄 김광모
발 행 처 성서침례대학원대학교출판부
등록번호 제2015-4호
등 록 지 경기도 이천시 대월면 대평로 548-123
전화번호 031) 634-1258
누 리 집 bbts.ac.kr

 ISBN   979-11-89118-19-8   93230

판   권 성서침례대학원대학교출판부, 2022

※ 파본은 교환해 드립니다.
   책값은 뒤표지에 적었습니다.

차례

추천하는 말   9
시작하는 말   13

잠언에 귀 기울이기   17

서론 ················· 17
    제목
    저자
    연대
    해석학 문제
    지혜를 여성으로 의인화

구조 ················· 22
    메시지
    간단한 차트
    전체 아웃라인

분석 ················· 31
    I. 서론(1:1~7)
    II. 부모의 잠언(1:8~9:18)
    III. 375 솔로몬의 잠언(10:1~22:16)
    IV. 지혜자의 잠언(22:17~24:34)
    V. 솔로몬의 다른 잠언(25~29장)
    VI. 아굴의 잠언(30:1~30)
    VII. 르무엘의 잠언(31:1~9)
    VIII. 결론(31:10~31)

결론 ················· 38

지혜자 잠언 서론
　　잠언 22:17~21　지혜의 말씀을 추구합시다　　39
1. 잠언 22:22~23　사회 약자를 보호합시다　　49
2. 잠언 22:24~25　자주 분노하는 사람과 사귀지 맙시다　　59
3. 잠언 22:26~27　빚보증을 서지 맙시다　　69
4. 잠언 22:28　가난한 사람의 소유를 보장합시다　　81
5. 잠언 22:29　자기 분야 전문가로 준비합시다　　91
6. 잠언 23:1~3　인간관계에서 절제합시다　　101
7. 잠언 23:4~5　재물에 집착하지 맙시다　　111
8. 잠언 23:6~8　악인과 교제에 조심합시다　　123
9. 잠언 23:9　미련한 사람에게는 충고하지 맙시다　　133
10. 잠언 23:10~11　약자에게 고엘이 됩시다　　143
11. 잠언 23:12　훈계에 마음과 귀를 엽시다　　153
12. 잠언 23:13~14　훈계로 자녀를 살립시다　　163
13. 잠언 23:15~16　부모님 마음을 기쁘게 합시다　　173
14. 잠언 23:17~18　축복하시는 하나님을 경외합시다　　183
15. 잠언 23:19~21　말씀에 따라 지혜로운 삶을 삽시다　　193
16. 잠언 23:22~25　부모님께 효도합시다　　203
17. 잠언 23:26~28　바른 교훈으로 음행을 피합시다　　213
18. 잠언 23:29~35　술 유혹을 이겨냅시다　　225
19. 잠언 24:1~2　악인을 부러워하지 맙시다　　237
20. 잠언 24:3~4　건강한 가정을 세웁시다　　247

21.	잠언 24:5~6	지혜와 지식을 추구합시다	259
22.	잠언 24:7	지혜의 고귀성을 찾아갑시다	271
23.	잠언 24:8~9	악한 일을 꾀하지 않음으로 비방과 혐오를 피합시다	281
24.	잠언 24:10	낙심하지 말고 주님을 바라봅시다	291
25.	잠언 24:11~12	서로 도우며 삽시다	303
26.	잠언 24:13~14	지혜를 추구합시다	315
27.	잠언 24:15~16	악인처럼 행동하지 맙시다	327
28.	잠언 24:17~18	남의 불행에 행복해하지 맙시다	339
29.	잠언 24:19~20	악인이 형통해도 분노하거나 시기하지 맙시다	351
30.	잠언 24:21~22	권위자에게 순종합시다	361
추가 1.	잠언 24:23~25	공의로운 사회를 만듭시다	373
추가 2.	잠언 24:26~27	건강한 공동체를 만듭시다	385
추가 3.	잠언 24:28~29	원한 관계 해결은 주님께 맡깁시다	395
추가 4.	잠언 24:30~34	더 거둘 수 있게 힘써 뿌립시다	407

참고자료　419

※ 일러두기

❏ 문체는 강해설교 부분에 '입말체'에 '하십시오체'를 쓰지만, 「잠언에 귀 기울이기」 부분과 각주에는 '글말체'를 씁니다.

❏ 가독성을 높이려고 **히브리어 발음**을 한글로 표기합니다만, 한글 표기 한계로 정확히 일치하지 않을 수가 있습니다.

❏ **한글 성경**은 『새번역』을 주로 인용하고, 히브리어 성경 설명에 적절한 역본도 인용하는데, 요즘 우리말 쓰임에 따라 지르잡기도 합니다.

추천하는 말

"잠언을 현대인에게 잘 들리는 강해설교로 어떻게 전환할 수 있을까?"로 고민하십니까. 여러분이 찾던 잠언 강해설교가 바로 이 책입니다! 주저하지 마시고 최철광 교수가 심혈을 기울여 쓴 이 책, 『지혜자 잠언』을 읽고 연구하시기를 바랍니다. 달라스신학대학원(Dallas Theological Seminary)에서 주경신학을 전공한 구약학자가 목양지에서 사랑하는 성도에게 전한 주옥같은 메시지는 잠언 강해설교 교과서입니다. 충실한 석의와 엄청난 양의 연구에 바탕을 두었기에, 저자는 우리를 본문 뒤편 세계에만 가두지 않고 인생의 각종 문제와 어려움을 안고 교회로 찾아오는 21세기 청중의 현실 문제에 하나님의 말씀으로 응답합니다. 어느 메시지도 모호하거나 진부하지 않습니다. 핵심 사상은 이해하기 쉽고 간결하며, 메시지는 신선하고 현대적입니다. 잠언서 설교의 희열을 원하십니까? 이 책입니다!

김택수 박사
성서침례대학원대학교 총장

최철광 교수가 '지혜자 잠언(잠언 22:17~24:34)'을 해설하는 책을 출판하기에, 기쁨으로 축하합니다. 최철광 교수는 신학교 학생 시절부터 미국 유학 시절을 거쳐 지금까지 신실하게 그리스도인으로서, 신학도로서, 학자로서, 교수와 목사로서 하나님의 부르심에 따라 한결같이 그 길을 걸어온, 하나님의 사람입니다.

　　저자는 주경신학을 전공한 전문가로서 잠언을 총체적으로 개론해 잠언 전체를 잘 이해하게 고안함과 동시에, 지혜자 잠언 본문인 잠언 22:17~24:34을 해설하여 독자를 고대 근동 세계로 인도합니다. 지혜자 잠언이 고대 상황을 반영하지만, 오늘 우리에게도 전혀 낯설지 않습니다. 시대는 달라도 그때나 지금이나 인간은 유한하고 인간의 지혜에는 큰 차이가 없기 때문입니다. 최철광 교수가 쓴 글을 읽을 때마다 '평범함에 깃든 예리한 통찰력'이 돋보입니다. 그가 한 해설을 읽으면, 성경 말씀이 더욱 친근하게 다가오며 이 시대를 하나님의 지혜로 바라볼 수 있습니다. 글마다 우리 마음을 읽어내는 통찰이 있기에, 하나님의 지혜를 내밀어주는 탁월한 목회적 저술입니다. 잠언을 설교하려는 목회자나 오늘날 시대를 살아가는 성도에게 하나님의 지혜를 품는 일에 큰 도움이 되리라고 생각하기에, 아주 기쁘게 이 책을 추천합니다.

김우생 목사

불광동성서침례교회 담임목사
성서침례대학원대학교 명예총장
재단법인 성서침례교회 유지재단 이사장
극동방송 「5분 말씀」 설교자

추천하는 말

　성경에 기록된 지혜에 관한 두 가지 기본적 진리는, 하나님 형상을 따라 지어진 인간이 죄로 마음과 생각이 고장 나서 '스스로 지혜 있다고 하지만 어리석은 자가 됐다'(롬 1:21~22)는 사실과 모든 그리스도인이 '지혜로운 사람이 돼야 한다'(엡 5:15~16)는 요청입니다. 즉, 우리가 지혜로운 사람이 되려면, 복음을 믿음으로 반드시 거듭나야 하며 오랜 시간 대가를 치르며 지혜의 말씀을 아는 일에 헌신해야 합니다. 지혜의 본질인 성경을 배우고 연구하는 일에 많은 시간을 보낸 성경 해석 전문가인 저자가 지혜서인 잠언, 특히 '지혜자 잠언'을 이해하기 쉽게 풀어 썼습니다. 저자는 이 책으로 지혜의 원천이신 여호와를 찾고 경외하며 그분 뜻을 구하는 삶을 살게 함이 잠언서의 궁극적 목적이라고 말합니다. 복잡하게 얽혀 있는 사회생활에서 여호와의 뜻대로 지혜롭고 현명하게 살려는 모든 그리스도인에게 이 책을 강력히 추천합니다.

김덕신 목사

에스라성경연구원 원장

지혜자 잠언

시작하는 말

　신학 공부를 24년 동안 하면서 강해설교(Expository Sermon) 과목을 몇 차례나 수강했습니다. 일반적으로 강해설교 첫 과정은 에베소서를 본문으로 시작합니다. 제가 진학한 신학교마다 강해설교를 수강하다 보니, 에베소서를 본문으로 한 강해설교 과목을 서너 차례나 공부했습니다. 하지만 달라스신학대학원(Dallas Theological Seminary)에서는 에베소서가 아니라 잠언을 본문으로 강해설교를 배웠습니다(참고로, 처음에는 달라스신학대학원도 에베소서를 본문으로 강해설교를 가르쳤습니다). 에베소서를 본문으로 강해설교를 공부하는 데 익숙한 제게 잠언을 본문으로 강해설교를 배우는 과정이 생소하면서도 신선한 충격으로 다가왔다. 그러면서 강해설교를 이해하는 폭이 아주 넓어졌습니다. 잠언으로 강해설교를 배우는 시간마다, 잠언을 본문으로 강해설교를 하겠다고 마음먹었습니다.

　하지만 잠언을 본문으로 설교하는 일은 엄청난 도전이라, 주저주저했습니다. 또한 어떤 학자는 잠언을 본문으로 강해설교를 할 수 없다고까지 말했습니다. 그러나 잠언으로 강해설교를 배웠기에, 잠언 강해설교를 하기로 마음먹었습니다. 그 결심을 행동으로 옮기는 데는 많은 시간이 걸렸습니다. 잠언 전체를 강해설교하기가 힘겨웠기 때문입니다. 평생을 해도 잠언 전체를 강해설교할 수 없다는 생각에, 잠언 22:17~24:34에 있는 지혜자 잠언 30개와 추가 잠언 6개를 강해설교하기로 했습니다.

　그 이유는 지혜자 잠언 36개가 잠언 전체의 중요한 가르침을 축약하는 내용이기 때문입니다. 지혜자는 사회생활 할 때 발견할 수 있는 많은 문제 중 제자(청중)이 꼭 알아야 하는 교훈을 가르치기 때문입니다. 잠언은 지혜를 말하는 책입니다. 단순히 잠언을 듣고 이해하는 데 만족해서는 안 되고, 그 교훈을 생활에서 적용하고 실천해야만 지혜를 얻습니다. 잠언 1:2~6은 잠언을 실천하면서 얻는 목적을 다섯 개 부정사(hiphil infinitive construct)로 잘 요약합니다. 1) 지혜와 훈계를 알게 하며(1:2), 2) 명철의 말씀을 깨닫게 하며(1:2), 3) 훈계받게 하며(1:3), 4) 지식과 분별력을 갖게 하며(1:4), 5) 잠언과 가르침의 뜻을 깨달아 알 수 있게 합니다(1:6). 잠언의 다섯 가지 목적을 요약하면, '주님을 찾고 구하라'입니다. 지혜의 근본은 주님을 경외함으로 시작하기 때문입니다(1:7).

지혜자 잠언 36개는 사회 약자에 관한 교훈, 대인관계 비결, 재물에 관한 교훈, 악인과 교제에 주의점, 부모에게 효도하고 기쁘게 하는 비결, 음행 문제, 술 문제 등을 다룹니다. 잠언은 반드시 이루어지는 약속이 아니라, 자연이나 사회에서 발생하는 도덕적 질서를 이해하고 실천하도록 고안됐습니다. 잠언은 반드시 이루어지는 약속이 아니기에, 잠언을 공부할 때는 신학적·실제적 원리를 찾아 적용하는 측면에서 연구해야 합니다.

잠언을 설교하려는 목회자나 잠언의 의미를 이해하려는 성도에게 도움을 주려고 이 책을 고안했습니다. 먼저, 「잠언에 귀 기울이기」 부분에서 저자, 목적, 잠언 해석 원리를 간단하게 설명하고, 잠언 전체의 간단한 차트(chart)와 아웃라인(outline)을 제시합니다. 이어서 잠언 전체를 간단하게 분석 정리함으로 잠언 전체를 쉽게 이해하도록 고안했습니다. 그다음에 지혜자 잠언 36개를 주해하면서 지혜자가 권면하는 의미를 히브리어 단어 뜻과 당시 문화 및 배경을 연결해 설명하려고 했습니다. 게다가 잠언이 고대 청중과 현대 청중에게 어떤 의미를 주고 있는지를 연결하고자 했습니다.

이 책을 출판하기까지 큰 도움을 주신 분들께 고마운 마음을 전합니다. 초고를 다듬어주신 김재덕 목사님, 출판하도록 기획하신 출판부장 곽철호 교수님, 재가하신 총장 김택수 박사님, 독자가 더 쉽게 읽고 이해하도록 깁고 다듬은 편집장 김광모 교수님, 지혜자 잠언 메시지를 표지에 도드라지게 표현한 김효경 자매님께 감사드립니다. 지혜자 잠언 강해설교를 듣고서 실천하려고 고군분투하는 동서로교회 모든 성도님께도 감사드립니다. 특별히 사랑하는 아내 희정, 딸 은비, 아들 성현에게도 감사한 마음을 전합니다. 이 책으로 하나님을 영화롭게 하는 일이 더 풍성하길 간절히 바랍니다.

2022년 여름

최철광

16　지혜자 잠언

잠언에 귀 기울이기

잠언 서론

제목

책 제목 '잠언'은 히브리어 성경 잠언에 있는 첫 단어인 '미쉴레 (מִשְׁלֵי, the proverbs of)'에서 나왔다(1:1). 영어 제목 'The Book of Proverbs'는 라틴어 성경 불가타에 있는 *Liber Proverbiorum*에서 비롯했다.[1]

저자

잠언은 여러 가지 격언 모음집으로, 단락을 크게는 여섯 개로 나눌 수 있고 단락마다 제목이 있다. 곧, 부모의 잠언(1:1), 솔로몬의 잠언(10:1), 히스기야 신하들이 편집한 솔로몬의 잠언(25:1), 아굴의 잠언

---

[1] Bruce K. Waltke, *Proverbs 1~15*, New International Commentary on the Old Testament, ed. Robert L. Hubbard Jr. (Grand Rapids: Wm. B. Eerdmans Publishing Company, 2004), 1; Tremper Longman III, *Proverbs, Baker Commentary of the Old Testament Wisdom and Psalms*, ed. Tremper Longman III (Grand Rapids: Baker Academic, 2006), 21.

(30:1), 르무엘의 잠언(31:1), 지혜자의 잠언(22:17~34) 등이다.2 잠언 대부분은 솔로몬의 잠언 모음집이다(1:1~9:18; 10:1~22:16; 25:1~29:27). 솔로몬은 여호와에게서 지혜와 총명한 마음을 받고(왕상 3:11), 약 3,000개 잠언과 1,005개 노래를 기록한다(왕상 4:32). 솔로몬의 잠언 중 여러 개는 후에 히스기야 왕 통치 때에 신하들이 편집하고 수정했다 (25:1~29:27, 715~686 BC). 또한 어떤 부분은 익명 작가가 썼다 (22:17~24:22; 24:23~34).3

---

2 Waltke, *Proverbs 1~15*, 9.

3 Longman, *Proverbs*, 24는 잠언을 솔로몬의 작품으로 주장하더라도 몇 가지 고려해야 할 사항이 있다고 말한다. 1) 잠언의 많은 부분이 솔로몬의 작품이라고 인정하더라도, 솔로몬 외에도 다른 사람들을 잠언 저자로 언급한다. 2) 잠언 저자가 한자리에 앉아 잠언을 기록하지 않았고, 오히려 구전으로 내려오다가 현재 우리가 가지고 있는 잠언과 같은 기록된 모음집으로 모았다. 3) 성경의 잠언과 고대 중근동 지역에서 내려오는 잠언과 유사성을 고려해야 한다. 4) 아가, 전도서, 그리고 잠언의 표제가 솔로몬으로 되어 있는데, 이것은 솔로몬이 이 책의 저자임을 확정 짓기보다는 다른 목적으로 기록했을 가능성이 있다. 이런 사항을 고려하면, 솔로몬이 직접 기록함을 인정하면서도 다른 사람도 기록했음을 인정해야 한다. Roland E. Murphy, *Proverbs*, Word Biblical Commentary, ed. Bruce M. Metzger, David A. Hubbard, and Glenn W. Barker, vol. 22 (Waco, TX: Word Books, 1998), xx에 따르면, 작품 표제는 언제나 저자만을 의미하지 않고, 잠언의 많은 부분은 솔로몬이 아니라 다른 저자들이 썼다. 고대 잠언은 인기를 얻었고, 오랫동안 내려오는 과정을 거치면서 저자를 잃어버렸다는 사실을 인정해야 한다고 말한다. 한편 Waltke, *Proverbs 1~15*, 31~36에 따르면, 많은 학자는 잠언 25:1에서 히스기야, 30:1에서 아굴, 31:1에서 르무엘 등을 말하는 표제가 이 잠언이 그들 작품이라고 인정하면서도, 솔로몬을 표제로 사용한 잠언에 관하여서는 솔로몬만의 것으로 인정하지 않음을 반박하는 동시에 솔로몬의 작품이라고 주장하면서 근거를 제시하고 있다. 첫째, 성경에 근거가 있다(왕상 3:5~6, 7~14; 4:29~34; 5:7, 21; 10:2b, 3, 23~25; 11:41~43; 잠 1:1; 10:1; 25:1). 둘째, 성경 잠언과 고대 중근동 지역 잠언에 유사성, 특히 잠언 22:16~24:34 그리고 이집트 잠언 *The Instruction of Ammenemope* 유사성에 관하여는, 솔로몬이 이집트 공주와 결혼했고(왕상 3:1) 솔로몬 통치 방법이 이집트 통치 방법을 따랐을 것이다. 셋째, 솔로몬은 현명했기에 이집트의 교훈에 익숙했고, 그 문학 형태를 사용했을 것이다. 넷

연대

잠언에서 가장 중요한 부분(1:1~29:27; 22:17~24:34 제외)의 저작권을 솔로몬에게 돌리기에, 잠언 기록은 그가 죽은 주전 931년보다는 늦지 않다. 하지만 솔로몬 잠언의 어떤 부분들은 히스기야 왕의 통치 기간에 편집되었거나 다시 기록되었기에, 솔로몬의 것으로 여기는 잠언의 최종 구성은 히스기야 왕이 죽은 주전 686년 이전에 완성되었다. 아굴, 르무엘, 그리고 지혜자에 관한 신원은 알려진 바 없다. 이런 점을 종합하면, 잠언서 최종 편집이나 구성은 포로기 이전이라 할 수 있다.4

해석학 문제

불락(Bullock)은 잠언을 해석하는 데 적용할 기본 원리를 세 가지로 제안했다. 1) 신학적 가정이 본문 자체 문맥보다 더 중요하다. 잠언마다 그 자체 장점이 있고, 그 의미는 잠언의 앞뒤 문맥에서 독립한다.

째, 언어학 증거로 보면, 잠언 언어는 솔로몬 언어이다. 월키(Waltke)는 "솔로몬이 현명한 저자라면 어떻게 그처럼 어리석은 죽음을 맞이할 수 있었는가?"라는 물음에, "솔로몬이 스스로 찌르는 자기 교수대를 만들었다"라는 점을 인정하자고 하면서, 오늘 영적 성공이 내일 영적 성공을 언제나 보장하지 않는다는 사실을 인식해야 한다고 주장한다.

4 Murphy, *Proverbs*, xx에 따르면, 잠언 10~29장은 바빌로니아 포로 이전, 1~9장은 바빌로니아 포로 이후에 기록되었다. Richard J. Clifford, *Proverbs*, Old Testament Library, ed. James L. Mays, Carol A. Newsom, and David L. Petersen (Louisville, KY: Westminster John Knox Press, 1999), 4는 잠언 대부분을 포로 이전이나 포로 시대에 쓰였다고 여기고, 가르침이나 연설 대부분(1~9장)과 마지막 편집을 포로 이후로 본다. Longman, *Proverbs*, 25는 잠언은 시편처럼 완성된 작품이 나오기까지 오랜 기간이 걸렸을 텐데, 아마 히브리어 텍스트인 마소라(Masoretes)가 채택되기까지 계속되었다고 본다. BHS(The Hebrew Basoretic tradition)는 주후 1000년 즈음에 채택됐다.

곧, 때때로 영향을 받지 않는다. 2) 잠언에는 자연, 사회, 도덕 질서 사이에 가장 근본 관계가 있다. 자연 질서에서 관측한 바는 사회나 도덕 질서에서 이해할 수 있는 것과 밀접한 관련이 있다. 3) 잠언은 반드시 이루어지는 약속으로서가 아니라, 신학적 및 실제적 원리로 해석하고 이해해야 한다.5

하지만 월키는 불락이 제시한 세 가지 해석 원리에 반대하고서, 네 가지 원리를 제시한다. 1) 약속은 경험에 근거해 부분적으로 정당함을 인정받는다. 2) 잠언에서 풍자 성격(epigrammatic nature)은 약속을 말하는 역-잠언(counter-proverbs)을 때때로 부정적으로 보게 한다. 3) 젊은이에 관한 도덕적인 입문으로서 가르침(장르)은 그들이 실패하는 현재보다는 미래에 더 초점을 맞춘다. 4) 의인을 언급함은 죽음보다 오래갈 미래 축복에 초점을 맞추고 있다.6

여성으로 의인화한 지혜(Lady Wisdom)

지혜(חָכְמָה, 호크마)는 기술(skill), 전문기술(expertise)을 뜻한다. 지혜(Wisdom)라는 용어는 여러 곳에서 다른 뜻으로 사용됐다. 곧, 지식(knowledge), 직관력(insight), 분별(prudence), 조언(counsel), 안내(guidance) 등이다.7 그래서 폰 라드(von Rad)는 잠언에서 지혜를, 개념 영역에서 자기가 바라는 바를 성취하려는 사고의 입체적 방법이라

---

5 C. Hassell Bullock, *An Introduction to the Old Testament Poetic Books* (Chicago: Moody Press, 1988), 162.

6 Waltke, *Proverbs 1~15*, 107~09.

7 Ludwig Koehler and Walter Baumgartner, *The Hebrew and Aramaic Lexicon of the Old Testament*, trans. and ed. under the supervision of M. E. J. Richardson, vol. 1, rev. by Walter Baumgartner and Johann Jakob Stamm with assistance from Benedikt Hartmann et al. (Leiden: E. J. Brill, 2001), 314; Waltke, *Proverbs 1~15*, 94~97.

고 정의했다.8 잠언에서 이 용어는 신앙 차원과 관련이 있는데, 거룩한 하나님의 지식을 포함하기 때문이다(9:10; 30:3). 잠언 8장에서 지혜가 무엇인지에 관한 해석은 여러 가지, 곧 (1) 모세오경, (2) 그리스도, (3) 원리 또는 본질, (4) 여성으로 의인화한 지혜 등이다.9

신약에서는 여성으로 의인화한 지혜가 인간으로서 주 예수 그리스도를 지칭한다(골 1:24, 30; 2:3). 하지만 예수님에 관한 해석은 신약성경 저자가 예수님의 십자가와 부활을 통하여 구약(잠언 8장)을 재해석한 산물이다. 잠언에서 저자가 지혜를 언급하면서 오실 예수님을 지칭했다는 증거는 발견하기가 어렵다. 오히려, 잠언에서 지혜를 여성으로 의인화는 아마도 시적 의인화일 가능성이 크다. 이 견해는 잠언에 나오는 지혜 구절이 지지한다. 잠언 1:20~23에서, 지혜는 의인화됐다. 잠언 9장에서는 지혜를 잔치를 준비하면서 손님들을 풍성한 삶으로 초청하는 여성으로 의인화한다(8:35, 9:1~6).

목적

잠언이 목적하는 바는 독자에게 자기가 속한 사회에서 지혜롭고 현명하게 살게 하려 함이다. 잠언은 독자에게 하나님의 뜻에 따라 행동하고, 사회생활에서 기본인 도덕적 태도를 보이라고 요청한다. 결국, 잠언은 개인이나 가족원을 훈련하고 교훈하여 사회 안전과 평안을 유지하게 하려 한다. 더 나아가 지혜가 주는 가장 중요한 점은 개인 삶, 더 나아가서 사회 활동에서 하나님의 뜻을 성취하게 하려 함이다 (1:1~7).

---

8 Gerhard von Rad, *Wisdom in Israel*, trans. James D. Martin (Neukirchener Verlag: Neukirchen~Vluyn, 1970; Harrisburg, PN: Trinity Press International, 1972), 13.

9 Waltke, *Proverbs 1~15*, 78.

잠언 구조

메시지

말씀을 적용함으로 하나님을 경외하기: 하나님을 경외하는 삶은 지혜를 자기 삶에 적용할 때 가능하다.

간단한 차트

하나님을 경외하기							
서론	솔로몬의 잠언				아굴의 잠언	르무엘의 잠언	결론
잠언의 목적	부모/스승의 잠언	375 솔로몬의 잠언	지혜자의 잠언	솔로몬의 다른 잠언들			현명한 아내에 관한 잠언
1:1~7	1:8~9:18	10:1~22:16	22:17~24:34	25:1~29:27	30:1~33	31:1~9	31:10~31

전체 아웃라인

I. 서론: 잠언은 독자에게 여호와를 경외함으로 지혜를 얻어 삶에 적용하도록 격려하려고 주어졌다(1:1~7).

  A. 제목: 솔로몬의 잠언, 솔로몬이 기록한 잠언이다(1:1).

  B. 목적: 잠언 목적은 독자가 삶의 기술을 배워 도덕적 삶을 살게 하려 함이다(1:2~6).

  C. 기본 원리: 여호와를 경외함이 지식과 지혜의 근본이다(1:7).

II. 지혜(아버지의 교훈)는 독자(자녀)에게 삶과 죽음에 관해 교훈한다(1:8~9:18).

  A. 서론적인 호소: 아버지의 교훈은 자녀에게 사회에서 존경받게 한다(1:8~9).

  B. 아버지의 교훈: 아버지는 자녀에게 아름다운 삶을 살게 하고 죄악의 삶에서 벗어나는 지혜를 추구하라고 권면한다(1:10~7:27).

    1. 교훈 하나: 악인의 초청을 거부하고, 지혜를 대적하지 말라고 경고한다(1:10~33).

      a. 자녀는 악인이 폭력으로 부를 얻으라고 초청해도 거부해야 한다(1:10~19).

      b. 지혜를 추구할 때, 재앙을 만나지 않고 평안한 삶을 산다(1:20~33).

    2. 교훈 둘: 지혜를 추구할 때, 영원한 삶을 보상받는다(2:1~22).

      a. 조건: 자녀가 부모의 교훈과 가르침에 순종하면(2:1~4),

      b. 결과: 여호와를 경외하고, 악한 삶과 음녀로부터 구원되는 지혜를 배운다(2:5~22).

1) 지혜의 근본이신 여호와를 경외하는 법을 배운다(2:5~8).

   2) 악한 길과 음녀에게서 보호하는 지혜를 배운다(2:9~19).

     a) 자녀는 지혜를 배운다(2:9~10).

     b) 지혜는 자녀를 악한 사람의 길에서 보호한다(2:11~15).

     c) 지혜는 자녀를 음녀로부터 구원한다(2:16~19).

  c. 결론: 의인은 땅에서 영원히 살지만, 악인은 땅에서 파괴 된다(2:20~22).

3. 교훈 셋: 지혜를 추구하고 이웃과 맺은 언약에 신실해야 한다(3:1~35).

  a. 지혜를 추구하고 하나님을 신뢰할 때, 번영한다(3:1~12).

   1) 서론: 아버지의 교훈에 순종으로 번영하며 여호와와 사람에게서 은혜를 받는다(3:1~4).

   2) 하나님을 신뢰함으로 건강과 물질의 축복을 받는다(3:5~12).

     a) 여호와를 신뢰함으로 건강의 복을 누린다(3:5~8).

     b) 여호와를 신뢰함으로 물질의 복을 누린다 (3:9~10).

     c) 자녀는 여호와의 훈계를 인내하면서 받아들여야 한다 (3:11~12).

  b. 지혜의 가치는 그 어떤 것보다 크기에 지혜를 찾아야 한다(3:13~26).

   1) 지혜의 가치는 그 어떤 것보다 크다(3:13~20).

   2) 개인적 안정은 지혜를 추구할 때 온다(3:21~26).

  c. 여호와는 언약에 신실하듯이, 우리도 이웃과 언약에 신실해야 한다(3:27~35).

4. 교훈 넷: 지혜는 바른길을 걷게 하고 악한 길에서 벗어나게 한다(4:1~27).

   a. 지혜를 간직하는 자에게 보상이 있기에, 지혜를 얻어야 한다(4:1~9).

   b. 악인의 길은 피하고, 지혜의 길로 걸어야 한다(4:10~19).

   c. 악한 길에서 벗어나려면 지혜를 지켜야 한다(4:20~27).

5. 교훈 다섯: 음행을 피하고 결혼을 귀하게 여겨야 한다(5:1~23).

   a. 서론: 지혜에 주의해야 한다(5:1~2).

   b. 자기 아내만 사랑하고 음란을 피해야 한다(5:3~20).

   　1) 음란의 결과는 쓰디쓰고 평탄하지 못하다(5:3~6).

   　2) 몸과 재산을 망치는 음행을 피해야 한다(5:7~14).

   　3) 자기 아내만을 사랑해야 한다(5:15~20).

   c. 여호와를 거절하는 죄의 결과는 치명적이다(5:21~23).

6. 교훈 여섯: 어리석으며 위험한 행동을 삼가야 한다(6:1~19).

   a. 이웃을 섣불리 보증하면 치명적 결과가 따른다(6:1~5).

   b. 게으른 자는 개미에게 지혜를 배워야 한다(6:6~11).

   c. 건달과 악인은 갑자기 망해 회복하지 못한다(6:11~15).

   d. 여호와께서 미워하는 일곱 가지 죄를 삼가야 한다(6:16~19).

7. 교훈 일곱: 음행과 음란한 여자로부터 자기를 보호하려면 지혜를 잘 간직해야 한다(6:20~7:27).

   a. 음란으로 반드시 겪는 심판을 피하려면 지혜를 간직해야 한다(6:20~35).

   　1) 지혜는 생명의 길로 인도하기에, 지혜를 마음에 새겨야 한다(6:20~24).

    2) 음행하는 자는 재앙을 절대 피하지 못한다(6:25~35).
  b. 음란한 여자에게서 자기를 지키려면 지혜를 간직해야 한다(7:1~27).
    1) 음란한 여자에게서 자기를 지키려면 지혜를 간직해야 한다(7:1~5).
    2) 음란한 여자가 보이는 유혹과정과 결과를 설명한다(7:6~23).
      a) 음란에 관한 배경을 진술한다(7:6~9).
      b) 음란한 여인에게 있는 기질을 묘사한다(7:10~13).
      c) 음란한 여자가 보이는 유혹을 설명한다(7:14~20).
      d) 음란에 빠진 결과를 설명한다(7:21~23).
    3) 음란한 여인의 길에서 빠져나오려면 교훈을 잘 간직해야 한다(7:24~27).
C. 결론적인 호소: 지혜는 모든 사람에게 생명을 발견하라고 호소하며 초청한다(8:1~9:18).
  1. 모든 사람에게 지혜의 가치와 특별한 역할에 귀를 기울이라고 초청한다(8:1~36).
    a. 서론: 그 어떤 것보다 가치 있는 지혜에 주의를 기울여야 한다(8:1~11).
      1) 지혜는 모든 사람이 자신에게 주의를 기울이라고 한다(8:1~5).
        a) 지혜에 주의를 기울이라고 요구한다(8:1~3).
        b) 지혜에 주의를 기울여야 하는 청중은 어리석은 자를 포함해 모든 사람이다(8:4~5).
      2) 지혜가 금, 은, 진주보다 더 가치 있다고 묘사한다(8:6~11).
    b. 본론: 지혜는 역사와 창조과정에서 자기 역할을 묘사한다(8:12~31).

1) 지도자의 경영에서 지혜 역할을 묘사한다(8:12~16).

2) 지혜를 사랑하는 자는 물질 복을 받는다(8:17~21).

3) 여호와의 창조과정에서 지혜가 한 역할을 묘사한다(8:22~31).

c. 결론: 불순종 결과를 경고하면서 모든 이에게 지혜에 주의를 기울이라고 한다(8:32~36).

2. 지혜로운 여성은 삶으로 초청하지만, 어리석은 여성은 죽음으로 이끈다(9:1~18).

   a. 지혜로운 여성은 잔치를 준비하며, 지혜가 부족한 사람을 초청한다(9:1~12).

   1) 지혜는 잔치를 준비한다(9:1~2).

   2) 잔칫상에서 지혜 없는 사람을 초청한다(9:3~6).

   3) 초청을 받아들인 결과는 학식과 생명이다(9:7~12).

   b. 어리석은 여성은 지각이 없는 사람을 죽음으로 이끈다(9:13~18).

   1) 어리석은 여성은 지혜로운 여성과는 달리, 잔치를 준비하지 않는다(9:13~15).

   2) 어리석은 여성은 지각이 없는 사람에게 훔친 음식을 먹으라고 권한다(9:16~17).

   3) 어리석은 여성의 초청을 받아들인 결과는 죽음이다(9:18).

III. 375 솔로몬의 잠언(10:1~22:16)

  A. 서론: 솔로몬의 잠언(10:1a)

  B. 반의 대구법: 잠언은 의인의 유익과 악인의 불행을 대조한다 (10:1b~15:33).[10]

  C. 동의 대구법과 종합 대구법: 둘째 라인은 '그리고'로 시작하

---

10 대구법 종류는 Murphy, *Proverbs*, 65~67을 보라.

면서, 왕궁 기능을 다룬다(16:1~22:16).

IV. 지혜자의 잠언(22:17~24:34)

  A. 지혜자의 잠언 30개(22:17~24:22)

   서론: 지혜자의 잠언에 주의를 기울이고 마음에 되새김으로, 여호와께 가까이 다가선다(22:17~21).

   잠언 1: 가난한 사람, 사회적 약자를 보호하라(22:22~23).

   잠언 2: 성급한 사람, 성을 잘 내는 사람과 교제하지 말라(22:24~25).

   잠언 3: 서약하거나 빚보증을 서지 말라(22:26~27).

   잠언 4: 가난한 자의 소유(지계석)를 보장하라(22:28).

   잠언 5: 철저히 준비하라(22:29).

   잠언 6: 사람과 관계에서 절제하는 삶을 살라(23:1~3).

   잠언 7: 한순간에 사라질 부나 재물에 집착하지 말라(23:4~5).

   잠언 8: 인색한 사람, 악인과 교제를 조심하라(23:6~8).

   잠언 9: 미련한 자에게 충고하지 말라(23:9).

   잠언 10: 약자의 재산을 빼앗지 말고, 그들 구원자가 되라(23:10~11).

   잠언 11: 훈계에 마음과 귀를 기울여라(23:12).

   잠언 12: 자녀를 훈계하라(23:13~14).

   잠언 13: 올바른 길을 행해 부모를 기쁘게 하라(23:15~16).

   잠언 14: 복을 주시는 하나님을 경외하라(23:17~18).

   잠언 15: 술과 고기를 탐하지 말고, 지혜로운 삶을 살라(23:19~21).

   잠언 16: 부모의 교훈을 듣고, 부모를 존경하라(23:22~25).

   잠언 17: 음행에 빠지지 말고, 바른 교훈에 집중하라(23:26~28).

   잠언 18: 정신에 문제를 일으키는 술의 유혹을 피하라(23:29~35).

잠언 19: 악인의 형통을 부러워하지 말라(24:1~2).

잠언 20: 지혜로 건강한 가정을 세워라(24:3~4).

잠언 21: 지혜는 힘이나 전략보다 귀하니, 지혜를 추구하라(24:5~6).

잠언 22: 고귀한 지혜를 추구하라(24:7).

잠언 23: 악인이 짓는 죄로 겪는 미움의 결과를 생각하라(24:8~9).

잠언 24: 어려움을 겪을 때 낙심하지 말고 주님을 바라보라(24:10).

잠언 25: 어려움을 겪는 사람을 도와주라(24:11~12).

잠언 26: 소망을 주는 지혜를 추구하라(24:13~14).

잠언 27: 여호와가 지키시는 의인을 공격하는 악인이 되지 말라(24:15~16).

잠언 28: 남의 불행을 즐기지 말라(24:17~18).

잠언 29: 악인의 형통에 분노하거나 시기하지 말라(24:19~20).

잠언 30: 주님과 왕은 경외하지만, 변절자와는 사귀지 말라(24:21~22).

B. 지혜자의 추가 잠언 6개(24:23~34)

서론: 몇 가지 잠언을 추가한다(24:23a).

추가 잠언 1: 재판할 때 편애하지 말고 공의로 하라(24:23~25).

추가 잠언 2: 정직한 대답으로 참된 우정을 만들라(24:26).

추가 잠언 3: 자기에게 주어진 책임을 먼저 행하라(24:27).

추가 잠언 4: 개인 원한 관계로 이웃에게 피해를 주지 말라(24:28).

추가 잠언 5: 개인 원한 관계를 주님께 맡겨라(24:29).

추가 잠언 6: 게으르면 가난해지니, 부지런하라(24:30~34).

V. 솔로몬의 잠언(25:1~29:27).

  A. 서론: 솔로몬이 말한 더 많은 잠언은 히스기야의 신하들이 편집했다(25:1).

  B. 비교 잠언(25:2~27:27): 다방면으로 두세 가지를 비교하는 식으로 이뤄졌다.

  C. 대조 또는 반제 잠언(28:1~29:27): 신학적 내용과 윤리적 측면을 강조하면서 두 가지를 대조하는 형식으로 이뤄졌다.

VI. 아굴의 잠언(30:1~33)

  A. 서론: 아굴의 잠언은 이디엘과 우갈에게 주어졌다(30:1).

  B. 여호와를 잘 모르며 또한 말씀이 진실하다고 고백하면서, 허위와 불명예로부터 지켜달라고 간청하라(30:2~9).

   1. 지혜와 여호와를 잘 모른다고 인정하라(30:2~4).

   2. 여호와의 말씀이 진실함을 고백하라(30:5~6).

   3. 허위와 불명예로부터 지켜 달라고 여호와께 간청하라(30:7~9).

  C. 이 땅에서 벌어지는 탐욕과 자만심에서 벗어나 하나님을 경외하라(30:10~33).

   1. 주인에게 그 종을 비방하지 말라(30:10).

   2. 네 종류 죄, 곧 부모를 저주하고, 자기 의가 가득하며, 교만하고, 가난한 자를 핍박하는 죄를 피하라(30:11~14).

   3. 불만족해도 만족하려는 삶을 살라(30:15~16).

   4. 불순종한 아들이 받는 심판을 생각하라(30:17).

   5. 자기 무지를 인정하며 부도덕한 삶에서 벗어나라(30:18~20).

   6. 세상에 불합리한 일이 벌어진다는 사실을 인정하라(30:21~23).

   7. 연약한 동물에게서 지혜를 배워라(30:24~28).

8. 사자, 사냥개, 숫염소, 임금처럼 당당해라(30:29~31).

10. 겸손하게 평화를 추구하라(30:32~33).

VII. 르무엘의 잠언(31:1~9)

　A. 서론: 르무엘의 어머니는 아들에게 교훈한다(31:1).

　B. 세 가지 교훈을 이행하라(31:2~9)

　　1. 음행에 힘을 쏟지 말라(31:2~3).

　　2. 술을 즐기지 말고 공의로 판결하라(31:4~7).

　　3. 연약한 사람의 권리를 보호하라(31:8~9).

VIII. 결론: 현숙한 아내는 귀중하며 보상받는다(31:10~31).

　A. 귀중히 여김을 받는 지혜(현숙한 아내)를 추구하라(31:10~12).

　B. 가정과 사업을 세우는 지혜(현숙한 아내)를 추구하라(31:13~27).

　C. 사회로부터 인정받고 보상받는 지혜(현숙한 아내)를 추구하라 (31:28~31).

잠언 분석

　잠언은 서론과 결론을 제외하고 6개 부분, 곧 서론(1:1~7), 부모의 잠언(1:8~9:18), 375 솔로몬의 잠언(10:1~22:16), 지혜자의 잠언(22:17~24:34), 히스기야의 사람이 편집한 솔로몬의 잠언(25:1~29:27), 아굴의 잠언(30:1~33), 르무엘의 잠언(31:1~9), 결론(31:10~31) 등으로 구성됐다.[11] 서론은 잠언의 목적과 주제를 제시하고 있고, 결론은 각 행의 첫 글자를 알파벳 순서로 시작해 현명한 아내를 찬양하는 시로 구성됐다. 6개 부분마다 서론으로 시작한다.

---

　11 이 구분은 Waltke, *Proverbs 1~15, 9~31*에 있는 구조를 따른다. 학자마다 조금씩 차이가 있다.

I. 서론(1:1~7): 잠언 목적은 독자에게 하나님을 경외하고 하나님의 뜻에 따라 일상생활에서 현명하게 살도록 돕는 것이다.

서론(1:1~7)은 잠언서 제목과 저자에 관한 정보를 제공한다("솔로몬의 잠언이라," 1:1). 잠언 목적은 다섯 차례 사용한 부정사(1:2~6)[12]에서 그리고 이 책의 가장 근본 원리에서 확인할 수 있다. 서론 부분은 부모의 잠언 서론이면서 잠언 전체 서론이다. 처음 아홉 장에서, '지혜'는 단순히 인간의 지식이나 기술이 아니라, 개인 삶과 사회 활동에서 나타나는 도덕적이며 영적 성품을 말한다.

II. 부모의 잠언(1:8~9:18): 지혜(부모/스승으로 의인화한 잠언)는 독자(청년)에게 삶과 죽음에 관해 교훈한다.

'부모의 잠언' 부분은 잠언 1:8~9에 표현한 서론적 호소로 시작하며, 9:1~18에 표현한 결론적 호소로 끝맺는다.[13] 서론과 결

---

[12] 잠언의 목적을 나타내는 부정사 다섯 개는 지혜와 잠언을 1) 알게 하며(to know, 1:2), 2) 깨닫게 하며(to comprehend, 1:2), 3) 훈계받게 하며(to acquire, 1:3), 4) 슬기롭게 하며(to give prudence, 1:4), 5) 잠언과 비유를 깨닫게 하는 것이다(to understand wisdom and proverbs, 1:6).

[13] Waltke, *Proverbs 1~15*, 12는 1:8~9:18을 대칭구조로 설명한다.
  A 아들을 초청하는 아버지와 폭력배의 경쟁 구조(1:8~19)
    B 어수룩한 이를 꾸짖는 지혜(1:20~33)
      C 악한 사람과 부정한 아내를 조심하라는 안전장치에 관한 아버지의 명령(2:1~22)
        D 교훈을 주의하라는 아버지의 명령(3:1~4:27)
        D' 부정한 아내에 관한 아버지의 경고(5:1~6:35)
      C' 지혜와 대적하는 이를 조심하라는 아버지의 경고(7:1~27)
    B' 어수룩한 이를 초청하는 지혜(8:1~36)
  A' 어수룩한 이를 초청하는 지혜로운 여성과 어리석은 여성의 경쟁 구조(9:1~18)

론 사이에는 아버지, 곧 부모의 교훈(스승의 교훈)이 있는데, 이 교훈은 "내 아들아"로 시작하는 부모의 잠언 열 개 이상(1:8~19; 2:1~22; 3:1~12, 13~35; 4:1~9, 10~19, 20~27; 5:1~23; 6:1~19, 20~35; 7:1~27)[14]과 여성으로 의인화한 지혜(Lady Wisdom) 두 개(1:20~33; 8:1~36)로 구성됐다.[15] 핵심 가르침은 실제적이며 사회적 축복과 삶을 제공하는 지혜를 추구해야 함이다.

A. 서론적 호소(1:8~9): 아버지는 자녀(젊은이)에게 아버지의 교훈과 가르침에 순종하라고 가르치신다.

서론적 호소는 이어지는 '아버지의 교훈'의 서론이다. 그 목적은 젊은이에게 아버지(스승)의 교훈과 가르침이 중요함을 일깨우려 함이다. 아버지의 교훈이 자녀에게 존경받는 사회적 위치를 제공하기에, 자녀는 부모의 교훈을 헛되게 해서는 안 된다.

B. 아버지의 훈계(1:10~8:26): 아버지는 자녀에게 생명을 주며 악으로부터 보호하는 지혜를 찾으라고 조언한다.

"내 아들아"라는 말은, 자기 아들에게만 적용하는 게 아니라, 교육받는 젊은 나이의 남녀를 포함한 제자를 지칭할 때 사용한다. 그러면 아버지는 스승일 수 있다. 아버지의 훈계는 일곱 개로 구성됐다. 첫째 교훈은 젊은 자녀에게 욕심과 폭력으로 잘못된 부를 축적하는 일을 멀리하라고 가르친다. 이것이 결국 파멸로 이끌기 때문이다(1:10~19). 그 후 지혜 인격화는 젊은이에게 교훈을 거절

---

[14] Waltke, *Proverbs 1~15*, 10~11을 참조하라. 그러나 저자는 열 번 이상 나오는 잠언을 일곱 개 그룹으로 나눈다.

[15] Longman, *Proverbs*, 89는 아버지의 훈계와 여성으로 의인화한 지혜로 구분한다. 곧, 1:8~7:27이 자식(들)에게 하는 아버지 훈계라면, 8:1~9:6은 모든 사람에게 하는 여성으로 의인화한 지혜이다. 하지만 Waltke, *Proverbs 1~15*, 10~11은 1:8~8:36에서 아버지의 교훈에 여성으로 의인화한 지혜 두 개(1:20~33; 8:1~36)를 포함하며, 9장은 에필로그(epilogue)로 여성으로 의인화한 지혜와 어리석은 여성을 대조하면서 끝맺는다고 말한다.

했을 때 따라오는 불행(disaster)을 경고한다(1:20~33).

아버지의 둘째 교훈은 지혜를 추구하는 이가 받을 보상을 설명한다(2:1~22). 이 교훈은 조건절, 귀결절, 그리고 결론으로 구성됐다. 아버지의 셋째 교훈은 하나님과 이웃에 대한 언약 책무를 다룬다(3:1~35). 여호와께서는 언약에 신실하신 분이시기에, 이웃에게 언약 책임을 다하는 이에게 실제적이면서도 물질적 축복으로 직접 보상한다고 가르친다. 아버지의 넷째 교훈은 지혜로 생활하고 악(악인의 길)을 버리라고 한다(4:1~27). 아버지의 다섯째 교훈은 간음을 피하고 결혼생활에 신실해야 한다고 주장한다. 간음은 결국 사람을 타락하게 하고 명예를 떨어뜨리고 재정을 어렵게 하기 때문이다(5:1~23). 아버지의 여섯째 교훈은 어리석고 위험한 행동 네 가지를 경고한다(6:1~19).

아버지의 일곱째 교훈, 곧 마지막 교훈은 간음과 간음하는 이를 경고한다(6:20~7:27). 그 이유는 간음하는 이가 남녀를 막론하고 심각한 처벌을 받기 때문이며(6:20~35), 간음하는 여성은 젊은이를 파멸로 이끌기 때문이다(7:1~27). 간음하는 남성과 여성을 피할 수 있는 유일한 방법은 지혜를 추구하는 일이다. 여성으로 의인화한 지혜는 모든 백성에게 자신에게 초점을 맞추라고 주장한다. 자신에게 주의를 기울임이 그 어떤 것보다 가치가 크기 때문이다(8:1~36).

여성으로 의인화한 지혜는 서론, 주요 본론, 결론으로 구성됐는데, 자기에게 순종하는 이는 축복해도 자기에게 불순종하는 이는 저주하겠다고 선언한다.

C. 마지막 호소(9:1~18): 여성으로 의인화한 지혜는 백성에게 생명을 주지만, 미련한 여성(Lady Folly)은 죽음을 준다.

마지막 호소는 지혜(9:1~12)와 어리석음(9:13~18)이 서로 다르게 초청한다는 내용이다. 지혜는 잔치를 준비하고 손님을 초청하지만, 어리석음은 잔치도 준비하지 않은 채 손님을 초청한다. 결국, 지혜는 초청한 손님에게 생명을 공급하지만, 어리석음은 자기 초청에 응답하는 이에게 죽음을 준다. 마지막 호소는 1:8~9:18의 결론이다. 서론에서는 지혜(아버지의 가르침)가 젊은 이에게 사회에서 존경받는 자리를 보장한다고 주장하고, 결론에서는 지혜가 생명을 제공한다고 주장하고 있다.

III. 375 솔로몬의 잠언(10:1~22:16)

솔로몬의 잠언은 간단하면서도 독자적인 잠언 375개로 구성됐는데,16 두 행이나 그 이상 행이 대구법을 이루고 있다. 솔로몬의 잠언은 서론(10:1a), 대조 또는 반제 대구법(antithetic parallelism, 10:1b~15:33), 그리고 동의 대구법 또는 종합 대구법(synonymous or synthetic parallelism, 16:1~22:16)으로 구성됐다. 솔로몬의 잠언이 부모의 잠언(1~9장)과 다른 점은 지혜와 여호와를 언급하지 않는다는 점이다.

10:1~15:33은 주로 대조 대구법으로 구성됐다. 둘째 행이 대부분 '그러나'로 시작한다. 반의 대구법의 주요 요점은 의인의 유익과 악인의 불이익을 대조한다. 사실, 의인과 악인 대조는 잠언 1~9장에서 나타나는 아버지 잠언(교훈)의 핵심 주제이다. 논리적으로 10~15장은 1~9장에서 언급한 주제를 다시 한번 다른 각도, 곧 대조법으로 설명한다.

하지만 16:1~22:16은 반의 대구법을 사용하는 일부분을 제외한 나머지 대부분은 동의 대구법이나 종합 대구법으로 구성됐다. 둘째 행은 '그리고'로 시작한다. 주제는 다양하지만, 가장 중요한 것은 왕궁(왕의 법정)에서 미래에 담당할 역할이다.

---

16 Clifford, *Proverbs*, 108은 솔로몬의 잠언 375개를 히브리어 이름 솔로몬에 있는 자음을 수치화해 논증한다. 곧, שלמה(ש=300; ל=30; מ=40; ה=5)는 375이다.

IV. 지혜자의 잠언(22:17~24:34)

지혜자의 잠언은 두 부분, 곧 22:17~24:22과 24:23~34으로 구성됐다. 첫째 부분(22:17~24:22)은 "**지혜 있는 자의 말씀**(지혜자의 잠언)"으로 시작한다(22:17). 둘째 부분(24:23~34)은 "**이것도 지혜로운 자의 말씀이라**"라는 말로 시작한다(24:23). 첫째는 잠언 30개로 구성됐지만, 둘째는 짧은 잠언 6개로만 구성한다. 그리고 잠언 대부분은 명령형으로 구성한 경고로 "**~하라**" 또는 "**~하지 말라**"라고 한다. 그러고 나서는 경고하거나 조언하는 **이유를 설명한다**. 첫째 부분에서, 22:17~21은 22:22~24:22의 서론이다.[17] 열한 번째에서 열일곱 번째까지 잠언은 부모의 잠언(1~9장)에 나타나는 주제를 반복하거나 따른다. 지혜자의 잠언 둘째 부분은 서론(24:23a)으로 시작해, 동의 평행구조로 됐다.

    A 법정에서 심판(24:23~25)
      B 언어, 말(24:26)
        C 일(24:27)
    A' 법정에서 증언(24:28)
      B' 언어, 말(24:29)
        C' 일(24:30~34)[18]

V. 솔로몬의 다른 잠언(25~29장)

솔로몬의 다른 잠언은 히스기야 왕의 신하가 편집했다. 서로 다른 두 가지 형식으로 구성했는데, 하나는 '비교'하는 잠언(comparative proverbs, 25:2~27:27)—두세 가지를 비교하는 형식—이고, 다른 하나는 '대조'하는 잠언(antithetic proverbs, 28:1~29:27)—두 가지를 대조하는 형식—이다. 비교하는 잠언(25:2~27:27)의 특징은 다방면에 관한

---

[17] Clifford, *Proverbs*, 411.

[18] Waltke, *Proverbs 1~15*, 24.

잠언(miscellaneous proverbs), 여호와를 언급하지 않음, 수많은 직유법과 은유법으로 구성, 훈계를 상대적으로 많이 사용하는 형식으로 구성 등이다. 그러나 대조하는 잠언(28:1~29:27)은 신학적 내용과 윤리적 측면을 더 강조하며 하나님과 사회 지도층에 초점을 맞춘다.19

VII. 아굴의 잠언(30:1~30)

아굴의 잠언은 형식과 내용 면에서 다른 잠언과 확연히 다르게 구성됐다. 아굴의 잠언은 서론으로 시작하며(30:1), 여호와를 욕되게 하거나 거부하지 않도록 "자신을 지켜주십시오"라는 기도(30:2~9), 자연을 통한 교훈(20:10~31), 그리고 마지막 조언(30:32~33)으로 끝맺는다. 아굴의 잠언에서 또 다른 특징은 고대 중근동 지역의 일반 시적 형태(poetical device)인 숫자를 사용함이다. 아굴의 권고는 조언으로 시작하여(30:10) 조언으로 끝맺는데(30:32~33), 그 중간에 숫자를 사용한 잠언이 있고(30:15~31) 그 잠언에 또 다른 조언이 포함돼 있다(30:17).

VII. 르무엘의 잠언(31:1~9)

르무엘의 잠언은 어머니가 왕인 자기 아들에게 말한 왕의 의무에 관한 간단한 교훈이다. 르무엘은 왕으로서 여러 가지 책임을 진다. 이 책임을 충실히 이행하려면, 르무엘은 자기 힘을 백성에게 유익하도록 사용해야 한다. 특히 독주를 피하고, 여자들에게 힘을 쓰지 말고, 힘이 없는 백성을 보호해야 한다. 여기서 왕은 왕이나 일반 지도자들을 지칭한다. 지도자의 임무는 자기에게 맡겨진 백성의 평안과 안전을 도모하는 일이다.

VIII. 결론(31:10~31): **현숙한 여인은 값으로 계산할 수 없는 보석과 같으며 자기 일로부터 보상받는다.**

결론은 현숙한 여인의 가치와 보상을 찬양하는데, 행마다 히브

---

19 Waltke, *Proverbs 1~15*, 25.

리어 알파벳을 첫 글자로 이어서 구성한 시(an alphabetic acrostic poem) 한 편이다. 이 시는 현명한 여인의 값으로 계산할 수 없는 가치(31:10~12), 그녀 사역(31:13~27), 보상(31:28~31)을 기록한다. 로스(Ross)는 31:10~31에 나오는 여인은 이상적 여성의 모습을 단순히 묘사한 것 그 이상으로 지혜를 상징하는 표현이며, 의인화한 지혜를 찬양한다고 설명한다. 또한 하나님을 경외할 때, 하나님의 백성은 하나님께서 맡기신 시간과 달란트에 신실한 청지기가 될 수 있음을 노래한다고 주장한다.[20]

결론

잠언은 1:1~6에서 확인할 수 있는 다섯 가지 목적을 독자에게 제시하려고 기록됐다. 다섯 가지 목적은 지혜와 잠언을 1) 알게 하며(to know, 1:2), 2) 깨닫게 하며(to comprehend, 1:2), 3) 훈계받게 하며(to acquire, 1:3), 4) 슬기롭게 하며(to give prudence, 1:4), 5) 잠언과 비유를 깨닫게 함이다(to understand wisdom and proverbs, 1:6). 잠언에서 지혜는 인간의 지식이나 재능이 아니라, 사회생활에서 도덕적·윤리적 행동을 말한다. 지혜는 하나님을 경외하기에서 시작한다. 그래서, 잠언서의 궁극적 목적은 이 사회생활에서 지혜롭고 현명하게 살려고, 지혜의 원천이신 여호와를 찾고 구하게 함이다.

---

[20] Allen P. Ross, "Psalms," in *Bible Knowledge Commentary: An Exposition of the Scriptures by Dallas Seminary Faculty*, ed. John F. Walvoord and Roy B. Zuck (Wheaton, IL: Victor Books, 1985), 1129~30.

잠언 22:17~21
지혜자 잠언 서론 — 지혜의 말씀을 추구합시다

중심 내용: 지혜의 말씀에 잠길 때, 주님을 의지하고 말씀을 바르게 전하는 지혜를 얻는다.

I. 말씀에 전념하고 전할 때, 기쁨과 즐거움이 주어진다(17~18절).

  1. 말씀에 주의하여 그 뜻을 이해하고 삶에 적용해야 한다(17절).

  2. 말씀에 전념하고 전할 때, 기쁨과 즐거움이 오기 때문이다(18절).

II. 말씀에 전념해야 하는 목적은 주님을 의지하며 말씀을 바르게 전하려 함이다(19~21절).

  1. 말씀에 전념할 때, 주님을 의지하며 산다(19절).

  2. 말씀에 전념할 때, 말씀을 바르게 전할 수 있다(20~21절).

서론

  잠언은 크게 세 부분, 곧 1~9장, 10~29장, 30~31장으로 나눌 수 있습니다. 첫째 부분인 1~9장은 부모가 자녀에게 말하는 교훈입니다. 둘째 부분인 10~29장은 세 가지 잠언으로 구성됐습니다. 10:1~22:16

은 솔로몬의 잠언 375개로 이루어졌으며, 22:17~24:34은 **지혜자가 말하는 30개 교훈과 6개 추가 교훈**으로 되어 있습니다. 그리고 25~29장은 솔로몬의 추가 잠언으로 히스기야의 신하들이 편집했습니다.[1]

22:17~24:34에서 지혜자가 말하는 30개 잠언과 6개 추가 잠언, 곧 전체 36개 교훈은 '**지혜자 잠언**' 또는 '**현인 잠언**'이라 불립니다. 지혜자 잠언은 잠언 전체에서 가르치는 핵심 교훈을 잘 요약합니다. 지혜자 잠언과 솔로몬 잠언은 말하는 방식에 차이가 있습니다. 솔로몬 잠언은 이유를 제공하지 않은 채 교훈만 제시합니다. 예를 들겠습니다. "이것은 솔로몬의 잠언이다. 지혜로운 아들은 아버지를 기쁘게 하지만, 미련한 아들은 어머니의 근심거리이다. 부정하게 모은 재물은 쓸모가 없지만, 의리는 죽을 사람도 건져낸다"(잠언 10:1~2). 그러나 **지혜자 잠언 36개는 '하라' 또는 '하지 말라'라는 명령형에 이어 그 이유를 제시한다**는 점에서 솔로몬 잠언과는 차이가 있습니다. 지혜자 잠언에서 36개 교훈은 사회가 점점 개인주의, 자기중심으로 바뀔 때, 하나님의 자녀가 어떻게 살아야 하는지를 보여주는 교훈입니다. 잠언 22:17~21은 지혜자 잠언 36개의 서론입니다.

---

[1] Bruce K. Waltke, *Proverbs 1~15*, New International Commentary on the Old Testament, ed. Robert L. Hubbard Jr. (Grand Rapids: Wm. B. Eerdmans Publishing Company, 2004), 9는 잠언을 7개 단락으로 나눈다(1:1; 10:1; 22:17; 24:23; 25:1; 30:1; 31:1). 그는 표제에 따라 단락을 나누는데, 22:17은 표제가 없어도 20절에 서른 가지 교훈이라고 언급하기에 한 단락으로 여긴다. Tremper Longman III, *Proverbs*, Baker Commentary of the Old Testament Wisdom and Psalms, ed. Tremper Longman III (Grand Rapids: Baker Academic, 2006), 37~38은 확장된 구조 17단락을 제시한다.

I. 말씀에 전념하고 전할 때, 기쁨과 즐거움이 주어진다(17~18절).

1. 말씀에 주의하여 그 뜻을 이해하고 삶에 적용해야 한다(17절).

지혜자는 자기가 말하는 교훈을 잘 들으라고 우리에게 권면합니다. "귀를 기울여서 지혜 있는 사람의 말을 듣고, 나의 가르침을 너의 마음에 새겨라"(17절). 지혜자는 세 가지를 권면합니다. 이 세 가지 권면은 '기울이라', '들으라', 그리고 '새기라', 곧 '지혜자의 말에 귀를 기울이라', '지혜자의 말을 들으라', '지혜자의 가르침을 마음에 새기라'입니다.2 지혜자의 말은 잠언에서 발견할 수 있는 모든 교훈을 지칭합니다. 특히, 지혜자가 말한 30개 교훈과 추가 6개 교훈을 지칭합니다.

먼저, 지혜자는 '말씀에 귀를 기울이라(נָטָה, 나타)'라고 말합니다. 문자적으로, '귀를 기울이라'는 의미는 '귀를 멀리까지 펼쳐라, 늘리라'입니다.3 다르게 말하면, 귀를 펼쳐서 주의 깊게 들으라는 의미입니다. 이 세상에는 여러 가지 지식이 범람하고 있습니다. 이때 우리가

---

2 Waltke, *Proverbs 15~31*, 222에 따르면, 귀는 정보를 받는 외부 기관이고, 마음은 몸 전체를 가리키는 내부 기관을 대표한다. 귀를 기울이고, 듣고, 새기라는 말은 명령받은 교훈에 전인격으로 순종해야 함을 강조한다.

3 '나타(נָטָה)'는 기본적으로 확장한다, 넓게 펼친다를 뜻한다. 그런데 이 용어가 손과 함께는 심판 문맥에 쓰였고(사 5:25; 23:11; 출 75), 귀와 함께는 기도 문맥에 쓰였다(시 17:6; 31:2). 또한 하나님과 관계, 하나님의 길, 하나님의 말씀과 밀접한 관계를 맺는 데도 쓰였다(신 2:27; 5:32; 잠 4:27). 이 본문에서는 말씀에 주의를 기울이라는 의미로 쓰였다. Francis Brown, S. R. Driver, and Charles Briggs, eds., *A Hebrew and English Lexicon of the Old Testament with an Appendix Containing the Biblical Aramaic* (Oxford: Clarendon Press, 1906; reprint, Peabody, MA: Hendrickson Publishers, 1979), 639~40; Victor P. Hamilton, "נטה," in *The New International Dictionary of Old Testament Theology and Exegesis*, ed. Willem A. VanGemeren, vol. 3 (Grand Rapids: Zondervan Publishing House, 1997), 92를 참조하라.

하나님 말씀에 주의를 기울여야 합니다. 또한, 지혜자는 '**지혜의 말씀을 들으라**(שׁמע, 샤마)'라고 말합니다. '듣다'는 단순히 들으라는 말이 아닙니다. 이 단어 '샤마'에 쓰인 자음과 '쉐마'에 쓰인 자음은 같습니다(שׁמע). 이 단어는 말씀의 의미를 조사하여 이해함을 뜻합니다. 하나님의 말씀을 주의 깊게 들은 후에, 그 말씀의 의미를 조사하여 이해함을 말합니다.4 그리고 나서 '**말씀을 마음에 새기라**(שׁית, 쉬이트)'라고 권면합니다. 마음에 새기라는 말은 생활에서 적용하라는 의미입니다. 소가 먹은 풀을 되새김질하듯이, 들은 말씀의 의미를 묵상하면서 삶의 현장에서 그것을 실천하라는 의미입니다.

동사 세 개, 곧 '귀를 기울이라, 들으라, 새기라'는 점차 발전합니다. 하나님의 말씀을 주의 깊게 들어야 합니다. 그 의미를 조사하며, 분명한 의도를 이해해야 합니다. 그리고 그것을 묵상하면서, 삶에 적용해야 합니다. 그런데 동사 세 개는 모두 미완료형입니다. 미완료형은 동작이 한 번으로 끝맺는 게 아니라 계속 이어짐을 나타내기에, 계속해서 실천하라는 의미가 강합니다. 하나님의 자녀는 하나님의 말씀을 주의해서 듣고, 그 의미를 이해하여, 삶에 적용해야 합니다. 그런데 이것을 한 번만 해서는 안 되고, 계속 반복해서 해야 합니다. 그래서 내 것으로 만들어야 합니다.

왜 성도는 하나님의 말씀에 전념해야 할까요? 왜 하나님 말씀을 내 것으로 만들어야 할까요? 하나님 말씀에 전념하여 내 것으로 만들 때 즐거움이 오기 때문입니다.

---

4 García López, "שׁמע," in *Theological Dictionary of the Old Testament*, ed. G. Johannes Botterweck, Helmer Ringgren, and Heinz~Josef Fabry, trans. David E. Green, vol. 15 (Grand Rapids: Wm. B. Eerdmans Publishing Company, 2006), 300에 따르면, '샤마'는 지혜 문학에서 법에 순종하는 삶이다.

2. 말씀에 전념하고 전할 때, 기쁨과 즐거움이 오기 때문이다(18절).

18절입니다. "그것을 깊이 간직하며, 그것을 모두 너의 입술로 말하면, 너에게 즐거움이 된다." '간직하며', '말하면', 이 두 단어는 조건절에 쓰였습니다.5 17절에서 지혜자가 말한 교훈을 '깊이 간직하면', 그리고 '입술로 그것을 말하면'이라는 뜻입니다. '그것을 깊이 간직하며'에서 '깊이(בֶּטֶן, 베텐; בְּבִטְנֶךָ, 버비트네카)'는 '배', '자궁'을 나타내는 단어입니다.6 글자 그대로 해석하면, '그것을 네 뱃속에 간직하면'입니다. 배는 사람의 가장 깊은 곳을 표현합니다.7 지혜의 말씀을 배에 간직하라는 의미는 지혜의 말씀을 잘 소화하여 마음속 깊은 곳에 간직하라는 뜻입니다. 그리고 그것을 입술로 말해야 합니다. '입술로 말한다'라는 '입술 위에 말씀을 잘 세워 견고하게 하기'를 뜻합니다. 다른 말로 하면, 다른 사람에게 말을 전하라는 뜻입니다. '지혜의 말씀을 잘 소화하여 마음속 깊은 곳에 간직한 다음, 대답이 필요할 때 그것을 사람들에게 말할 수 있어야 합니다.8

왜 마음속 깊이 간직하고 그 간직한 말씀을 전해야 할까요? 그렇게 할 때, 지혜의 말씀이 우리에게 즐거움과 기쁨을 가져다주기 때문입니다. 하나님의 말씀을 마음속 깊이 간직하며, 다른 사람에게 하나님의 말씀을 전할 때, 기쁩니다. 우리는 모두 전도하고 싶어 하고, 하나님의 말씀도 전하고 싶어 합니다. 전도 잘하는 사람을 부러워합니다. 용기가 없어서 못 하는지, 믿는 모든 사람은 그렇게 하려고 합니다. 전하지 못했을 때는 항상 무엇인가 남아있는 것처럼 불편하지만, 말

---

5 Waltke, *Proverbs 15~31*, 222.

6 Longman, *Proverbs*, 415; Brown, Driver, and Briggs, eds., *A Hebrew and English Lexicon of the Old Testament with an Appendix Containing the Biblical Aramaic*, 105~06.

7 Longman, *Proverbs*, 415.

8 Waltke, *Proverbs 15~31*, 221~22.

씀을 전하고 나면 우리 속이 아주 시원합니다. 십 년 묵은 체증이 쫙 내려간 듯 시원함을 느낍니다. 말씀을 전할 때, 기쁨과 즐거움이 오기 때문입니다.

하나님의 말씀을 듣고 배울 때만 기쁜 게 아닙니다. 하나님의 말씀을 깨닫고 그 말씀을 실천하고 가르칠 때, 기쁨이 넘칩니다. 이것을 제자 삼는 사역이라고 말합니다. 제자는 스승의 가르침을 전수하는 사람입니다. 학생은 선생님의 가르침을 배우지만, 제자는 배운 다음에 선생님의 말씀을 다른 사람에게 가르칩니다. 자기가 배운 말씀을 이해하고 적용한 다음에 다른 사람에게 가르칠 때, 즐겁고 기쁩니다. 예수님은 이 땅에 오셔서 많은 사람을 가르치셨습니다. 그래서 예수님을 스승으로 모시고 따랐던 사람이 많았습니다. 예수님은 특히 열두제자에게 집중하셨습니다. 참된 제자만이 배운 것을 실천하며 가르칠 수 있기 때문입니다. 바울도 그렇게 했습니다. 그에게 많은 제자가 있었지만, 디도나 디모데 등 몇몇 사람에게 집중했습니다. 특히 디모데에게는 제자를 가르쳐 그들이 또 다른 제자들에게 복음을 전하도록 가르치라고 권면했습니다(딤후 2:2). 제자로 삼는 사역에 집중하라고 권면했습니다. 그 이유는 그것이 성도의 사명이며, 우리에게 참된 기쁨과 즐거움을 제공하기 때문입니다.

성도의 사명은 하나님의 말씀을 잘 이해하여 삶에 적용하는 일입니다. 그리고 다음 세대에게 전하는 일입니다. 다음 세대는 자녀를 포함하기에, 자녀에게도 믿음을 전수해야 합니다. 삶의 모범과 말씀 교육으로 자녀에게 믿음을 전수해야 합니다.

17~18절은 몸의 일부를 많이 언급합니다. 17절에는 귀와 마음을, 그리고 18절에는 배와 입술을 언급합니다. 몸의 일부를 언급한 이유는 지혜의 교훈에 귀를 기울이고, 그것을 마음에 두며, 우리 내면의 깊은 곳에서부터 묵상하고 깨달은 것을 삶에 적용하면서 전해야 하기 때문입니다. 주의 말씀에 전념하고 그것을 전함이 우리 전인격적 사역이라고 가르칩니다.

이렇게 해야 하는 목적이 무엇일까요? 19~21절은 우리가 그렇게 해야 하는 두 가지 근본 목적을 설명합니다. 첫째는 하나님을 의지하게 합니다.

II. 말씀에 전념해야 하는 목적은 주님을 의지하며 말씀을 바르게 전하려 함이다(19~21절).

  1. 말씀에 전념할 때, 주님을 의지하며 산다(19절).

19절입니다. "이는 네가 주님을 의뢰하며 살도록 하려고 오늘 내가 너에게 특별히 알려 주는 것이다." '이는'은 목적을 나타내는 용어입니다.9 지혜자는 교훈하는 목적을 이야기합니다. 여호와 하나님을 의지하며 살게 하려 함입니다. 히브리어 성서는 의지하여 살기를 강조합니다. 여호와가 먼저 나오지 않고, 의지하여 살기를 뜻하는 부정사구가 먼저 나옵니다(לִהְיוֹת בַּיהוָה מִבְטַחֶךָ, 리요트 바이바 미브타헤카). 지혜자는 여호와를 '의지해 살기'를 강조, 또 강조합니다.

왜 여호와를 의지하며 살기를 강조할까요? 많은 사람이 여호와를 의지하는 게 아니라, 오히려 다른 것을 의지하기 때문입니다. 여호와보다도 의지할 것이 이 세상에는 많습니다. 많이 공부한 사람은 하나님보다는 지식을 더 의지합니다. 그래서 세상 지혜로 하나님을 판단합니다. 이 세상에서 많이 경험한 사람은 자기 경험을 더 의지합니다. 이렇게 하고 저렇게 하다 보니 되더라. 그래서인지 책을 보면 성공에 관한 책이나 글이 많습니다. 성공하는 『사람들의 7가지 습관』, 『성공하는 100가지 방법』, 『성공하는 사람들의 인생 교과서』 등등입니다. 또한 성공한 사람의 대화법이나 처세술도 이야기합니다. 『성공하는 사람의 처세술 48가지』나 『말로 성공하는 사람의 대화법』과 같

---

  9 Waltke, *Proverbs 15~31*, 223. Longman, *Proverbs*, 416은 19절이 여호와를 의지해야 할 신학적 동기를 제공한다고 본다.

은 글이나 책이 출판되었습니다. 이 모든 것은 경험에 의지해서 나왔습니다. 그래서 하나님보다는 자기 경험을 더 의지합니다. 신비를 경험한 사람은 신비를 더 찾고 의지하는 경향이 있습니다. 그래서 오늘날 병 고치는 목사를 찾고, 신유 은사가 있다는 집사나 권사를 찾아 다닙니다. 심령대부흥회를 하면 말씀을 강론하는 집회보다는 병 고치는 은사 집회에 더 많은 사람이 모입니다.

그런 경향을 알았기에, 바울은 고린도전서 1:22에 "**유대 사람은 기적을 요구하고, 그리스 사람은 지혜를 찾는다**"라고 했습니다. 그러나 바울은, 그리스도가 하나님의 능력이요 하나님의 지혜이므로 우리 그리스도인이 그리스도를 추구해야 한다고 강조합니다(고전 1:23~24). 지식을 강조하고 경험을 강조하며 은사를 강조하는 사람에게는, 그리스도를 추구하고 그리스도의 말씀을 추구함이 어리석게 보일 수도 있고 거리끼는 것일 수도 있습니다. 그러나 하나님을 믿는 사람은 오직 그리스도만 추구해야 한다고 주장합니다. 그리스도의 말씀에 능력이 있기 때문입니다. 지혜자는 주님을 신뢰하며 살게 하려고 말씀을 묵상하고 적용하라고 권면합니다. 말씀에 잠기면 잠길수록, 말씀대로 살면 살수록, 주님을 더 의지합니다. 세상 것을 의지하는 경향에서 벗어날 수 있는 유일한 길은 오직 여호와의 말씀을 삶에 적용하면서 말씀을 의지하는 겁니다.

말씀을 묵상하고 적용해야 하는 첫째 목적은 주님을 의지하며 살게 하려 함이고, 둘째 목적은 다른 사람에게 바른말을 할 수 있게 하려 함입니다.

2. 말씀에 전념할 때, 말씀을 바르게 전할 수 있다(20~21절).

21절입니다. "이는 네가 진리의 말씀을 깨달아서, 너에게 묻는 사람에게 바른 대답을 할 수 있게 하려 함이다." 21절은 지혜자의 교훈을 말한 둘째 이유나 목적을 설명합니다.[10] 이는 청중이 진리의 말씀을 깨달아서, 그것을 물어보는 사람에게 바른 대답을 할 수 있게 하려 함입니다. 지혜자는 왜 30개 교훈과 추가 6개 교훈을 말했는지에 관한 분명한 이유를 설명합니다.11 하나님의 말씀을 잘 공부해야 합니다. 그래야 그 교훈을, 진리의 말씀을 다른 사람에게 전할 수 있습니다. 많은 사람은 '하나님을 보여 달라, 그러면 내가 믿겠다'라고 말합니다. 이 말은 한편에서는 억지처럼 보이지만, 다른 한편에서는 올바른 질문입니다.

성경은 하나님의 사람들과 그들이 속한 교회를 가리켜 '예수 그리스도의 몸'이라고 말합니다. 예수님을 가리켜 '교회의 머리'라고 말합니다. 예수님 그리고 하나님은 몸인 우리를 통해서 당신을 세상에 드러내십니다. 누군가가 하나님을 보여주면 믿겠다고 말하면, 우리는 이렇게 대답해야 합니다. "저를 보세요. 우리 목장을 보세요. 우리 교회를 보세요. 저와 우리 목장과 교회가 바로 하나님의 대변인입니다. 저와 우리 목장과 교회가 바로 하나님이 살아계심을 보여주는 증거입니다"라고 자신 있게 말할 수 있어야 합니다. 그런데 우리는 그렇게 못하고 있습니다. 왜 그렇습니까? 하나님께 문제가 있습니까, 아니면 예수님께 문제가 있습니까? 전혀 그렇지 않습니다. 우리에게 문제가 있기 때문입니다. 우리가 하나님의 말씀에 주의해서 듣고 그것을 마음에 묵상하지 않았기 때문입니다. 우리 내면 깊은 곳에 말씀을 간직하면서도 올바른 삶을 살지 않았기 때문입니다. 우리가 말씀대로 살지 못했기 때문입니다. 우리가 말씀대로 살았다면, 질문하는 사람에게 올바른 대답을 할 수 있었을 겁니다.

하나님의 말씀은 우리가 올바른 삶을 살게 돕습니다. 디모데후서 3:16~17은 말합니다. "**모든 성경은 하나님의 영감으로 된 것으로서 교훈과 책망과 바르게 함과 의로 교육하기에 유익합니다.** 성경은 하나

---

10 Longman, *Proverbs*, 416; Waltke, *Proverbs 15~31*, 223~24.

11 Longman, *Proverbs*, 416.

님의 사람을 유능하게 하고, 그에게 온갖 선한 일을 할 수 있게 하는 것입니다." 교훈과 책망은 우리 언어생활과 관련이 있습니다. 하나님의 말씀은 바른 언어를 사용하도록 교훈합니다. 그리고 언어생활에서 문제가 있을 때, 말씀은 책망합니다. 바르게 함과 의로 교육한다는 말은 우리 생활과 밀접한 관련이 있습니다. 또한 하나님의 말씀은 바르게 생활하게 돕습니다. 바르게 생활하지 못할 때, 하나님의 말씀 올바로 살도록 교육합니다. 하나님의 말씀인 성경은 우리가 선한 일을 할 수 있게 합니다. 물론 우리는 완벽한 삶을 살 수는 없습니다. 그러나 주님의 말씀을 묵상하면서, 하나님의 말씀대로 살 때, 우리는 올바른 삶을 살 수 있습니다. 한 걸음 더 나아가 질문하는 사람들에게 올바른 대답을 할 수 있습니다. 그렇게 될 때, 우리 삶을 통하여 그들에게 바른 영향을 줄 수 있습니다.

결론

그러므로 우리는 말씀을 주의 깊게 들어야 합니다. 말씀의 의미를 이해해야 합니다. 말씀을 이해했으면 이제 생활에 적용해야 합니다. 이 권면은 하나님의 말씀을 마음에 깊이 간직하고 전하라는 말입니다. 그럴 때 하나님께서 주시는 기쁨과 즐거움을 누립니다. 왜냐하면 우리 그리스도인의 참된 기쁨은 말씀을 생활에서 적용하면서 전할 때 오기 때문입니다. 그렇게 하려고, 우리는 말씀을 더 의지해야 합니다. 그리하여 하나님을 알려는 이에게 삶과 언어를 통하여 지혜의 말씀을 바르게 전할 수 있습니다.

1 잠언 22:22~23
사회 약자를 보호합시다

중심 내용: 사회 약자를 핍박해서는 안 되고, 도리어 도와야 한다.

I. 사회 약자를 보호해야지, 그들 것을 약탈해서는 안 된다(22절).

   1. 가난한 자를 핍박하지 말아야 한다(22a절).

   2. 핍박받는 이가 법정에서 부당하게 대우받지 않게 해야 한다(22b절).

II. 그 이유는 주님께서 약자의 보호자이며 그들을 위해 싸우시는 분이기 때문이다(23절).

   1. 그 이유는 주님께서 약자의 보호자이시기 때문이다(23a절).

   2. 그 이유는 주님께서 약자를 위해 싸우시기 때문이다(23b절).

서론

'사회 약자'를 네이버 사이트에서 검색하면, 다양한 내용이 나옵니다. 사회 약자는 상대적으로 힘이 없는 사람을 지칭합니다. 이 땅에는 많은 사회 약자가 살고 있습니다. 이들은 보호할 대상인데도, 실제로 보호받지 못하고 오히려 핍박받습니다. 다행히 요즘은 사회 약자를 바라보는 관점이 바뀌고 있습니다. 사회나 정부도 그들에 대한 인식을 바꾸고 있고, 도우려고 합니다.

우리 믿는 사람은 사회 약자를 어떻게 대해야 할까요? 오늘 잠언 22:22~23은 사회 약자에 대한 교회 책임과 의무를 이야기합니다.

I. 사회 약자를 보호해야지, 그들 것을 약탈해서는 안 된다(22절).

1. 가난한 자를 핍박하지 말아야 한다(22a절).

지혜자는 가난한 사람을 핍박하지도 그들 소유를 약탈하지도 말라고 권면합니다. "가난하다고 하여 그 가난한 사람에게서 함부로 빼앗지 말고"(22a절). 가난한 사람(דַּל, 달)은 경제적으로 자립하지 못하거나 정치 배경 또는 힘이 없는 사람을 지칭합니다.1 또한 사회적으로 중요하지 않은 사람을 의미하기도 합니다. 게다가 핍박받는 사람을 지칭하기도 합니다. 이런 사람을 가리켜서 '사회 약자'라고 합니다.

---

1 달(דַּל)은 낮은 사람, 약한 사람, 가난한 사람을 지칭하는 말이다. Francis Brown, S. R. Driver, and Charles Briggs, eds., *A Hebrew and English Lexicon of the Old Testament with an Appendix Containing the Biblical Aramaic* (Oxford: Clarendon Press, 1906; reprint, Peabody, MA: Hendrickson Publishers, 1979), 195를 보라. Leonard J. Coppes, "דָּלַל," in *Theological Wordbook of the Old Testament*, ed. R. Laird Harris, Gleason L. Archer Jr., and Bruce K. Waltke, vol. 1 (Chicago: Moody Press, 1980), 433에 따르면, 이 단어가 궁핍한 사람보다는 부족한 사람을 지칭한다고 말한다. 그리고 이스라엘에서는 낮은 계층의 사람, 물질적인 부가 부족한 사람, 사회적 힘이 부족한 사람을 지칭한다(왕하 24:14; 25:12). 바빌로니아가 이스라엘 사람을 포로로 잡아갈 때, 가난한 사람, 낮은 계층의 사람을 예루살렘에 남겨 두었는데(왕하 24:14), 이들이 바로 히브리어로 '달'이다. 그리고 영적으로 가난한 사람을 지칭하기도 한다(렘 5:4).

구약성서에서는 사회 약자를 다양하게 설명합니다. 국가 관계에서는 힘이 없어 강대국에 주권을 빼앗긴 국가와 백성이 사회 약자입니다(왕하 24:14). 하나님은 이스라엘 백성에게, 너희가 이집트에서 나그네 인생을 살았음을 기억하여, 너희 땅에 외국인이 들어와서 나그네로 살아갈 때, 그들을 학대하거나 억압해서는 안 된다고 말씀하십니다. 이집트에 살 때는 이스라엘 백성이 사회 약자였습니다. 그러나 가나안에서는 이스라엘 백성이 강자일 수 있습니다. 그래서 함께 살려고 온 다른 나라 백성이 약자라는 이유로, 그들을 억압하지 말라고 합니다. 사회적으로 볼 때, 과부나 고아 그리고 여행객이나 가난한 사람이 약자입니다. 과부나 고아로 대표되는 가난한 백성이 돈을 꾸거든 빚쟁이처럼 독촉하지 말고, 이자를 받지 말라고 했습니다. 겉옷을 담보로 잡거든, 해지기 전에 돌려주라고 했습니다. 그 겉옷이 몸을 가릴 수 있는 옷이면서도 이불 역할을 하기 때문입니다.

현대 사회에서 사회 약자는 구약시대에 사회 약자와 별반 차이가 없습니다. 『네이버 국어사전』에 따르면, 사회 약자는 신체적 또는 인지적 기능이 다른 사람보다 약한 사람을 지칭합니다.[2] 그러나 현대는 신체적 또는 인지적 기능이 약한 사람만을 지칭하지 않습니다. 경제적으로 어려운 사람, 핍박받는 사람, 정당한 대우를 받지 못하는 사람도 지칭합니다. 퀵서비스에 종사하는 사람, 아르바이트생, 제3국에서 온 사람, 하청업자도 사회 약자로 분류합니다. 집단에서 따돌림을 받는 사람, 성폭력 피해자, 가정폭력의 희생자, 장애인도 사회 약자입니다. 한 마디로 사회 약자는 힘이 없는 사람을 말합니다.

성경은 힘 있는 사람은 사회 약자에게서 함부로 빼앗지 말라고 경고합니다. '함부로 빼앗다(גָּזַל, 가잘)'는 힘이나 불법 권력을 써서 착취하는 행위를 말합니다.[3] 자기 힘이나 권리를 불법적으로 사용하여, 힘이 없는 사람을 압제하거나 괴롭히는 행위, 곧 부당한 행위를 의미합

---

[2] '사회 약자', 『네이버 국어사전』, https://ko.dict.naver.com/#/entry/koko/09e7dffb430d44579d2d02c0fd381429, 2022년 1월 12일 접속.

니다. 약자를 착취해서는 안 되는데, 약자는 보호할 대상이지 착취나 핍박할 대상이 아니기 때문입니다(출 22:20~24). 하나님의 백성으로서 성도가 도움이 필요한 사회 약자들을 돕는 일은 취사선택이 아닙니다. 반드시 실천할 의무이자 책임입니다. 사회 약자가 약하다는 이유로 그들을 괴롭혀서는 안 됩니다. 보호할 사람이 없다고 약자에게 있는 것을 함부로 빼앗아서는 안 됩니다. 그들이 힘이 없다는 이유로 그들을 핍박하거나 압제해서도 안 됩니다.4 힘이 없으며 가진 게 없음은 죄도 아니고, 부끄럽지도 않습니다. 단지 조금 부족하고 불편할 뿐입니다. 특별히 더불어 살아가는 사회에서, 재산이 없는 사람이나 힘이 약한 사람은 핍박 대상이 절대 아닙니다.

2. 핍박받는 이가 법정에서 부당하게 대우받지 않게 해야 한다(22b절).

또한 고생하는 사람을 법정에서 압제해서도 안 됩니다. "고생하는 사람을 법정에서 압제하지 말라"(22b절). 고생하는 사람은 핍박받는 사람을 말하며 가난한 사람과 같은 의미입니다. 이들은 가장 힘이 없

---

3 "빼앗다"는 히브리어로 גָּזַל(가잘)이다. 이 단어는 이웃의 물건을 단순히 훔치는 행위를 넘어서, 힘으로 빼앗는 것이나 강도질하는 행위를 의미한다. 때때로 사람의 피부를 살아 있는 채로 벗길 때도 쓰였다(미 3:2). 그리고 아비 없는 자식을 어머니의 젖으로부터 떼어놓을 때도 이 용어가 쓰였다(욥 24:9). 자세한 내용은 James E. Smith, "גָּזַל," in *Theological Wordbook of the Old Testament*, ed. R. Laird Harris, Gleason L. Archer Jr., and Bruce K. Waltke, vol. 1 (Chicago: Moody Press, 1980), 337; J. Schüpphaus, "גָּזַל; גָּזֵל; גָּזֵל; גְּזֵלָה," in *Theological Dictionary of the Old Testament*, ed. G. Johannes Botterweck and Helmer Ringgren, trans. John T. Willis, rev. ed., vol. 2 (Grand Rapids: Wm. B. Eerdmans Publishing Company, 1977), 457; Bruce K. Waltke, *Proverbs 15~31*, New International Commentary on the Old Testament, ed. Robert L. Hubbard Jr. (Grand Rapids: Wm. B. Eerdmans Publishing Company, 2005), 230, n. 167을 참조하라.

4 Waltke, *Proverbs 15~31*, 230~31.

고 스스로 자신을 보호할 수 없는 사람입니다. 부당하게 압제당하거나 고통당하는 사람입니다. 그리고 '법정(שַׁעַר, 샤아르)'이라는 용어는 '성문'을 가리키는 용어입니다. 그렇다면 문자적으로는 "고생하는 사람, 곧 괴롭힘당하는 사람을 성문에서 압제하지 말아라, 또는 눌러서 짓밟지 말라"라는 뜻입니다. 고대 이스라엘에서, 성문은 매우 중요한 역할을 하는 장소였습니다. 많은 사람이 자주 출입하는 곳입니다. 그러다 보니 자연스럽게 성문에서 많은 경제 활동과 소송이나 재판이 이루어졌습니다.5 그래서 성문은 오늘날 법정을 의미합니다. 『새번역』이 성문을 법정으로 번역은 의미를 잘 이해한 좋은 번역입니다.

법정에서 힘이 없고 핍박받는 사람을 압제해서는 안 됩니다. 22절 전반부가 경제적 착취당함을 말한다면, 후반부는 사법적 착취당함을 말합니다. 물질이 없으며 도움을 주는 사람이 없다는 이유로, 부당하게 대우받으면서도 도움받을 변호사조차 선임하지 못하는 어려운 형편에 있는 사람입니다. 가난하고 힘이 없기에, 오히려 법의 보호를 더 받아야 하지 않겠습니까. 그런데 현실은 그렇지 않습니다. 실제로는 가난하고 힘이 없다는 이유로, 법의 보호를 받지 못하고 오히려 부당하게 대우받는 현실입니다.

우리나라 「헌법」 27조에 따르면, "모든 국민은 헌법과 법률이 정하는 바에 의하여 재판을 받을 권리"를 가질 수 있습니다. 그러나 가난한 사람은 이 권리조차도 내세울 수 없는 상황입니다. 소송비용 때문입니다. 신체적으로나 정신적으로 부당하게 대우받으면서도 가난하다는 이유로 법의 보호를 받지 못합니다. 물론 어떤 경우는 국가가 선

---

5 Hermann J. Austel, "שָׁעַר," in *Theological Wordbook of the Old Testament*, ed. R. Laird Harris, Gleason L. Archer Jr., and Bruce K. Waltke, vol. 2 (Chicago: Moody Press, 1980), 2437. Waltke, *Proverbs 15~31*, 231은 '성문에서'를 이스라엘 공동체의 정치, 경제, 사회를 이끄는 통치자, 장로, 상인을 지칭하는 동의어로 본다. 그리고 성문은 법이 집행되는 재판 장소이다.

임하는 국선 변호사가 있긴 합니다. 그러나 그것도 사건이 큰 경우이지, 중요성 적은 작은 사건에서는 국선 변호사에게 도움받는 게 쉽지 않습니다. 재판받는 것이 어렵다는 점을 알기에, 회사나 부자는 법의 약점을 이용해서 가난한 사람, 힘이 없는 사람을 압제합니다. 이런 현상은 현대 사회에서 뿐만 아니라 고대에서도 마찬가지였습니다. 사람이 살아가는 세상은 항상 이런 문제가 발생합니다. 그래서 하나님은 사회 약자가 변호사를 선임할 수 없다는 이유로 법정에서 그들을 압제하지 말라고 당신 백성에게 경고하셨습니다.

22절은 경제 측면, 사법 측면에서 약자를 말합니다. 그러나 단순히 경제 측면, 사법 측면만을 의미하지 않습니다. 사회생활 전반에 걸쳐 존재하는 사회 약자를 지칭합니다. 하나님을 섬기는 사람은 사회 약자를 보호하고 그들 이익을 대변해야 합니다. 오늘날 법의 도움을 받지 못하는 약자가 많습니다. 우리는 그들을 외면해서는 안 되며, 압제해서도 안 됩니다. 오히려 그들을 도와주어야 합니다.

그렇다면 성경은 왜 가난한 사람, 어려움을 겪는 사람을 압제하지 말고, 도와주라고 할까요? 그 이유는 주님께서 그들 보호자이시며, 그들을 도와주시는 분이시기 때문입니다.

II. 그 이유는 주님께서 약자의 보호자이며 그들을 위해 싸우시는 분이기 때문이다(23절).

1. 그 이유는 주님께서 약자의 보호자이시기 때문이다(23a절).

23절이 그 이유를 설명합니다. "주님께서 그들의 송사를 맡아 주시고, 그들을 노략하는 사람의 목숨을 빼앗으시기 때문이다." 23절은 '왜냐하면 …이기 때문이다'로 시작합니다.6 왜 경제적, 정치적, 사법적 약자를 압제하지 않고 도리어 보호해야 할까요? 하나님께서 그들

---

6 Waltke, *Proverbs 15~31*, 231.

보호자가 되시고, 하나님께서 그들을 위해 싸우시기 때문입니다. 23절은 하나님이 사법적으로 보호받지 못하는 사람을 변호하신다고 말합니다. 그리고 나서 경제적으로 보호받지 못하는 사람을 대신해서 주님이 지켜주신다고 말합니다. 그런데 히브리어 성서에서는 한글 성경에서 발견할 수 없는 표현이 있습니다.

23절 전반부에 "**주님께서 그들의 송사를 맡아 주시고**"라고 표현합니다. "**맡아 주시고**"는 히브리어로 רִיב(리브)입니다. 이 동사는 '싸운다, 논쟁한다, 법정에서 싸우다'라는 뜻입니다.7 그리고 '그들 송사'에서 송사도 같은 동사 רִיב(리브)를 씁니다. '리브'에 3인칭 복수 대명사가 붙어 '그들 송사'가 됐습니다. 이 문장을 문자적으로 번역하면, "**주님께서 그들 싸움을 싸워 주신다.**"입니다. 법정 용어로는 '주님께서 그들 송사를 맡아 주신다'를 뜻합니다. 약자가 가난하다는 이유로 그리고 그들에게 도와주는 이가 없다는 이유로 법정에서 그들을 압제한다면, 여호와께서 약자의 법정 싸움에 직접 개입하시겠다고 약속합니다. 여호와 하나님께서 가난한 사람의 변호사로 법정에 나서시겠다고 말씀합니다. 하나님은 가난한 사람, 핍박받는 사람의 변호사가 되셔서 그들을 대신해서 직접 싸워 주시겠다고 약속하십니다.8 하나님은 사회적 약자에게 싸움을 걸어오는 압제자에 맞서서 그들을 대신해서 직접 싸우시는 분이십니다.

---

7 Brown, Driver, and Briggs, eds., *A Hebrew and English Lexicon of the Old Testament with an Appendix Containing the Biblical Aramaic*, 936; Ludwig Koehler and Walter Baumgartner, *The Hebrew and Aramaic Lexicon of the Old Testament*, trans. and ed. under the supervision of M. E. J. Richardson, vol. 2, rev. Walter Baumgartner and Johann Jakob Stamm with assistance from Benedikt Hartmann et al. (Leiden: E. J. Brill, 2001), 1226~28.

8 Waltke, *Proverbs 15~31*, 231.

성도가 왜 사회 약자를 압제해서는 안 될까요? 사회 약자를 압제하는 짓은, 곧 하나님을 멸시(압제)하는 짓이기 때문입니다. 사회 약자를 핍박하는 짓은, 곧 하나님을 핍박하는 짓이기 때문입니다. 사회 약자에게 싸움을 거는 행위는, 곧 여호와 하나님께 싸움을 거는 행위입니다. 왜냐하면 하나님께서는 당신이 직접 그 싸움에서 싸워 주시겠다고 약속하셨기 때문입니다. 그래서 믿는 사람은 사회 약자를 보호하고, 그들 편에 서야 합니다. 이 표현을 다르게 표현해 성도에게도 적용할 수 있습니다. 성도가 부당하게 대우받을 때, 하나님께서는 성도를 위해서 반드시 싸우십니다. 성도의 대변인이 되어 주시고 또한 변호사가 되셔서, 성도가 싸울 힘이 없을 때 성도를 대신하여 싸우십니다. 그래서 바울이 예수님을 전하다가 받은 많은 어려움에서도 직접 대항하지 않은 이유는, 하나님께서 그를 위해서 싸우시는 분임을 알았기 때문입니다. 그렇기에 성도도 직접 싸우려고 하지 말고, 하나님께 맡겨야 합니다. 하나님이 부당하게 대우받는 여러분을 대신해서 싸우시기 때문입니다.

2. 그 이유는 주님께서 약자를 위해 싸우시기 때문이다(23b절).

후반부에는 "그들을 노략질하는 사람의 목숨을 빼앗으시기 때문이다"라고 합니다. 여기에서도 앞에서와 같이, 같은 단어가 반복합니다. '노략질하는 사람'에서 '노략질'과 '목숨을 빼앗으시기 때문이다'에서 '빼앗다'는 같은 단어, 곧 קָבַע(카바)입니다.[9] 문자적으로, קָבַע(카바)는 '폭력이나 협박으로 노략질하고, 강도질하고, 빼앗고, 약탈하는 것'을 말합니다. 23절 후반부를 문자적으로 번역하면, "**여호와는 가난한 자를 약탈하며 빼앗는 사람의 목숨을 약탈하며 빼앗기 때문이다**"입니다. 사회 약자라는 이유로 그들 유익이나 그들 것을 빼앗는다면, 하나님

---

[9] Brown, Driver, and Briggs, eds., *A Hebrew and English Lexicon of the Old Testament with an Appendix Containing the Biblical Aramaic*, 867.

은 반드시 약탈자 것을 빼앗으시겠다고 말씀합니다. 사회 약자라는 이유로 그들 것을 강도질하면, 하나님은 반드시 강도질한 자의 것을 빼앗겠다고(강도질하겠다고) 말합니다. 상대방이 사회 약자라는 이유로 힘이나 폭력을 사용한다면, 하나님은 힘과 폭력을 사용한 사람에게 힘과 폭력을 사용하겠다고 말씀합니다. 더 나아가 사회 약자를 약탈하는 약탈자의 생명을 약탈해 버리시겠다고 말씀하십니다. 사회 약자를 핍박할 때, 생명을 담보로 한다고 말합니다. 하나님은 사회 약자를 항상 연민합니다. 그들을 눈동자와 같이 지켜보십니다. 그래서 그들이 당하는 만큼, 하나님은 그들을 압제하는 자에게 그대로 갚아 주시 돼, 재산뿐만 아니라 생명까지도 빼앗아 버리겠다고 경고하십니다.

물질이 중요합니까, 생명이 더 중요합니까? 어찌 물질을 생명과 바꾸려 하십니까? 사회 약자를 핍박함은 결국 하나님께 싸움을 거는 어리석은 일입니다. 자기 생명을 걸고 도박하는 어리석은 싸움입니다. 가정에서 아내를 사랑해야 하는 이유도 여기에 있습니다. 아내가 약자라는 이유로 아내에게 함부로 하면, 그것은 하나님을 경멸하는 짓입니다. 하나님에게 싸움을 거는 짓입니다.10 자기 생명을 걸고, 하나님을 대항하여 싸우는 도박과 같습니다. 그러므로 연약한 아내를 더 사랑하는 남편이 되시기 바랍니다.

그런데 노략질한다는 용어와 생명을 빼앗는다는 히브리어가 같은 단어이면서도, 시상은 둘 다 미완료형입니다.11 하나님께서 사회 약자

---

10 Waltke, *Proverbs 15~31*, 232.

11 יָרִיב(야리브, 싸운다)와 קָבַע(카바, 빼앗다)는 시상이 둘 다 미완료형이다. וְקָבַע(여카바)는 완료형 와우 연속법(Waw Consecutive)이므로 미완료형으로 해석한다. Wilhelm Gesenius, E. Kautzsch, and A. E. Cowley, *Gesenius' Hebrew Grammar*, 2nd English ed. rev. in accordance with the Twenty-Eighth German ed. (1909) by A. E. Cowley, with a facsimile of the Siloam inscription by J. Euting, and a table of alphabets by M. Lidzbarski. (Oxford: Clarendon Press, 1978), § 112. The Perfect with Waw Consecutive. a.를 보라.

를 돌보시고 보호하시는 은혜는 선심성 행위가 아니라, 지속해서 되풀이하는 활동임을 강조합니다. 하나님은 사회 약자가 이 땅에서 살아가는 동안에 어려움이 생기면 한 번만 보호하시는 게 아니라 계속 보호하십니다. 정부나 관공서는 선거철이나 특별한 경우에 선심성 행위를 합니다. 보여주기식 행정을 합니다. 그래서 선거철이나 중요한 때에는 공사를 많이 합니다. 멀쩡한 것을 헐어 버리고 다시 공사합니다. 투표를 의식하기 때문입니다. 그러나 하나님은 그렇게 하시지 않습니다. 가난한 사람을 계속해서 돌보시겠다고 약속합니다. 이 땅에서 인간 사회가 유지되는 한, 하나님은 끊임없이 사회 약자를 돌보십니다. 그리고 교회에게 하나님의 선한 뜻을 이루어 나가라고 권면하십니다. 교회도 선한 일을 할 때 보여 주기식이 아니라, 진정한 마음으로 해야 합니다.

결론

사회 약자는 어느 시대나 어느 곳에서나 존재합니다. 권력을 가진 사람은 자기 권력을 유지하려고 사회 약자의 권리를 무시합니다. 그리고 그것을 짓밟으려 합니다. 이러한 현상은 나라와 나라, 사회와 사회, 회사와 회사, 그리고 개인과 개인 관계에서도 나타납니다. 이것이 세상 원리입니다. 하지만 하나님의 사람은 달라야 합니다. 하나님의 교회는 달라야 합니다. 세상 원리가 아니라, 하나님 원리에 따라야 합니다. 우리가 세상을 바꿀 수는 없지만, 우리 행동은 세상을 바꾸기 시작합니다. 먼저 나부터 시작합시다. 내 가정에서부터 시작합시다. 내 교회에서부터 시작해야 합니다. 내가 있는 공동체에서 시작해야 합니다. 지혜자는 하나님을 믿는 성도에게 힘이 있다고 해서 자기 권리를 자기 유익을 위해서 사용하지 말고, 도리어 가난한 사람인 약자를 위해서 사용하라고 권면합니다.

2 잠언 22:24~25
자주 분노하는 사람과 사귀지 맙시다

중심 내용: 분노를 잘 표출하는 사람과 사귀면 위험에 빠지기 쉽다.

I. 자제심이 부족한 사람과 사귀지 말라(24절).

   1. 화나 분노는 불이나 독과 같다(24절).

   2. 화를 잘 내는 사람과 사귀지 말고, 함께 다니지도 말아야 한다(24절).

II. 그 이유는 그 행위를 본받고 넘어지기 때문이다(25절).

   1. 그 이유는 그들 행위를 본받기 때문이다(25a절).

   2. 그리고 올무에 걸려 생명을 잃게 되기 때문이다(25b절).

서론

지혜자 잠언 36개 중 둘째는 '화', '분노'를 자주 내는 사람과는 사귀지 말라고 합니다. 미국 사람은 일주일에 한두 번 정도 분노를 표출한다고 합니다. 그런데 가정에서는 부모가 자녀에게는 일주일에 다섯 번 정도 고함치거나 언성을 높여 화를 낸다고 합니다. 미국 심리학자 할버스타트(A. G. Halberstadt)와 카펜터(S. Carpenter)가 1996년에 미국인 가정에서 일어나는 분노를 연구한 결과, 아내와 남편이 서로에게 화를 내는 이유는 돈 문제, 자식 문제, 성격 차이 등이었다고 합니다. 그런데 그 분노 배경에는 자신이 공평하게 대우받지 못하고 있다는 느낌이 있다고 합니다. "나는 이렇게 하는데, 왜 당신은 그렇게 하지 못하느냐?", 곧 자신이 부당하게 대우받는다고 느낄 때 분노가 일어난다고 합니다.[1]

호주 심리학자 피트니스(J. Fitness)는 2000년에 호주 직장인 175명을 대상으로 화를 내는 원인을 조사하여 다섯 가지로 정리했습니다. 첫째는 부당하게 대우받은 경우(44%), 두 번째로 부도덕한 행동, 곧 동료의 거짓말이나 게으름, 성희롱, 사기 치는 것과 같은 행동을 보았을 때(23%), 셋째는 작업 중 컴퓨터의 고장과 같이 자기가 하는 일이 제대로 진행되지 않을 때(15%), 넷째는 자기자 존중받지 못할 때(11%), 다섯째는 공개적으로 모욕당한 경우(7%)였다고 합니다.[2]

다른 출처에 따르면, 분노하는 원인을 네 가지로 이야기합니다. 첫째는 자기 자아가 상처를 입었을 때, 둘째는 자기를 방어하려고, 셋째는 자기 가치관이나 삶의 원천이 손상되었을 때, 넷째는 자기가 바라는 것이 충족되지 못했을 때였습니다.[3]

사람이 화를 내거나 분노를 표출하는 원인은 여러 가지이나 가장 중요한 원인은 자기중심 사고에 있습니다. 자기가 중심이 되어야 하는데 그렇지 않을 때, 자기 뜻과 자기 생각대로 되어야 하는데 자기 뜻과는 상관없이 일들이 진행될 때 분노합니다. 오늘 본문은 분노 원인은 별다른 이야기를 하지 않습니다. 대신에 분노가 무엇인지를 설

---

[1] https://terms.naver.com/entry.nhn?docId=1719770&cid=42063&categoryId=42063, 2020년 1월 19일 접속.

[2] https://terms.naver.com/entry.nhn?docId=1719770&cid=42063&categoryId=42063, 2020년 1월 19일 접속.

[3] https://blog.naver.com/theself777/221182870994, 2020년 1월 19일 접속.

명한 후 분노의 결과를 언급하면서, 분노하지 말고, 분노하는 사람과 사귀지 말라고 권면합니다.

I. 자제심이 부족한 사람과 사귀지 말라(24절).

1. 화나 분노는 불이나 독과 같다(24절).

지혜자는 성급한 사람과 사귀지 말라고 권면합니다. "**성급한 사람과 사귀지 말고**"(잠 22:24a). 성급한 사람을 지칭하는 히브리어는 '바알 아프(בַּעַל אַף)'입니다. 바알(בַּעַל)에 쓴 자음은 이방 신 바알을 표현할 때도 씁니다. 이 단어는 '주인' 또는 '소유자'를 뜻합니다.4 '아프(אַף)'는 분노를 의미하지만, 얼굴 부분을 지칭하기도 합니다. 얼굴 앞부분 중에도 특히 코를 지칭할 때 '아프'를 사용합니다.5 더 자세히 말하면, 콧구멍을 지칭합니다. 그래서 '바알 아프'는 '코의 주인' 또는 '코의 소유자'를 뜻합니다. 아프가 신체적으로는 코를 지칭하지만, 심리적으로는 분노나 노여운 감정을 표현하는 용어입니다.6

---

4 Ludwig Koehler and Walter Baumgartner, *The Hebrew and Aramaic Lexicon of the Old Testament*, trans. and ed. under the supervision of M. E. J. Richardson, vol. 1, rev. Walter Baumgartner and Johann Jakob Stamm with assistance from Benedikt Hartmann et al. (Leiden: E. J. Brill, 2001), 142~43; Francis Brown, S. R. Driver, and Charles Briggs, eds., *A Hebrew and English Lexicon of the Old Testament with an Appendix Containing the Biblical Aramaic* (Oxford: Clarendon Press, 1906; reprint, Peabody, MA: Hendrickson Publishers, 1979), 127.

5 Gerard Van Groningen, "אָנַף," 『구약원어 신학사전 (상)』, R. 레어드 해리스, 글리슨 L. 아쳐 2세, 브루스 K. 월트케 편집, 번역위원회 옮김 (서울: 요단출판사, 1986), 133a.

6 Bruce K. Waltke, *Proverbs 15~31*, New International Commentary on the Old Testament, ed. Robert L. Hubbard Jr.

'아프'라는 단어가 코와 분노를 나타내는지, 코가 분노를 나타내는 데 사용하는지는 분명하지 않습니다. 그러나 구약성서에서는 코와 분노의 연관성을 자주 언급합니다. 유대인은 분노가 코에서 나온다고 묘사하곤 했습니다. 에스겔 38:18에 "곡이 이스라엘 땅을 쳐들어오는 그 날에는, 내가 분노를 참지 못할 것이다"라고 했습니다. 이스라엘이 침략당할 때, 하나님이 이스라엘을 위해 곡에게 노하시겠다고 약속합니다. 그런데 "내가 분노를 참지 못할 것이다"를 문자적으로 해석하면, '내 분노가 내 코에서 나온다'입니다. 분노가 코에서 나온다고 묘사합니다.

우리는 화가 모습을 가리켜 '얼굴이 붉어진다' 또는 '얼굴이 붉으락 푸르락한다'로 표현하지만, 유대인은 '코에서 연기가 피어오른다'라고 표현합니다.7 시편 18:7~8입니다. "주님께서 크게 노하시니 … 그의 코에서 연기가 솟아오르고." 시편 18:15입니다(참고. 욥 4:9). "주님께서 꾸짖으실 때 바다의 밑바닥이 모두 드러나고, 주님께서 진노하셔서 콧김을 내뿜으실 때 땅의 기초도 모두 드러났다."8 주님의 분노를 표현하면서 코에서 연기가 피어난다고 묘사합니다.

또한 유대인은 성을 잘 내는 사람을 가리켜 '코가 짧은 사람'이라고 합니다. 잠언 14:17입니다. "성을 잘 내는 사람은 어리석은 일을 하고, 음모를 꾸미는 사람은 미움을 받는다." 여기서 '성을 잘 내는 사람'은 문자적으로 '코가 짧은 사람(קְצַר־אַפַּיִם, 커차르-아파임)'을 말합

(Grand Rapids: Wm. B. Eerdmans Publishing Company, 2005); Van Groningen, "אָנֵף," 『구약원어 신학사전 (상)』: 133a; Koehler and Baumgartner, *HALOT*, 1:76~77.

7 https://blog.naver.com/bobacademy/221637806409, 2020년 1월 19일 접속.

8 G. Johannes Botterweck and Helmer Ringgren, eds., *Theological Dictionary of the Old Testament*, trans. John T. Willis, vol. 1 (Grand Rapids: Wm. B. Eerdmans Publishing Company, 1974), 351.

니다. 그래서 유대인은 흥분을 잘하는 사람을 가리켜서 '코가 짧아서 그렇다'라고 말합니다.

코를 분노와 연결하는 이유는, 사람이 분노할 때 숨을 헐떡이면서 코를 움직이기 때문이라고 주장하기도 합니다.9 또는 코가 사람의 감정을 표현하는 중요한 부분이라고 주장하기도 합니다. 하나님은 사람을 창조하시고, 코에 생기를 불어넣어 생명체로 만드셨습니다(창 2:7). 그 이후, 사람은 코로 숨을 쉬면서, 자기감정을 표현할 수 있었습니다. 그런 연유로 코를 표현하는 단어 '아프'가 사람의 분노나 노여움이라는 감정을 나타내는 언어로 사용한 것 같습니다.

24절에서 성급한 사람은 분노를 소유한 사람입니다. 이 사람은 가끔 한차례 분노하는 사람이 아니라, 아예 분을 품고 사는 사람을 말합니다.10 분을 품고 살면서 사소한 일에도 쉽게 화를 내는 사람을 가리킵니다. 이렇게 쉽게 화를 내는 사람은 짧은 도화선에 연결된 화약과 같습니다. 굴이나 산을 폭파할 때, 화약을 설치하고서 기폭장치에 도화선을 연결합니다. 이때 도화선 길이를 길게 만듭니다. 그래야 도화선에 점화를 한 사람이 안전하게 피할 시간이 있기 때문입니다. 도화선이 짧으면 피할 수 있는 시간이 충분하지 않습니다. 그래서 자신은 물론이거니와 주위에 있는 사람을 위험에 빠뜨릴 수 있습니다. 분을 품고 화가 나서 순간적으로 분노를 폭발하는 사람이 바로 짧은 도화선에 연결된 화약이라 할 수 있습니다. 아무것도 아닌 일에 쉽게 화내기에, 주위 사람은 준비할 시간도 없어 곤혹스럽고 당황스럽습니다. 그 결과, 어렵게 쌓은 신뢰 관계가 한순간에 완전히 망가집니다.

또한 지혜자는 성을 잘 내는 사람과 사귀지 말라고 권면합니다. **"성을 잘 내는 사람과 함께 다니지 말아라"**(잠 22:24b). 성을 잘 내는

---

9 Waltke, *Proverbs 15~31*, 232~33.

10 미완료형 יַעֲשֶׂה(야아쉐)는 분노가 끝난 게 아니라 계속해서 분노하는 행위를 나타낸다.

사람(חֲמוֹת אִישׁ, 이쉬 헤모트)은 문자적으로 '불이나 열을 품고 있는 사람'을 뜻합니다(겔 3:14). 그런데 '성'을 표현하는 단어가 신명기 32:24에서는 '독사가 품고 있는 독'을 표현합니다(참고. 시 58:5). 그리고 욥기 6:4에서는 군인이 '화살에 바르는 때 독'을 묘사합니다.[11] 성 또는 분노는 열과 불이요, 독과 같습니다. 열과 불은 뜨겁습니다. 불에 가까이 가면 태우거나 화상을 입습니다. 독사의 독이나 화살의 독도 마찬가지입니다. 사람이 독사에 물렸을 때나 독이 묻은 화살에 맞을 때는 곧바로 죽습니다. 그래서 피하는 게 상책입니다. 성을 잘 내는 사람이 바로 그런 사람입니다. 사소한 일에도 쉽게 화를 내고 분노를 분출하여, 옆에 있는 사람을 애간장을 태워서 죽입니다. 그냥 말로만 해도 될 것도 분노를 일으켜 사람을 괴롭게 만들고 영혼을 죽이는 게 바로 분노입니다.

사실, 24절에서 성급한 사람과 성을 잘 내는 사람은 같은 사람입니다. 성급함이 자기 분노를 쉽게 표출하는 외적 국면을 강조한다면, 성을 잘 냄은 마음에 분노를 품고 다니는 내적 국면을 강조합니다.[12] 결국, 두 사람은 모두 분을 품고 다니면서 표출합니다. 이런 사람은 마치 먹이를 찾아다니는 사자와 같습니다. 먹잇감이 조금이라도 허점을 보이면, 달려들어 갈기갈기 찢어 죽이는 사자와 같습니다.

2. 화를 잘 내는 사람과 사귀지 말고, 함께 다니지도 말아야 한다(24절).

그래서 지혜자는 이런 사람과 사귀지 말라(אַל־תִּתְרַע, 알-티트라)고 권면합니다. 사귀지 말라는 친구로 삼지 말라는 뜻이며, 동행하지 말라는 뜻입니다. 소는 곰이 자기와 비슷하다고 해서 친구로 삼지 않습니다. 소는 초식동물이나, 곰은 육식동물입니다. 이 둘은 친구가 될 수가 없는데, 친구가 되어 가까이하는 순간 소는 곰의 먹잇감이 됩니

---

[11] Koehler and Baumgartner, *HALOT*, 2:326.

[12] Waltke, *Proverbs 15~31*, 232~33.

다. 사귀지 말라는 교제하지 말라, 가까이하지 말라는 말입니다. 심지어 쉽게 화를 내는 사람과 사업이나 어떤 거래를 함께하지 말라는 뜻도 있습니다. 중요한 일을 함께하지 말라는 뜻입니다. 함께 사업이나 중요한 거래를 하면 문제가 될 소지가 크기 때문입니다.

그리고 함께 다니지 말라(לֹא תָבוֹא, 로 타보아)고 권면합니다. 함께 다니지 말라는 함께 가고, 함께 오지 말라, 함께 어떤 곳으로 가지 말라는 뜻입니다.13 이 용어도 때때로 사업이나 어떤 일을 함께하는 것을 말하기도 합니다. 쉽게 분내는 사람과 중요한 일을 함께하지 말라는 뜻입니다. 중요한 일을 함께 의논하지 말아야 합니다. 자기와 다르면, 쉽게 화를 내거나 분노를 표출하기 때문입니다. 하나님의 말씀은 성급히 노를 발하는 사람과 교제하지 말라고 권면합니다.

왜 지혜자가 분노를 발하는 사람, 자기 분노를 절제하지 못하는 사람과 사귀지 말라고 할까요? 그들 행위를 본받고 넘어지기 때문입니다.

II. 그 이유는 그 행위를 본받고 넘어지기 때문이다(25절).

1. 그 이유는 그들 행위를 본받기 때문이다(25a절).

25절입니다. "네가 그 행위를 본받아서 그 올무에 걸려들까 염려된다." 그 행위(אֹרַח, 오라흐)는 길, 행동, 습관을 표현합니다.14 늘 마음에 분노를 품고 살아가면서, 사소한 일에도 화를 내는 행동이나 습관을 의미합니다. 사소한 일에도 분을 품고 살아가는 사람과 친구가 되면, 그들이 분노하는 습관이나 행동을 자연스럽게 본받습니다. 그들 생활 습관에 물들어, 결국 그들처럼 사소한 일에도 화를 냅니다. 그들과 어울리면 그들과 같아집니다. 그들 삶의 방식이나 습관을 자연

---

13 Koehler and Baumgartner, *HALOT*, 1:112~14.

14 Koehler and Baumgartner, *HALOT*, 1:86~87.

스럽게 배웁니다. 그래서 자기도 모르게 그들처럼 행하며 살아갑니다. 유유상종이라는 말이 있습니다. 같은 부류의 사람끼리 사귄다는 뜻입니다. 그들과 어울리면, 그들과 같은 사람이 됩니다.

영어에도 비슷한 속담이 있습니다. "친구를 보면 그 사람이 누군지를 알 수 있다(A man is known by the company he keeps)." 오랜 시간 가깝게 지내면, 취향이나 행동이 비슷해진다는 뜻입니다. 비슷하니까, 친근감이 생겨 친구가 됩니다. 어떤 남자가 어떤 여자와 선을 보고, 다음 해 가을에 결혼하기로 했습니다. 아직 시간이 남아있어, 계획을 세우고 결혼 준비를 순차적으로 하려 했습니다. 그러다가 먼저 자기 친구들에게 서로를 소개하기로 했습니다. 여자의 친구들을 만난 남자는, 그들이 대체로 명랑하고 어두운 구석도 없음을 알았습니다. 그러나 남자의 친구들을 만난 여자는, 그 남자를 두고 깊은 고민에 빠지기 시작했습니다. 남자 친구들은 농담인척하는 말투에서 은근히 여자의 외모를 가지고 평가하는 듯한 말투에 간간이 심한 욕설을 섞어서 말했기 때문입니다. 그리고 남자 친구가 그런 친구들을 아무렇지 않게 여겼기 때문입니다. 남자가 여자에게 청혼하자, 그 여자는 남자에게 생각할 시간을 달라고 했습니다. 여자에게 호감을 키워가며 결혼을 기대한 남자는, 예상치 못한 반응에 당황스러워했습니다. 그래서 그 이유를 물었습니다. 그러자 여자 친구는 이렇게 대답했습니다. "'친구를 보면 그 사람을 알 수 있다'라는 속담이 있습니다. 그런데 친구들을 보니 저급한 농담을 하더군요. 그런데 당신이 그런 모습을 아무렇지도 않게 여기는 모습에 실망스러워, 혼란스러워 그렇습니다"라고 대답했답니다. 짧은 시간이었지만, 서로를 많이 알았고 앞으로 더 좋은 모습을 발견하리라 생각하고 결혼을 결심했던 남자와 여자는 친구들을 만나면서 사이가 멀어졌다고 합니다.

쉽게 분노하는 사람과 가까이하지 말아야 하는 이유는 그 영향을 받아 자기도 모르게 그런 사람이 되기 때문입니다. 우리나라에 이와 비슷한 속담이 있습니다. "가랑비에 옷 젖는 줄 모른다." 화를 잘 내는 사람과 사귀면 가랑비에 옷 젖듯이, 자기도 모르게 그 사람의 행동과 생활 습관을 배워 그와 같아집니다. 그 결과는 무엇일까요?

2. 그리고 올무에 걸려 생명을 잃게 되기 때문이다(25b절).

그 올무에 걸려 생명을 잃습니다. 올무에 걸려든다(מוֹקֵשׁ, 모케쉬)는 덫에 걸린다는 뜻입니다. 오래전에는 쥐를 잡으려고 쥐가 다니는 길에 먹이와 쥐덫을 놓곤 했습니다. 그러면 쥐가 먹이를 먹으려고 가다가 덫에 걸립니다. 결국, 생명을 잃습니다. "개구리가 더운물에 죽는다"라는 말이 있습니다. 개구리가 끓는 물에 들어가면, 깜짝 놀라 뛰어나옵니다. 그러나 처음에는 미지근한데 점점 따뜻해지다 뜨거워지는 물에서는 위험한 줄 모르고 그냥 있다가 끓는 물에 죽는다고 합니다. 화를 잘 내는 사람과 사귐은 더운물에 앉자 죽는 개구리와 같습니다. 분노하는 사람과 사귀면, 그들 분노에 감염돼 결국 그 영혼이 덫에 걸려 결국 죽습니다. 『우리말성경』은 올무에 걸려든다고 번역합니다. 그런데 히브리어는 그 영혼이 덫에 걸린다고 표현합니다. 쥐나 새가 덫에 걸리듯, 개구리가 끓는 물에 죽듯이, 그것을 본받은 사람의 영혼, 생명이 덫에 걸려 죽습니다.

분노하는 사람과 사귈 때, 육체 생명뿐만 아니라 영혼까지도 파멸합니다. 치명적 결과가 닥칩니다. 그래서 필사적으로 자기 생명을 구하려고 덫을 피해야 합니다. 이것이 바로 성격이 급한 사람, 성을 잘 내는 사람과 사귀지 않는 방법입니다. 그들 삶의 방식을 배우지 않는 방법입니다. 자기 생명을 구하는 방법은 간단합니다. 잘 분노하는 사람을 멀리하기, 분노라는 덫에 걸리지 않게 스스로 조심하기입니다. 그런데 덫은 알고 걸리는 경우는 거의 없습니다. 대체로 모르고 덫에 걸립니다. 아무렇지 않다고 생각하는 순간에 덫에 걸립니다. 괜찮다고 생각하는 순간, 이미 덫에 걸려 있기도 합니다. 그래서 그들을 피해야 하며, 그들과 교제하지 말아야 한다고 권면합니다.

분노는 내면 낼수록 점차 증폭한다고 합니다. 자주 분노하면, 우울장애를 동반하고 폭력을 행사합니다. 처음에는 소리 지르다가, 물건을 던지고, 사람을 때리기까지 합니다. 사람을 때린다면, 그 분노는 이미 스스로 억제할 수 없는 상황입니다. 그리고 화를 자주 내는 사람은 혈압이 올라서 심장병에 더 많이 걸린다는 연구 결과도 있습니다.15

그래서 에베소서 4:26~27은 "화를 내더라도, 죄를 짓는 데까지 이르지 않도록 하십시오. 해가 지도록 노여움을 품고 있지 마십시오. 악마에게 틈을 주지 마십시오"라고 권면합니다. 화를 낼 수 있습니다만, 그 화를 통제할 줄 알아야 합니다. 그 화가 자신을 통제하도록 내버려 둬서는 안 됩니다. 화가 통제하기 시작하면 습관이 됩니다. 전도자는 "급하게 화내지 말아라. 분노는 어리석은 사람의 품에 머무는 것이다"라고 말씀하셨습니다(전 7:9). 야고보서 1:19~20에서는 "누구든지 듣기는 빨리하고, 말하기는 더디 하고, 노하기도 더디 하십시오. 노하는 사람은 하나님의 의를 이루지 못하기 때문입니다"라고 했습니다.

결론

지혜자는 '화'와 '분노'를 조심하라고 권면합니다. 잘 분노하는 사람이면 조심해야 하며, 절제할 줄 알아야 합니다. 지혜자는 분을 잘 내는 사람, 화를 잘 내는 사람을 조심하라는 수준에서 머물지 않았습니다. 그들과 함께하지 말라, 교제하지 말라, 친구가 되지 말라고 권면합니다. 그들과 가까이할 때, 자기도 모르게 그렇게 되고, 결국 그 올무에 걸려 위험에 빠지기 때문입니다. 화 문제, 분노 문제는 습관과 같습니다. 분노를 반드시 통제해야 합니다. 그리고 자기가 화를 잘 낸다고 생각하면, 순간순간 그 화를 자제해야 합니다. 하나님의 말씀을 기억하며, 하나님께 도움을 구하시기를 바랍니다.

---

15 https://terms.naver.com/entry.nhn?docId=1719775&cid=42063&categoryId=42063, 2020년 1월 16일 접속.

3 잠언 22:26~27
빚보증을 서지 맙시다

중심 내용: 빚보증을 잘못 섰다간 패가망신할 수 있다.

I. 대가성 빚보증을 서지 말아야 한다(26절).

  1. 빚보증을 서지 말아야 한다.

  2. 대가를 바라며 모르는 사람의 빚보증을 서지 말아야 한다.

II. 그 이유는 가장 중요한 것마저도 빼앗기기 때문이다(27절).

서론

  우리는 "보증을 서지 말라!"라는 말을 많이 들어왔습니다. 사실, 보증을 잘못 선 나머지 낭패한 경우를 많이 봅니다. 성경은 보증을 절대 서지 말라고 말하지 않고, 어떤 대가를 바라며 모르는 사람의 빚보증을 서지 말라고 권면합니다. 그러면서도 보증을 서는 일 자체를 권장하지 않습니다. 보증을 서는 일 대신 도와줄 형편이나 능력으로 도와주는 게 더 현명합니다.

그러면 왜 성경은 보증을 서는 일을 금지할까요. 보증을 서야 한다면 어떤 경우에 보증을 서야 할까요? 오늘 우리는 보증에 관한 유용한 지혜를 성경에서 알아보겠습니다.

I. 대가성 빚보증을 서지 말아야 한다(26절).

1. 빚보증을 서지 말아야 한다.

잠언은 다른 사람의 빚보증을 서지 말라고 권면합니다. 26절입니다. "이웃의 손을 잡고 서약하거나, 남의 빚에 보증을 서지 말라." "이웃의 손을 잡지 말라(אַל־תְּהִי בְתֹקְעֵי־כָף, 알-터히 버토크예-카프)"는 문자적으로 '이웃의 손을 치는 사람이 되지 말라'라는 뜻입니다. 다른 사람의 손을 치는 행위는 기쁨과 즐거움을 나타낼 수 있습니다. 다른 사람 손을 치는 행위를 '하이 파이브(high five)'라고 합니다. 하이 파이브는 동료나 친구와 축하하는 제스처입니다. 하이 파이브는 미식축구에서 터치다운을 하거나 농구에서 마지막 극적 골을 넣었을 때, 선수들끼리 좋아서 거칠게 서로 손을 치는 데서 비롯했다고 합니다.

그러나 본문에서 말하는 '다른 사람의 손바닥을 치다'라는 말은 전혀 다른 뜻입니다. 고대 시대에 계약할 때, 다른 사람 손바닥을 치면 보증을 서겠다는 의미였습니다.1 잠언 6:1에 "아이들아, 네가 이웃을 도우려고 담보를 서거나, 남의 딱한 사정을 듣고 보증을 선다면"이라는 표현이 있습니다. 여기서 '남의 딱한 사정을 듣고 보증을 선다면"이라고 번역한 문장의 히브리어는 '만약 다른 사람의 손을 친다면

---

1 히브리어 תָּקַע(타카)는 일반적으로 치다, 뿔을 분다는 뜻이다. 그런데 이것이 매매나 거래할 때는 안전을 위해서 서로가 보증을 서겠다는 제스처로 인식했다. Francis Brown, S. R. Driver, and Charles Briggs, eds., A *Hebrew and English Lexicon of the Old Testament with an Appendix Containing the Biblical Aramaic* (Oxford: Clarendon Press, 1906; reprint, Peabody, MA: Hendrickson Publishers, 1979), 1075를 참조하라.

(תָּקַעְתָּ לַזָּר כַּפֶּיךָ, 타카타 라자르 카페카)'이라는 뜻입니다. 계약하거나 거래할 때, 다른 사람의 손을 치는 행위나 손을 잡아 주는 행위는 재정을 보증하겠다는 합법적 제스처였습니다.2 그래서 26절에서 "남의 손을 잡지 말라"와 "남의 빚에 보증을 서지 말라"는 뜻이 같습니다.

우리나라에서도 최근까지는 보증 서는 게 일반적이었습니다. 직장을 들어갈 때도 재정보증을 해야 들어갈 수 있었습니다. 지금이야 재정보증을 요구하는 데가 많지 않지만, 과거에는 거의 모든 곳이 재정보증을 요구했습니다. 지금도 여전히 재정보증을 요구하는 경우가 있습니다. 영업직이나 재정업무를 담당하는 직업은 재정보증을 요구하는 경우가 많다고 합니다. 시험이나 면접에서 합격했지만, 재정보증을 하지 못해서 입사하지 못하는 경우도 간혹 발생하곤 합니다.

잠언에는 재정보증을 서지 말라고 권면하는 구절이 많습니다. 6:1~2입니다. "아이들아, 네가 이웃을 도우려고 담보를 서거나, 남의 딱한 사정을 듣고 보증을 선다면, 네가 한 그 말에 네가 걸려 들고, 네가 한 그 말에 네가 잡힌다." 11:15입니다. "모르는 사람의 보증을 서면 고통을 당하지만, 보증 서기를 거절하면 안전하다." 17:18입니다. "지각없는 사람 서약 함부로 하고, 남의 빚보증 잘 선다." 20:16입니다. "남의 보증을 선 사람은 자기의 옷을 잡혀야 하고, 모르는 사람의 보증을 선 사람은 자기의 몸을 잡혀야 한다." 27:13입니다. "남의 보증을 선 사람은 자기의 옷을 잡혀야 하고, 모르는 사람의 보증을 선 사람은 자기의 몸을 잡혀야 한다." 불쌍히 여기는 마음에서, 또는 도와주려는 마음에서 보증을 서지 말라고 권면합니다.

---

2 Richard J. Clifford, *Proverbs*, Old Testament Library, ed. James L. Mays, Carol A. Newsom, and David L. Petersen (Louisville, KY: Westminster John Knox Press, 1999), 208; Bruce K. Waltke, *Proverbs 15~31*, New International Commentary on the Old Testament, ed. Robert L. Hubbard Jr. (Grand Rapids: Wm. B. Eerdmans Publishing Company, 2005), 233.

그러면 26절은 어떤 보증을 서지 말라며 금지할까요? 바로 빚보증입니다. 여기서 말하는 빚은 합법적 계약에 근거한 대출을 말합니다.3 사업을 해야 하는데, 경영 비용이 부족하면 은행에서 돈을 빌립니다. 이때 자기 자산인 땅이나 집을 담보로 대출받습니다. 그리고 그것으로도 부족하면, 가까운 친척이나 아는 사람에게 보증을 서 달라고 부탁합니다. 그런 빚보증은 서지 말라는 말입니다.

본문이 빚보증을 서지 말라고 권면한다면, 잠언 다른 본문에는 빚보증이라는 말은 없고 그냥 보증을 서지 말라고 권면합니다. 그래도 넓은 의미에서 빚보증을 말합니다. 그래서 빚보증을 서는 일은 어리석은 사람이 하는 일이라고 책망합니다. 그리고 보증 서는 사람은 잘못하면 "큰 고통을 겪는다!"라고 경고합니다. 자기 옷뿐만 아니라 몸까지도 저당 잡히면서까지 보증을 서지 말라고 합니다.

하지만 성경의 많은 부분은 가난한 사람을 도와주어야 한다고 말합니다. 그렇다면 불쌍히 여기는 마음에서 보증을 서는 것조차 금지하면서 가난한 자를 도와주라는 말씀은 서로 상충하는 교훈이 아닐까요. 어떻게 이 문제를 해결해야 할까요?

2. 대가를 바라며 모르는 사람의 빚보증을 서지 말아야 한다.

성경은 가난한 사람을 돌보아 주어야 한다고 강조합니다. 구약성서에서는 가난한 사람을 잘 돌보라고 합니다. 복 받는 사람은 남을 잘 보살펴 주는 사람이며, 가난한 이에게 먹거리를 제공하는 사람이라고 말합니다(잠 22:9). 또한 가난한 사람을 도와주는 사람은 모자라는 게 없지만, 못 본 체하는 사람은 저주는 받는다고 했습니다(잠 28:27). 가난한 사람에게 은혜 베푸는 일은 하나님께 꾸어드리는 일이라고도 했습니다(잠 19:17). 하나님의 율법도 가난한 사람을 도와주라고 권면합니다(신 15:7, 11). 신명기 15:7, 11입니다. "주 당신들의 하나님이

---

3 Waltke, *Proverbs 15~31*, 234.

당신들에게 주시는 땅의 어느 한 성읍 가운데에 가난한 동족이 살고 있거든, 당신들은 그를 인색한 마음으로 대하지 마십시오. 그 가난한 동족에게 베풀지 않으려고 당신들의 손을 움켜쥐지 마십시오"(신 15:7). "당신들은 반드시 손을 뻗어, 당신들의 땅에서 사는 가난하고 궁핍한 동족을 도와주십시오. 그렇다고 하여, 당신들이 사는 땅에서 가난한 사람이 없어지지는 않겠지만, 이것은 내가 당신들에게 내리는 **명령입니다**"(신 15:11). 게다가 하나님도 가난한 사람을 기억하신다고 했습니다(잠 22:23).

신약성서에도 가난한 사람을 돌보라는 권면이 많습니다. 예수님은 가난한 사람을 기억해 도우라고 하셨습니다(마 26:11; 막 10:21). 예수님 제자들도 가난한 사람을 도와야 한다고 했습니다(갈 2:10). 바울은 가난한 사람을 돕는 일을 실천했습니다(롬 15:26). 가난한 사람 돕는 일은 재정 도움을 말합니다. 성경이 가난한 사람을 도우라고 말할 때는 돌려받겠다고 기대하지 말고 주라는 의미입니다.[4] 물론 도움을 받은 사람이 갚을 수 있을 때는 갚아야 합니다. 그러나 주는 사람은 돌려받기를 기대하지 않고 줌을 전제로 합니다. 우리가 다른 사람에게 돈을 빌려줄 때, 거저 준다고 생각해야 합니다. 이자를 받을 생각하지 말고 빌려주어야 합니다. 돈을 빌린 사람이 형편이 되어 원금과 이자를 돌려준다면야, 고맙게 받으세요. 그런데 경제적 상황으로 이자는 고사하고 원금도 갚을 능력이 없을 때, 그저 돕는다는 마음으로 도우라고 성경은 일반적으로 가르칩니다.

그러나 26절이 말하는 바는 그것과는 다른 경우입니다. 보증을 서려는 이면에는 되돌려 받으려는 기대감이 있습니다.[5] 특히, 이자를 명

---

[4] Tremper Longman III, *Proverbs*, Baker Commentary of the Old Testament Wisdom and Psalms, ed. Tremper Longman III (Grand Rapids: Baker Academic, 2006), 418에 따르면, 지혜로운 사람은 자비로운 사람인데, 자비롭다는 말은 되돌려 받기를 바라지 않고 가난한 사람에게 돈을 주는 일이라고 말한다.

분으로 보증을 서는 경우입니다.6 빚보증을 선 다음에 어떤 유익을 얻기를 전제합니다. 그리고 본문에서 나오는 '남', 곧 이웃은 도움이 필요한 가난한 사람인지는 분명하지 않습니다.7 본문 정황상, 사업하려고 대출받으려는 사람인 듯합니다. 보통 무엇인가를 하려고 대출받는데, 이때 재정 보증인이 필요합니다. 이런 경우에 보증 서지 말라고 합니다. 가난한 사람에게 필요를 채워주어야 하지만, 이자를 받을 속셈으로 보증을 서는 일은 금합니다.

또한 잠언에서 남의 빚보증을 서지 말라고 합니다. 여기서 '남', 곧 '잘 모르는 사람'을 강조합니다. 그래서 잠언 11:1; 17:18; 20:16; 27:13은 '모르는 사람'이라고 분명하게 규정합니다. 모르는 사람은 보통 이방인을 지칭하며, 외국인을 지칭하기도 합니다.8 그렇다면 모르는 사람은 인사할 사이이긴 하지만, 잘 아는 가까운 사람은 아닙니다. 잘 모르는 사람이니 이방인과 같은 사람입니다.

그런데 안면만 조금 있다고 그 사람을 위해 빚보증을 서는 일은 현명하지 않습니다. 순수하게 도와주려는 마음보다는, 어떤 이익이 주고받는 거래가 있는 사업상 보증일 수 있습니다. 대체로 모르는 사람을 위해 보증을 설 때 무엇인가 이익이 있으므로 보증을 서는 게 아닙니까. 사업이 잘되면 얼마를 준다던가, 아니면 보증을 서 준 대가로 무엇인가를 해 주겠다는 모종의 거래가 있기 마련입니다. 이런 보증은 가난한 자를 도와주라는 하나님 말씀과 일치하지 않습니다.

---

5 Longman, *Proverbs*, 418.

6 Waltke, *Proverbs 15~31*, 234.

7 Longman, *Proverbs*, 418.

8 Waltke, *Proverbs 15~31*, 234는 빚보증 금지는 이방인에게만 제한했다고 주장한다. 그래서, 외국인이 아니면 빚보증을 서지 말라는 금지는 예외라고 말한다.

왜 빚보증을 서지 말라고 할까요? 특히 모르는 사람의 빚보증을 서지 말라고 권면할까요? 빚보증이 위험하기 때문입니다. 빚보증으로 패가망신을 당하기 때문입니다.

II. 그 이유는 가장 중요한 것마저도 빼앗기기 때문이다(27절).

27절입니다. "너에게 갚을 것이 아무것도 없다면, 네가 누운 침대까지도 빼앗기지 않겠느냐?" 빚보증을 섰는데 빚진 사람이 갚을 수 없을 때, 보증을 선 사람이 자기 재산으로 그 빚을 갚아야 합니다. 지난날, 이것 때문에 패가망신한 사람이 많았습니다. 아내 몰래 보증 섰다가 또는 남편 몰래 보증을 섰다가, 집은 물론이고 모든 것까지도 빼앗기고 거리로 나앉은 사람이 많았습니다. 그래서 빚보증을 선 일로 가정이 깨진 경우가 많았습니다. 빚보증은 자기 능력으로 해결할 수 있을 때는 할 수 있습니다.9 갚을 수 있다면, 가능하다는 말입니다. 1,000만 원 가진 사람이라면, 100만 원 정도는 가능하겠지요. 그러나 권장하지는 않습니다.

성경에서 빚보증을 서는 일을 금지한 이유는 법으로 보호받지 못하기 때문입니다. 가난한 사람이 빚을 졌을 때는 법으로 최소한 보호받을 수 있습니다.10 출애굽기 22:25~27을 읽어보겠습니다. "너희가 너

---

9 "너에게 갚을 것이 아무것도 없다면"이라는 표현은, 갚을 수 있다면 빚보증 서는 것도 가능하다는 의미일 수 있다. 하지만 이것이 빚보증을 서라는 의미는 아니다. 왜냐하면 빚을 진 사람이 갚지 못했을 때, 보증을 선 사람의 재산에 문제가 생기기 때문이다.

10 Kathleen A. Farmer, *Proverbs & Ecclesiastes: Who Knows What is Good?*, International Theological Commentary, ed. Fredrick Carlson Holmgren and George A. F. Knight (Grand Rapids: Wm. B. Eerdmans Publishing Company, 1991), 108은 아모스 2:6~8이 빚을 진 사람이 보증으로 자기 겉옷을 주는 관습을 말하며, 하나님께서 잠자기 전에 겉옷을 돌려주라는 명령을 어긴 채권자를 하나님께서 심판하신다고 경고한다.

희 가운데서 가난하게 사는 나의 백성에게 돈을 꾸어 주었으면, 너희는 그에게 빚쟁이처럼 재촉해서도 안 되고, 이자를 받아도 안 된다. 너희가 정녕 너희 이웃에게서 겉옷을 담보로 잡거든, 해가 지기 전에 그에게 돌려주어야 한다. 그가 덮을 것이라고는 오직 그것뿐이다. 몸을 가릴 것이라고는 그것밖에 없는데, 그가 무엇을 덮고 자겠느냐? 그가 나에게 부르짖으면 자애로운 나는 들어주지 않을 수 없다." 신명기 24:12~13입니다. "그 사람이 가난한 사람이면, 당신들은 그의 담보물을 당신들의 집에 잡아 둔 채 잠자리에 들면 안 됩니다. 해가 질 무렵에는 그 담보물을 반드시 그에게 되돌려주어야 합니다. 그래야만 그가 담보로 잡혔던 그 겉옷을 덮고 잠자리에 들 것이며, 당신들에게 복을 빌어 줄 것입니다. 이렇게 하는 것이 주 당신들의 하나님이 보시기에 옳은 일입니다."

모세율법에 따르면, 가난한 사람이 돈을 빌릴 때 자기 옷을 담보, 곧 보증으로 사용할 수 있습니다. 이때 담보로 사용한 옷은 저녁이 되기 전에 돌려주어야 합니다. 가난한 사람에게 옷은 그들 옷이면서도 그들이 잠잘 때 깔고 덮고 자는 이불이기 때문입니다. 그래서 법은 가난한 사람에게 최소한 삶을 살 수 있도록 밤이 되기 전에 옷을 돌려주라고 명령합니다. 게다가 어느 백성이 가난하여 빚졌을 때, 이자를 받아서도 안 된다고 분명하게 말합니다. 물론 이자를 받을 수 있습니다. 그러나 같은 동족끼리 돈놀이하면, 하나님의 법을 위반합니다. 돈놀이는 외국인에게는 할 수 있지만, 동족인 유대인에게는 할 수 없습니다. 돈놀이는 자비나 자비로운 행동이 아니라, 거래입니다. 하나님 말씀은 가난한 사람을 상대로 거래를 금지합니다. 왜냐하면 그들은 도움이 필요한 사람이기 때문입니다. 이렇듯 유대인 법은 가난한 사람을 최소한으로나마 보호하는 장치를 분명히 말합니다.

그러나 빚을 보증하는 사람을 법적으로 보호하는 장치는 없습니다. 성경에는 재정보증을 함부로 하지 말라고 언급했지만, 이들을 최소한으로라도 보호하는 법적 장치는 말하지 않습니다. 보증을 선 사람은 빚을 갚을 때까지 모든 것을 빼앗깁니다. 재정 보증인은 가진 것을 다 빼앗깁니다. 빚진 사람을 보호하는 최소한 법적 장치가 있지만, 빚보증을 선 사람을 보호하는 최소한 법적 장치는 없다는 말입니다. 그래서 보증을 잘못 서면 자기 재산까지도 위험에 빠뜨릴 수 있습니다.

성경은 보증을 선 사람이 자기가 누운 침대까지 빼앗긴다고 말합니다. 여기서 침대는 가장 중요한 보물을 의미합니다. 구약시대에 모든 사람이 침대를 가지지 않았습니다. 대부분 사람은 겉옷을 바닥에 깔고 잠을 잤습니다.11 침대는 일부 사람만이 쓸 수 있는 귀중한 소유물입니다. 부를 상징했습니다.12 그런데 보증을 잘못 서면, 자기 침대까지도 빼앗깁니다. 침대까지도 빼앗긴다는 말은 자가 가진 가장 귀중한 것까지도 빼앗긴다는 뜻입니다. 이것은 가지고 있는 모든 것을 빼앗긴다는 말입니다. 빚을 진 사람은 법으로 최소한 보호를 받을 수 있습니다. 그러나 빚보증을 선 사람은 법으로 최소한 보호를 받지 못하고 자기가 가진 것까지도 모두 빼앗깁니다. 그래서 성경을 보증을 서지 말라고 권면합니다.

잠언 20:16과 27:13은 남의 보증을 선 사람은 자기 옷을 잡혀야 하고, 자기 몸을 잡혀야 한다고 합니다. 가난한 사람에게 옷은 마지막까지 붙잡는 귀중품입니다. 가난한 사람이 이 옷을 담보로 잡았을 때, 저녁에는 돌려받을 수 있는 법적 장치가 있습니다. 그러나 빚보증을 선 사람에게는 이 법적 장치가 없어서, 그 옷까지도 빼앗깁니다.13 더 나아가 자기 몸을 잡혀야 합니다. 자신을 종으로 볼모로 잡

---

11 Waltke, *Proverbs 15~31*, 234.

12 Clifford, *Proverbs*, 208; Roland E. Murphy, *Proverbs*, Word Biblical Commentary, ed. Bruce M. Metzer, David A. Hubbard, and Glenn W. Barker, vol. 22 (Waco, TX: Word Books, 1998), 171은 침대가 사치를 표현한다고 말한다.

13 빚보증 선 사람의 겉옷까지 빼앗기는지에 관하여는 성경이 분명하게 말하지는 않는다. 성경은 단지 가난한 자의 겉옷을 해지기 전에 돌려줘야 한

한다는 말입니다. 이렇듯 충동적 연민이나 감정에 유혹되어 모르는 사람의 빚보증을 서는 어리석은 행동을 하지 말라고 권면합니다. 보증을 서지도 말고, 요청하지도 말아야 합니다. 하나님에게 보증을 요청해야 합니다.

결론

보증을 서는 게 다른 사람에게 자비를 베풀거나 다른 사람을 사랑하는 행동이 아닙니다. 고대 시대는 채무자가 빚을 못 갚으면 보증을 선 자신은 물론이거니와 자기 가족까지도 노예로 팔리기에, 위험한 도박이었습니다. 이러한 위험으로 가정이 깨질 수 있었기에, 성경은 공동체를 보호하려고 보증을 서지 말라고 권면합니다. 우리는 가난한 사람을 돌봐야 합니다. 도움이 절실한 사람을 도와야 합니다. 순수한 마음으로 도와야 합니다. 하지만 보증을 서는 일은 그것과 다릅니다.

상대방이 돈이 필요하다면, 내가 감당할 수 있는 한도에서 돈을 빌려줄 수 있습니다. 혹시 갚지 못한다면, 없는 셈 치면 됩니다. 그런데 자신이 감당할 수 있는 능력 밖이라면, 다시 한번 생각해야 합니다. 보증은 자기가 감당할 수 있는 능력 한도에서 해야 합니다. 도와준다고 내 집이나 내가 가지고 있는 모든 것을 담보로 다른 사람이 돈을 빌리도록 하는 일은 어리석은 행동입니다. 그것은 자비나 사랑의 마음이 아니라, 어리석은 일이며 자신과 가정을 망치는 일입니다. 우리는 사랑을 베풀어야 하지만, 지혜로 사랑과 어리석음을 분간해야 합니다. 구약 성경이 모든 재정보증을 금하지는 않습니다. 그러나 재정보증을 할 때 지혜가 필요합니다. 보증을 서야 한다면, 자신이 감당할 수 있는 능력 한도에서 해야 합니다. 이익이 아니라 순수한 마음으로 해야 합니다. 법적 장치가 없다는 사실을 알고 해야 합니다. 그

다고 말한다. 27절은 겉옷은 말하지 않고 침대만 이야기한다.

리고 부부가 이 문제를 함께 의논한 다음에 결정해야 합니다. 남편이나 아내 동의 없이 하는 것은 가정파탄의 원인입니다. 하나님의 말씀에서 재정보증을 하지 말라는 말씀의 의미를 깨닫고, 건강한 가정을 이루시기 바랍니다.

지혜자 잠언

4 잠언 22:28
가난한 사람의 소유를 보장합시다

중심 내용: 하나님의 뜻은 개인의 소유를 인정하며 보장하는 것이다.

I. 이웃의 땅, 소유를 빼앗지 말아야 한다(28절).

  1. 경계표는 개인 재산이나 소유를 인정하는 표시이다.

  2. 경계석을 옮기는 행위는 개인 재산과 하나님의 소유를 빼앗는 행위이다.

II. 그 이유는 땅이 변치 않은 유업이기 때문이다(28b절).

III. 개인 재산과 소유권을 인정하고 보호해야 한다.

서론

'송파 세 모녀 사건'에 관한 뉴스를 한 번쯤은 들어 보셨을 겁니다. 이 사건은 2014년도 2월에 일어났습니다. 세 모녀는 서울특별시 송파구 석촌동에 살았는데, 큰딸 만성질환과 어머니 실직으로 생활고에 시달렸습니다. 그들은 "정말 죄송합니다"라는 메모와 함께 갖고 있던 전 재산인 현금 70만 원을 집세와 공과금으로 놔두고 번개탄으로 생을 마감했습니다. 그 사건을 계기로 「국민기초생활보장법」이 만들어 졌습니다.

사실, 가난한 사람은 언제나 있습니다. 성경은 3천 년 전에 이미 가난한 사람을 보호하려는 기초생활보장법이 만들어졌다고 말씀합니다. 그것이 바로 개인 소유를 인정하는 경계석입니다. 경계석은 개인 재산이나 소유를 인정하는 제도입니다. 시대가 다르고 사회가 다르지만, 우리는 성경에서 말하는 정신을 생각해야 합니다. 이 땅에서 살면서 성경이 말하는 정신, 곧 하나님의 뜻을 생각해야 합니다.

I. 이웃의 땅, 소유를 빼앗지 말아야 한다(28절).

1. 경계표는 개인의 재산이나 소유를 인정하는 표시이다.

지혜자가 우리에게 말하는 넷째 교훈은 '경계표를 옮기지 말라'입니다. "너의 선조들이 세워 놓은 그 옛 경계표를 옮기지 말라."[1] 경계표는 땅의 경계와 땅이 누구에게 속했는지를 알려주는 지계석을 의미합니다. 이스라엘 백성이 모세 지도력 아래 이집트를 떠나 가나안을 향하여 이동합니다. 모세는 모압 광야에서 죽고, 여호수아가 지도자가 되어 이스라엘 백성을 가나안 땅으로 인도하여 정착하게 합니다. 여호수아는 정착한 백성에게 지파별로 땅을 분배합니다. 지파별로 땅을 분배받은 후에, 그 땅을 가족별로 또 분배합니다. 이렇게 분배받은 땅에 이스라엘 백성은 자기 땅과 이웃이나 친족 땅을 구분하는 표시로 경계 지역에 지계석을 놓았습니다. 지금으로 말하면, 논두렁이나 밭두렁을 만들거나 울타리를 치는 것과 같습니다. 경계석은 나라와 나라(왕상 5:1; 민 20:33), 지파와 지파(민 21:13; 신 3:14; 수 18:20; 삿

---

[1] Bruce K. Waltke, *Proverbs 15~31*, New International Commentary on the Old Testament, ed. Robert L. Hubbard Jr. (Grand Rapids: Wm. B. Eerdmans Publishing Company, 2005), 229는 잠언 22:22~28절은 한 구성단위(unit)로 여긴다.

11:18; 삼상 6:12), 가족과 가족의 땅 경계선에 놓입니다(신 19:14; 수 13:23). 본문이 말하는 경계석은 지파의 땅을 가리키는 경계석이라기보다는, 가족의 땅 또는 개인의 땅을 가리키는 경계석을 말합니다.

이 경계석은 보통 돌기둥이나 무덤 앞에 세우는 비석과 비슷합니다.[2] 지계석에는 보통 땅 주인 이름을 새깁니다. 국가 땅일 경우, 이집트 땅(왕상 5:1), 에돔 땅(민 20:33), 또는 이스라엘 땅(삿 19:29; 삼상 11:3, 7)이라고 경계석에 새깁니다. 도시 땅에는 도시 이름을 새겼고(수 12:3, 26), 개인 땅에는 개인 이름을 새겼습니다.[3] 그런데 그때는 오늘날처럼 측량해서 땅을 구분하지 않고, 눈대중으로 구분했습니다. 그리고 지계석을 고정하지 않았기에, 이동할 수 있었습니다. 그래서 돈이나 힘이 있는 사람은 경계를 나타내는 지계석을 매년 인식할 수 없을 정도로 조금씩 조금씩 옮기면서 남의 땅을 빼앗곤 했답니다.[4] 욥이 그 사실을 말합니다. "경계선까지 옮기고 남의 가축을 빼앗아 제 우리에 집어넣는 사람도 있고"(욥 24:2).

그래서 모세의 법은 한 번 놓인 경계석(지계석)을 옮기지 말라고 경고합니다. 신명기 19:14입니다. "당신들은, 주 하나님이 당신들에게 유산으로 주어 차지한 땅에서, 이미 조상이 그어 놓은 당신들 이웃의 경계선을 옮기지 마십시오." 신명기 27:17입니다. "이웃의 땅 경계석을 옮기는 자는 저주를 받는다 하면, 모든 백성은 '아멘' 하십시오." 특히 가난한 사람, 고아, 과부의 땅에 있는 경계석을 옮기지 못하게 했습니다. 잠언 23:10, "옛날에 세워 놓은 밭 경계표를 옮기지 말며, 고아들의 밭을 침범하지 말라." 하나님이 가난한 사람의 땅에 있는 경

---

[2] Waltke, *Proverbs 15~31*, 235.

[3] Mshnud Ottosson, "גְּבוּל," in *Theological Dictionary of the Old Testament*, ed. G. Johannes Botterweck and Helmer Ringgren, trans. John T. Willis, rev. ed., vol. 2 (Grand Rapids: Wm. B. Eerdmans Publishing Company, 1977), 364~65.

[4] Waltke, *Proverbs 15~31*, 235.

계석을 옮기지 말라고 하신 이유는 여호와 하나님께서 가난한 사람의 경계석을 지키는 분이시기 때문입니다. 잠언 15:25입니다. "**주님은 거만한 사람의 집을 헐어 버리시지만, 과부가 사는 곳의 경계선은 튼튼히 세워주신다.**" 경계석을 옮기는 행위는 남의 땅을 도둑질하는 행위, 전부나 일부를 빼앗아 자기 땅을 확장하는 행위를 의미합니다.5 이것은 십계명 가운데 "도둑질하지 말라"라는 8계명, "이웃에게 불리한 거짓 증언을 하지 말라"라는 9계명, 그리고 "이웃의 집을 탐내지 말라"라는 10계명을 어기는 죄입니다. 그렇기에 하나님의 저주와 진노를 부릅니다(신 27:17; 호 5:10).6

경계석이 나타내는 의미는 무엇일까요? 그리고 경계석을 옮김은 무슨 의미일까요?

2. 경계석을 옮기는 행위는 개인 재산과 하나님의 소유를 빼앗는 행위이다.

땅에 놓은 경계석은 두 가지 의미가 있습니다. 하나는 개인 재산, 곧 소유권을 보호하는 의미가 있습니다. 그래서 아무리 힘이 있고 권력이 있더라도 개인 땅을 함부로 침입할 수 없게 했습니다. 좋은 예가 입다의 경우입니다(삿 11:14~17). 암몬 자손의 왕이 이스라엘 땅을 침입했습니다. 그래서 입다가 암몬 자손의 왕에게 왜 우리 땅을 침입하느냐고 정중히 항의하려고 사절을 보냅니다. 이때 암몬 자손의 왕은 이스라엘이 이집트에서 나와 가나안으로 올라갈 때 암몬의 땅을 점령하였기에, 그 땅을 되찾으려고 침입했다며 합리화합니다. 이때 입다는

---

5 Tremper Longman III, *Proverbs*, Baker Commentary of the Old Testament Wisdom and Psalms, ed. Tremper Longman III (Grand Rapids: Baker Academic, 2006), 419.

6 Gordon H. Matties, "נבל," in *The New International Dictionary of Old Testament Theology and Exegesis*, ed. Willem A. VanGemeren, vol. 1 (Grand Rapids: Zondervan Publishing House, 1997), 803.

사신을 보내 이스라엘 백성이 홍해를 건너 가데스에서 암몬 왕에게 사절을 보내 암몬 땅을 지나게 해 주면 물값과 통과세를 다 지급하겠다고 요청했습니다. 그러나 암몬 왕은 이스라엘의 요청을 거절했고, 이스라엘 백성은 에돔과 암몬 땅을 통과하지 않고 국경을 따라 돌아서 모압 땅 동쪽으로 갔다는 사실을 이야기합니다. 입다는 이 이야기를 하면서 조상 적부터 내려온 땅을 신성불가침한 것으로 여겨 이스라엘 백성이 들어가지 않았다고 하면서 이스라엘 백성이 암몬 땅을 침략하거나 빼앗은 적이 없다고 말합니다. 입다의 이야기에서 보듯이, 고대 중근동 지역은 조상 대대로 내려온 땅의 소유권을 인정했습니다.

이때 암몬 땅에는 암몬 국가의 소유지라고 표시하는 경계석이 있었겠지요. 이스라엘 백성은 암몬의 땅을 인정하는 의미에서 경계석을 옮기지 않았습니다. 경계석을 옮김은 땅의 소유권을 빼앗거나 약탈하는 의미가 있었기 때문입니다. 이스라엘뿐 아니라 고대 중근동 지역에서도 개인이나 가족 땅의 경계를 인정했습니다.[7] 이집트 문학에는 고아와 가난한 사람이 가진 땅에 있는 지계석을 옮길 수 없게 했습니다(Amenemope 6).[8] 경계석을 옮기는 행위는 남의 땅을 빼앗는 중범죄였습니다. 그리고 땅은 그 땅의 신이 보호한다고 이해했습니다.[9] 이렇듯 경계석을 옮기는 행위는 다른 사람의 재산이나 소유를 빼앗는 짓입니다.

또한 경계석은 모든 것이 하나님께 속했음을 보여주는 표징입니다. 여호수아서에는 이스라엘 지파마다 받은 땅은 하나님께서 그들에게 준 땅이라고 기술합니다(수 12:2; 16:2~8). 땅이 하나님께 속하기에(레 25:23), 그 땅 권리는 하나님께 있습니다.[10] 하나님은 사람에게 당신

---

7 Waltke, *Proverbs 15~31*, 234; Ottosson, "גְּבוּל," *TDOT*, 366.

8 Ottosson, "גְּבוּל," *TDOT*, 361.

9 Waltke, *Proverbs 15~31*, 234; Ottosson, "גְּבוּל," *TDOT*, 362, 366.

10 Matties, "גבל," *NIDOTTE*, 803.

땅을 관리하라고 위임하셨습니다. 그러나 여러 가지 이유로 사람이 위임받은 땅을 관리할 능력이 없으면 팔 수 있습니다. 땅을 판 사람이 다시 관리할 수 있으면, 판 땅을 다시 구매할 수 있게 했습니다. 판 땅을 다시 구매할 능력이 없이 희년을 맞이하면, 그 땅은 원주인에게로 돌아가게 했습니다. 희년 제도는 이스라엘의 땅이 하나님의 소유임을 보여주는 제도입니다.

이것을 땅에만 국한하지 말아야 합니다. 이스라엘 백성도 하나님의 것이기에, 하나님만 주인으로 섬기고 살아야 합니다. 그런데 땅이 없으면, 사람의 종이 될 수밖에 없습니다. 고대 농경 문화에서 땅은 삶의 근본이었기 때문입니다. 사람의 종이 되는 것을 막으려고, 하나님은 삶에 가장 기본이 되는 땅의 소유권을 개인에게 주면서 안전장치로 경계석을 옮기지 못하게 하셨습니다. 주님께 물질을 구할 때 이런 이유로 구해야 합니다. 사람의 종이 아니라 하나님의 종이 되려고 구해야 합니다. 그래서 조상으로부터 정해진 지파별로 그리고 가족별로 분배받은 땅은 그 후손에게 기업으로 고스란히 대물림하게 했습니다. 어떤 경우로도 변경하지 않게 했습니다. 이처럼 땅의 경계석을 옮기는 행위는 하나님께 속한 소유물을 빼앗는다는 중요한 의미가 담겨 있습니다.

그러면 하나님은 왜 경계표를 옮기지 말라고 하셨을까요?

II. 그 이유는 땅이 변치 않은 유업이기 때문이다(28b절).

땅은 조상으로부터 내려온 유업이기 때문입니다.11 28절이 이렇게 말합니다. "너의 선조들이 세워 놓은 그 옛 경계석." 이 경계석은 조상의 선조가 세웠습니다. 또한 이것은 하나님께서 세우셨습니다. 여호수아가 임의로 이스라엘 12지파에게 땅을 분배하지 않았습니다. 이스

---

11 Waltke, *Proverbs 15~31*, 235는 관계 대명사 אֲשֶׁר(아쉐르)를 '이유'로 해석한다.

라엘 지파들이 가나안 땅을 나눠 받을 때, 그들은 제비뽑기해서 땅을 받았습니다. 제비뽑기는 하나님 뜻에 따른다는 뜻입니다. 사람이 제비 뽑지만, 그 제비뽑기에는 하나님 의도가 담겨 있기 때문입니다. 이 사실은 여호수아 7장에 기록하고 있습니다. 여리고를 정복할 때, 하나님은 모든 것이 하나님께 바쳐진 제물이므로 하나님께 바쳐야 한다고 명령하셨습니다. 그러나 아간은 하나님께 바쳐야 할 물건을 자기가 쓰려고 감춥니다. 그 일로, 이스라엘 백성은 하나님의 진노 아래 놓였고, 전쟁에서 패했습니다. 그 원인을 찾던 백성은 제비뽑기합니다. 백성이 제비를 지파별로 그리고 가족별로 뽑아서 결국 아간이 뽑혔습니다. 여기에서 보듯이 제비뽑기에는 하나님의 뜻과 의도가 포함되어 있습니다.

하나님께서 세우신 경계석, 하나님께서 조상에게 주신 땅을 다른 사람이 마음대로 빼앗는 행위는 하나님을 반역하는 행위였습니다. 왕이 통치하는 군주 시대에, 힘 있는 높은 관리가 백성의 땅을 빼앗는 일이 있었습니다.12 열왕기상 21장에서 아합왕은 나봇의 포도원을 빼앗고자 했습니다. 아합왕은 적당한 가격을 줄 터이니 포도원을 달라고 나봇에게 명령했습니다. 그때 나봇을 이렇게 대답합니다. 열왕기상 21:3입니다. "제가 조상의 유산을 임금님께 드리는 일은, 주님께서 금하시는 불경한 일입니다." 이사야 5:8도, 힘 있는 관리나 부자가 가난한 사람의 땅을 빼앗아 자기 배를 채우는 이야기를 기록합니다. "너희가, 더 차지할 곳이 없을 때까지, 집에 집을 더하고, 밭에 밭을 늘려나가, 땅 한가운데서 홀로 살려고 하였으니, 너희에게 재앙이 닥친다!" "너희가 더 차지할 곳이 없을 때까지, 집에 집을 더하고, 밭에 밭을 늘려나갔다"라는 말은, 힘이나 권력으로 가난한 사람, 힘이 없는 사람의 집과 땅을 빼앗고, 자기 이름을 새긴 경계석을 세웠다는 뜻입니다. 이렇듯 악한 왕이나 악한 관리는 하나님께서 세우신 경계선을 허물고 땅을 자기 땅으로 삼았습니다.

---

12 Waltke, *Proverbs 15~31*, 235.

그 결과, 선지자들은 악한 왕과 관리에게 하나님의 징계를 선포합니다. 선지서는 가난한 사람의 소유를 착취하는 백성과 관리에게 내린 경고를 많이 말합니다. 호세아 5:10입니다. "유다의 통치자들은 경계선을 범하는 자들이니, 내가 그들 위에 내 분노를 물처럼 쏟아붓겠다." 나봇의 땅을 빼앗은 아합왕은 하나님의 진노로 전쟁에서 활에 맞아 죽었습니다. 그의 아내 이세벨도 죽는 비극을 맞았습니다. 이런 비극에도 교훈을 깨닫지 못해 회개하지 않고 계속 반역하는 이스라엘 민족은 아시리아와 바빌로니아에 멸망됐습니다.

오늘날 우리는 이것을 어떻게 해석해야 할까요?

III. 개인 재산과 소유권을 인정하고 보호해야 한다.

경계석을 옮기지 말라는 경고는 오늘날 직간접적으로 적용할 수 있습니다. 오늘날은 조상으로부터 내려온 재산이 영원한 유업인 시대가 아닙니다. 땅을 팔면 그 순간 모든 것이 남의 손에 넘어갑니다. 희년이라는 개념도 없고, 희년이 되어도 원주인에게로 다시 돌아가는 시대도 아닙니다. 하지만 우리나라에도 개인 땅 소유권을 보장하는 법이 있습니다. 「형법」 370조(경계 침범)는 경계표로 심어놓은 나무나 현수막을 임으로 훼손하여 토지 경계 표식을 인식하지 못하게 한 행위를 규정합니다. 경계표가 실제 소유권과 부합하지 않아도, 관습적 인정이나 일반적 승인이 있을 때, 또는 이해 당사자가 명시하거나 암묵적으로 합의할 때는 당사자 한쪽이 일방적으로 그것을 훼손할 수가 없습니다. 만약 당사자 한쪽이 일방적으로 측량해 경계석을 옮기면, 3년 이하의 징역이나 500만 원 이하 벌금을 물어야 합니다.[13] 당사자가 부당하다고 생각하면, 양자 합의로 측량해서 경계석을 옮겨야 합니다. 「형법」 370조에서 보듯이, 개인 재산은 보호받아야 합니다.

---

13 http://blog.naver.com/PostView.nhn?blogId=allsteel&logNo=220433196521, 2020년 2월 2일 접속.

직장에서 임금에도 적용할 수 있습니다. 직원이 일했다면, 직원에게 정당한 임금을 지급해야 합니다. 종업원에게 정당한 임금을 지급하지 않는다면, 이것도 넓은 범위에서 경계석을 옮기는 행위입니다. 기업이 하청업자에게 대금을 제대로 주지 않는 행위도 경계석을 옮기는 행위입니다. 개인의 것을 도둑질하거나, 사기를 치는 것, 또는 강압적으로 빼앗는 일도 경계석을 옮기는 짓일 수 있습니다.

결론

지혜자는 "경계석을 옮기지 말라"라는 말로, 가난한 사람 재산이나 소유권을 인정하라고 권고합니다. 아무리 힘이 없고, 가난하더라도 개인 소유권은 인정해야 합니다. 이것은 가난한 사람만을 의미하지는 않습니다. 모든 사람에게 속한 소유권을 인정하라는 말입니다. 개인 소유권을 인정함이 바로 하나님의 주권을 인정함입니다. 경계석을 옮기지 말라는 하나님의 말씀에 순종하면, 소유권이 어떤 한 사람에게 과도하게 몰리지 않습니다. 그러나 인간의 욕심은 끝이 없어 '조금 더 조금 더' 자신을 합리화하면서 재산을 끌어모읍니다. 아쉽게도, 자유 경쟁 시대에 사는 우리는 하나님이 제정하신 법의 시대로 돌아갈 수는 없습니다. 그러나 우리는 성경이 말하는 정신을 생각하고 이해해야 합니다. 그래서 하나님이 주신 물질을 필요한 사람에게 나누는 삶을 실천해야 합니다. 가난한 사람 소유를 보호하며, 기초생활을 보장하려는 마음을 가져야 합니다. 하나님께서 제정하신 삶의 원리에 따라, 선한 동기로 주님께 물질을 구해 나누는 삶을 실천하는 선한 그리스도인이 되시기를 바랍니다.

지혜자 잠언

5 잠언 22:29
자기 분야 전문가로 준비합시다

중심 내용: 성공은 준비하는 자에게 주어지는 보상이다.

I. 자기 일에 철저히 준비한 전문가이어야 한다(29a절).

　1. 자기 일에 전문가이어야 한다.

　2. 자기 일, 대인관계, 믿음에 철저히 준비해야 한다.

II. 전문가는 자기 때에 인정받아 쓰인다(29b절).

서론

　오늘날 많은 사람이 성공을 외치고, 성공하려 합니다. 그런데 성공하는 사람은 그리 많지 않습니다. 그 이유는 그들 습관, 신실함, 기술, 행동철학이 성공과 거리가 멀기 때문입니다. 성공에 관한 가장 유명한 책인 『성공하는 사람의 7가지 습관』에서 스티븐 코비는 말합니다. 첫째, 성공하는 사람은 자기 삶을 주도합니다. 둘째, 성공하는 사람은 끝을 생각하며 일을 시작합니다. 셋째, 성공하는 사람은 하고 싶은 것보다 소중한 것을 먼저 합니다. 넷째, 성공하는 사람은 시작할 때, 실패보다는 승리를 생각합니다. 다섯째, 성공하는 사람은 먼저 자기를 이해하고 다음에 다른 사람을 이해합니다. 여섯째, 성공하는 사람은 시너지 효과를 냅니다. 일곱째, 성공하는 사람은 끊임없이 자신을 쇄신하는 사람입니다.

잠언 22:29도 성공하는 비결을 말합니다. 여기서 성공은 철저하게 준비하는 사람에게 주어지는 보상입니다. 자기 일에 열심히 하는 사람, 준비한 사람은 성공합니다. 하지만 게으르며 준비하지 않은 사람은 사회적으로 낮은 위치에서 일하며, 하찮은 일을 하다 일생을 마칩니다.[1] 오늘 말씀 제목은 「자기 분야 전문가로 준비합시다」입니다.

I. 자기 일에 철저히 준비한 전문가이어야 한다(29a절).

1. 자기 일에 전문가이어야 한다.

무슨 일을 하든지 성공하려면, 철저히 준비해야 합니다. 일을 대충대충하려고 해서는 안 됩니다. 철저히 준비하라는 완벽주의자가 되라는 말이 아닙니다. 철저하게 준비하는 습관을 길러야 합니다. 29절은 말합니다. "자기 일에 **능숙한 사람을 네가 보았을 것이다.**" 『새번역』은 서술문, 곧 '네가 보았을 것이다'라고 번역합니다. 그러나 『개역개정』과 『쉬운성경』은 의문문, 곧 "네가 보았느냐?"라고 번역합니다.[2] 히브리어 성서에는 의문사가 없습니다만, 의문사가 없어도 의문문일 수 있습니다(창 27:24; 출 33:14; 삼상 11:12). 그래서 의문문 "**자기 일에 능숙한 사람을 네가 보았느냐?**"라고 번역해도 저자 의도를 이해하는 데 별문제가 없습니다.

---

[1] Tremper Longman III, *Proverbs*, Baker Commentary of the Old Testament Wisdom and Psalms, ed. Tremper Longman III (Grand Rapids: Baker Academic, 2006), 419.

[2] 영어 번역본은 대부분 의문문으로 번역한다.

"보았을 것이다"를 표현하는 데 쓰인 히브리어 원형은 חזה(하자)입니다. 이 단어는 '눈으로 보는 활동'을 뜻합니다. 또한 특별한 비전, 곧 선지자가 밤에 또는 깊은 잠을 잘 때 하나님의 음성을 알아차리는 지각 능력을 뜻하기도 합니다.3 그리고 시가서에서는 분별력, 특히 하나님이 사람 마음에 무엇이 있는지를 꿰뚫어 보는 통찰력을 뜻합니다(시 11:4; 17:2; 욥 34:32; 잠 24:32).4 또한 사람이 사람을 냉철하게 평가하여 그 사람의 장단점을 평가하는 능력을 뜻하기도 합니다(욥 26:12; 29:20).5 본문에서는 사람을 이성이나 경험으로 평가할 수 있는 분별력을 말합니다. 이것은 단순히 외적으로 나타나는 것으로만 평가하지 않습니다. 외적으로 나타나는 것뿐 아니라 내적인 면을 모두 종합해서 평가할 수 있는 능력, 곧 분별력을 말합니다.6

지혜자는 무엇을 분별할 수 있는 능력이 있어야 한다고 말합니까? 능숙한 사람을 볼 수 있는 분별력을 가지고 있냐고 질문합니다. 일반적으로 '능숙하다(מָהִיר, 마히르)'는 '급하게 하는 것', '신속하게 하는 것'을 지칭하는 용어입니다. 욥기에서는 부정적 의미로 급하게 어떤

---

3 A. Jepsen, "חָזָה," in *Theological Dictionary of the Old Testament*, ed. G. Johannes Botterweck and Helmer Ringgren, trans. David E. Green, vol. 4 (Grand Rapids: Wm. B. Eerdmans Publishing Company, 1980), 283~84, 90; Bruce K. Waltke, *Proverbs 15~31*, New International Commentary on the Old Testament, ed. Robert L. Hubbard Jr. (Grand Rapids: Wm. B. Eerdmans Publishing Company, 2005), 236.

4 Jepsen, "חָזָה," *TDOT*, 4:289; Francis Brown, S. R. Driver, and Charles Briggs, eds., *A Hebrew and English Lexicon of the Old Testament with an Appendix Containing the Biblical Aramaic* (Oxford: Clarendon Press, 1906; reprint, Peabody, MA: Hendrickson Publishers, 1979), 302.

5 Waltke, *Proverbs 15~31*, 236.

6 Jepsen, "חָזָה," *TDOT*, 4:290.

일을 하는 데 썼습니다(욥 5:13). 그러나 잠언에서는 부정적인 의미보다는 자기 일을 신속하게 처리하는 능력 있는 사람을 지칭하는 데 씁니다.7 이 용어가 형용사로는 서기관, 곧 필사자를 묘사하는 데 쓰였습니다(에 7:6; 시 45:1). 필사자가 기록할 때 정확하게 그리고 빠르게 기록하는 게 중요합니다.8 그렇다면, 능숙한 사람은 정확하며 빠르게 기록하는 서기관을 의미할 수 있습니다. 하지만 본문에서는 정확하며 빠른 필사자로만 제한하지 않습니다.9 오히려 필사자처럼 일을 빨리 처리하면서도 정확하게 하는 사람을 의미한다고 보는 게 좋습니다. 또 다른 표현으로 하면, 준비된 사람을 말합니다.

어떤 일을 하려고 준비한 사람이십니까? 지금 자기가 하는 일입니다. 성경은 자기가 하는 일에 충실한 사람을 이야기합니다. 학생은 학업에, 직장인이면 그 직장 생활에 충실한 사람입니다. 현재 자기가 하는 일이 어떤 일이든 관계없습니다. 그 일에 충실한 사람, 그 일에 준비된 사람입니다. 현재 자기가 하는 작은 일에 충성하지 못하는 사람은 나중에 큰일에도 충성할 수 없기 때문입니다. 우리는 누가 자기 일에 능숙한지, 자기 일에 잘 준비했는지를 분별할 줄 알아야 합니다. 그리고 우리도 자기 일을 능숙하게 할 수 있어야 합니다. 왜냐하면 세상도 그렇지만 하나님은 준비한 사람을 사용하시기 때문입니다. 하나님이 기드온을 통하여 300명 용사를 뽑을 때, 이들은 모두 준비

---

7 Ludwig Koehler and Walter Baumgartner, *The Hebrew and Aramaic Lexicon of the Old Testament*, trans. and ed. under the supervision of M. E. J. Richardson, vol. 1, rev. Walter Baumgartner and Johann Jakob Stamm with assistance from Benedikt Hartmann et al. (Leiden: E. J. Brill, 2001), 552.

8 Anthony Tomasino, "מהר," in *The New International Dictionary of Old Testament Theology and Exegesis*, ed. Willem A. VanGemeren, vol. 2 (Grand Rapids: Zondervan Publishing House, 1997), 859.

9 Waltke, *Proverbs 15~31*, 236.

5. 잠언 22:29 자기 분야 전문가로 준비합시다

한 사람이었습니다. 이들은 전쟁을 두려워하지 않았습니다. 언제 어디서 적이 공격해 오더라도 대처할 준비를 했습니다(삿 7). 하나님은 준비하지 않은 다수보다, 기도온의 300명 용사처럼 준비한 몇 사람을 사용하십니다.

그렇다면, 우리는 무슨 일에 준비해야 할까요?

2. 자기 일, 대인관계, 믿음에 철저히 준비해야 한다.

먼저, 자기 일에 철저히 준비해야 합니다. 자기 일에 전문가가 이어야 합니다. 자기가 하는 일에 책임질 줄 아는 사람이어야 합니다. 그리고 그 일을 끊임없이 공부해야 하고 배워야 합니다. 직장에서는 자기가 하는 일에 전문가이어야 합니다. 자기 업무에 전문가이어야 합니다. 끊임없이 관련 전문 서적을 읽어야 합니다. 때때로 다양한 분야의 책을 읽어, 자기 소양을 넓혀야 합니다. 다른 분야는 몰라도 자기 일에 전문가로 활약할 수 있게 준비해야 합니다.

TV에 달인을 소개하는 프로그램이 있습니다. 생활의 달인, 음식의 달인을 소개합니다. 한번은 강원도 춘천에서 유명한 막국수를 만드는 달인을 소개했습니다. 그 달인은 비빔 막국수와 잔치국수를 전문으로 했습니다. 이 가게는 소스와 국물이 독특했습니다. 소스를 만드는 데 사과, 무, 양파, 조청에 절인 도라지와 같은 재료를 손으로 갈아서 특유한 맛을 냈습니다. 국물을 낼 때도 독특한 맛을 내려고 사과를 비롯해 여러 재료 그리고 여러 가지 멸치류를 배를 파서 그 안에 넣고 자기 비법으로 끓여서 만들었습니다. 그러면서 "막국수를 만드는 일은 쉬운 게 아니라 참으로 가장 어려운 일이다"라고 말했습니다. 주인은 자신만의 맛을 내려고 쉬운 길이 아니라, 어려운 길을 걸어가면서 매일 매일 맛있는 소스와 국물을 만들려고 노력했습니다. 그렇게 만든 비빔 막국수나 잔치국수를 한 번 맛본 사람이면, 다시 찾게 했습니다. 마찬가지로, 직장은 물론이거니와 교회에서 사역한다면, 그 분야를 공부해야 합니다. 성경을 공부해야 합니다. 그리고 어린이나 청소년 사역하면, 요즘 어린이나 청소년의 사고나 패턴에 관한 책을 읽고 공부해야 합니다. 그들을 이해하는 데 도움이 되는 책을 읽지도 않은 채 사역한다면, 허공에 주먹을 휘두르는 일입니다.

또한 대인관계를 잘하게 준비해야 합니다. 아무리 자기 일에 전문가라 하더라도 대인관계에 실패하면 성공하기가 어렵습니다. 사람을 만나지 않는 일이라면, 대인관계에 조금 서툴러도 그리 어렵지 않을 수 있습니다. 그러나 모든 일은 대인관계로 이루어집니다. 인간을 가리켜 '사회적 동물'이라고 합니다. 이 말에는 사람은 대인관계에서 살아가는 존재라는 의미가 담겨 있습니다. 사람이 홀로 사는 게 좋지 않아, 하나님은 가정을 이루게 하셨습니다. 가정에서 서로 관계를 맺는 방법을 배우면서, 관계에서 살라고 가정을 주셨습니다. 직장 생활이나 사회생활에서 아무리 재능이 뛰어나도 사람과 관계, 직장 상사나 동료와 관계에서 실패하면, 그 사람은 직장 생활에 성공하기가 쉽지 않습니다. 사람과 관계에서 어려움을 만나기 때문입니다. 대인관계에 자신이 없다면, 주님께 기도하면서 인간관계 잘하는 법을 배우고 훈련해야 합니다. 더 좋은 대인관계를 만들려면, 자기 편에서가 아니라 다른 사람 편에서 생각하는 훈련을 해야 합니다.

그리고 신앙에서도 전문가가 이어야 합니다. 여호수아는 모세의 제자이자 후계자로서 이스라엘 백성을 인도한 지도자입니다. 여호수아는 신앙에서도 승리자였습니다. 모세가 일을 마치고 자기의 장막으로 돌아갈 때도 여호수아는 하나님의 성막에 거하면서 하나님과 함께했습니다. 그가 담대한 성격은 아니었지만, 주님 앞에서는 신실했습니다. 그렇기에 모세의 후계자로서 사역을 잘 감당할 수 있었습니다. 요나단도 신앙으로 준비한 사람입니다(왕상 14). 사울의 군대와 블레셋 군대가 전쟁할 때입니다. 요나단은 "승리는 군사 수가 많고 적음에 있지 않고, 하나님께 있다"라고 믿었습니다. 그래서 믿음으로 자신의 병기 든 자와 함께 전장으로 나아가서 싸워 전쟁에서 승리했습니다.

다윗도 마찬가지입니다. 골리앗과 전쟁에서 이스라엘 모든 병사가 두려워하며 떨고 있었습니다. 그러나 다윗도 요나단처럼 "전쟁은 하나님의 손에 달렸지, 군사 숫자나 능력에 있지 않다"라는 사실을 잘 알았습니다. 그래서 그는 만군의 하나님 이름을 의지하고, 골리앗을 향해 담대하게 나아갈 수 있었고, 그 결과 승리자가 됐습니다. 믿음의 사람은 하나님과의 친밀한 관계에 힘입어 승리한 사람입니다.

그러므로 승리자가 되려는 사람은 자기 일, 다른 사람과 관계, 그리고 믿음에서 능숙한 사람, 곧 제대로 잘 준비한 전문가이어야 합니다. 왜 전문가이어야 할까요? 왜 준비해야 할까요? 때가 되면 인정받기 때문입니다.

II. 전문가는 자기 때에 인정받아 쓰인다(29b절).

자기 분야에 뛰어난 재능을 잘 계발해 준비한 사람은 결국 자기 때에 많은 이에게 인정받습니다. 29하반절입니다. "**그런 사람은 왕을 섬길 것이요, 대수롭지 않은 사람을 섬기지는 않을 것이다.**" 재능에 따라 잘 준비한 사람은 왕을 섬기지, 대수롭지 않은 사람을 섬기지 않습니다. 이 말은 자기 분야에 전문가이면 왕 앞에 서지, 대수롭지 않은 사람, 곧 보통 사람 앞에 서지 않는다는 뜻입니다. 다른 말로 하면, "재능이 있는 사람, 준비한 사람은 왕에게 인정받는다!"입니다. 왕을 섬긴다는 말은 왕의 대신이 되어 섬긴다는 말입니다. 왕의 대신이면, 높은 자리에 앉고 부귀와 영예를 누리고 존경받습니다. 높은 자리와 영예는 준비한 사람이 누립니다. 준비한 사람은 높은 지위에 오르고 명예를 얻고 존경받습니다. 직장에서 재능이 있거나 신실할 때, 선임자에게 인정받습니다. 회사에 중요한 프로젝트가 생기면, 떠맡습니다. 그 사람에게 일을 맡긴다는 말은 신뢰한다는 말입니다. 그 결과, 자연스럽게 승진할 기회도 얻습니다. 달인이 TV에서 나온 이유는 그들이 자기 분야에 전문가로 준비한 사람이었기 때문입니다.

그러나 재능을 계발하지 않은 사람, 준비하지 못한 사람은 인정받지 못해 일을 맡지도 못합니다. 대수롭지 않은 사람, 곧 보통 사람에게도 인정받지 못해 그들을 섬길 기회도 얻지 못합니다. 대중에게도 무시당할 수 있다는 말합니다. 있으나 마나 하는 존재로 평가받는다는 말입니다. 직장에서 어떤 일을 맡길 때, 좋은 성과를 내지 못하거나 일 처리가 깔끔하지 않은 사람에게 누가 일을 맡기겠습니까?

예수님도 이와 비슷한 말씀을 하셨습니다(참조. 눅 19:11~17). 마태복음 25:14~30입니다. 이른바 달란트 비유에서, 예수님은 5달란트와 10달란트 받은 사람을 칭찬하셨습니다. 그들은 신실한 사람이었고, 충성한 사람이었기 때문입니다. 그런데 1달란트 받는 사람에게는 악하고 게으른 종이라고 책망하셨습니다. 그래서 1달란트 받은 사람은 그가 받은 1달란트마저 빼앗기고, 바깥 어두운 곳으로 내쫓겼습니다. 자기가 한 일까지 빼앗긴 셈입니다. 이 사람이 할 수 있는 일은 슬피 울면서 이를 가는 것뿐입니다. 곧, 후회하며 흘리는 눈물, 후회하며 이를 가는 일만 할 뿐입니다. 하나님은 신실한 사람을 찾으십니다. 자기 분야에서 최선을 다하면서 배우는 사람을 찾으십니다. 자기 일에 최선을 다하는 사람은 사람이나 하나님께 쓰임을 받습니다. 처음부터 잘하는 사람은 없습니다. 그래도 열심히 배워서 전문가로 자라야 합니다. 그렇지 않으면 일반 사람도 섬기지 못할 수 있습니다.

사회에서나 하나님에게 쓰이기를 바라시면, 준비해야 합니다. 자기 분야에서 준비하셔야 합니다. 우리는 기회만 오면, 잘할 수 있다고 생각합니다. 기회는 모든 사람에게 한번은 옵니다. 준비한 사람만이 그 기회를 살릴 수 있습니다. 선수는 주전과 비주전으로 나뉩니다. 첫 번째 기회는 주전에게 돌아갑니다. 그러나 주전이 너무 많이 뛰어 피곤하거나 다치면, 비주전이 주전을 대신해 경기에 출전할 기회를 얻습니다. 이때 잘해 감독에게 인정받으면, 주전으로 계속 뛸 기회를 얻습니다. 운동선수에게는 반드시 1년에 한 번 정도는 기회가 반드시 오기 마련입니다. 비주전이더라도 잘 준비해서 기회가 왔을 때 경기에 공헌하면, 주전으로 뛸 가능성이 큽니다. 하지만 기회가 왔는데도 그 기회를 잘 살리지 못하면, 더는 기회가 없을 수 있습니다.

우리 인생도 마찬가지입니다. 기회는 반드시 옵니다. 문제는 기회가 언제 오느냐가 아닙니다. 준비했느냐입니다. 자기 분야 일에 철저히 준비하고 있어야 합니다. 그래서 기회가 왔을 때, 자기 능력을 보여야 합니다. 준비하지 않으면, 기회가 와도 자기 능력을 보여 줄 수 없습니다. 준비한 사람만이 왕을 섬길 수 있습니다.

결론

이처럼 성공은 준비한 사람이 거둡니다. 성공은 그저 주어지지 않고 만드는 것입니다. 뛰어난 재능도 태어나는 게 아니라 만들어집니다. 처음부터 잘하는 사람은 없습니다. 그러나 남들보다 더 공부하고 연구하고 훈련하면, 그 분야에 전문가로 우뚝 설 수 있습니다. 특히, 자기 일에 탁월한 재능을 보여야 합니다. 자기 일과 관련한 책을 많이 읽어야 합니다. 열심히 연구해야 합니다. 그래서 기회가 왔을 때, 자신이 준비되어 있음을 증명해야 합니다.

믿음의 사람은 무엇보다 사람과 관계 그리고 하나님과 관계 둘 다에서 신실해야 합니다. 아무리 능력이 뛰어나도 사람과 관계에서 실패하거나 하나님과 관계에서 실패하면, 성공하기가 어렵습니다. 사람과 관계만이 아니라 하나님과 관계에서도 승리하시기 바랍니다. 그러면 어려움이 있을 때 하나님께서 직접 도우시거나 사람을 통해서 도우십니다. 요셉을 생각해 보십시오. 그가 어려운 형편에 있었지만, 사람들을 최선을 다해 섬겼고, 하나님의 뜻을 바라보면서 맡은 일에 최선을 다했습니다. 그 결과, 기회를 잡았고, 이집트 바로 왕 앞에 섰으며, 더 나아가 총리대신 자리에까지 올랐습니다. 노예에서 총리대신이 될 수 있었던 이유는, 요셉이 자기 일에 최선을 다하고 믿음의 삶을 살았기 때문입니다.

6 잠언 23:1~3
인간관계에서 절제합시다

중심 내용: 인간관계에서 승리하는 비결은 자기 절제이다.

I. 원만한 인간관계는 절제에서 비롯한다(1~3a절).

II. 인간관계에서 절제하지 않으면 어려움을 겪기 때문이다(3b절).

서론

저는 순간순간에 재치, 감각, 지혜가 부족한 편입니다. 그래서 상황에 맞는 말을 해야 할 때, 실수를 자주 하곤 합니다. 그리고 이야기하다 보면 제 흥분에 빠져 목소리가 높아지거나 감정이 쏠릴 때가 많습니다. 그러다 보니 차분하게 이야기를 풀어가거나 흥분하지 않는 사람을 부러워합니다.

오늘 본문에서 지혜자는 인간관계에서 절제가 얼마나 중요한가를 교훈합니다. 우리는 모두 말씀을 읽으면서 적어도 한 번은 고개를 끄덕였으리라 생각합니다. 다시 한번 말씀을 묵상하면서 대인관계에서 지혜롭게 절제하는 우리, 특히 인간관계에서 절제하는 우리가 되자고 다짐하는 시간이었으면 합니다. 사실 인간관계에서 승리는 얼마나 절제를 잘하느냐에 따라 거둘 수 있습니다. 내가 상대편을 이기려는 욕심이 아니라, 내 감정을 통제하는, 다시 말해서 절제 훈련을 잘한 사람이 대인관계도 잘합니다. 내 감정보다 상대방 의도를 파악하는 데 더 익숙한 사람이 대인관계를 잘합니다. 우리는 모두 그런 사람이길 바랍니다.

I. 원만한 인간관계는 절제에서 비롯한다(1~3a절).

오늘 본문은 욕심과 절제에 관한 말씀입니다. 특히, 사람과 관계에서 발생할 수 있는 욕심을 절제해야 한다고 권면합니다. 1절을 읽어 보겠습니다. "**네가 높은 사람과 함께 앉아 음식을 먹게 되거든, 너의 앞에 누가 앉았는지를 잘 살펴라.**" 절제에 관해 말하면서, 높은 사람과 함께 식사하는 예를 들면서 이야기합니다. 높은 사람(מוֹשֵׁל, 모셸)은 왕, 통치자, 또는 높은 관리를 의미합니다.[1] 왕과 음식을 먹을 때는 조심하라고 말합니다. 오늘날로 말하면, 높은 사람과 개인적으로 식사할 때, 조심하라는 권면이지요. 사실, 보통 사람이 왕과 저녁 식사하는 일은 흔하지 않습니다. 아주 특별한 일입니다. 왕과 함께 음식을 먹는 기회는 백성 개인으로서는 큰 영광입니다. 왕과 악수하기도 영광인데, 왕과 식사하면서 담소를 나누는 일은 얼마나 더 영광스러운 자리일까요. 왕과 함께하는 식사 자리는 기회의 자리입니다.

유명 인사와 함께하는 꿈을 꾸면 길몽이라고 합니다. 꿈에서 유명 인사와 만나는 다양한 상황이 연출될 수 있습니다. 그런데도 유명 인사와 만남 자체를 모두 길몽으로 해석합니다. 한 예로, 유명인을 만

---

[1] 높은 사람(מוֹשֵׁל, 모셸)은 다스리다 또는 통치하다를 뜻하는 מָשַׁל(마샬) 분사형으로 통치하는 사람, 다스리는 사람을 의미한다. Francis Brown, S. R. Driver, and Charles Briggs, eds., *A Hebrew and English Lexicon of the Old Testament with an Appendix Containing the Biblical Aramaic* (Oxford: Clarendon Press, 1906; reprint, Peabody, MA: Hendrickson Publishers, 1979), 605를 보라.

나는 꿈은, 유명 인사와 가까이할 기회가 주어지거나 그 사람 도움으로 좋은 일이 생긴다는 뜻으로 받아들인다고 합니다. 그리고 유명 인사와 식사하는 꿈은 최고 길몽이라고 합니다. 자기가 바라고 꿈꾸는 일을 성취할 기회나 도움으로 일이 순조롭게 진행한다는 뜻으로 여기기 때문이랍니다.2 유명 인사와 함께하는 꿈만 꾸어도 길몽이라면, 왕과 함께 식사는 말할 필요가 없습니다. 이것은 왕에게 인정받았거나, 특별한 무엇인가가 있다는 뜻입니다. 무엇인가가 있기에 왕이 이 사람과 식사하겠지요? 어쩌면, 자기 능력을 인정받아 이름을 날릴 기회일 수 있습니다.

그리고 왕과 함께하면, 아주 특별한 음식을 먹습니다. 한 번도 먹어 본 적이 없는 음식이 즐비하겠지요. 그야말로 진수성찬이죠. 왕이 먹는 음식이니, 두말할 나위가 없습니다. 왕이 먹는 음식은 그 나라에서 최고 음식입니다. 3절에 '맛난 음식'이라는 표현으로 보아, 최고 음식입니다. 그런데 지혜자는 잘 차려진 음식에 마음을 빼앗겨서는 안 된다고 권면합니다. 아무리 맛있고 귀한 음식이라도, 그 음식에 마음이 빼앗겨서는 안 됩니다. 오히려 그 모임의 목적이 무엇인지를 파악해야 합니다. 그리고 때와 상황에 맞게 행동해야 합니다. 그렇지 않고 차려진 음식을 먹는 데만 관심을 집중하면, 만남의 취지를 놓칠 수 있습니다.

그래서 "너의 앞에 누가 앉았는지를 잘 살펴라!"라고 명령합니다. 왕과 함께 식사하고 있다는 사실을 기억하고, 행동에 조심하고, 조심하라는 말입니다. 이 표현은 두 가지로 해석이 가능합니다. 『새번역』이나 『개역개정』처럼 '누가 앉았는지, 곧 네 앞에 왕이 앉아 있음을 고려하라'라는 의미일 수 있습니다. 또 다른 해석은 『쉬운성경』처럼 '무엇이 너의 앞에 차려져 있는지를 생각하라'라는 뜻입니다. 곧, 어떤 음식이 있는지를 잘 살펴보라는 의미입니다.

---

2 https://sskn1324.tistory.com/617, 2020년 2월 16일 접속.

왜 두 가지로 해석할 수 있을까요? '누가'로 번역한 히브리어 에트-아세르(אֲשֶׁר־אֶת)는 관계 접속사로서 앞에 나오는 명사를 수식하기 때문입니다.3 이 관계 접속사 앞에는 명사 두 개가 있습니다. 하나는 높은 사람인 왕이고, 다른 하나는 음식입니다. 관계 접속사가 두 명사 중 어느 것을 수식하느냐에 따라 해석이 갈립니다. 관계 접속사가 높은 사람을 지칭하면, 누가 너의 앞에 앉았는지를 잘 살펴보라는 뜻입니다. 하지만 음식을 지칭하면, 무슨 음식이 네 앞에 놓여있는지를 잘 살펴보라는 뜻입니다. 번역 성경은 대부분 인칭 관계 접속사로 해석하여 누가 네 앞에 앉아 있는지를 조심하라고 해석합니다. 누구와 식사하느냐에 따라, 그 식사 자리는 달라집니다. 친구와 식사하는 자리는 그냥 식사 자리입니다. 그러나 회사의 부장이나 임원이 갑자기 식사하자고 하면, 단순한 식사 자리는 아닐 수 있습니다. 높은 관리와 식사할 때, 왜 이 사람이 식사하자고 했는지를 생각해야 합니다. 그런데 명사 둘 중 어떤 것을 지칭하더라도 뜻은 비슷합니다. 조심하고 절제하라는 말입니다. 음식에 마음을 빼앗기지 말고, 왕의 의도와 의중을 잘 파악하라는 말입니다.

특히, '잘 살펴라'라고 권면합니다. 이 용어는 주의하고, 주의하고, 또 주의하여 살펴보라는 강조 의미, 곧 강조 용법입니다.4 다른 말로

---

3 Ludwig Koehler and Walter Baumgartner, *The Hebrew and Aramaic Lexicon of the Old Testament*, trans. and ed. under the supervision of M. E. J. Richardson, vol. 1, rev. Walter Baumgartner and Johann Jakob Stamm with assistance from Benedikt Hartmann et al. (Leiden: E. J. Brill, 2001), 98.

4 '조심하라'는 빈 타빈(בִּין תָּבִין)이다. 빈(בִּין)은 주의하라는 의미이다. 이 단어를 두 번 쓴다. 같은 단어의 부정사 절대형이 주동사 앞에 쓰이면, 특별히 강조하는 용법이다. 매우 세심하면서 주의 깊게 살펴볼 필요가 있음을 강조하는 용법이다. Koehler and Baumgartner, *The Hebrew and Aramaic Lexicon of the Old Testament*, 122; The NET Bible, Proverbs 23:1의 각주를 보라.

하면, 음식에 마음을 빼앗기지 말고, 왕이 너를 초청한 의도나 목적이 무엇인지를 주의하고 주의해야 한다는 뜻입니다. 새로운 음식, 한 번도 먹어 본 적이 없는 맛있는 음식을 먹더라도, 그 음식에 마음을 빼앗기지 말라는 말입니다. 둘이 먹다가 하나가 죽어도 모를 정도로 맛있는 음식이라도, 음식에 마음을 빼앗기지 말라고 강조합니다. 음식에 마음을 빼앗기면, 정작 자기를 초청한 사람의 의도나 목적을 잊어버리기에 십상입니다. 왜 왕이 자신을 초청했는가를 이해할 수 없습니다. 이처럼 본문에서 말하는 '잘 살펴보라'의 본래 의미는 식탐에 마음을 빼앗기지 말고 왕이 초청한 의도를 잘 이해하라는 뜻입니다.

2절은 '음식에 마음을 빼앗기지 말라'를 다른 말로 표현합니다. "**식욕이 마구 동하거든, 목에 칼을 대고서라도 억제하여라.**" "**식욕이 마구 동하거든**"이라 번역한 אִם־בַּעַל נֶפֶשׁ אָתָּה(임-바알 네페쉬 아타)"를 글자 그대로 번역하면, "만약 네가 식욕의 주인이라면"입니다.5 이것을 우리말로 표현하면 "음식을 탐하는 마음이 네 주인이 되어 너를 통제한다면"입니다. '음식을 욕심껏 탐낸다면'이라고 번역할 수 있습니다.

여기서 식욕을 의미하는 단어는 '네페쉬(נֶפֶשׁ)'입니다.6 이 단어는 생명, 영혼, 욕구로 해석할 수 있습니다.7 어떤 것을 탐하는 인간의 욕구를 말합니다. 이 용어는 또한 음식 욕구, 곧 식탐을 뜻하기도 합니

---

5 '식욕'은 네페쉬(נֶפֶשׁ)이다. 이 단어는 생명, 영혼, 인성, 욕구, 마음을 뜻한다. 식욕을 뜻하면, 단순히 음식에 대한 욕구가 있다는 의미보다는 음식에 굶주려 있다 또는 음식 욕구가 있다는 의미이다. 이 단어의 다양한 사용과 음식 욕구에 관해서는 Bruce K. Waltke, "נֶפֶשׁ," 『구약원어 신학사전 (하)』, R. 레어드 해리스, 글리슨 L. 아쳐 2세, 브루스 K. 월트케 편, 번역위원회 옮김 (서울: 요단출판사, 1986), 1395a를 보라.

6 Brown, Driver, and Briggs, eds., *A Hebrew and English Lexicon of the Old Testament with an Appendix Containing the Biblical Aramaic*, 650~61.

7 Waltke, "נֶפֶשׁ," 『구약원어 신학사전 (하)』, 1395a.

다.8 본문에서는 음식을 먹는 것과 관련이 있기에 식욕으로 번역합니다. 단순한 식욕이 아니라 음식을 탐하는 욕구입니다. 음식을 탐하는 마음이 들거든, 목에 칼을 대라고 권면합니다.9 자기 목에 칼을 대는 행위는 죽음을 의미합니다. 칼을 목에 대었을 때, 조그마한 실수나 움직임만으로도 목숨을 잃을 수 있습니다. 이 표현은 음식 욕구를 엄격하게 통제하라는 뜻입니다. 음식 욕구를 죽이라는 말입니다. 언제 음식 욕구를 통제해야 할까요? 왕과 함께 앉아서 음식을 먹을 때입니다. 다른 사람과 함께 식사할 때입니다. 왜냐하면 이들과 식사할 때, 그 음식을 탐하면 자기를 난처하게 만들 수 있기 때문입니다. 위험에 빠질 수 있기 때문입니다.

왕이 차린 음식에 절제하라고 3절 전반부도 다시 말합니다. "**그가 차린 맛난 음식에 욕심을 내지 말아라.**" 왕이 차린 음식은 단순히 교제하며 먹으려는 음식이 아닙니다. 교제하며 먹는 음식이면 마음껏 먹어도 좋습니다. 선한 의도로 준비한 음식이면 정말 맛있게 먹어야 합니다. 그러나 왕이 차린 음식은 그런 의미가 아닙니다. 목적이 있는 음식입니다. 의도가 있는 음식입니다.

오늘 본문은 단순히 음식만 절제하라는 말이 아닙니다. 그렇기에 왕이나 높은 사람과 식사할 때 음식을 절제하는 데만 적용하지 않습니다. 왜냐하면 고대나 지금이나 식탁은 인간관계를 하는 첫 발걸음이기 때문입니다. 오히려 의도가 있는 모임이나 만남을 말할 수 있습니다. 이런 만남에서는 반드시 절제해야 합니다. 의도가 있는 식사 자리면, 만나는 사람이 어떤 사람이든 절제해야 점이 있다는 말입니다

---

8 Brown, Driver, and Briggs, eds., *A Hebrew and English Lexicon of the Old Testament with an Appendix Containing the Biblical Aramaic*, 660.

9 Roland E. Murphy, *Proverbs*, Word Biblical Commentary, ed. Bruce M. Metzer, David A. Hubbard, and Glenn W. Barker, vol. 22 (Waco, TX: Word Books, 1998), 174.

다. 의도가 있는 자리뿐 아니라 좀 더 범위를 넓혀 일반 자리에도 적용할 수 있습니다. 사람과 관계에서도 절제해야 합니다. 내가 하고 싶다고, 내 마음이 내킨다고 다 할 수는 없습니다. 적당한 선에서 절제해야 합니다. 아무리 좋아도 과하면 해를 불러옵니다. 운동이 좋지만 지나치면 해가 되는 것처럼 말입니다.

요즘은 정보사회라 스마트 폰을 아주 많이 사용합니다. 스마트 폰을 사용할 때도 절제해야 합니다. 특히, 스마트 폰으로 물건을 살 때는 절제해야 합니다. 잘못하면 과도하게 물건 사는 중독에 빠질 수 있습니다. 그러면 분별력 없이 물건을 삽니다. 대화할 때도 절제해야 합니다. 일방적으로 말하지 않아야 합니다. 가르치려는 자세로 대화하지 않아야 합니다. 특히 '꼰대'라는 소리를 듣지 않으려면, 나이 적은 사람과 대화할 때 절제해야 합니다. 부모가 자녀와 대화할 때나 자녀가 부모와 대화할 때도, 절제해야 합니다. 대화는 서로 주고받으면서 이야기해야 합니다. 혼자 일방적으로 말하면, 대화는 끊기고 훈시만 남습니다. 그러면 대화하고 싶은 마음이 사라집니다.

특히, 목사, 사역자, 목자는 더 조심해야 합니다. 모임에서 말을 너무 많이 하지 말아야 합니다. 다른 사람이 말하면 중간에 끼어들거나 훈계하지도 말아야 합니다. 모든 일에 절제해야 합니다. 사실, 절제하기가 쉽지는 않습니다. 그래서 더 절제하려고 노력해야 합니다.

왜 인생사에 절제해야 할까요? 왜 대인관계에서 절제해야 할까요?

II. 인간관계에서 절제하지 않으면 어려움을 겪기 때문이다(3b절).

3하반절이 그 이유를 말합니다. "그것은 너를 꾀려는 음식이다." 왕이나 높은 사람이 보통 사람을 초청하여 식사하는 이유를 설명합니다. 단순히 음식을 대접하고 싶어서도 아니고, 단순히 은혜를 베풀려 해서도 아닙니다. 초청한 이유는 무엇인가를 얻으려고 또는 그 사람을 시험하려 함입니다. 이 사람이 어떤 사람인가를 알아보려 함입니다. 목적이 있는 만남인데, 이 목적도 올바른 목적이 아니라 그릇된 목적입니다. 본문에서는 "꾀려는 음식"10이라고 말합니다. 이것은 왕이 상대방과 교제하려고 진실하고 정성스럽게 음식을 차리지 않았다는 말입니다. 오히려 속이려는 음식입니다. 음식으로 그 사람을 시험하여 본성을 알아보려고 베푼 음식입니다. 그 사람 성품을 시험하려고 준비한 음식입니다. 어떤 목적으로 대접하는 자리입니다. 나눔이나 교제가 목적이 아니라 다른 목적이 있는 식사 자리입니다. 나쁜 의도가 숨겨진 식탁에서, 음식을 탐하는 자세는 잘못입니다. 음식보다 초청한 사람이 마음에 품은 목적을 파악하는 일이 더 중요합니다.

그러므로 맛있는 음식 앞에서 절제해야 하며, 책잡힐 일을 하지 말아야 합니다. 모든 인간관계에서 절제해야 하고 신중해야 한다는 교훈입니다. 절제하지 못하는 사람, 과한 사람은 인간관계에서 실패하기 쉽습니다. 저는 친한 사람에게는 말을 놓고 함부로 하는 경향이 있는데, 저 또한 조심해야 합니다. 그리고 이 말씀은 모든 사람에게 주는 교훈입니다. 이야기나 대화에서 내가 통제하려는 욕심 때문에, 더 중요한 사항은 놓치고 어리석은 행동을 할 수 있습니다. 내가 주도권을 잡고 상대를 이기려는 욕심 때문에 다른 사람에게 나쁜 평가를 받습니다. 인간관계에서 절제해야 합니다. 자녀와 관계에서도 절제해야 합니다. 인간관계의 사회는 내가 하고 싶은 일을 다 할 수 있는 곳이 아닙니다. 때론 해야 할 말도 하지 말아야 할 말도 절제하며 살아야 합니다. 그래서 서로가 견제하며 살 때 긍정적 효과를 기대할 수 있습니다. 과하다면, 자기 목에 칼을 대야 합니다.

---

10 카자브(כָּזָב)는 거짓, 속이는 행위를 뜻합니다. 때때로 인간의 공허한 가장을 뜻하기도 합니다. Brown, Driver, and Briggs, eds., *A Hebrew and English Lexicon of the Old Testament with an Appendix Containing the Biblical Aramaic*, 569을 보라.

결론

오늘 본문에서 지혜자는 음식을 절제하라고 말합니다. 그리고 의도성이 있는 사람과 식사할 때, 절제해야 한다고 교훈합니다. 그러나 이 교훈이 의도성이 있는 만남에서 음식만 절제하라는 뜻은 아닙니다. 우리 일상생활에서도 절제해야 한다고 말합니다. 과하지 않음이 미덕일 수 있습니다. 때로는 가정에서 부부끼리 대화할 때 절제하지 못하면 부부관계에 문제가 생깁니다. 내가 하고 싶은 말을 다 하지 말고 절제합시다. 자녀와 관계, 부모와 관계에서도 절제합시다. 사회 생활에서도, 교회 생활에서도 절제합시다. 그러나 우리에게 지혜가 부족하다 보니, 절제하지 못함으로 어려움이나 문제를 일으킬 때가 종종 있습니다. 그래서 때마다 하나님 은혜를 구하고, 하나님 지혜를 구합시다.

지혜자 잠언

7 잠언 23:4~5
재물에 집착하지 맙시다

중심 내용: 사라질 재물에 자기를 소진하는 행동은 어리석다.

I. 자기 스스로 부자가 되려고 애쓰지도 생각하지도 말라(4절).

II. 재물은 한순간에 없어지고 사라지기 때문이다(5절).

서론

우리 삶은 물질과 밀접한 관계가 있습니다. 물질은 우리 생활 일부분이기 때문입니다. 그러다 보니 일반 사람은 지금보다는 부자가 되려고 합니다. 일확천금을 꿈꾸지는 않아도, 부자가 되려 합니다. 부자가 되려고 열심히 노력합니다.

지혜자가 잠언 22:22~23에서 부자나 관리가 가난한 사람에게 해야 할 규례를 말한다면, 잠언 23:4~5에서는 부자가 되려는 사람에게 권고합니다. 부자가 되려는 사람에게 부자가 되려고 노력하지 말라고 권면합니다. 이는 무슨 말일까요? 부자가 되려는 노력이 마치 죄처럼 들립니다. 오늘은 이 말씀의 뜻을 한번 생각해 보겠습니다.

I. 자기 힘으로 부자가 되려고 애쓰지도 생각하지도 말라(4절).

4절입니다. "부자가 되려고 애쓰지 말고, 그런 생각을 끊어 버릴 슬기를 가져라." 부자가 되려고 애쓰지도 말고, 부자가 되려는 생각도 하지 말라고 권면합니다. 이 말씀은 재물에 집착을 버리라고 권면하는 말씀입니다. 대체로 사람들은 부자 되기를 꿈으로 그리고 목표로 삼습니다. 어릴 때 가난하게 태어났거나 어렵게 살아온 사람에게, 재물은 남다릅니다. 그리고 물질 때문에 어려움을 겪은 사람도 재물을 가지고 싶은 마음이 아주 큽니다. 부유한 집에서 태어났어도, 부를 맛본 사람은 부유한 삶을 유지하며 살려고 합니다. 대체로 사람은 부유하게 살기를 꿈꿉니다. 여러분도 한 번쯤은 부자가 되는 꿈을 꾸셨지요. 영화에서 봤듯이, 아름다운 곳에 멋진 집을 짓고 사랑하는 가족과 함께 유유자적 삶을 꿈꾸셨지요. 특히, 조용한 곳에 아름답게 가꾼 정원이 있는 멋진 집을 보았다면, 누구나 한 번쯤은 그런 집에서 살아보고 싶다고 꿈꿨습니다.

하나님은 부지런히 일해 부자가 되는 그 자체를 부정적으로 여기시지 않습니다. 오히려 성경은 열심히 일하거나 정의롭게 행동하여 얻은 재물, 또는 하나님이 주신 재물을 복이라고 말합니다.[1] 잠언 3:16은 지혜를 추구하는 사람에게 "그 오른손에는 장수가 있고, 그 왼손에는 부귀영화가 있다'라고 합니다. 잠언 10:22에는 "주님께서 복을 주셔서 부유하게 하시되, 절대로 근심을 곁들여 주시지 않는다"라고 합니다. 그리고 잠언 12:27에서는 부지런한 사람은 재물 복을 얻는다고 말합니다. "게으른 사람은 사냥한 것도 불에 구우려 하지 않지만, 부지런한 사람은 귀한 재물을 얻는다." 이렇듯, 잠언은 올바른 방법으로 얻는 재물, 그리고 하나님께서 주신 재물을 긍정적으로 말합니다.

---

[1] Bruce K. Waltke, *Proverbs 15~31*, New International Commentary on the Old Testament, ed. Robert L. Hubbard Jr. (Grand Rapids: Wm. B. Eerdmans Publishing Company, 2005), 240.

그런데도 '부자가 되려고 애쓰지 말라'는 무슨 뜻일까요? '부자가 되려고 애쓰지 말라'는 인생 목표를 부자가 되는 데 두지 말라는 뜻입니다. 우리 인생에서 목적과 목표는 하나님을 영화롭게 하는 일이어야 합니다. 하나님 이름이 우리를 통하여 찬양받는 일이 이뤄지게 함이 우리가 이 땅에서 살아가는 목적입니다. 하나님은 여러분과 제 삶을 통해 당신 이름이 높아지기를 바라십니다. 그래서 하나님보다 돈이나 재물을 신뢰하는 일을 조심해야 합니다.2 인간 심리는 재물에 자기 안전 그리고 자기 미래를 맡기려 합니다. 하나님께서 계셔야 할 자리에 재물을 올려놓습니다. 그리고 어리석게도, 재물이 자기를 지킨다고 생각합니다.

하나님을 신뢰하지 않고 도리어 재물을 신뢰하고 재물에 인생 목적을 두면, 결국 그 재물은 걱정과 불만족, 그리고 모든 악의 원인으로 작용합니다. 전도서 5:10~11입니다. "돈 좋아하는 사람은, 돈이 아무리 많아도 만족하지 못하고, 부를 좋아하는 사람은, 아무리 많이 벌어도 만족하지 못하니, 돈을 많이 버는 것도 헛되다. 재산이 많아지면 돈 쓰는 사람도 많아진다. 많은 재산도 임자에게는 다만 눈요기에 지나지 않으니, 무슨 소용이 있는가?" 전도서는 재물에 마음을 두는 사람은, 재물이 많고 적음을 떠나 재물에 결코 만족하지 못하고, 항상 불만족으로 살아간다고 경고합니다. 그래서 부자가 되려고 애쓰지 말라고 권면합니다.

'애쓰지 말라'는 '자기 모든 것을 소진하지 말라'는 의미입니다. 히브리어 יגע(야가)는 '수고하다, 열심히 일하다, 에너지를 다 사용하다, 또는 시간을 허비하다'를 뜻합니다.3 이 단어 기본 뜻은 '피곤하고 탈

---

2 Waltke, *Proverbs 15~31*, 240.

3 Francis Brown, S. R. Driver, and Charles Briggs, eds., *A Hebrew and English Lexicon of the Old Testament with an Appendix Containing the Biblical Aramaic* (Oxford: Clarendon Press, 1906; reprint, Peabody, MA: Hendrickson Publishers, 1979), 388.

진할 때까지 일한다'입니다.4 노동으로 육체가 탈진한 상태, 에너지가 고갈한 상태를 가리키는 단어입니다.5 곧, 재물을 얻으려고 부자가 되려고 자기를 돌보지 않고 과도하게 일한 결과 탈진 상태나 에너지가 소진한 상태를 말합니다. 부자가 되는 게 인생 목적인 사람은 자기 몸을 잘 챙기지 못합니다. 무리하게 일하다, 신체적으로 그리고 정신적으로 곤비해 병을 얻어 건강이 위험한 상태에 이릅니다.

특히, 우리말 성경에는 제대로 번역하지 않은 미세한 표현이 히브리어 성서에는 있습니다. 그것은 '자기 스스로'입니다. '네가 스스로 부자가 되려고'라는 표현입니다.6 자기 노력으로 그리고 자기 열정으로, 재물을 얻어 자기 스스로 부자가 되는 일을 이야기합니다. 자기 스스로, 곧 자기 노력으로 부자가 되려 하니, 탈진하고 몸의 균형을 잃습니다. 성경은 부자가 되려고 스스로 자기 몸을 학대하지 말라고 권면합니다.

왜냐하면 재물을 인생 목적으로 삼고 자기를 불태우는 일, 자기 힘과 에너지를 소진하는 일은 지혜가 아니기 때문입니다. 4절은 말합니다. "**그런 생각을 끊어 버릴 슬기를 가져라.**" 부자가 되는 게 인생 목적이라는 생각을 버리라고 말합니다. 이 히브리어 표현을 글자대로 옮기면 '네 생각을 중지하라'입니다. 여기서 생각(בִּינָה, 비나)은 깨달음, 통찰력을 의미합니다.7 특히, 인간적인 지혜나 통찰력을 말합니다. 성

---

4 Philip H. Alexander, "יָגַע," in *Theological Wordbook of the Old Testament*, ed. R. Laird Harris, Gleason L. Archer Jr., and Bruce K. Waltke, vol. 1 (Chicago: Moody Press, 1980), 842.

5 G. F. Hasel, "יָגַע," in *Theological Dictionary of the Old Testament*, ed. G. Johannes Botterweck and Helmer Ringgren (Grand Rapids: Wm. B. Eerdmans Publishing Company, 1977), 388.

6 Waltke, *Proverbs 15~31*, 240.

7 Ludwig Koehler and Walter Baumgartner, *The Hebrew and Aramaic Lexicon of the Old Testament*," trans. and ed. under the

경은 인간적인 노력이나 지혜를 사용하여 부자가 되려는 생각을 중지하라(חדל, 하달)고 권면합니다.8 '중지하다'는 어떤 행동을 멈추라는 의미입니다. 또한 어떤 것을 하려고 시도도 하지 말라는 의미입니다.9

인간적인 방법으로 부자가 되려는 욕심을 버리는 게 지혜입니다. 부자가 되려는 노력이 잘못은 아니나, 그것이 목적이면 문제입니다. 그리고 자기 노력이나 자기 지혜로 그 목적을 이루려는 게 문제입니다. 공부하거나 직장 생활하는 목적이 부자가 되는 것이면, 문제입니다. 그 마음을 제어해야 합니다. 왜냐하면 부와 물질을 얻는 데 인생을 투자할수록 더 많이 유혹받기 때문입니다. 우리는 이렇게 말할 수 있습니다. '**딱히 부자가 되려는 마음이 없습니다. 단지 지금보다 조금만 더 나은 생활을 바랄 뿐입니다**'라고. 무슨 뜻인지 이해합니다. 하

---

supervision of M. E. J. Richardson, vol. 1, rev. Walter Baumgartner and Johann Jakob Stamm with assistance from Benedikt Hartmann et al. (Leiden: E. J. Brill, 2001), 122, 23. Louis Golderg, "בִּין," in *Theological Wordbook of the Old Testament*, ed. R. Laird Harris, Gleason L. Archer Jr., and Bruce K. Waltke, vol. 1 (Chicago: Moody Press, 1980), 239a에 따르면, '빈(bîn)'과 '야다(yāda)'는 똑같이 이해, 지식, 통찰력을 의미한다고 말한다. 그런데 '야다'가 사물이나 환경을 통하여 경험으로 지혜는 얻는 과정을 묘사한다면, '빈'은 지식 사용으로 나타나는 지혜 또는 지각 능력이나 판단력을 의미한다.

8 하달(חדל) 의미에는 두 가지 뿌리가 있다. 하나는 '중지하다'라는 의미이고, 다른 하나는 '번성하다'라는 의미이다. '중지하다' 의미를 사용하면, 인간 지식 사용을 그만두라는 의미이다. 그런데 '번성하다' 의미를 사용하면, '너희 지혜 또는 지식을 번성함으로서'라는 의미이다. 전자는 부자가 되려고 애쓰지 말라 그리고 인간적 지혜를 사용하지 말라는 뜻이고, 후자는 너의 지혜를 계속 사용함으로써 부자가 되려고 애쓰지 말라는 뜻이다. 사실. 둘 다 의미는 비슷하다. 자세한 것은 Edwin Yamauchi, "חדל," in *Theological Wordbook of the Old Testament*, ed. R. Laird Harris, Gleason L. Archer Jr., and Bruce K. Waltke, vol. 1 (Chicago: Moody Press, 1980), 609를 보라.

9 Waltke, *Proverbs 15~31*, 240.

지만 지금보다 더 나은 생활이 여러분이 사는 목적이면, 그것은 문제입니다. 여러분 생활에서 가장 먼저 떠오르는 단어가 무엇인가요? 하루 삶에서 무엇을 가장 많이 생각하십니까? 일주일이나 한 달 동안 여러분 입으로 가장 자주 사용하는 말이 무엇인가요? 한번 생각해 보시기 바랍니다. 그것이 바로 여러분 인생 목표일 수 있습니다. 왜냐하면 여러분 마음에 있는 것이 무의식적으로 뛰어나오기 때문입니다.

우리 인생을 불태워서 해야 할 일이 많습니다. 분명, 그 일에는 물질이 필요합니다. 하나님의 사역을 하는 데 물질이 필요합니다. 선교 사역에도 물질이 필요합니다. 교육관을 건축하려면, 물질이 필요합니다. 그러나 그것은 물질 자체가 목적인 것과 다릅니다. 물질 자체가 목적인 것과 목적을 이루는 데 물질을 수단으로 삼는 것은 엄연히 다릅니다. 우리는 물질 자체를 목적으로 삼아서는 안 된다고 생각하지만, 우리가 조금만 방심하면 수단이어야 할 물질이 목적이 되어 우리 삶을 통제하니 조심해야 합니다.

모든 사람의 기본 욕구는 행복입니다. 행복한 삶을 싫어하는 사람은 없습니다. 행복하게 사는 데 물질이 어느 정도 필요합니다. 어느 정도 물질이 있는 사람은 없는 사람보다 행복 지수가 높다고 합니다. 그런데 경제학자들은 행복 지수는 일정 수준까지는 비례하나, 어느 한계를 넘어가면 서서히 하강 곡선을 그린다고 합니다. 『중앙일보』 2015년 10월 18일 자에 「돈 많다고 행복? 일정 소득 넘으면 행복감은 제자리」라는 기사가 실렸습니다.

지난 12일 올해 노벨경제학상 수상자로 선정된 앵거스 디턴 프린스턴대 교수는 돈과 행복의 상관관계에 대한 연구를 했다. 2010년 프린스턴대 동료인 대니얼 카너먼 교수(2002년 노벨경제학상 수상자)와 함께 미국 과학학술원지(PNAS)에 소논문을 발표했다. 2008~2009년 미국 전역 45만 명을 대상으로 한 갤럽 설문조사를 토대로 통계를 돌려봤더니 '소득이 높아질수록 삶에 대한 만족도는 계속 높아지지만, 행복감은 연봉 7만 5천 달러(8,500만 원)에서 멈춘다'는 것이다. 쉽게 말해, 연봉이 5,000만 원에서 6,000만 원, 6,000만 원에서 7,000만 원으로 높아질 때는 돈의 액수와 비례해 행복감도 높아진다. 하지만 연 8,500만 원 이상을 벌게 되면 연봉이 9,500만 원, 1억 원이 돼도 더 행복해지지 않는다는 것이다.[10]

이 연구에서 볼 수 있듯이, 물질이 일정 수준 이상이면, 물질과 부로 오히려 행복이 침해당하는 역 현상이 일어나 물질에 비례해서 행복 지수가 더 증가하지 않습니다.

한 예로, 한국은 30년 전보다 소득이 늘었지만, 행복 지수는 OECD 36개 나라 가운데 여전히 하위권입니다. 연합뉴스는 박명호 한국외대 교수와 박찬열 경남연구원 연구위원이 삶의 질과 밀접한 27개 지표를 기준으로 OECD 36개 회원국 중에서 31개국의 행복 지수를 물질적, 사회적 기반에 관한 분야와 격차를 나눠 분야별로 산출한 내용을 발표했습니다. 두 교수는 소득 수준, 기대수명, 안전, 주거, 물질적, 사회적 격차, 소득격차, 성별 격차를 대상으로 평가한 결과, '한국인의 행복 수준을 OECD 국가들과 비교해 하위에 속한다'라고 결론 내렸습니다. '물질적, 사회적 격차에 관한 부분은 OECD 국가와 비교해서 더 빠르게 악화하는 양상이 나타났다'라고 지적했습니다.[11] 유엔(UN) 「세계행복보고서」에 따르면 한국의 행복 지수는 회원국 159개 나라에서 2015년에는 47위에서, 2019년에는 54위로 하락했다고 발표했습니다.[12]

---

[10] https://www.joongang.co.kr/article/18878679#home, 2015년 10월 18일 접속.

[11] https://www.yna.co.kr/view/AKR20200204134700002?input=1195m, 2015년 10월 18일 접속.

[12] https://www.yna.co.kr/view/AKR20200204134700002?input= 1195m, 2015년 10월 18일 접속.

우리나라가 세계 경제 수준 10위권에 드는데도 왜 행복 지수는 이처럼 낮을까요? 소득 3만 달러에 근접하는데도 행복 지수는 왜 과거보다 더 하락했을까요?

물질이 많다고 행복하지 않기 때문입니다. 물질 여부가 행복을 보장하지 않습니다. 먹고살기 힘들었던 1960년대나 1970년대에 우리 행복 지수와 소득 3만 달러 시대에 우리 행복 지수가 비슷하거나 그만 못한 이유는, 물질 때문이 아니라 만족할 수 없는 욕심 때문입니다. 소득이 2만 불이 넘어가면, 상대평가를 해서 행복 지수를 결정합니다. 비교의식이 생기고, 다른 사람과 비교하면서 행복을 결정한다고 합니다. 다른 사람이 나보다 더 좋은 차, 더 큰 아파트를 가지는 순간 불만족이 일고, 불행하기 시작합니다. 그래서 부자가 되려는 마음으로 사는 게 지혜가 아니라고 말합니다.

그러면 왜 부자가 되려는 목적을 가져서는 안 될까요?

II. 재물은 한순간에 없어지고 사라지기 때문이다(5절).

5절이 그 이유를 말합니다.13 "한순간에 없어질 재물을 주목하지 말아라. 재물은 날개를 달고, 독수리처럼 하늘로 날아가 버린다." 재물은 한순간에 없어지기 때문입니다. "한순간에 없어질 재물을 주목하지 말라"는 명령문이 아니라 의문문입니다.14 의문문으로 번역하면, '한순간에 없어질 재물을 네가 주목하느냐?'입니다. 한순간에 없어질 재

---

13 Waltke, *Proverbs 15~31*, 241에 따르면, 5절은 4절의 이유이다.

14 Victor P. Hamilton, "ה," in *Theological Wordbook of the Old Testament*, ed. R. Laird Harris, Gleason L. Archer Jr., and Bruce K. Waltke, vol. 1 (Chicago: Moody Press, 1980), 460에 따르면, 히브리어 '하(ה)'는 문장이나 절의 첫 단어 앞에 붙어 의문사 역할을 한다. 의문사로 기능할 때는 일반적으로 정보를 묻지 않고, 수사 질문을 해 부정 대답을 바라는 게 특징이다. 때때로 긍정 대답을 요구할 때도 있다.

물을 바라보며 헛된 소망을 품고 살아가는 사람이 아주 많습니다. 그런 우리에게, 지혜자는 한순간에 없어질 재물에 헛된 소망을 품고, 너의 인생을 허비하지 말라고 권면합니다.

'한순간에 없어질 재물(אַיִן, 아인)'은 '아무것도 아닌 것, 곧 실체가 없는 것'을 의미합니다.15 그리고 '주목하지 말라'는 '날아다니게 하지 말라, 사라지게 하지 말라"는 뜻입니다.16 그래서 **한순간에 없어질 재물을 주목하지 말라**'를 문자적으로 해석하면 '네 눈을 실체가 없는 것에 날아가게 하느냐?'라는 뜻입니다. 이 의미는 '아무것도 아닌 것, 곧 실체가 없는 것에 네 눈, 욕심의 눈으로 흘겨보지 말라'라는 뜻입니다.17 눈을 계속 주시하는 것이 아니라, 잠깐 흘겨보는 것을 말합니다. 곧, 욕심의 눈으로 보는 것을 말합니다.

사람들은 부자가 되려는 목적으로 살지만, 부자가 되는 경우는 많지 않습니다. 모두가 헛된 소망으로 살아갑니다. 실체가 없는 것을 잡으려고 몸을 망치면서 조금 더, 조금 더 하면서 살아갑니다. 그리고 있는 것에 만족할 줄 모르고, 없다는 생각에 불만족으로 살아갑니다. 소망은 좋지만, 헛된 소망, 한순간에 없어질 소망을 품는 일은 지혜가 아닙니다. 어리석은 일입니다.

왜 어리석은 일일까요?

---

15 Jack B. Scott, "אַיִן," in *Theological Wordbook of the Old Testament*, ed. R. Laird Harris, Gleason L. Archer Jr., and Bruce K. Waltke, vol. 1 (Chicago: Moody Press, 1980), 81에 따르면, 아인(אַיִן)은 보통 부정 표현에 쓰였다. 그리고 이 단어 의미가 문맥에 따라 결정되어도, 언제나 부정적 개념을 포함한다. 기본 의미는 '없다(neither, never, no, nothing, not)'인데, 본문에서는 실체가 없는 것, 헛된 것으로 해석할 수 있다.

16 Carl Schultz, "עוּף I," in *Theological Wordbook of the Old Testament*, ed. R. Laird Harris, Gleason L. Archer Jr., and Bruce K. Waltke, vol. 2 (Chicago: Moody Press, 1980), 1582.

17 Waltke, *Proverbs 15~31*, 241.

그 이유를 5하반절이 설명합니다. "**재물은 날개를 달고, 독수리처럼 하늘로 날아가 버린다**"(5b). 재물에는 날개가 있어서 독수리처럼 하늘로 날아가 버리기 때문입니다. 재물에는 스스로 날 수 있는 날개가 있답니다. 그렇기에 어떤 수단으로도 막을 수 없습니다. 독수리가 하늘을 향하여 빠르게 날아가 사라지듯이, 재물도 빠르게 날아가 사라집니다. 날아가는 독수리를 막을 방법이 없습니다. 마찬가지로, 사람은 사라지는 재물을 막을 수 없습니다.

흐르는 물은 둑을 만들어서 잠시 가둘 수는 있지만, 영원히 가둘 수는 없습니다. 마찬가지로, 사람은 사라지는 재물, 날아가는 재물을 영원히 막을 수 없습니다. 재물은 사람의 뜻이나 능력에 달리지 않기 때문입니다. 사람이 자기 스스로 애써서 그 결과로 얻는 게 아니기 때문입니다. 재물을 모으기는 하나님의 능력과 뜻에 달렸습니다. 전도서 2:24~25입니다. "**사람에게는 먹는 것과 마시는 것, 자기가 하는 수고에서 스스로 보람을 느끼는 것, 이보다 더 좋은 것은 없다. 알고 보니, 이것도 하나님이 주시는 것, 그분께서 주시지 않고서야, 누가 먹을 수 있으며, 누가 즐길 수 있겠는가?**" 하나님께서 주셔야 가질 수 있고, 즐길 수 있습니다. 그런데도 사람이 자기 능력으로 재물을 붙잡으려고 하니 얼마나 어리석은 일입니까!

재물을 자기 능력으로 모을 수 없다면, 부자가 되려는 목적으로 살아가는 삶은 어리석습니다. 그래서 잠언은 우리에게 어리석은 삶을 살지 말라고 권면합니다. 오히려 생사화복을 주장하시는 하나님을 의지하고, 하나님의 뜻에 따르는 삶이 인생 목적이어야 합니다. 그래서 전도서는 주어진 환경에서 기쁘게 사는 것, 좋은 일 하면서 사는 것이 하나님이 주신 선물이라고 하였습니다(전 2:24~25; 3:13~14). 그리고 하나님을 경외하며, 하나님이 주신 명령을 지키는 삶이 지혜롭다고 말합니다(잠 12:13).

재물은 사라집니다. 한번 사라지면, 영원히 사라집니다. 날개 달린 재물에 소원을 두지 말고, 하나님께 소원을 두어야 합니다. 예수님도 산상수훈을 말씀하시면서, 이 땅의 재물을 위해 살지 말고, 대신 하나님께 소망을 두고 살라고 권면합니다. "너희는 자기를 위하여 보물을 땅에다가 쌓아 두지 말아라. 땅에서는 좀이 먹고 녹이 슬어서 망가지며, 도둑들이 뚫고 들어와서 훔쳐 간다. 그러므로 너희를 위하여 보물을 하늘에 쌓아 두어라. 거기에는 좀이 먹고 녹이 슬어서 망가지는 일이 없고, 도둑들이 뚫고 들어와서 훔쳐 가지도 못한다"(마 6:19~20). 이 땅에서 재물은 영원하지 않고 사라집니다. 좀이 먹고, 녹이 슬며, 도둑들이 훔쳐 감으로 사라집니다. 그러므로 한순간 없어지는 재물, 부를 위해서 몸이 망가지도록 일하지 마시고, 부와 재물을 주시는 하나님을 바라보며 사시기 바랍니다.

결론

그러므로 우리는 영원한 것을 추구하는 백성이어야 합니다. 하나님이 주시는 행복은 물질 여부에 달리지 않습니다. 서로 신뢰하며, 서로 돕고 사는 삶이 행복한 삶입니다. 서로 사랑하며 사는 삶이 행복입니다. 성경은 부지런히 일하는 삶 그리고 하나님이 주신 재물로 부유한 삶을 긍정적으로 말합니다. 그러나 부나 재물 자체를 목적으로 삼는 삶은 부정적으로 봅니다. 그리고 그것을 얻으려고 자기 몸을 해치는 일은 어리석다고 말합니다. 왜냐하면 부나 재물은 주님이 주시기 때문입니다. 매일매일 주어진 상황에서 감사하며, 형제자매가 사랑하고, 가정과 교회에서 서로 돕는 삶이 가장 행복한 삶, 곧 가장 복된 삶입니다.

8 잠언 23:6~8
악인과 교제에 조심합시다

중심 내용: 악인과 교제는 평안하지 않고, 진실한 대화까지 헛되게 한다.

I. 악인과 교제하지 말라(6절).

II. 그 이유는 악인의 마음과 행동이 다르기 때문이다(7절).

III. 그 결과, 악인과 교제는 진심을 헛되게 한다(8절).

서론

지혜자는 23장 1~3절과 비슷한 내용을 6~8절에 반복합니다. 1~3절은 왕이나 높은 사람과 음식을 먹는 것, 곧 그들과 교제를 조심하라고 권면합니다. 그리고 6~8절은 구두쇠와 음식을 먹는 것, 곧 그들과 교제를 조심하라고 권면합니다. 오늘은 악인과 교제, 인색한 사람과 교제를 조심하자는 내용으로 말씀을 전하겠습니다.

I. 악인과 교제하지 말라(6절).

6절입니다. "너는 인색한 사람의 상에서 먹지 말고, 그가 즐기는 맛난 음식을 탐내지 말아라." 인색한 사람과 식사하지 말고, 맛있는 음식을 탐내지 말라고 권면합니다. 『개역개정』은 '인색한 사람'을 '악한 사람'으로 다르게 번역합니다. '인색한 사람'으로 번역한 히브리어는 '라 아인(עַיִן רַע)'으로, '악한 눈'을 뜻하기 때문입니다. 그래서 『개역개정』은 히브리 뜻대로 '악한 눈을 가진 사람'이라고 번역합니다. 하지만 『새번역』은 의역해서 '인색한 사람'으로 번역합니다.1

이것과 대조 표현은 잠언 22:9에서 '남을 잘 보살펴 주는 사람'입니다.2 '남을 잘 보살펴 주는 사람'에 해당하는 히브리어는 '토브-아인(טוֹב־עַיִן)', 곧 '선한 눈'입니다. 그래서 『개역개정』은 '선한 눈을 가진 사람'이라고 번역해, 여기 '악한 눈을 가진 사람'과 대조합니다. 그런데 『새번역』은 '남을 잘 보살펴 주는 사람'으로 의역해, '인색한 사람'과 대조합니다. '악한 눈을 가진 사람'은 무엇을 하든지 자기를 위해 사는 사람을 말합니다.3 본문에서는 음식과 연결이 됐습니다. 그래서 인색한 사람, 구두쇠, 수전노 등으로 표현합니다.

'인색한 사람', 곧 수전노와 함께 식사하지 말고,4 그가 차린 음식

---

1 '아인(עַיִן)'은 단순히 보기보다 더 중요하게 보는 전체 과정, 이해하고 순종하기까지 포함하는 의미로 쓰이곤 한다(렘 5:21). 또한 사람의 내적 존재, 곧 자비, 인색함, 교만, 겸손 등을 밖으로 투영하는 거울과 같다. 그래서 '악한 눈'은 악한 사람이나 인색한 사람으로 표현할 수 있다. '아인'에 관한 자세한 내용은 Carl Schultz, "עַיִן," in *Theological Wordbook of the Old Testament*, ed. R. Laird Harris, Gleason L. Archer Jr., and Bruce K. Waltke, vol. 2 (Chicago: Moody Press, 1980), 1612a를 참조하라.

2 Bruce K. Waltke, *Proverbs 15~31*, New International Commentary on the Old Testament, ed. Robert L. Hubbard Jr. (Grand Rapids: Wm. B. Eerdmans Publishing Company, 2005), 242.

3 The NET Bible, Proverbs 23:6, n. 11.

4 '먹지 말라'와 '음식'에 쓰인 히브리어는 같은 자음, 곧 לחם이다. 이 단어가 동사(לָחַם, 라함)일 때, 음식을 먹는 행위를 표현하지만, 명사(לֶחֶם, 레헴)일 때는 떡이나 빵을 뜻한다. 그런데 '너는 인색한 사람의 상에서 먹지 말고'는 동사와 명사가 함께 쓰였는데, 이는 언어유희로 '빵을 먹지 말라'를 강조하는 표현이다.

을 탐내지도 말라고 권면합니다. 그가 아무리 귀하고 맛있는 음식을 차렸어도, 그 음식에 마음을 기울이지 말라고 권면합니다. 여기서 '탐내다(אוה, 이바)'는 욕심내기, 곧 갈망하기를 뜻합니다.5 특히, 음식을 탐냄, 곧 식탐을 말합니다. 수전노가 차려 놓은 음식이 진수성찬이라도, 음식에 욕심을 내지 말라는 뜻입니다.6 음식 욕심내지 말라는 말은 단순히 먹는 음식만을 의미하지 않습니다. 유대인이나 고대인은 낮에는 일하고, 저녁 시간에는 여유가 있기에 사람을 초청하여 함께 식사하곤 합니다. 저녁 식사하면서 교제합니다. 그래서 음식을 먹지 말라는 식탁 교제 또는 교제하는 일을 조심하라는 의미로 해석할 수 있습니다.7 진수성찬을 조심하듯, 그 사람이 아주 좋은 말로 유혹할 수 있기에 그와 교제를 조심해야 합니다. 아무리 좋은 조건을 제시하더라도, 악인과 교제나 거래는 조심해야 합니다.

사실, 인색한 사람과 악한 사람은 다릅니다. 인색하다고 다 악하지는 않습니다. 그런데 인색한 사람 또는 수전노라는 단어를 사용하면 될 텐데, 굳이 '악한 사람'이라는 용어를 사용했을까요?

이것을 이해하려면 유대인 사고를 이해해야 합니다. 유대인 관점에서, 부유한 사람이 해야 할 한 의무는 가난한 사람을 돌보는 일입니다. 가난한 사람을 돌보지 않는다면, 그것은 악한 행위, 죄입니다. 이

---

5 '탐내다(אוה, 이바)'는 갈망하다, 바라다, 탐내다 등을 뜻한다. 주어로는 네페쉬(נֶפֶשׁ)가 자주 쓰이며, 목적어로는 음식이 자주 쓰인다. Francis Brown, S. R. Driver, and Charles Briggs, eds., *A Hebrew and English Lexicon of the Old Testament with an Appendix Containing the Biblical Aramaic* (Oxford: Clarendon Press, 1906; reprint, Peabody, MA: Hendrickson Publishers, 1979), 16을 보라.

6 Waltke, *Proverbs 15~31*, 242에 따르면, 수전노, 곧 부자가 되려는 수전노라면 어떻게 손님을 초대할 수 있는지에 의문을 제기하면서, '아니 교훈(Instruction of Any, 8:10~13)'과 대조하고 아마 손님이 스스로 수전노 집을 방문했을 테고 그래서 수전노를 음식을 차렸다고 생각한다.

7 잠언 23:1~3에서는 왕과 식사 교제할 때 조심해야 한다고 강조했다.

원리는 재물이 하나님의 소유라는 전제에서 시작합니다. 모든 재물은 하나님의 것인데, 하나님은 이 재물을 청지기인 우리에게 잠시 맡기셨습니다. 청지기 임무는 하나님의 재물을 잘 관리하는 동시에 하나님의 뜻을 따라 사용하는 것입니다. 우리가 재물을 가난한 사람을 위해 사용은 하나님께서 바라시는 일, 곧 하나님 뜻입니다. 청지기가 주인이신 하나님의 뜻을 잘 이해하고, 하나님의 뜻대로 물질을 사용하면 좋은 청지기이지만, 사명을 잘 감당하지 못하면 악한 청지기인 악한 사람입니다.

신약성경 누가복음에 '거지 나사로와 부자 이야기(눅 16:19~31)'가 좋은 예입니다. 부자는 자기 상에서 맛있는 음식을 먹었습니다. 반대로, 거지 나사로는 먹거리가 없어서 굶주렸습니다. 둘 다 죽었습니다. 부자는 지옥에, 나사로는 천국에 갔습니다. 누가복음 어디에서도 부자는 예수님을 믿지 않았으며 거지 나사로는 예수님을 믿었기에, 각각 지옥과 천국에 갔다는 구절이 없습니다. 왜 부자는 지옥에 갔을까요? 부자는 거지 나사로를 돌보아야 하는 책임이 있는데, 돌보지 않음으로 악인이 되었기 때문입니다. 악인이 가는 곳이 바로 지옥입니다.

'불의한 청지기 비유(눅 16:1~9)'도 이것을 보충 설명합니다. 청지기가 자기 재산을 낭비한다는 소문을 들은 부자는 청지기를 불러 조사한 후, 몇 월 며칠 부로 해고한다고 했습니다. 그러자 청지기는 빚진 사람을 불러서 빚을 조정하면서 탕감합니다. 그때 부자는 이 불의한 청지기가 자기 미래를 슬기롭게 대처했다고 칭찬하였습니다. 이 비유를 말씀하시고서, 예수님은 **"불의한 재물로 친구를 사귀라"**라고 권면하셨습니다(눅 16:9). 여기서 말하는 불의한 재물은 하나님께서 관리하라고 주신 재물을 말합니다. 그리고 이 재물을 필요한 사람에게 나누어 주는 일을 친구를 사귀는 일이라고 말합니다.

성경과 유대인의 사고에 따르면, 수전노나 인색한 사람을 가리켜서 악한 사람이라고 합니다. 그리고 수전노나 인색한 사람이라는 단어를 사용하면, 물질 면만 한정합니다. 하지만 악한 사람, 악한 눈을 가진 사람이라고 하면, 더 폭넓은 의미로 사용할 수 있습니다. 잠언은 단순히 수전노뿐 아니라 더 넓은 의미에서 다른 사람보다는 자기만을 생각하는 사람을 지칭하려고 악한 사람이라는 단어를 사용합니다.

왜 악한 사람과 교제하지 말아야 할까요?

II. 그 이유는 악인의 마음과 행동이 다르기 때문이다(7절).

그 이유는 악인의 마음과 그 행동이 다르기 때문입니다. 7절은 이렇게 표현합니다. "무릇 그 마음의 생각이 어떠하면 그의 사람됨도 그러하니, 그가 말로는 '먹고 마셔라' 하여도, 그 속마음은 너를 떠나있다." 이 문장은 그 사람이 누군지는 알려면, 그 사람의 마음을 보면 안다는 뜻입니다. 마음이 좋으면, 그 사람은 좋은 사람입니다. 하지만 마음이 나쁘면, 그 사람은 나쁜 사람입니다. 나타나는 외적 행동이 아니라, 그 사람 마음이 그가 어떤 사람인지를 드러냅니다. 사무엘은 다윗을 이스라엘 왕으로 기름 부을 때, '하나님은 사람을 외모로 취하지 않으신다'라고 말하면서 하나님 성품을 드러냈습니다. 그래서 우리는 더더욱, 그 사람이 어떤 사람인지를 알려고 그 사람 마음을 보아야 합니다. 그래서 하나님을 믿는 사람은 마음을 볼 수 있는 통찰력을 달라고 기도해야 합니다. 그리고 자기도 좋은 마음을 품을 수 있도록 기도해야 합니다.

"무릇 그 마음의 생각이 어떠하면 그의 사람됨도 그러하니"의 원래 뜻은 "왜냐하면 그가 그의 마음에 가격을 계산하는 것처럼, 그 자신도 그러하다"입니다.8 이 말이 무엇을 의미하는지 해석하기 어렵습니다. 문맥을 따라 해석하면, 마음을 기준으로 그 사람 인격을 결정한다. 또는 인격을 판단한다는 뜻입니다. 본문에서 음식을 차린 사람은 인색한 사람이었습니다.9 그가 음식을 차리는 그 순간부터 음식 가격을

---

8 잠언 23:7은 כִּי(키) … כֵּן(켄)으로 구성한 문장이다. 이 구조는 '~처럼, 그러하다'를 뜻한다.

계산한 게 아니라, 인색한 사람이었기에 그 전부터 항상 음식 가격을 계산했습니다. 그래서 그는 음식을 차리면서도 마음으로 가격을 계산하고 있었습니다. 음식을 차려 놓고 마음껏 먹고 마시라고 말하지만, 마음에는 언제나 음식 가격을 계산하고 있습니다. 그러니 마음껏 먹고 마시라는 말은 그가 진실한 마음으로 한 말이 전혀 아닙니다. 요즘은 손님이 방문하면, 그저 식당에서 대접하고 교제합니다. 음식을 주문하고서, 필요하면 언제든지 더 시키시라고 합니다. 그런데 마음은 그렇지 않을 수 있습니다. 더 먹지 않기를 바라고, 더 시키지 않기를 바랍니다. 더 시키면 음식값을 더 지급해야 하기 때문입니다.

7절은 바로 그런 의미입니다. 듣기 좋은 말을 하지만, 마음에는 없는 말이라, 말과 마음이 다릅니다. "마음대로 드세요, 부족하면 더 주문하세요"라고 호의 있게 말하지만, 마음은 그렇지 않습니다. 그래서 인색한 사람과 식탁 교제하는 일은 조심해야 합니다. 아무리 맛있는 음식이 차려졌어도 음식을 탐내지 말아야 합니다. 인색한 사람이 차려 놓은 음식은 호의가 아닙니다, 친절도 아닙니다. 이런 사람과 교제할 때, 차려 놓은 음식에 유혹되지 말고, 그 진의를 알아채고, 욕심을 물리쳐야 합니다.

마음과 행동이 다른 사람을 위선자라고 합니다. 위선자와 교제할 때 우리는 조심해야 합니다. 그 사람이 아무리 좋은 말로 꾀어도, 그 사람이 하는 말이 진실이 아님을 알아야 합니다. 우리는 위선자가 되지 맙시다. 마음 따로 말 따로인 사람이 되지 맙시다. 마음과 행동이 일치하도록 노력합시다. 인격은 마음에서 시작하기 때문입니다. 또한 사람을 판단할 때, 보이는 외적 모습이 아니라 보이지 않는 속마음에 따라 판단할 줄 아는 영적인 통찰력을 가집시다. 그래서 젊은이는 사귈 때, 더 신중해야 합니다. 외모만 봐서는 안 되고, 만나는 순간 잘

---

9 '계산하다'에 해당하는 히브리어는 'שָׁעַר(사아르)'이다. 3인칭 완료형인데, 완료형은 그가 항상 계산하는 사람이었음을 의미한다. Waltke, *Proverbs 15~31*, 242을 보라.

해주고 친절하다고 마음을 빼앗겨서는 안 됩니다. 그 사람이 누군지를 알려고 신중해야 하며, 오랜 시간 지켜봐야 합니다. 말을 잘한다고 또는 대화가 통한다고 해서, 마음이 빼앗겨 그 사람이 누군지 살피지 않으면, 어리석습니다. 인색한 사람이 차려 놓은 음식을 먹지 말라는 단순히 먹는 음식 문제가 아니라, 의도가 나쁜 사람과 사귀고 교제하지 말라는 말입니다. 그리고 나쁜 의도를 가진 사람과 만나거나 거래하지 말라는 말입니다.

왜 악인, 인색한 사람과 교제를 조심해야 할까요?

III. 그 결과, 악인과 교제는 진심을 헛되게 한다(8절).

인색한 사람과 교제하면, 마음이 편하지 않기 때문입니다. 성경은 말과 마음이 다른 악한 사람과 식사할 때 조금 먹어도 토한다고 합니다. 8절입니다. "네가 조금 먹은 것조차 토하겠고." 인색한 사람과 식사하면 조금 먹어도 토합니다.10 조금 먹은 것은 작은 빵 한 조각을 의미합니다. 작은 빵 한 조각을 먹었을 뿐인데도 그것까지 토한다는 말입니다. 이것이 무슨 뜻인가 하면, 인색한 사람과 식사하다 보면 자신이 대접받지 못한다는 생각이 들 수 있습니다. 음식으로 생색내는 것처럼 기분 상하게 하는 일도 없습니다. 음식으로 생색내면, 정 떨어지고 구역질이 납니다.

진실한 마음으로 대접하고 함께 교제해야 좋습니다. 진실한 마음으로 대화는 기분을 상쾌하게 합니다. 대접받은 느낌이 들고, 서로가

---

10 Waltke, *Proverbs 15~31*, 425에 따르면, 인색한 사람과 식사할 때, 조금 먹어도 토한다는 말은 의미가 통하지 않는다. '계산하다'는 שָׁעַר(샤아르)인데, 모음을 바꾸면 שֵׂעָר(세아르)로 '머리카락'을 뜻한다. 그러면 '왜냐하면 목구멍에 머리카락이 있는 것처럼'을 뜻한다. 곧, 인색한 사람과 함께 먹고 마시는 게 머리카락을 삼키듯이 불편하다는 뜻이다. The NET Bible, Proverbs 23:7, n. 12도 참조하라.

통한다는 마음이 듭니다. 교제의 깊이가 더해지며, 만날수록 맛이 정 겹습니다. 서로 우애를 쌓습니다. 그러나 대접한다고 생색을 내면, 먹는 사람도 부담스럽습니다. 눈치까지 봅니다. 마음이 불편하기에 먹어도 제대로 소화하지 못합니다. 그런 자리가 좋겠습니까? 조금 먹은 것도 토할 정도로 불편한 자리입니다.

게다가 뜻하지 않게 아첨하더라도 헛됩니다. 여기서 '아첨(נְעִימִים, 나임)'은 '사랑스러운, 즐거운, 유쾌한'이라는 뜻입니다.11 즐거운 대화 또는 아름다운 교제라 할 수 있습니다. 식사하면서 교제할 때, 초청에 감사하다고 인사할 수 있습니다. 그리고 진실한 대화, 곧 마음에서 나오는 말로 대화하더라도, 이런 대화는 헛될 뿐입니다. '헛된 데로 돌아간다(שָׁחַת, 샤하트)'는 '파괴하다, 부패한다'는 뜻입니다.12 곧, 진실한 대화라도 의미가 없다는 말입니다. 진실한 마음으로 이야기하지만 이미 마음과 행동이 부패했기에, 다른 사람과 이야기는 하더라도 진실하게 대화하지 않습니다. 허공을 치는 듯이 말할 뿐입니다.

결국, 진심으로 말해도 무의미합니다. 아무리 진심 어린 이야기를 해도 받아들여지지 않습니다. 진심이 왜곡되니, 대화가 깊이도 없고 진전도 없습니다. 대화는 빙빙 돌 뿐입니다. 그리고 왜 이 자리에 왔는지 의문을 품습니다. 만나는 것 자체가 부담스럽습니다. 이것이 바로 악인과 대화입니다. 진심으로 나누지 않는 대화는 서로에게 가증한 일입니다. 악인과 대화가 바로 그렇습니다. 위선자와 대화가 바로 그렇습니다. 그래서 하나님의 말씀은 악인과 교제를 조심하라고 경고합니다.

---

11 Brown, Driver, and Briggs, eds., *A Hebrew and English Lexicon of the Old Testament with an Appendix Containing the Biblical Aramaic*, 653.

12 Brown, Driver, and Briggs, eds., *A Hebrew and English Lexicon of the Old Testament with an Appendix Containing the Biblical Aramaic*, 1008.

결론

　악인과 교제는 조심해야 합니다. 그들과 식탁 교제는 허기를 달래지도 못하고 어떤 유익도 없습니다. 그들이 제공하는 음식, 그들이 제시하는 말에 마음을 빼앗기지 마시기를 바랍니다. 그것까지도 토합니다. 그들과 만남이나 교제가 진심이 아니기 때문입니다. 그들 말과 마음은 다르기 때문입니다. 마음과 행동이 다른 사람과 교제할 때 조심해야 합니다.

　이 말씀에서, 우리는 두 가지 교훈을 배울 수 있습니다. 하나는, 우리 자신이 진실한 사람이어야 한다는 교훈입니다. 인색한 사람, 겉 다르고 속 다른 그런 위선자가 돼서는 안 됩니다. 진심으로 사람을 대해야 합니다. 우리 주님께서 우리에게 진심으로 대하셨듯이, 우리도 사람을 대할 때 진심으로 대하는 훈련을 해야 합니다. 깨끗한 마음을 달라고 주님께 기도해야 합니다. 그리고 성령께서 거짓되고 헛된 마음을 제거하시도록 자신을 기꺼이 내어드려야 합니다. 그래서 실제로 깨끗한 마음을 가져야 합니다.

　또 하나는 그런 사람과 교제할 때 조심해야 한다는 교훈입니다. 그 사람 말에 너무 유혹되지 말아야 합니다. 진심에서 나오는 말인지, 거짓에서 나오는 말인지 분간할 수 있어야 합니다. 그렇기에 성령님께 도와달라고 부탁하십시오. 그런 상황을 잘 분별할 능력을 달라고 성령 하나님께 부탁해야 합니다. 거짓에서 나온 말이라는 영적 판단이 들면, 조심하고 또 조심하여 그 덫에서 빠져나와야 합니다.

9 잠언 23:9
미련한 사람에게는 충고하지 맙시다

중심 내용: 미련한 사람에게 충고하면 업신여김을 받는다.

I. 미련한 사람에게 조언이나 충고하지 말라(9a절).

II. 왜냐하면 좋은 조언도 업신여김을 받기 때문이다(9b절).

III. 조언은 들을 귀 있는 사람에게 해야 한다(마 7:6).

서론

미국의 남북전쟁 때 링컨 대통령이 한 정치인의 비위를 맞추려고 여러 연대를 이동시키라는 명령을 내렸습니다. 당시 국방부 장관이었던 애드윈 스탠튼은 그 명령을 수행하지 않았으며, 오히려 잘못된 명령을 내린다고 링컨을 비난했습니다. 스탠튼이 비난하자, 링컨은 자기 행동을 다시 한번 생각했고, 자기가 잘못된 명령을 했다는 사실을 알고, 그 명령을 철회했습니다.[1]

---

[1] http://blog.daum.net/rlarhkdcns/8760262, 2020년 3월 8일 접속.

지혜로운 사람은 다른 사람 말을 듣고 생각하지만, 미련한 사람은 다른 사람의 충고를 듣지 않습니다. 자기 생각과 말이 옳다고 주장합니다. 그러면서 지혜로운 말을 업신여길 뿐 아니라, 그 말을 하는 사람도 싫어합니다.

오는 본문은 한 구절입니다. 미련한 사람에게 충고나 조언하지 말라는 내용입니다. 왜냐하면 미련한 사람은 아무리 좋은 조언과 충고를 해도 업신여기기 때문입니다. 오늘은 「미련한 사람에게는 충고하지 말라」라는 제목으로 말씀을 전하겠습니다.

I. 미련한 사람에게 조언이나 충고하지 말라(9a절).

지혜자는 "미련한 사람의 귀에는 아무 말도 하지 말라"라고 권면합니다. 우리는 여기서 어떤 사람이 미련한 사람인지를 먼저 생각해 보겠습니다. 일반적으로 미련한 사람이라 하면, 우둔한 사람이나 어리석은 사람이라고 생각합니다. 지능이 낮거나 배우는 속도가 느린 사람을 생각하기도 합니다. 때때로 행동이 느리거나 생각이 짧은 사람을 지칭할 때도 있습니다. 터무니없는 고집을 부릴 정도로 어리석고 둔한 사람을 지칭합니다. 그래서 미련과 관련하는 대표 동물로 곰과 돼지를 연상합니다.

그런데 여기서 지혜자는 그런 뜻으로 말하지 않습니다. 여기서 '미련한 사람'은 히브리어로 כְּסִיל(커실)입니다.[2] '미련한 사람'으로 번역한 '커실'을 사용하는 몇 구절이 잠언에 있습니다. 잠언 1:22인데, '지식을 미워하는 사람'으로 표현합니다. "어수룩한 사람들아, 언제까

---

2 כְּסִיל(커실)은 미련한 사람, 어리석은 사람을 지칭한다. Francis Brown, S. R. Driver, and Charles Briggs, eds., *A Hebrew and English Lexicon of the Old Testament with an Appendix Containing the Biblical Aramaic* (Oxford: Clarendon Press, 1906; reprint, Peabody, MA: Hendrickson Publishers, 1979), 493을 참조하라.

지 어수룩한 것을 좋아하려느냐? 비웃는 사람들아, 언제까지 비웃기를 즐기려느냐? 미련한 사람들아, 언제까지 지식을 미워하려느냐?" 잠언 18:2에서는 '명철을 미워하고 자기 의만 내세우는 사람'으로 표현합니다. "미련한 사람은 명철을 좋아하지 않으며, 오직 자기 의견만을 내세운다." 잠언 10:23에서는 '악한 일을 즐기는 사람'으로 나옵니다. "미련한 사람은 나쁜 일을 저지르는 데서 낙을 누리지만, 명철한 사람은 지혜에서 낙을 누린다." 그리고 잠언 15:20에서는 '어머니를 경멸하는 사람'으로 표현됩니다. "지혜로운 아들은 아버지를 기쁘게 하지만, 미련한 아들은 어머니를 업신여긴다."

위 구절을 근거로, 미련한 사람을 두 가지 측면에서 구분할 수 있습니다. 하나는 신학 측면, 곧 하나님과 관계입니다. 다른 하나는 윤리 측면, 곧 사람과 관계입니다. 먼저, 신학 측면인 하나님과 관계를 설명하겠습니다. 미련은 지식, 명철, 지혜와 반대 용어입니다. 히브리어 성경에서 많은 경우 지식, 명철, 지혜를 같은 단어로 표기합니다. 단지 번역할 때 문맥에 따라 다양하게 번역하곤 합니다. 지혜의 근본은 하나님이시기에, 지혜는 하나님을 경외하는 것에서 온다고 했습니다. 그래서 하나님을 경외하는 사람은 지식이 있기에 지혜로운 사람이며 명철한 사람입니다.

반대로 미련한 사람은 하나님께 불순종하며, 자기 자신을 지혜롭게 여기는 사람입니다. 예레미야 10:8에서는 우상 숭배자를 가리켜 미련한 사람이라고 표현합니다. "그들은 모두가 한결같이 어리석고 미련합니다. 나무로 만든 우상에게서 배운다고 한들, 그들이 무엇을 배우겠습니까?" 우상을 만들고, 그 우상에게서 무엇인가를 얻으려는 그리고 배우려는 사람이 바로 미련한 사람입니다. 미련한 사람은 하나님보다 자기 생각이나 자기 경험을 더 의지합니다. 그리고 자기를 위해서 다른 것을 만들고, 그것을 의지하는 사람입니다. 하나님과 관계에서 미련한 사람은 하나님을 의지하지 않고, 자기 지식이나 자기 방법, 자기 지혜를 의지합니다.

다른 하나는 윤리 측면인 사람과 관계입니다. 나쁜 일을 저지르기를 좋아하는 사람을 미련한 사람이라고 말하지요. 그리고 어머니를 업신여기는 사람을 미련한 사람이라고 부릅니다. 사람들에게 나쁜 일을 하거나 어머니를 업신여기는 일은 모두 윤리적이고 도덕적 영역입니다. 윤리적으로, 도덕적으로 해서는 안 되는 일을 하는 사람을 가리켜서 미련한 사람이라고 한다는 것을 알 수 있습니다.

잠언에서 미련한 사람, 곧 '커실'은 행동이나 지식 또는 배움의 느림과 관련하지 않고, 하나님께 불순종하는 사람이요, 윤리적으로 사람에게 해서는 안 되는 일을 하는 사람입니다. 이것을 한마디로 말한다면 옳고 그름을 분간하지 못하는 사람이라고 할 수 있습니다. 하나님과 관계 그리고 사람과 관계에서 무엇이 올바르고, 무엇이 그른지를 선택하지 못하는 사람이 미련한 사람이요. 그리고 모든 것을 재물로 해결하려는 사람이 미련한 사람입니다(잠 17:16).3

미련한 사람은 지능이 낮거나 느리고 우둔한 사람이 아니라, 하나님께 불순종하는 사람이요. 다른 사람에게 해서는 안 되는 해를 끼치는 사람입니다. 그런 미련한 사람에게 무엇을 하지 말라고 합니까?

그런 미련한 자에게 조언하는 것을 조심하라고 권면합니다. "**미련한 사람의 귀에는 아무 말도 하지 말라.**" 미련한 사람의 귀(אֹזֶן, 오젠)에 아무 말도 하지 말라고 권면합니다.

미련한 사람에게 아무 말도 하지 말라고 하지 않고, 왜 미련한 사람의 귀에는 아무 말도 하지 말라고 할까요? 사실, 이 둘은 같은 의미입니다. 그런데 귀를 추가합니다. 왜 귀에는 아무 말도 하지 말라고 할까요?

---

3 Louis Goldberg, "כְּסִיל," in *Theological Wordbook of the Old Testament*, ed. R. Laird Harris, Gleason L. Archer Jr., and Bruce K. Waltke, vol. 1 (Chicago: Moody Press, 1980), 1011.

귀는 이야기를 듣는 첫째 관문입니다. 사람은 귀로 듣고, 마음으로 결정합니다.4 잘못 들으면, 그르게 결정합니다. 미련한 사람은 누가 자신에게 하는 말에 귀를 기울이지 않습니다. 귀를 특별하게 언급한 이유는 미련한 사람의 집중을 끌려는 노력을 강조합니다.5 그래서 미련한 사람의 관심이나 집중을 끌려고 노력하지 말라고 강조하려고 귀를 언급합니다.

그리고 '아무 말도 하지 말라'에서 '말'은 히브리어로 דָּבָר(다바르)입니다.6 '다바르' 앞에 부정어를 넣어(אַל־תְּדַבֵּר, 알-터다베르), 아무 말도 하지 말라고 합니다. '다바르'는 단순히 말하기를 의미하지 않습니다. 말하는 의도를 알아듣도록 설명하는 모든 과정을 말합니다.7 자세하게 설명하든가, 아니면 논리적으로 설명하는 과정을 이야기할 수 있습니다. 아마 미련한 사람에게 들을 수 있도록 이런저런 설명을 모습을 서술합니다. 그런데 그런 노력 자체를 하지 말라고 권면합니다. 다시 말해, 하나님께 순종하지 않고 사람에게 해를 끼치는 미련한 사

---

4 Bruce K. Waltke, *Proverbs 15~31*, New International Commentary on the Old Testament, ed. Robert L. Hubbard Jr. (Grand Rapids: Wm. B. Eerdmans Publishing Company, 2005), 244.

5 The NET Bible, Proverbs 23:9, n. 17을 보라.

6 '다발'의 어원 두 가지에 관한 내용은 Earl S. Kalland, "דָּבַר," in *Theological Wordbook of the Old Testament*, ed. R. Laird Harris, Gleason L. Archer Jr., and Bruce K. Waltke, vol. 1 (Chicago: Moody Press, 1980), 399; Brown, Driver, and Briggs, eds., *A Hebrew and English Lexicon of the Old Testament with an Appendix Containing the Biblical Aramaic*, 180~84를 참조하라.

7 Waltke, *Proverbs 15~31*, 244. 이 구절에서 '다발'은 피엘형으로, 행동을 강조한다. Bruce K. Waltke and M. O'Connor, *An Introduction to Biblical Hebrew Syntax* (Winona Lake, IN: Eisenbrauns, 1990), 396, 97; Gary D. Pratico and Miles V. Van Pelt, *Basics of Biblical Hebrew Grammar* (Grand Rapids: Zondervan Publishing House, 2001), 307을 보라.

람을 설득하려고 노력하지 말라는 의미입니다. 어떤 기대나 희망을 걸고 설득하지 말라고 합니다. 그 사람이 하고 싶은 대로 하도록 내버려 두라는 말입니다.

왜 설득하려고 노력하지 말라고 권면할까요? 말 듣지 않아도 한 번 설득해야 하지 않을까요? 노력해야 하지 않을까요? 그런데 노력조차 하지 말라고 합니다. 왜 그럴까요?

II. 왜냐하면 좋은 조언도 업신여김을 받기 때문이다(9b절).

왜냐하면 미련한 사람은 그 말 자체를 듣지 않으려고 하기 때문입니다. "그가 너의 슬기로운 말을 업신여길 것이기 때문이다." '업신여긴다'로 번역한 בוז(바아즈)은 '경멸한다, 모독한다'라는 뜻입니다.8 아무리 좋은 말이나 유익한 말을 하더라도 그것을 경멸한다는 뜻입니다. '업신여기다'의 기본 의미는 '어떤 것에 별로 가치를 두지 않는 것'입니다. '물건이나 사람을 얕보기, 과소평가하기,' 곧 업신여김을 뜻합니다.9 물건이 100만 원 가치가 있다고 합시다. 그런데 그 물건을 1만 원 가치로 여김을 두고 그 물건을 업신여긴다고 말합니다.

좋은 예가 있습니다(마 26:6~13). 한 여인이 비싼 향유를 가지고 와서 예수님이 식사하실 때 머리에 붓습니다. 그러자 제자들이 그 여인에게 분노하면서 비싼 향유를 팔아 가난한 사람에게 줄 수 있는데, 왜 예수님의 머리에 부어 허비하느냐고 야단을 칩니다. 그때 예수님은 "그 여인을 내버려 두라. 그 여인은 내 장례를 위해서 향유를 부었

---

8 Brown, Driver, and Briggs, eds., *A Hebrew and English Lexicon of the Old Testament with an Appendix Containing the Biblical Aramaic*, 100.

9 Bruce K. Waltke, "בָּזָה," in *Theological Wordbook of the Old Testament*, ed. R. Laird Harris, Gleason L. Archer Jr., and Bruce K. Waltke, vol. 1 (Chicago: Moody Press, 1980), 224.

다"라고 하시면서, "그 여인이 한 일이 복음이 전파되는 곳 어디에서도 전파된다"라고 하셨습니다(마 26:12~13). 여기서 제자들은 예수님의 죽음을 평가절하했습니다. 예수님의 죽음을 준비하는 일을 업신여겼습니다. 왜냐하면 제자들은 예수님의 머리에 비싼 향유를 붓는 게 낭비, 곧 허비라고 생각했기 때문입니다.

다윗이 밧세바와 간음한 사건도 하나님을 업신여기는 일, 곧 하나님과 말씀의 가치를 평가절하하는 사건으로 해석합니다(삼하 12장). 다윗이 밧세바와 간음을 했을 때, 하나님은 그것을 하나님을 경멸한 행동이었다고 말합니다(삼하 12:10). 게다가 하나님의 말씀을 경멸한 행동이라고 책망합니다(삼하 12:19). 하나님을 귀한 분으로 생각하고 하나님의 말씀을 소중히 여겼다면, 간음하지 말라는 명령을 절대 거역하지 않았을 것입니다. 그러나 하나님과 하나님의 말씀을 경멸했기에, 다윗은 밧세바와 간음했습니다. 그래서, 하나님은 다윗에게 네가 나와 나의 말을 경멸했다, 곧 업신여겼다고 책망하셨습니다.

그렇다면 본문은 미련한 사람이 무엇을 경멸했다고 할까요? 무엇을 과소평가했다고 할까요?

'너의 슬기로운 말(לְשֵׂכֶל מִלֶּיךָ, 러세켈 미레카)'입니다. 여기서 "슬기로운(שֵׂכֶל, 세켈)"은 '통찰력 있는, 사려 깊은, 세심한 것'을 말합니다.10 미련한 사람에게 하는 사려 깊게, 지혜롭게 이야기하는 것을 말합니다. 아마 아내가 남편에게, 또는 남편이 아내에게 잘되라고 하는 말 정도를 생각할 수 있습니다. 남편이나 아내가 말을 많이 하는 사람이라면, 배우자는 그것을 듣고 조언합니다. 자세히 듣고 세심하게 이렇게 하면 어떻겠느냐고 조언합니다. 이럴 때 사용하는 용어가 '슬기롭다'는 용어입니다. 부모가 자녀의 유익을 위해 충고나 권면하는

---

10 Brown, Driver, and Briggs, eds., *A Hebrew and English Lexicon of the Old Testament with an Appendix Containing the Biblical Aramaic*, 968.

것도 여기에 해당합니다. 자녀가 잘되기를 바라는 마음에서 이야기합니다. 인생을 살아오면서 경험해 보았기에 그리고 후회도 해 보았기에, 자녀에게 조언할 수 있습니다. 이 모두가 슬기로운 지혜일 수 있습니다.

'슬기롭다'라는 단어가 아비가일에게 쓰였습니다. 다윗이 사울 왕을 피해 도망 다닐 때, 광야에서 나발의 목자와 가축을 야생동물이나 도적으로부터 돌보아 주면서, 선을 베풀었습니다(삼상 25). 그래서 양털을 깎을 때, 다윗은 나발에게 사람을 보내 자기 군사들이 먹을 수 있는 양식을 요청합니다. 그러나 나발은 다윗이 보낸 군사들에게 아무 것도 주지 않고, 오히려 다윗을 모독하고 보냅니다. 이 소식을 들은 다윗은 선을 악으로 갚은 나발과 그의 모든 가족을 벌할 계획을 세우고 진군할 때, 종의 말을 들은 나발의 아내 아비가일이 중재합니다. 아비가일은 다윗에게, 하나님께서 다윗으로 이스라엘의 왕이 되게 하셨을 때, 무고히 사람을 죽인 왕, 또는 원수를 자기 힘으로 갚은 왕이라는 말을 들으면서 후회하게 되니, 원수 갚은 일은 주님께 맡기시고 나발을 용서해 달라고 간청합니다. 이렇게 지혜로운 말을 한 아비가일을 가리켜서 사무엘상 25:3은 '이해심이 많은' 여인으로 표현하면서 '슬기로운'이라는 히브리어 사용했습니다(삼상 25:3).

슬기로운 말은 사려 깊은 말, 또는 통찰력이 있는 말입니다. 이것은 가장 지혜로운 조언이라고 할 수 있습니다. 조언이 필요할 때 말하는 합당한 말을 의미합니다. 이제 '말'이라는 용어를 생각해 보겠습니다. 여기에 사용한 단어는 מִלָּה(밀라)입니다. "아무 말도 하지 말라"라고 할 때 말은 '다발'이었습니다. 두 단어가 다르지만, 같은 의미로 쓰였다고 여기는 게 좋습니다. 단지 '다발'은 말의 내용이나 말의 의미에 강조를 둡니다만, '밀라'는 말하는 표현이나 말투를 강조합니다.[11] 그렇다면 "슬기로운 말을 업신여긴다"라는 뜻은 상대편이 조언

---

[11] Earl S. Kalland, "מָלַל I," in *Theological Wordbook of the Old*

하는 의도나 의미는 생각하지 않고, 말하는 그 자체까지도 무시하고 업신여긴다는 의미로 해석할 수 있습니다.

현명한 사람이라면, 상대방이 조언하는 의미가 무엇인지를 생각합니다. 그리고 상대방이 말한 의미를 생각하면서, 자기 잘못이나 행위를 바로 잡습니다. 그러나 미련한 사람은 그 의미는 고사하고, 말하는 것, 조언해 주는 말 그 자체까지도 싫어하고 가치를 평가절하합니다. 저는 말씀을 준비하면서 제가 그런 미련한 사람이라고 생각했습니다. 아내가 저에게 더 나은 설교자가 되라고 조언하는 말 그 자체도 듣기 싫어했기 때문입니다. 그렇다면, "**그가 너의 슬기로운 말을 업신여길 것이기 때문이다**"라는 말은, '**잘되라고 통찰력 있고도 세심하게 조언해 주는 말 자체도 싫어하기 때문이다**'라는 뜻입니다. 이처럼 미련한 사람은 그렇게 말해 주는 사람을 싫어합니다. 그리고 꼭 원수처럼 대합니다. 그래서 미련한 사람에게는 아무 말도 하지 말아야 합니다. 아무 조언도 하지 말아야 합니다.

III. 조언은 들을 귀 있는 사람에게 해야 한다(마 7:6).

신약성서에서도 이 교훈과 비슷한 말씀을 예수님이 하셨습니다. 마태복음 7:6입니다.12 "**거룩한 것을 개에게 주지 말고, 너희의 진주를 돼지 앞에 던지지 말아라. 그들이 발로 그것을 짓밟고, 되돌아서서, 너희를 물어뜯을지도 모른다**"라고 하셨습니다. 거룩한 것을 개에게 주지 말고 진주를 돼지 앞에 던지지 말라고 권면합니다. 왜냐하면 개나 돼지는 거룩한 것과 진주 가치를 모르기 때문입니다. 그 가치를 모르기에, 그것을 짓밟고 생각해 주는 사람을 물어뜯습니다. 개나 돼지에게는 값진 것을 던져 주면 안 됩니다. 그들에게는 먹거리를 주어야 합

Testament, ed. R. Laird Harris, Gleason L. Archer Jr., and Bruce K. Waltke, vol. 1 (Chicago: Moody Press, 1980), 510~11.

12 Waltke, *Proverbs 15~31*, 244.

니다. 그들에게는 먹다 남은 음식 찌꺼기를 주어야 합니다. 먹다 남은 뼛조각을 던져 주어야 합니다. 마찬가지로 미련한 사람에게 아무리 값진 보화를 주어도 그 가치를 모릅니다. 그러므로 그들에게 조언하는 일을 삼가야 합니다. 생각하고 생각해서 하는 조언도 삼가야 합니다. 다윗은 들을 귀가 있었습니다. 자신의 선을 악으로 갚은 나발에 대하여 분노했습니다. 그 분노 때문에 나발과 그의 모든 것을 죽이려고 했습니다. 하지만 나발의 아내 아비가일의 지혜로운 조언을 듣고 자기 행동을 멈추었습니다. 이처럼 조언은 들을 수 있는 귀를 가진 사람에게 해야 합니다.

전도서 3:7은 이와 비슷한 말씀을 합니다. "**말하지 않을 때가 있고, 말할 때가 있다.**" 말을 해야 할 때와 말을 하지 말아야 할 때가 있습니다. 그래서 지혜로운 사람은 할 때와 하지 말아야 할 때를 구별하여 지혜롭게 말을 합니다. 하지만 미련한 사람은 말을 해야 할 때와 하지 말아야 할 때를 구분하지 못합니다. 그러다 보니까 말을 해야 할 때와 말아야 할 때를 구별해서 하는 지혜로운 조언도 분간 못 하고 싫어합니다.

결론

성경에서는 미련한 사람을 행동이 느리거나 배움이 느린 사람이라고 말하지 않습니다. 오히려 하나님께 대적하여 불순종하는 사람이나 사람에게 해를 끼치는 사람을 미련한 사람이라고 합니다. 이 미련한 사람에게 아무리 좋은 조언도 하지 말라고 권면합니다. 그 이유는 조언을 듣지 않을 뿐 아니라, 조언하는 사람까지도 업신여기기 때문입니다. 지혜로운 사람은 하나님을 경외하는 사람이며, 이웃에게 선을 베푸는 사람입니다. 남의 충고나 조언을 잘 받아들이는 사람입니다.

10 잠언 23:10~11
약자에게 고엘이 됩시다

중심 내용: 사회정의는 사회 약자에게 고엘일 때 이룰 수 있다.

I. 사회 약자에게 고엘이어야 한다(10절).

II. 고엘일 때, 하나님의 복을 누릴 수 있다(11절).

서론

오늘 본문에서, 지혜자는 약자를 보호하라는 잠언 22:22~23 말씀과 가난한 사람의 소유를 보장하라는 잠언 22:28의 말씀과 관련이 있는 말을 합니다. 사실, 구약성경, 특히 잠언에서 많은 말씀이 사회 약자에 관심을 기울입니다. 그 이유는 이 세상이 평등을 외치지만, 힘의 논리로 움직이기 때문입니다. 세상은 물질 만능주의 사상으로 가득 차 있습니다. 그 결과, 가지지 못한 사람, 약한 사람은 항상 불이익을 당합니다. 이것은 오늘날만 해당하는 이야기가 아닙니다. 타락한 이후부터 내려온 아픈 역사입니다.

이런 세상에 사는, 하나님 백성에게 하나님은 세상 사람과 달리 하나님 백성답게 사는 방법을 제시하십니다. 그것은 바로 핍박받는 약자를 보호하고 그들을 돌보는 삶입니다. 우리가 사는 사회는 나만 잘 되면 된다는 생각, 내 가족만 잘 되면 된다는 이기적인 사고로 사는 사회입니다. 우리는 이런 사고에서 벗어나야 합니다. 무엇을 하든 하나님을 영화롭게 하고, 나라와 이웃을 도와야 합니다. 공부하는 목적도, 직장생활하는 가지는 목적도, 물질을 추구하는 목적도 모두 하나님을 영광스럽게 해야 합니다. 그리고 우리가 속한 공동체를 돕는 일이어야 합니다.

사람들은 평등하고 공정한 사회정의를 부르짖습니다. 참된 사회정의는 약자를 보호하는 일에서부터 시작합니다. 사회 약자가 불이익을 당하지 않고 사는 사회가 바로 정의로운 사회입니다. 우리는 이런 사회를 만들려고 노력해야 합니다.

I. 사회 약자에게 고엘이어야 한다(10절).

본문 말씀은 우리가 익히 들어서 잘 알고 있는 내용입니다. 그러나 다시 한번 말씀을 들으면서, 우리 삶의 방향을 점검하는 시간을 가져 봅시다. 10절입니다. "**옛날에 세워 놓은 밭 경계표를 옮기지 말며, 고아들의 밭을 침범하지 말라.**" 이 구절은 가난한 자의 재산을 보호하라는 권면입니다. 밭 경계표는 개인의 재산을 가리키는 표시입니다. 일반적으로 밭이나 산지의 주인이 누구인지를 가르쳐 주는 울타리와 같습니다. 하나님은 이스라엘 백성에게 가나안 땅을 주시면서 지파별로, 가족별로, 개인별로 땅을 분배하셨습니다.[1] 그 땅의 주인이 누구인지를 나타내는 게 바로 경계표입니다.

지혜자는 이 경계표를 옮기지 말라고 권면합니다. 특히 고아의 밭 경계표를 옮기지 말고(גּסוּ, 수그),[2] 고아의 땅을 빼앗지 말라고 권면합

---

[1] Victor P. Hamilton, "גְּבוּל," in *Theological Wordbook of the Old Testament*, ed. R. Laird Harris, Gleason L. Archer Jr., and Bruce K. Waltke, vol. 1 (Chicago: Moody Press, 1980), 307.

니다. 고아는 아버지와 어머니가 없는 아이를 말합니다. 여기서는 부모가 없는 사람, 또는 부모의 보호를 받지 못하는 사람입니다.3 성경은 자기 기본 권리도 보호받지 못하는 가난한 사람을 지칭할 때, 고아라는 표현을 사용합니다. 사실, 고아는 나그네 그리고 과부와 함께 사회 약자를 대표합니다.4 이들은 특별히 우리 사회가 관심을 가지고 지켜봐야 할 대상입니다.

그리고 밭(שׂדה, 사다)이라는 표현이 나옵니다. 일반 의미는 땅입니다. 그런데 이 용어는 농사지을 수 있는 논과 밭을 의미합니다. 도시 안에 있는 논밭이 아니라, 도시 바깥에 있는 논과 밭을 말합니다.5

성안이 아니라, 성 바깥에 있는 논과 밭을 특별히 언급한 이유는 무엇일까요? 그 이유는 성안에 있는 집은 팔면 1년 안에 다시 사야 합니다. 1년 안에 판 집을 다시 사지 않으면, 그 집은 산 사람이 영원히 소유합니다(레 25:29). 하지만 성 바깥에 있는 집이나 땅을 팔았

---

2 히브리어 סוג(수그)를 '옮기다'로 번역했다. 이 단어의 기본 의미는 '들어간다, 되돌린다'라는 의미이다. 또 다른 의미는 '울타리를 치다'이다. 단어는 일반적으로 호의를 말하는 문맥이 아니라, 적의가 있는 문맥에서 쓰였다. R. D. Patterson, "סוג," in *Theological Wordbook of the Old Testament*, ed. R. Laird Harris, Gleason L. Archer Jr., and Bruce K. Waltke, vol. 2 (Chicago: Moody Press, 1980), 1469를 보라.

3 Bruce K. Waltke, *Proverbs 15~31*, New International Commentary on the Old Testament, ed. Robert L. Hubbard Jr. (Grand Rapids: Wm. B. Eerdmans Publishing Company, 2005), 244.

4 Tremper Longman III, *Proverbs*, Baker Commentary of the Old Testament Wisdom and Psalms, ed. Tremper Longman III (Grand Rapids: Baker Academic, 2006), 426.

5 John E. Hartley, "שׂדה," in *Theological Wordbook of the Old Testament*, ed. R. Laird Harris, Gleason L. Archer Jr., and Bruce K. Waltke, vol. 2 (Chicago: Moody Press, 1980), 2236; Waltke, *Proverbs 15~31*, 244.

다면, 그것은 다시 살 수 있는 능력일 때 다시 사면 됩니다. 다시 살 능력이 안 되면, 희년에는 자연스럽게 원래 주인에게로 되돌아갑니다. 왜냐하면 성 바깥의 집이나 땅은 영원히 팔 수 없는, 하나님의 유산이기 때문입니다. 그런 면에서 고아의 밭은 사회 약자가 가질 수 있는 유일한 생활 보험과 같습니다. 은퇴하신 분이 매달 받는 연금이요, 어르신이 국가에서 받는 기초연금과 같습니다. 이것은 그들이 삶을 영위할 수 있는 가장 필수 기반이라 할 수 있습니다. 마지막까지 기댈 생활비입니다. 그래서 "고아의 밭 경계표를 옮기지 말라, 밭을 침입하지 말라"는 가난한 사람이 가지고 있는 **최소한의 것, 마지막 남은 보류를 빼앗지 말라**는 의미입니다.

고대 중근동 지역에서 사회 약자는 왕이나 관리가 책임졌습니다. 사회 약자를 보호하는 일이 왕이나 관리의 주요 임무요, 책임이었습니다.6 이를 '고엘(גאל)' 제도라 합니다. 고엘의 임무는 사회의 법을 움직이는 공직자나 가진 자에게 주어졌습니다. 오늘날은 대통령, 도지사, 시장이 고엘의 임무를 부여받았습니다. 또한 국회의원, 도의원, 시의원도 고엘의 임무를 부여받았습니다. 물론 실무 행정을 맡은 공무원이나 사회에 영향력을 가지고 있는 지도자도 고엘의 임무를 부여받았습니다. 이처럼 국가적 차원에서 복지 시스템 뿐만 아니라, 민간 영역인 기업, 사업하는 분, 물질적으로 혜택을 누리는 사람이 고엘의 임무를 부여받았습니다. 어쩌면 우리 모든 사람이 가난한 자의 고엘이라는 사명을 부여받았다고 할 수 있습니다.

사회 공의나 정의는 왕이나 관리가 사회 약자를 잘 보호할 때 이룰 수 있습니다. 만약 그들이 자기 책임을 잘 감당하지 못한다면, 공의나 정의는 사라집니다. 하나님께서는 그것을 아셨기에, 사회 약자를 보호하는 법을 몇 가지 이유에서 만들어 주셨습니다. 물론 모세율법에 사회 약자를 보호하는 법을 많이 기록함은 이 때문입니다. 성경이

---

6 Waltke, *Proverbs 15~31*, 244~45.

사회 약자의 땅이나 재산을 보호하라고 권면하는 이유는, 사회가 부패했기 때문입니다. 심지어 약자를 도와야 할 왕이나 관리가 부패해서 부정한 왕이나 관리가 되었기 때문입니다. 왕과 관리가 부정하면, 백성이 참으로 고생합니다. 특히, 가난한 사람이 고생합니다. 그래서 하나님은 이들을 보호하시려고 사회 제도나 법을 만드셨습니다.

그런데 권력자는 법의 허점을 이용하여 가난한 사람의 재산이나 땅을 빼앗습니다. 법에 호소하지만, 이미 재판관도 부정한 사람이라 법대로 하지 않습니다. 하나님께서는 이 맹점을 아셨기에 백성에게 법이 잘 적용하게 법을 지키라고 명령하십니다. 먼저 부정한 마음을 버리라고 권면합니다. 그리고 법을 집행하는 지도자가 잘못할 때, 잘못을 지적하게 했습니다. 구약 예언자는 왕과 관리가 율법을 지키지 않고 가난한 사람을 억압할 때, 하나님의 말씀으로 그들을 책망했습니다. 그들에게 죄에서 돌이키라고 권고하면서, 돌이키지 않으면 하나님께서 심판하신다고 선포했습니다. 그렇게 선포하면 예언자 자신이 불이익을 당하고, 때로는 생명까지도 위험하다는 사실을 알면서도 선포했습니다. 그래서 에스겔이나 느헤미야 같은 예언자는 정부 권력자나 왕에게 핍박받았습니다.

사회 제도, 법, 공권력이 부패해서 제대로 작동하지 못해, 사회 약자가 피해를 볼 때 어떻게 되는가요? 다시 말해 도울 힘이 있는 사람이 도와야 할 사람을 돌보지 않으면 어떻게 될까요?

II. 고엘일 때, 하나님의 복을 누릴 수 있다(11절).

하나님께서 개입하십니다. 11절입니다. "그들의 구원자는 강한 분이시니, 그분이 그들의 송사를 맡으셔서 너를 벌하실 것이다." 하나님은 가난한 사람, 약자의 구원자가 되셔서, 그들을 위해 싸우십니다. 여기서 구원자라는 용어가 나옵니다. 구원자는 히브리어로 '고알람 (גֹּאֲלָם)'입니다.7 이 분사의 명사형은 고엘(גֹּאֵל)입니다. 고엘은 가장 가까운 친족, 특히 가족 가운데 어려운 사람을 보호할 수 있는 부유하고 힘이 있는 가장 가까운 친족을 의미합니다.

하나님이 개입하시는 방법은 세 가지입니다. 첫째, 하나님은 가까운 친족 중에서 고엘을 준비하십니다. 하나님은 가족이나 친족 중에서, 교회에서도, 사회에서도 고엘일 사람을 항상 준비하십니다. 왜냐하면 도움이 필요한 사람은 항상 있기 마련이기 때문입니다. 고엘의 임무는 가까운 친척의 빚을 갚아 주는 일입니다. 가난한 친척이 재산이나 땅을 팔고 노예 신세일 때, 친척을 노예로부터 구속해 주고 팔린 땅을 다시 사서 돌려줍니다(레 25:25~35, 47~54). 때때로 죽은 친척의 미망인과 결혼해서 그 가문의 대를 잇거나 재산을 지켜줍니다. 친척이 살해당하거나 해를 입으면, 그렇게 한 사람에게 보복할 수 있는 의무도 고엘에게 있습니다(민 25:19).8 이처럼 고엘의 임무는 가난한 친척의 아비가 되어 그들을 돌보는 일입니다. 하나님은 가난한 친족을 돕도록 언제나 부유한 친족, 부유한 고엘을 준비하십니다.

그런데 고엘의 임무를 맡은 사람이 그 임무를 포기하거나 오히려 약자를 핍박하면 어떻게 될까요?

둘째, 하나님은 다른 고엘을 준비시켜 주십니다. 룻기에 보면, 보아스가 바로 나오미의 고엘이었습니다. 보아스는 고엘의 임무를 다했습니다. 그는 자기보다 더 가까운 친족이 있음을 인정합니다. 만약에 그가 고엘의 임무를 하지 않겠다고 하면, 자기가 그 일을 하겠다고 합니다. 가장 가까운 친족인 그 사람이 고엘의 의무를 하지 않겠다면

---

7 '고알람(גֹּאֲלָם)'이 복수인데도 단수로 해석해, 하나님을 가리킨다(The Net Bible, Proverbs 23:11, n. 20; Waltke, *Proverbs 15~31*, 245; Roland E. Murphy, *Proverbs*, Word Biblical Commentary, ed. Bruce M. Metzer, David A. Hubbard, and Glenn W. Barker, vol. 22 (Waco, TX: Word Books, 1998), 175). 이를 강조를 표현하는 단수라 한다. 비슷한 예가 '엘로힘(אֱלֹהִים)'인데, '엘로힘'이 복수이나 단수로 간주해 하나님을 가리킨다.

8 The NET Bible, Proverbs 23:10, n. 20.

서 신발을 벗어 주었습니다(룻 4:7). 신발을 벗어 주는 행동은 자기 책임을 위임한다는 뜻이요, 합법적으로 모든 권한을 위임한다는 뜻입니다.9 위임받아 고엘이 된 보아스는 자기에게 주어진 책임과 의무를 다했습니다. 룻을 아내로 맞아들였습니다. 그리고 룻을 통하여 자녀를 낳고, 나오미가 판 땅을 다시 사서 그 자녀의 이름으로 유업이 이어지게 했습니다. 그리고 나오미를 평생 섬겼습니다. 하나님은 보아스의 고엘이셨습니다. 보아스는 살아 있는 동안 많은 사람의 칭송을 받았고, 결국 다윗왕의 증조부가 되는 영광과 예수 그리스도의 족보에 그의 이름이 오르는 놀라운 축복을 받았습니다.

하나님은 가난한 자를 위해서 고엘을 준비하십니다. 그리고 그 고엘이 자기 의무를 다하도록 더 많이 축복하십니다. 건강과 물질의 복을 주십니다. 하나님은 보아스를 준비하셨고, 보아스가 고엘이 아닌데도 고엘 임무를 다하자, 그와 그의 가정에 복을 주셨습니다. 그의 이름을 창대하게 하셨고, 거룩하게 하셨습니다. 사회 제도가, 지도자가, 그리고 우리가 가난한 사람에게 고엘이어야 하는데, 고엘 의무를 하지 못할 때는 하나님께서 가난한 사람의 고엘이십니다.10

고엘이어야 할 사람이 의무나 책임을 하지 않으면, 하나님은 다른 고엘을 준비하십니다. 그런데 그도 자기 의무를 하지 않으면 어떻게 될까요?

---

9 Frederic Bush, *Ruth, Esther*, Word Biblical Commentary, ed. David A. Hubbard and Glenn W. Barker, vol. 9 (Waco, TX: Word Books, 1996), 235~36; Daniel I. Block, *Judges, Ruth: An Exegetical and Theological Exposition of Holy Scripture*, New American Commentary, ed. E. Ray Clendenen, vol. 6 (Nashville, TN: Broadman and Holman Publishers, 1999), 717~18. 또한 신발을 벗는 행위는 수치스러운 행위로 간주한다(신 25:5~10 참조하라). 그래서, 룻기에서는 신발을 벗은 가장 가까운 친족 이름을 언급할 때, "아무개여"라고 기록한다. 보아스는 분명 그 사람 이름을 불렀을 것이다. 그러나 룻기 저자는 그 사람 이름을 기록하지 않고, '아무개'라고 기록하면서, 그 사람을 이름이 없는 사람, 중요하지 않은 사람으로 룻기에서 사라지게 했다.

10 Waltke, *Proverbs 15~31*, 245.

셋째, 하나님께서 직접 가난한 사람의 고엘이 되십니다. 고엘이신 하나님은 '강하신 분(חָזָק, 하자크)'입니다.11 하나님은 강하며 못 할 일이 없는 분이십니다. 어떤 곳에도 영향을 끼칠 수 있는 분입니다. 모든 것을 가능하게 하시는 하나님께서 약자의 보호자, 고엘이 되십니다. 그래서 그들 송사를 맡으시고, 그들에게 어려움을 주는 사람을 벌하십니다. 가난한 자, 약자를 보호하실 뿐 아니라, 이들에게 피해를 주는 사람을 벌하십니다. 여기서 '송사를 맡아 주신다(יָרִיב אֶת־רִיבָם, 야립 에트-리밤)'라는 표현은 문자적으로는 '싸움을 싸우다'는 뜻입니다.12 이 문제를 법정에서 다룬다면, 법정에서 변호사가 되어 주셔서 가난한 사람을 변호하십니다. 결국, 가난한 사람, 약한 사람의 재산이나 권리를 빼앗는 짓은 하나님께 도전하는 행위입니다.

"그들의 송사를 맡으셔서 너를 벌하신 것이다"라는 표현으로 볼 때, 돈이 있는 사람이나 지도자가 문제 삼아 고소해 법정에서 다룹니다. 자기가 밭 경계표를 옮긴 다음에 자기 소유라고 주장한 듯합니다. 그런데 부패한 재판관과 법정은 이 부패한 지도자와 한통속이 되어 이들 손을 들어 주었습니다.13 가난한 사람은 변호사를 고용할 수 없었기에, 자기 재산을 빼앗겼습니다. 그래서 주님은 그들을 위해서 법정에서 싸우시겠다고 말씀하십니다. 하나님께서 가난한 사람의 소유를 빼앗는 부자뿐 아니라 부패한 재판관도 벌하시겠다고 말씀하십니다.

---

11 Waltke, *Proverbs 15~31*, 245에 따르면, 이 단어는 육체 힘이 강하다는 뜻이다.

12 '싸우다(רִיב, 리이브)'는 일반적으로 육체적 싸움을 의미한다. 하지만 이 용어는 문맥에 따라 다양하게 쓰인다. 법정에서는 송사 의미로 쓰이며, 일반적으로 히나님이 주어로 쓰인다. Robert D. Culver, "רִיב," in *Theological Wordbook of the Old Testament*, ed. R. Laird Harris, Gleason L. Archer Jr., and Bruce K. Waltke, vol. 2 (Chicago: Moody Press, 1980), 2159를 보라.

13 Waltke, *Proverbs 15~31*, 245.

예언서에서 하나님을 고엘로 표현합니다. 하나님은 이스라엘 백성의 고엘이십니다. 이스라엘 백성이 왕과 지도자에게 고난받을 때, 하나님은 이웃 나라를 통하여 왕과 지도자를 징벌하셨습니다. 또한 바벨론이 이스라엘을 침략하여 노예로 삼았을 때, 하나님은 자기 친족 이스라엘을 구원하시려고 바벨론을 보복하셨습니다. 하나님이 가난한 사람의 고엘로서 일하시게 하면, 큰 어려움을 겪습니다. 베풀 능력이 있고 도울 능력이 있는데도, 베풀지 않고 돕지 않을 때는 하나님께서 그들과 맞서 싸우시기 때문입니다. 고엘이어야 하는 사람, 지도자나 그 위치에 있는 사람에 맞서시기 때문입니다. 하나님은 강하시니, 누구도 하나님과 맞서 싸워 이길 수 없습니다. 하나님께서 우리를 맞서시지 않게 해야 합니다. 오히려 하나님이 우리 고엘이시게 해야 합니다. 우리가 가난한 사람의 고엘일 때, 하나님이 우리 고엘이십니다. 우리 교회가 가난한 사람의 고엘일 때, 하나님은 우리 교회의 고엘이십니다.

결론

믿는 사람, 하나님의 사람은 하나님께서 약자의 편이라는 사실을 기억해야 합니다. 하나님이 약자의 고엘이심을 기억해야 합니다. 그리고 약자의 고엘인 사람의 고엘이심을 기억해야 합니다. 이 세상에서는 약자가 부당한 대우를 받는 일이 비일비재합니다. 가진 사람은 가지지 못한 사람을 배려하지 않고 압제하면서 더 가지려고 합니다. 이것이 바로 이 세상 풍조입니다. 하나님의 복을 누리려는 사람은 이 세상 풍조나 사고를 좇지 말아야 합니다.

그러려면 먼저 우선순위를 바로 정해야 합니다. 내 필요, 내 가정의 필요를 위해서 주님께 구하는 일이 우선이 되지 않게 하시기 바랍니다. 주기도문처럼, 하나님 이름, 하나님 나라, 하나님 뜻이 이 땅에서 이루어지기를 먼저 기도해야 합니다. 주님이 가르쳐 주신 새 계명을 따라 이웃을 물질적으로 도와주도록 기도해야 합니다.

11 훈계에 마음과 귀를 엽시다
잠언 23:12

중심 내용: 참된 지혜는 훈계를 마음과 귀에 새기는 것이다.

I. 훈계를 마음에 간직하자(10a절).

II. 지식의 말씀에 귀를 기울이자(10b절).

서론

'훈계'와 '갑질'의 차이는 무엇일까요? 길거리에서 침을 뱉는 사람에게 그러지 말라고 하는 말은 훈계입니다. 산책길에서 자기 애완견이 싸놓은 똥을 모른 채 가려는 개 주인에게 정중히 치우라고 하는 말도 훈계입니다. 그러나 갑질은 상대적으로 높은 자리에 있는 사람이 자가 우월한 신분, 지위, 직급, 위치를 이용하여 상대방에 오만무례하게 행동하거나 이래라저래라하며 제멋대로 구는 행동을 말합니다. 오만무례하게 행동하거나 이래라저래라하며 제멋대로 구는 행동 규정이 객관화돼 있지 않아 문제입니다. 순전히 아랫사람이 수용하는 태도 여부에 달렸습니다. 윗사람이 다정다감하게 훈계해도, 아랫사람이 불쾌하거나 자존심이 상한다고 느꼈다면, 훈계라도 갑질입니다.[1] 그 반대도 마찬가지입니다. 윗사람이 갑질하는데, 아랫사람이 갑질로 듣지 않고 즐거운 마음으로 받아들이면 갑질은 훈계입니다.

훈계하는 사람의 태도가 아니라 훈계받는 사람의 상태에 따라, 훈계이기도 하고 갑질이기도 하는 세상에 우리는 살고 있습니다. 오늘은 지혜자가 말하는 훈계가 무엇인지를 생각하면서 지혜롭게 훈계에 마음과 귀를 열어봅시다.

I. 훈계를 마음에 간직하자(10a절).

지혜로운 사람은 훈계를 마음에 간직합니다. 12절 전반부에서, 지혜자는 '훈계를 너의 마음에 간직하라"라고 권면합니다.2 누가 누구에게 하는 훈계를 마음에 간직하라고 할까요? 본문에서는 분명하게 말하지 않습니다. 지혜자가 모든 청중에게 하는 훈계일 수 있습니다. 아니면 아버지가 자녀에게 하는 훈계일 수 있습니다. 반대로 자녀가 부모에게 하는 말이거나, 친구가 친구에게 하는 훈계일 수 있습니다.

구약에서는 일반적으로 훈계는 아버지가 자녀에게, 스승이 제자에게, 또는 하나님께서 백성에게 했습니다. 훈계는 일반적으로 윗사람이 아랫사람에게 합니다.3 그러나 본문에서 훈계는, 그렇게 제한하지 않아도 좋습니다. 모든 종류의 훈계를 생각할 수 있습니다. 훈계는 '**타일러서 잘못이 없도록 주의하게 하는 말**'입니다.4 어떤 학생이 집 앞

---

1 https://blog.naver.com/onn2012/221781060202, 2020년 3월 23일 접속.

2 '간직하라(הָבִיאָה, 하비아)'는 בוא(보)의 히필 남성 명령형이다. 히필은 강요하는 의미가 있다. 지혜자는 청중에게 훈계를 마음에 반드시 간직하라고 강요한다. Bruce K. Waltke, *Proverbs 15~31*, New International Commentary on the Old Testament, ed. Robert L. Hubbard Jr. (Grand Rapids: Wm. B. Eerdmans Publishing Company, 2005), 251.

3 잠언 23:9는 아버지가 아들에게 교훈하는 말씀이다. 그렇다면 본문에서도 아버지가 아들에게 하는 교훈일 수 있다. 여기서 아버지는 말 그대로 아버지이지만, 솔로몬과 같은 지혜자나 왕일 수도 있다. Waltke, *Proverbs 15~31*, 251을 보라.

에서 담배를 피운다고 합시다. 이때 어른으로서 하는 한 마디는 훈계일 수 있습니다. 친구가 잘못된 길을 간다면, 친구에게 바른길로 가도록 말하는 일도 훈계라고 할 수 있습니다.

그러면 이제 우리는 잠언 23:12에서 말하는 '훈계'를 알아보겠습니다. 본문에서 말하는 훈계는 무엇일까요?

훈계는 히브리어로 מוּסָר(무사르)입니다. 이 단어는 일반적으로 '교육 활동'을 의미합니다. 더 자세히 말한다면, '**교육을 목적으로 행하는 훈련**'을 말합니다.5 단순히 이렇게 하라 또는 하지 말라고 말하는 정도가 아니라, 이렇게 하거나 하지 않도록 훈련함을 '무사르'라고 합니다. 운동선수에게 코치나 감독은 운동에 관해 훈계합니다. 공을 차고 던질 때, 자세나 방법을 가르칩니다. 경기 규칙 그리고 공격과 수비하는 요령을 가르칩니다. 경기할 때, 작전을 세우고 선수에게 작전을 설명합니다. 그리고 반복 연습을 통하여 그 작전을 몸에 숙지하게 훈련합니다. 이 모든 과정은 훈계라고 합니다. 그러므로 훈계는 단순히 타일러서 바른길을 가도록 주의하라고 하는 활동은 물론이고 바른길을 가도록 반복 훈련하게 하는 지도도 포함합니다.

그렇기에 이 용어는 때때로 징계를 뜻합니다. 우리는 살아가면서 때때로 말이나 행동에서 잘못하거나 실수합니다. 잘못이나 실수를 바로잡으려고 징계합니다. 징계받으면, 잘못이나 실수를 인정하고 나아가 올바르게 행동하기 때문입니다. 그래서 지혜자가 말하는 훈계는, 말로서 교훈하는 활동뿐 아니라 훈련과 징계로 정한 바 목적을 이루어 가는 과정을 의미합니다.

---

4 https://search.naver.com/search.naver?sm=top_hty&fbm=0&ie=utf8&query=%ED%9B%88%EA%B3%84, 2020년 3월 23일 접속.

5 Paul R. Gilchrist, "מוּסָר," in *Theological Wordbook of the Old Testament*, ed. R. Laird Harris, Gleason L. Archer Jr., and Bruce K. Waltke, vol. 1 (Chicago: Moody Press, 1980), 877.

성경은 하나님께서 자기 백성을 훈계하는 내용을 기록합니다. 예를 들면, 구약성서 신명기입니다. 하나님은 이스라엘 백성을 이집트에서 구원하셔서 광야로 인도하셨습니다. 광야 40년 동안 이스라엘 백성은 어려움과 하나님의 기적을 둘 다 경험했습니다. 광야 40년 동안 어려움과 기적을 경험하게 한 목적을 신명기 8:2에서는 이렇게 말합니다. "당신들이 광야를 지나온 사십 년 동안, 주 당신들의 하나님이 당신들을 어떻게 인도하셨는지를 기억하십시오. 그렇게 오랫동안 당신들을 광야에 머물게 하신 것은, 당신들을 단련시키고 시험하셔서, 당신들이 하나님의 계명을 지키는지 안 지키는지, 당신들의 마음 속을 알아보려는 것이었습니다"(신 8:2). 하나님의 훈계 목적은 어떤 상황에도 하나님을 신뢰하게 하려 함이었습니다.6

그 목적을 이루려고, 광야 40년 동안 하나님은 이스라엘 백성을 낮추기도 하셨고 굶주리게도 하셨습니다. 그리고 극한 어려움에서 하나님께 부르짖을 때는 만나와 물을 공급하셔서 마음껏 먹고 마시게 하셨습니다. 풍족한 삶을 살게도 하셨고 신발이 상하지 않게도 하셨습니다. 성경은 이스라엘이 40년 동안 광야에서 지낸 삶을 이스라엘에 대한 하나님 훈계였다고 말합니다. 하나님은 당신 백성을 훈계하시려고 다양한 방법을 사용하셨습니다. 고통이나 상처를 사용했습니다. 굶주림, 기아, 전쟁을 사용했습니다. 때로는 유행성 전염병, 메뚜기의 공격, 지진과 같은 천재지변도 사용하셨습니다(암 4:6~11).7 어느 때는 복, 모든 것이 잘되게 하심으로 교훈하시기도 합니다.

사실, 인생은 훈계 과정입니다. 우리가 이 땅에서 겪는 하나하나가 넓은 의미에서 보면 하나님께서 주시는 훈계 과정이라고 할 수 있습니다. 어떨 때는 우리에게 없었으면 좋았을 것 같은 시련 기간이 있기도 했고, 그와 반대로 너무도 귀하고 아름다워서 다시 한번 그것을

---

6 Gilchrist, "מוּסָר," *TWOT*, 1:386.

7 Gilchrist, "מוּסָר," *TWOT*, 1:877.

경험하기를 바라는 때도 있었습니다. 좋은 일은 좋은 일 나름대로 우리에게 교훈을 줍니다. 어렵고 힘든 일, 기억하고 싶지 않은 일은 그 나름대로 우리를 훈련합니다.

요즘 코로나19로 참 어렵습니다. 조용해지는가 싶으면, 또 다른 문제가 터집니다. 우리나라만 해도 1차, 2차, 3차 감염으로 하루 확진자 수가 2022년 2월 23일 0시 기준 17만 이상이라, 아주 심각한 상황입니다. 22일 기준으로 이탈리아는 코로나19로 누적 사망자가 15만 3천 190명이 넘었습니다.8 전 세계에서 나라마다 자국 국경을 폐쇄함으로 코로나가 더는 전염되게 노력합니다. 호주에 사는 그레그휴즈(32살)는 8살인 딸의 노트를 발견하고 충격을 받았다고 합니다. 딸의 노트에는 「코로나19 대비」라는 제목을 단 내용이 적혔습니다. 첫 번째 대비책은 '사재기'였답니다. 그리고 '보호공간 확보하기, 손 씻기, 얼굴 만지지 않기, 사람들과 일정한 거리 유지하기, 큰 행사에 참석하지 않기' 등도 포함했습니다. 아버지는 이제는 '코로나바이러스 또는 코로나 대유행 이야기를 멈춰야 하는 이유'라며 딸의 노트를 공개했다고 합니다.9 8살에 지나지 않은 딸이 세계적으로 벌어지는 사재기를 보고 첫째 대비책으로 택했습니다. 이 일에서, 우리는 코로나바이러스로 고통을 당할 때, 어떻게 행동해야 하는지를 배웁니다. 사실, 코로나바이러스가 주는 교훈은 어떤 사람에게는 간단할 수도 있고, 다른 사람에게는 어렵고 복잡할 수도 있습니다.

어떤 훈계는 한 번으로 끝납니다. 그러나 어떤 훈계는 죽을 때까지 계속합니다. 지혜자는 훈련의 과정인 훈계를 말합니다. 한 번으로 끝나는 훈계가 아니라, 인생에서 계속하는 훈계입니다. 우리를 좀 더 나은 사람, 곧 하나님 백성답게 살게 하는 훈련 과정입니다.

이 훈계를 어떻게 하라고 권면합니까?

---

8 http://www.medicalworldnews.co.kr/news/, 2022년 2월 23 접속.

9 『서울신문』, http://news.zum.com/articles/58939064, 2020년 3월 21일 접속.

이 훈계를 마음에 간직하라고 권면합니다. 마음(לב, 렙)이라는 단어는 두 가지 측면에서 이야기할 수 있습니다.10 하나는 물질세계요, 또 하나는 비물질 세계입니다. 물질 영역에서, 이 용어는 우리 몸 일부인 심장을 의미합니다. 그리고 비물질적 영역, 곧 영적 영역에서는 우리 마음, 감정, 생각, 의지를 뜻합니다.11

성경은 우리 인생에서 만나는 좋은 경험이나 좋지 않은 경험에서 얻은 교훈 모두를 마음에 간직하라고 권면합니다. '간직하라'는 히브리어 '보(בוא)'입니다. 이것은 '가다, 들어가다,' 또는 '도착하다'라는 뜻입니다.12 곧, 어떤 장소나 목적지에 도착해서 들어감을 뜻합니다. 다시 말해, 이 모든 훈련 과정에서 얻은 교훈을 마음에 들어가도록 하라는 뜻입니다. 우리는 경험하는 모든 것, 우리가 배우는 모든 훈련 과정을 마음에 간직해야 합니다. 우리는 제한된 존재이기에 모든 것을 깨달을 수는 없습니다. 그러나 말씀을 통하여, 또는 삶의 현장에서 얻은 교훈을 마음에 간직해야 합니다. 우리가 실수는 하더라도

---

10 Francis Brown, S. R. Driver, and Charles Briggs, eds., *A Hebrew and English Lexicon of the Old Testament with an Appendix Containing the Biblical Aramaic* (Oxford: Clarendon Press, 1906; reprint, Peabody, MA: Hendrickson Publishers, 1979), 525.

11 Andrew Bowling, "לב," in *Theological Wordbook of the Old Testament*, ed. R. Laird Harris, Gleason L. Archer Jr., and Bruce K. Waltke, vol. 1 (Chicago: Moody Press, 1980), 1071.

12 '보(בוא)'는 신학적으로 다양한 문맥에서 쓰인다. 1) 하나님께서 자기 백성에게 오심을 말하는 문맥에(출 19:9; 20:20), 2) 약속과 성취 문맥에(수 23:14), 3) 메시아가 구원하시려고 오시는 문맥에(겔 21:27), 4) 제자나 기도하려고 공동체와 함께 성전으로 오는 사람을 말하는 문맥에 쓰인다(신 12:5; 삼하 7:18). 자세한 내용은 Elmer A. Martens, "בוא," in *Theological Wordbook of the Old Testament*, ed. R. Laird Harris, Gleason L. Archer Jr., and Bruce K. Waltke, vol. 1 (Chicago: Moody Press, 1980), 212를 보라.

11. 잠언 23:12 훈계에 마음과 귀를 엽시다   159

절대 후회하는 삶을 살지 않았다고 고백하려면, 훈계를 마음에 잘 간직해야 합니다.

II. 지식의 말씀에 귀를 기울이자(10b절).

또한 지혜자는 "지식이 담긴 말씀에 너의 귀를 기울여라"라고 권면합니다. 여기서 말씀은 '아마르(אָמַר)'인데,13 선포한 말씀을 의미합니다. 하지만 때때로 기록한 말씀을 의미하기도 합니다. 성경은 선포한 말씀이든 기록한 말씀이든 말씀에 귀를 기울이라고 권면합니다.

어떤 말씀에 귀를 기울이라고 권면할까요? '지식의 말씀'입니다. '지식'은 히브리어로 '다아트(דַּעַת)'입니다.14 이 단어는 '야다(יָדַע)'에서 나왔습니다. 야다는 '안다', '지식'을 의미합니다. 이 단어는 하나님 지식과 사람 지식에 쓰입니다. 우리 머리털이 몇 개인지를 아시는 하나님의 놀라운 지식을 언급할 때 사용하는 단어입니다. 사람의 지식을 언급할 때도 사용합니다. 그리고 아주 친근한 관계처럼 서로를 아는 상태를 언급할 때도 쓰입니다.

'다아트'도 하나님 지식 그리고 사람 지식에 쓰입니다. 하나님에게 적용하면, 하나님 앞에는 어떤 것도 숨길 수 없는, 하나님의 전지한 지식을 의미합니다. 사람에게 적용하면, 개인 경험으로 얻은 경험 지

---

13 Charles L. Feinberg, "אָמַר," in *Theological Wordbook of the Old Testament*, ed. R. Laird Harris, Gleason L. Archer Jr., and Bruce K. Waltke, vol. 1 (Chicago: Moody Press, 1980), 118; Brown, Driver, and Briggs, eds., *A Hebrew and English Lexicon of the Old Testament with an Appendix Containing the Biblical Aramaic*, 55~56.

14 Jack P. Lewis, "דַּעַת," in *Theological Wordbook of the Old Testament*, ed. R. Laird Harris, Gleason L. Archer Jr., and Bruce K. Waltke, vol. 1 (Chicago: Moody Press, 1980), 848c; Brown, Driver, and Briggs, eds., *A Hebrew and English Lexicon of the Old Testament with an Appendix Containing the Biblical Aramaic*, 396.

식을 말합니다(잠 24:5). 또한 전문 지식이나 능력을 나타낼 때도 쓰입니다(출 31:3; 35:31; 왕상 7:14). 그리고 옳고 그름을 판단할 수 있는 도덕적 지각 능력을 의미하곤 합니다(창 2:9, 17).15 그렇다면, '**지식이 담긴 말씀에 너의 귀를 기울여라**'라는 권면은, 하나님 말씀에 귀를 기울이라는 뜻이요, 경험에서 얻은 교훈이나 전문 지식에 귀를 기울이라는 뜻입니다. 누군가 경험에서 얻은 지식이나 전문 지식을 가지고 훈계할 때 그 훈계에 귀를 기울이라는 뜻입니다.

잠언 23:12에서 지혜자는 훈계와 지식의 말씀, 그리고 마음과 귀를 연결합니다.16 사실, 훈계와 지식의 말씀은 비슷합니다. 그리고 마음과 귀도 서로 연관성이 있습니다. 먼저, 성도는 하나님 말씀에 마음과 귀를 열어야 합니다. 말씀에 담긴 놀라운 역사에 마음과 귀를 열어야 합니다. 넓고도 깊으며 높아서 우리가 측량할 수 없는 하나님 말씀에 겸손하게 마음과 귀를 열어야 합니다. 게다가 경험에서 얻은 교훈에도 마음과 귀를 열어야 합니다. 특별히 그것이 도덕적으로 올바른 것인지 아닌지, 잘 분별하여 깨달아야 합니다. 우리 속담에 "세 살 먹은 어린아이에게서도 배울 것이 있다"라는 말이 있습니다. 이 말은 겸손한 자세로 배우려고 하면 누구에게서라도 배울 것이 있다는 뜻입니다. 삶의 현장에서 그리고 책을 통해서, 실패와 성공을 배울 수 있습니다. 언제나 겸손하게 배우려는 자세를 가져야 합니다.

결론

미국 항공우주국 나사(NASA)는 코로나바이러스로 1만 7천여 명 직원에게 재택근무를 지시했습니다. 직원 2명이 코로나 확진자로 확인

---

15 Lewis, "דַּעַת," *TWOT*, 1:848c.

16 Waltke, *Proverbs 15~31*, 251에 따르면, 마음과 귀가 서로 연결하는데, 잠언 2:2절에서는 귀에 우선권을 주지만, 여기서는 마음에 우선권을 준다. 곧, 마음이 귀로 교훈을 듣게 한다고 말하면서 마음을 강조한다.

이 되자, 임무에 필요한 필수직원 말고는 모든 직원이 재택근무하게 했습니다. 재택근무가 가능했던 이유는 코로나 사태 장기화로 재택근무를 하는 경우를 대비해서 2020년 2월 6일부터 미국 공군과 함께 재택근무가 가능한지를 기술적으로 시험하기 시작했기 때문입니다. 이 실험에서 성공했기에, 재택근무를 시행했습니다.17

나사는 코로나19로 고통당하는 국가를 보면서 교훈을 얻었습니다. 그래서 그들은 사전에 준비함으로 더 큰 재앙을 대비했습니다. 우리는 교훈이나 훈계에 마음을 열고 배우는 자세가 필요합니다. 성경 읽기로, 설교 듣기로, 역사 학습으로, 경험으로, 또는 여러 사건으로 훈계를 배워야 합니다.

여기서 기억해야 할 중요한 점이 있습니다. 이 말씀은 훈계하는 사람을 대상으로 하지 않고, 훈계받는 사람을 대상으로 한 말씀입니다. 훈계에 마음과 귀를 열어야 한다니까, 내 경험을 이야기해야지 하면서 자기 경험을 강요하듯 말하려 들지 말아야 합니다. 그러면 갑질입니다. 지혜자가 강조하듯이, 훈계를 들으려고 하십시오. 오늘날은 받아들이는 사람 태도에 따라, 훈계일 수 있고 또한 갑질일 수도 있습니다. 그렇다면 듣는 우리는 훈계를 갑질이라고 생각하지 말고 훈계로 받아들여야 합니다. 훈계에 마음과 귀를 여는 지혜로운 그리스도인이 됩시다.

---

17 『아시아경제』, http://news.zum.com/articles/58899562, 2020년 3월 21일 접속.

지혜자 잠언

12 잠언 23:13~14
훈계로 자녀를 살립시다

중심 내용: 훈계는 자녀를 죄 구렁텅이에서 구원하는 도구이다.

I. 자녀에게 훈계를 지속하라(13a).

II. 그 이유는 훈계로 자녀를 불행에서 구하기 때문이다(13b~14절).

서론

2002년에 「공공의 적」이라는 영화가 상영됐습니다. 이 영화에는 주인공 두 명이 등장합니다. 한 명은 복싱 국가대표 은메달리스트 출신인 강력계 형사 설경구입니다. 다른 한 명은 사회적으로 인정받아 잘나가는 엘리트 투자관리자 이성재입니다. 이성재는 이 시대의 부모가 바라는 성공한 자녀 정형입니다. 그는 부와 명예를 가졌습니다. 이성재는 부모가 많은 재산을 사회복지 시설에 기부하려고 하자 부모를 살해합니다. 왜냐하면 이미 부모 재산 대부분을 몰래 빼돌려 주식에 투자했기 때문입니다. 부모가 재산을 기부하면, 자기는 금전적으로 막대한 손해를 봅니다. 그래서 그는 부모를 잔인하게 살해합니다. 주인공은 성공한 엘리트였지만, 돈 때문에 부모를 살해한 패륜아입니다.

공부 잘하고 성공만 하면 된다고 생각하는 부모에게 이 영화는 자녀를 올바로 양육하라는 뼈아픈 교훈을 합니다.

아들을 존속 살인범으로 만든 책임이 누구에게 있습니까? 단정해서 누구라고 말하기는 어렵습니다. 돈이면 다 된다고 가르치는 사회에 그 책임이 있을 수 있습니다. 분명히, 아들 자신에게 가장 큰 책임이 있습니다. 그러나 부모에게 책임이 없다고는 할 수 없습니다. 자녀를 올바르게 교육하지 못한 부모의 잘못도 있기 때문입니다. 자녀를 올바르게 교육해야 할 의무와 책임이 부모에게 있습니다. 오늘 본문에서 지혜자는 자녀에 대한 부모의 책임, 훈계를 말합니다.

I. 자녀에게 훈계를 지속하라(13a).

지혜자는 자녀를 훈계하라고 권면합니다. 13절 전반부입니다. "아이 꾸짖는 것을 삼가지 말아라." 아이를 꾸짖는 일을 삼가지 말라고 권면하지요. 이 말은 아이를 꾸짖으라는 뜻입니다.

먼저, 아이는 누구를 지칭할까요? '아이'하면 우리는 어린아이, 아직 초등학교 들어가지 않은 어린이를 생각합니다. 또는 10대 청소년을 생각하기도 합니다. 히브리어 נַעַר(나아르)는 그 의미가 폭넓게 쓰입니다. 젖먹이로부터 성인인 자녀까지 지칭합니다. 갈대 상자에 있던 어린 모세를 지칭할 때 쓰였습니다(출 2:6). 하나님이 벌하신 우리아의 아내 밧세바와 다윗 사이에 태어난 아이를 지칭할 때도 이 단어가 쓰였습니다(삼하 12:16). 다윗 왕은 성장해 결혼하여 가정을 이룬 아들 압살롬을 아이라고 불렀습니다(삼하 14:21; 18:5). 그리고 아브라함이 조카 롯이 사로잡힌 것을 알고 구하러 갈 때, 데리고 나간 젊은이를 지칭할 때도 아이라는 히브리어 '나아르'가 쓰였습니다(창 14:24).[1]

---

[1] Francis Brown, S. R. Driver, and Charles Briggs, eds., *A Hebrew and English Lexicon of the Old Testament with an Appendix Containing the Biblical Aramaic* (Oxford: Clarendon

때로 '아이'라는 용어는 종이나 하인을 지칭합니다. 하나님께서 아브라함에게 아들 이삭을 번제로 드리라고 하셨습니다. 아브라함은 이삭을 번제로 드리려고 모리아 산으로 갑니다. 이때 두 종을 데리고 갔는데, 두 종을 지칭하면서 아이라는 용어를 사용합니다(창 22:3).2

그렇다면 본문에서 아이가 폭넓은 의미로 쓰였음을 알 수 있습니다. 10대 청소년을 지칭할 수도, 젊은 사람을 지칭할 수도 있습니다. 미국에서 나이 많은 사람이 자기보다 젊은 사람을 부를 때, 때때로 '아들(son)'이라고 부릅니다. 이와 비슷하게 나이와 관계없이 자녀를 아이라고 부를 수 있습니다.

그런데 본문에서 지혜자가 말하는 아이는 순종하는 아이가 아니고, 순종하는 자녀도 아닙니다. 오히려 불순종하는 자녀, 문제를 일으키는 자녀를 지칭합니다. 부모의 마음과 머리를 아프게 하는 자녀입니다. 본문과 12절은 차이가 있습니다. 12절은 순종하는 자녀에게 한 교훈입니다. '부모나 윗사람의 훈계를 잘 들으라'라고 권면입니다. 하지만 13절은 부모에게 하는 교훈입니다. '불순종하는 자녀를 꾸짖으라'라는 권면입니다.3

지혜자는 불순종하는 자녀를 꾸짖으라고 권면합니다. 그렇다면 '꾸짖다'는 무슨 말일까요?

Press, 1906; reprint, Peabody, MA: Hendrickson Publishers, 1979), 655; Milton C. Fisher, "נָפַל I," in *Theological Wordbook of the Old Testament*, ed. R. Laird Harris, Gleason L. Archer Jr., and Bruce K. Waltke, vol. 2 (Chicago: Moody Press, 1980), 1392.

2 Brown, Driver, and Briggs, eds., *A Hebrew and English Lexicon of the Old Testament with an Appendix Containing the Biblical Aramaic*, 655; Fisher, "נַעַר," *TWOT*, 2:1392.

3 Bruce K. Waltke, *Proverbs 15~31*, New International Commentary on the Old Testament, ed. Robert L. Hubbard Jr. (Grand Rapids: Wm. B. Eerdmans Publishing Company, 2005), 251.

'꾸짖다'는 히브리어로 מוּסָר(무사르)입니다. 이 단어는 12절에서는 훈계로 번역했습니다. 12절에서 훈계는 '교훈, 훈련, 징계를 포함한 교육 과정'입니다. 자녀가 잘못했을 때, 바르게 교정하려고 책망하며 훈련하거나 징계하는 일을 훈계라고 합니다.4 13절에서 '꾸짖다'도 같은 의미입니다. 그래서 **'아이 꾸짖는 것을 삼가지 말아라'**는 아이에게 훈계하는 일을 그만두지 말라는 뜻입니다. 부모는 자녀를 훈계하는 일을 그만두지 말고 계속해야 합니다.5 자녀가 잘못된 길을 걸어갈 때, 한두 번 훈계하는 것으로 끝내지 말아야 합니다. 계속 교훈하고, 때로는 징계하면서 훈계해야 합니다. 자녀가 잘못된 길에서 되돌아올 때까지 계속 훈계해야 합니다.

왜 불순종하는 자녀를 훈계하기를 멈추지 말라고 권면할까요? 왜 불순종하는 자녀를 교육할 때, 질책이나 징계하기를 멈추지 말고 계속하라고 할까요?

그 이유는 부모가 해야 할 사명이기에, 자녀를 계속 훈계하기가 쉽지 않아도 계속 훈계해야 합니다. 잘못된 길을 가는 자녀를 교육할 때, 한두 번 하고 마는 경우가 많습니다. 교육해야 하는데, 한두 번 하고 맙니다. 훈련해야 하는데, 훈련해야 하는데 훈련하지 않을 때가 많습니다. 질책하고 책망해야 하는데, 하지 않을 때가 많습니다. 징계해야 하는데, 징계하지 않을 때가 많습니다. 제대로 훈계하지 않는 이유는 많습니다. 훈계하면 관계가 멀어질까 염려하기 때문입니다. 훈

---

4 Paul R. Gilchrist, "מוּסָר," in *Theological Wordbook of the Old Testament*, ed. R. Laird Harris, Gleason L. Archer Jr., and Bruce K. Waltke, vol. 1 (Chicago: Moody Press, 1980), 877.

5 '삼가지 말라'는 히브리어로 אַל־תִּמְנַע(알 티머나)인데, 칼 2인칭 미완료형이다. 미완료형은 완료되지 않은 행동을 표현한다. 이것은 보통 습관적이거나 반복하는 행동을 언급할 때 사용한다. Gary D. Pratico and Miles V. Van Pelt, *Basics of Biblical Hebrew Grammar* (Grand Rapids: Zondervan Publishing House, 2001), 165을 보라.

계하면 할수록 비뚤어지기 때문일 수도 있습니다. 또한 자녀를 한 명이나 두 명만 낳다 보니, 자녀가 너무나 귀해 야단치거나 징계하기를 두려워하기 때문일 수 있습니다. 훈계한다고 두 번, 세 번 같은 이야기 하면 잔소리한다고 치부하는 문화 때문일 수도 있습니다. 다양한 이유로, 부모가 자녀를 훈계하지 못하는 경우가 많습니다.

이 현상은 우리 시대뿐 아니라 고대 시대에도 비슷했습니다. 그래서 지혜자는 계속 자녀를 훈육하고 교육하라고 권면합니다. 자녀교육은 부모 책임이기 때문입니다. 하나님은 부모에게 자녀를 잘 양육할 책임을 주셨습니다. 자녀에 대한 책임은 우선 부모에게 있습니다.

교훈하고 징계할 때 과도한 질책이나 과도한 징계는 삼가야 합니다. 자기감정을 실어서 책망하는 일을 삼가야 합니다. 자녀에게 실망이나 분노 때문에 야단하거나 징계하는 일도 삼가야 합니다. 자녀 인격을 무시하면서 책망하거나 훈계하는 일도 삼가야 합니다. 그러나 '교육할 때 자기감정과 과도한 책망을 삼가야 한다'라는 말이 훈계하지 말라는 뜻이 아님을 기억해야 합니다. 잘못된 행동을 보면서도 징계하지 말라는 뜻도 아닙니다. 부모는 자녀를 하나님의 말씀으로 훈계해야 합니다. 듣든지 듣지 않든지 훈계해야 합니다. 징계가 필요하다면, 징계하면서 훈계해야 합니다. 하나님 말씀을 가르치고, 그 말씀대로 살아가도록 훈련해야 합니다. 적절한 징계와 훈련을 반드시 해야 합니다. 자녀교육과 자녀 훈계하는 그 책임이 부모에게 있기 때문입니다.

왜 자녀를 훈계해야 할까요? 징계하면서까지도 교육해야 할까요?

II. 그 이유는 훈계로 자녀를 불행에서 구하기 때문이다(13b~14절).

징계하지 않으면, 그 자녀가 자기 잘못으로 죽기 때문입니다. 13절 후반부입니다. "매질한다고 하여서 죽지는 않는다." 한글 성경은 대부분 '당신이 자녀를 매질한다고 하여 절대 죽지 않는다'라고 번역합니다. 영어 성경도 일부 그렇게 번역합니다(NAS, JPS). 이 해석은 '매질한다고 죽지 않으니, 마음 약해지지 말고 매질하라'라는 의미일 수 있습니다. 이렇게 해석함으로 과도한 매질이나 과도한 징계를 합리화하기도 합니다. 그래서 자녀가 부모 폭력에 희생자가 되곤 합니다.

그런데 본문이 그것을 의미하는 것일까요? 오히려 본문을 조건절로 해석이 더 좋습니다. "매질한다면, 그는 죽지는 않는다."6 '당신이 자녀를 매질한다면, 자녀는 절대 죽지 않는다'라는 뜻입니다. 달리 말하면, 자녀를 매질하지 않으면, 자녀가 죽는다는 말입니다. 자녀가 잘못했을 때 훈계하고 책망해 돌이키게 하는 게 좋습니다. 그런데 말을 해도 죄로부터 돌이키지 않는다면, 매를 들어서라도 훈계해야 한다는 말입니다. 그래야 그 자녀가 죽지 않고 살 수 있습니다. 이 해석은 매질을 정당화하지 않습니다. 매질하더라도 자녀를 살려야 한다는 당위성을 말할 뿐입니다. 저는 조건절로 해석이 본문 뜻과 부합합니다.7 자녀가 불순종합니다. 자녀가 범죄를 저지릅니다. 자녀가 불신앙으로 나아갑니다. 자녀가 불순종하고 죄를 저지른다면, 징계해야 합니다. 그래야 자녀가 불순종과 잘못에서 돌이킵니다. 필요하다면, 매를 사용하더라도 그 자녀를 돌이키게 해야 합니다. 자녀가 잘되기를 바라십니까? 자녀가 이 사회에서 성공하기를 바라십니까? 자녀가 사회에 공헌하는 사람이 되길 원합니까? 자녀가 하나님께 쓰이기를 원합니까? 그렇다면 훈계를 잘해야 합니다. 훈계를 계속해야 합니다.

이제 우리는 매질이 무엇을 의미하는지를 살펴보겠습니다. '매(שֵׁבֶט, 세베트)'는 **막대기, 몽둥이, 회초리**를 의미합니다. 고대 시대에 매는 종이나 어리석은 사람 또는 자녀의 잘못을 교정하거나 훈련하는 도구

---

6 Waltke, *Proverbs 15~31*, 252; Roland E. Murphy, *Proverbs*, Word Biblical Commentary, ed. Bruce M. Metzer, David A. Hubbard, and Glenn W. Barker, vol. 22 (Waco, TX: Word Books, 1998), 172.

7 조건절로 해석은 14절과도 연결된다. 매질할 때, 죽지 않고 스올에서 목숨을 구할 수 있다.

로 사용했습니다. 그래서 매질을 한다는 말은 실제로 매를 들고 때린다는 뜻입니다. 그런데 본문에서는 '실제 회초리를 들면서 징계하는 것'뿐 아니라 모든 종류의 훈계를 포함합니다.8 13절에서 '꾸짖는다'와 '매질하다'가 비슷한 의미이기 때문입니다. 꾸짖기와 매질이 같은 의미입니다. 결국, '매질한다'는 엄하게 징계한다는 의미입니다.

징계하는 목적은 자녀가 죽지 않게 하려 함입니다. 구약학자 월키는, "불순종하고 죄를 짓는 자녀를 엄격하게 징계하는 일은 잔인한 일이 아니다. 오히려 그들을 징계하지 않음이 잔인하다."라고 합니다.9 우리는, 죄를 짓거나 불순종하는 자녀를 엄하게 책망하고 징계하는 일을 잔인하다고 말합니다. 그러나 그것이 절대 잔인하지 않습니다. 오히려 죄를 짓고 잘못하는데도 가만히 두는 게 잔인합니다. 왜냐하면 징계하지 않음으로 자녀를 불순종과 죄의 길을 계속 걸어가게 하기 때문입니다. 무엇이 더 유익할까요? 징계하는 아픔으로 자녀가 바른길로 돌아오게 하는 것인가요, 아니면 징계하지 않아 잘못된 길로 가다가 죽음의 구렁텅이로 빠지는 것인가요? 하나님께서 자녀를 징계할 때, 매질해서라도 훈계해야 한다고 말씀하시는 이유는 자녀를 사랑하기 때문입니다. 자녀가 올바른 사람이 되길 바랐기 때문입니다.

징계해야 하는 두 번째 이유는 그 영혼을 음부에게서 구하는 일이기 때문입니다. 14절입니다. "**그에게 매질하는 것이, 오히려 그의 목숨을 스올에서 구하는 일이다.**" 매질, 곧 엄하게 징계하지 않을 때, 오히려 그 영혼이 죽는다고 다시 경고합니다. 매질하면 그의 목숨을 스올에서 구할 수 있습니다. '목숨'으로 번역한 히브리어는 נֶפֶשׁ(네페쉬)입니다. '네페쉬'는 영혼, 정신, 인격을 뜻합니다. 그런데 '네페쉬'

---

8 Bruce K. Waltke, "שֵׁבֶט," in *Theological Wordbook of the Old Testament*, ed. R. Laird Harris, Gleason L. Archer Jr., and Bruce K. Waltke, vol. 2 (Chicago: Moody Press, 1980), 2314를 보라.

9 Waltke, *Proverbs 15~31*, 252.

는 욕구라는 의미도 있습니다.10 죄를 지으려는 욕구나 의지, 나쁜 짓을 하려는 욕구나 의지를 말합니다. 불순종하려는 욕구를 말합니다. 하나님을 떠나 자기 마음대로 살려는 욕구나 의지를 말합니다.

그리고 שאול(쉐올, 스올)은 일반적으로 죽은 사람이 가는 장소입니다. 구약시대에는 사람이 죽은 후에 가는 장소로 인식했습니다. 신약과 구약 중간 시대에는 악한 사람이 죽은 후에 가는 장소로 이해했습니다. 어떤 성경 구절에서 스올은 죽은 사람의 몸이 가는 곳을 지칭하기도 합니다(출 3:6; 마 22:32).11 종합하면, 죽음을 의미할 수도 있습니다. 곧 죄를 회개하지 않고 살다가 나이가 들기 전, 아주 이른 시기에 죽는 것을 의미할 수도 있습니다.12 좋은 예가 엘리 제사장과 그의 가문입니다. 엘리는 자기 아들이 하나님을 경멸하고, 하나님께 드리는 제사를 경멸하는 일을 알았습니다. 두 아들은 제물을 하나님께 드리기 전에, 가장 좋은 부분을 먼저 취했습니다. 제물을 드리는 자들이 그렇게 하면 안 된다고 했지만, 힘으로 빼앗았습니다. 엘리는 이 사실을 알았지만, 두 아들을 강하게 책망하거나 징계하지 않았습니다. 그 결과, 하나님은 그의 두 아들을 전쟁에서 죽게 하셨습니다. 그리고 그의 가문이 더는 제사장으로서 사역할 수 없게 하셨습니다.

---

10 Brown, Driver, and Briggs, eds., *A Hebrew and English Lexicon of the Old Testament with an Appendix Containing the Biblical Aramaic*, 661.

11 R. Laird Haris, "שאול," in *Theological Wordbook of the Old Testament*, ed. R. Laird Harris, Gleason L. Archer Jr., and Bruce K. Waltke, vol. 2 (Chicago: Moody Press, 1980), 2303c; Paul E. Koptak, *Proverbs*, NIV Application Commentary, ed. Terry Muck (Grand Rapids: Zondervan Publishing House, 2003), 547을 참조하라.

12 Richard J. Clifford, *Proverbs*, Old Testament Library, ed. James L. Mays, Carol A. Newsom, and David L. Petersen (Louisville, KY: Westminster John Knox Press, 1999), 212; Murphy, *Proverbs*, 175~76.

그런데 스올은 꼭 육체 죽음만을 의미하지 않습니다. 악한 사람이나 어리석은 사람에게 임하는 불행이나 역경을 의미할 수도 있습니다. 잘못된 길, 죄악의 구렁텅이로 빠짐을 의미할 수도 있습니다. 사회적 격리,13 감옥 같은 곳에 들어감도 의미할 수 있습니다. 말씀으로 훈육하지 않으면 자녀가 불행하게 됩니다.14 감옥에 갈 수 있습니다. 심지어 죽을 수도 있습니다. 자녀가 잘못된 길을 갈 때, 훈계해야 합니다. 자녀와 마주 앉아 이야기해야 합니다. 물리적 수단이 필요하다면, 물리적 수단을 동원해야 합니다. "매질하면 아이가 죽지 않고, 목숨을 스올에서 구한다"라는 말은 무조건 매질하라는 뜻이 아닙니다. 성경은 무조건 매질하라고 강조하지 않습니다. 성경은 필요하다면 물리적 힘을 동원하더라도 부모가 하나님의 말씀으로 훈육하는 중요성을 강조합니다. 그래야 자녀가 죄의 욕망과 욕구에서 벗어나 다가올 불행에서 벗어날 수 있습니다. 더 나아가 이른 죽음에서 벗어날 수 있습니다. 자녀와 대화하여 자녀가 그 대화로 스스로 깨닫고 돌아오면 그것보다 좋은 일은 없습니다. 그러나 때때로 말로 하는데도 자기 잘못이 무엇인지 깨닫지 못할 때가 있습니다. 지혜자는 매질해서라도, 엄격하게 징계해서라도 교육하라고 조언합니다. 그것이 부모에게는 아픔이어도, 자녀를 살리는 길입니다. 그것이 자녀를 올바른 길로 인도하는 방법입니다. 그것이 자녀를 더 큰 불행에서 구하는 길이며, 더 나아가 이른 시기에 죽지 않게 하는 지혜로운 길입니다.

결론

자녀교육이 생각처럼 쉽지는 않습니다. 정답도 없습니다. 부모 성격과 자녀 성격에 따라서 교육하는 방법이 다릅니다. 받아들이는 과정도 다릅니다. 어떤 자녀는 말로만 해도 알아듣는가 하면, 어떤 자

---

13 The NET Bible, Proverbs 23:14, n. 25.

14 Koptak, *Proverbs*, 547; Clifford, *Proverbs*, 212.

녀는 징계하고 매를 때려도 알아듣지 못합니다. 자녀교육에는 한 가지 방법만 있지 않습니다. 지혜자가 오늘 본문에서 다양한 방법을 제시하지는 않습니다. 다만 불순종하는 자녀, 죄의 길을 걷는 자녀를 훈계하라고 권면합니다. 그것은 부모 책임이요, 의무이기 때문입니다.

지혜자는 본문에서 자녀교육 방법의 하나를 제시합니다. 그것이 매입니다. 매는 회초리를 의미하지만, 때로는 엄한 징계를 의미할 수도 있습니다. 모든 부모에게 반드시 매를 들라고 명령하지 않습니다. 주님께 기도하시면서, 적절한 대화, 훈계, 징계 등을 지혜롭게 사용하면서 자녀를 교육해야 합니다. 그러나 깨닫지 못하고 돌이키지 않을 때는 매를 들어서라도 훈계해야 합니다. 그것이 바로 부모 책임이요, 부모 의무입니다. 그것이 바로 자녀를 살리는 길입니다.

13 잠언 23:15~16
부모님 마음을 기쁘게 합시다

중심 내용: 부모님을 기쁘게 하는 비결은 배우는 제자에서 가르치는 스승으로 성숙함이다.

I. 자녀의 도리는 부모의 마음을 기쁘게 함이다(17, 18절).

II. 비결은 배우는 제자에서 가르치는 스승으로 성숙함이다(15a, 16a절).

　1. 첫째 비결은 배우는 제자가 됨이다(15a절).

　2. 둘째 비결은 가르치는 스승이 됨이다(16a절).

서론

　지혜자는 23:13~14에서 불순종하는 자녀를 권면하고 가르치는 데 초점을 맞췄습니다. 부모는 자녀를, 특히 불순종하는 자녀를 징계해야 합니다. 지혜자는 필요하다면 매질해서라도 징계해야 한다고 가르칩니다. 하지만 이제 15~16절은 그 반대 경우입니다. 자녀의 도리나 자세를 조언합니다. 어떻게 하면 부모를 즐겁게 하는지를 말합니다. 어떻게 하면 부모 속을 후련하게 하는지를 말씀합니다. 오늘은 부모를 즐겁고 기쁘게 하는 비결을 말씀드리겠습니다.

I. 자녀의 도리는 부모의 마음을 기쁘게 함이다(17, 18절).

15절과 16절 후반부를 먼저 보겠습니다.[1] 15절 후반부입니다. "내 마음도 또한 즐겁다." 16절 후반부입니다. "내 속이 다 후련하다." 내의 마음이 즐겁고 내 속이 후련하다고 말합니다.

여기서 '나'는 누구일까요? '내'가 누구인지 알려면, 15절의 "내 아이들"이 누구인지를 알아야 합니다.

'아이'는 히브리어로 בֵּן(벤)입니다. '벤'은 아들을 지칭하는 단어입니다. 그러나 아들만 지칭하지 않고 딸도 지칭합니다. 그래서 '내 아이들아'는 '내 자녀들아'라는 의미로 해석할 수 있습니다. 또한 '벤'은 후손을 의미할 수도 있습니다(창 31:55).[2] 손자나 손녀를 포함한 후손

---

[1] 한글 성경에는 잘 나타나지 않지만, 히브리어 성서를 보면 15~16절은 대칭구조입니다. 히브리어 본문 어순에 따라 번역하면 다음과 같다.

    A 내 아이들아, 네 마음이 지혜로우면(בְּנִי אִם־חָכַם לִבֶּךָ),

      B 내 마음도 즐겁다(יִשְׂמַח לִבִּי גַם־אָנִי) (15절).

      B' 내 속이 다 후련하다(וְתַעְלֹזְנָה כִלְיוֹתָי)

    A' 네가 입을 열어 옳은 말을 할 때면(בְּדַבֵּר שְׂפָתֶיךָ מֵישָׁרִים) (16절).

15~16절은 A-B, B'-A'로 이어진다. B와 B'는 가운데 자리한다. 이것은 부모 마음이 즐겁고 후련하다는 내용이다. 이 내용을 A와 A'가 감싸는데, 이것은 아들이 어떤 것을 하면이라는 조건이 붙어 있다. 그래서 먼저 가운데에 있는 부모 마음을 말하고, 조건(비결)을 이야기하는 순서로 설교를 전개한다.

[2] Francis Brown, S. R. Driver, and Charles Briggs, eds., *A Hebrew and English Lexicon of the Old Testament with an Appendix Containing the Biblical Aramaic* (Oxford: Clarendon Press, 1906; reprint, Peabody, MA: Hendrickson Publishers, 1979), 122; Elmer A. Martens, "בּוֹא," in *Theological Wordbook of the Old Testament*, ed. R. Laird Harris, Gleason L. Archer Jr., and Bruce

도 의미할 수 있습니다. 야곱이 가나안으로 떠나자, 외삼촌이며 장인인 라반이 야곱을 추격하여 만납니다. 하나님은 라반에게 나타나 야곱에게 어떤 해로운 일도 하지 말라고 경고하십니다. 그러자 라반은 야곱과 서로 해치지 않겠다는 언약을 맺고 헤어집니다. 라반은 자기 딸들과 손자와 손녀들과 입을 맞추고 고향으로 돌아갑니다(창 31:55). 이때 자기 손자·손녀들을 가리키는 단어가 '벤'입니다. 그래서 창세기 5장에 '누가 누구를 낳았다'라는 표현은 '누가 아들딸을 낳았다'라는 의미입니다. 이 표현이 '아들딸을 낳았다'를 뜻하지만, '후손을 낳았다'를 뜻하기도 합니다. 곧, '누구의 아들이다'라는 표현은 '누구의 후손이다'라는 뜻입니다. '벤'은 입양한 자녀를 지칭할 때도 사용합니다(창 15:2; 출 2:10). 모세가 바로의 딸에게 입양되어 그의 아들이 될 때 **'공주의 아들이 되었다'**라고 표현합니다(출 2:10). 그리고 이스라엘이 언약 관계로 하나님의 자녀가 될 때도 **"이스라엘은 내 맏아들이다"**라고 표현합니다(출 4:22).

또한 '벤'은 어떤 무리에 속한 사람을 지칭하기도 합니다(암 7:14).[3] 스승 밑에서 훈련하는 제자를 지칭할 때, '아들'이 쓰였습니다. 궁궐이나 교육 기관에서 교육받는, 높은 관리 자녀를 지칭할 때도 벤이라는 단어가 쓰입니다. 그리고 한 부족이나 지파를 지칭할 때도 '벤', 곧 '아들'이라는 용어를 사용합니다(시 137:7).[4]

본문은 구체적으로 무엇이라고 정의하지 않습니다. 하지만 종합해 보면 '내 아이'는 자녀를 의미할 수 있습니다. 교육받는 학생, 곧 제

K. Waltke, vol. 1 (Chicago: Moody Press, 1980), 212.

[3] Brown, Driver, and Briggs, eds., *A Hebrew and English Lexicon of the Old Testament with an Appendix Containing the Biblical Aramaic*, 122; Martens, "בוֹא," 93~95.

[4] Brown, Driver, and Briggs, eds., *A Hebrew and English Lexicon of the Old Testament with an Appendix Containing the Biblical Aramaic*, 122.

자를 지칭할 수도 있습니다.5 그리고 하나님의 백성을 지칭할 수도 있습니다. 그래서 '내 아이'는 한 가지로 한정하지 않고, 다양하게 해석하는 게 좋습니다. 그렇다면 본문이 말하는 '나' 또한 다양하게 이해하면 좋습니다. 부모일 수도, 스승일 수도, 하나님일 수도 있습니다. 오늘 저는 설교를 하면서, 부모와 자녀 관점에서 자녀라는 용어를, 그리고 스승과 제자 관점에서 제자라는 용어를 사용하겠습니다.

자녀나 제자가 할 도리는 부모나 스승 마음을 즐겁게 하는 일입니다. 자녀는 부모를 소중하게 여기며, 부모 마음을 즐겁게 해야 합니다. 제자도 마찬가지입니다. 가르치는 스승 마음을 즐겁게 해야 합니다. 그것이 자녀가 할 도리이기 때문이요, 제자가 할 도리이기 때문입니다. 마찬가지로 믿는 사람은 하나님을 즐겁게 해야 합니다. 왜냐하면 하나님은 우리 부모이며 스승이기 때문입니다. 우리 믿는 사람은 하나님 마음을 즐겁게 해야 합니다. 우리 주님, 예수님의 마음을 즐겁게 해야 합니다. 그것이 하나님의 백성으로서 성도가 할 도리이기 때문입니다.

15절의 "내 마음도 즐겁다(שָׂמַח, 사마흐)"는 기쁨이 넘친다는 뜻입니다. 자녀가 열심히 해서 상을 받거나 좋은 결과를 내면, 부모 마음은 기쁨이 넘칩니다. 학생이 열심히 공부해서 좋은 성적을 얻으면, 가르치는 선생님이 기뻐합니다. 선수가 경기할 때 최선을 다하여 경기해 승리하면, 가르치는 코치나 감독 마음이 즐겁습니다. 전도한 영혼이 구원받고 성장하는 모습을 보면, 전도한 사람은 즐거워합니다.

---

5 Richard J. Clifford, *Proverbs*, Old Testament Library, ed. James L. Mays, Carol A. Newsom, and David L. Petersen (Louisville, KY: Westminster John Knox Press, 1999), 212; Tremper Longman III, *Proverbs*, Baker Commentary of the Old Testament Wisdom and Psalms, ed. Tremper Longman III (Grand Rapids: Baker Academic, 2006), 427에 따르면, 아들이나 자녀보다는 학생이나 제자로 해석이 더 낫다고 생각한다.

이 내적 즐거움이 이처럼 외적으로 드러나면 좋겠지요. 16절에서 "내 속이 다 후련하다"가 그것을 말합니다.6 '후련하다(עלז, 알라즈)'는 즐거운 감정을 외적으로 표현하는 용어입니다.7 '마음도 즐겁다'가 마음이 내적으로 기쁜 상태를 말한다면, "속이 후련하다"는 그 기쁨, 즐거움을 외적으로 표현함을 말합니다. 이 용어는 가식이 아니라, 참된 마음에서 나오는 진실한 기쁨을 표현합니다. 분노하는 사람이나 죄를 지은 사람은 이런 표현을 할 수 없습니다. 오직 신실한 사람만이 가질 수 있는 자연스러운 반응입니다.8

자녀나 제자가 진실한 마음으로 할 도리는, 부모나 스승이 즐거워하고 그 즐거움을 표현하도록 하는 일입니다. 부모가 자식으로 항상 염려하고 걱정한다면, 자식은 할 도리를 못 하고 있다는 표시입니다. 스승이 제자로 염려한다면, 제자는 자기 도리를 다하지 못한다는 표시입니다. 목사나 스승이 성도로 염려한다면, 성도가 도리를 못 한다는 표시입니다. 하나님과 예수님이 우리로 걱정하신다면, 성도가 도리를 못 한다는 표시입니다. 자식이나 제자 된 도리는 부모나 스승의 마음을 즐겁게 해 드리는 일입니다. 자녀를 생각할 때마다 부모 얼굴에 미소가 번지고 마음에 즐거움으로 가득 찬다면, 얼마나 좋을까요.

---

6 '속'을 표현하는 히브리어는 כִּלְיָה(키랴야)이다. 이것인 신장(kidney)을 의미한다. 신장은 가장 중요한 존재 혹은 사람의 가장 중요한 부분을 뜻한다. 그래서 마음으로 번역한다. 자세한 설명은 John N. Oswalt, "כִּלְיָה," in *Theological Wordbook of the Old Testament*, ed. R. Laird Harris, Gleason L. Archer Jr., and Bruce K. Waltke, vol. 1 (Chicago: Moody Press, 1980), 983a를 참조하라.

7 Bruce K Waltke, *Proverbs 15~31*, New International Commentary on the Old Testament, ed. Robert L. Hubbard Jr. (Grand Rapids: Wm. B. Eerdmans Publishing Company, 2005), 253.

8 Carl Schultz, "עָלַז," in *Theological Wordbook of the Old Testament*, ed. R. Laird Harris, Gleason L. Archer Jr., and Bruce K. Waltke, vol. 2 (Chicago: Moody Press, 1980), 1625.

가르침을 받는 제자를 생각하면, 스승 얼굴에 미소가 번지고 마음에 즐거움으로 가득 찬다면 얼마나 좋을까요. 성도를 생각하면, 목사 얼굴에 미소가 가득하고, 마음에 즐거움이 가득 찬다면 얼마나 행복한 목사일까요. 우리를 보고 생각만 해도 주님 얼굴에 미소가 번지고 마음에 즐거움이 가득 차신다면, 주님은 얼마나 행복할까요. 직장에서도 마찬가지입니다. 그 직원만 생각하면, 상사의 마음이 즐겁다면, 이보다 더 좋은 직장 생활이 있을까요. 사랑하는 성도 여러분, 우리는 그런 자녀, 그런 제자, 그런 성도, 그런 직장인이어야 합니다. 그것이 바로 믿는 사람이 할 도리입니다. 그런 이웃이어야 합니다. 마음이 즐겁고 속이 후련하게 하는 우리이면 얼마나 좋겠습니다.

어떻게 하면 즐겁고 후련하게 만들 수 있을까요? 오늘 지혜자는 두 가지 비결로 권면합니다. 첫째는 배우는 제자가 됨입니다.

II. 비결은 배우는 제자에서 가르치는 스승으로 성숙함이다(15a, 16a절).

1. 첫째 비결은 배우는 제자가 됨이다(15a절).

15절은 "너의 마음이 지혜로우면(חָכַם לֵב, 하캄 리베카)"이라고 말합니다. 부모나 스승 마음이 즐거울 때는, 자녀나 제자 마음이 지혜로울 때입니다. '지혜롭다'라고 하면, 보통 머리가 좋은 것을 생각합니다. 공부를 많이 해서 지식을 많이 가지고 있으면 지혜롭다고 생각합니다. 또는 지식이나 경험으로 어떤 어려운 문제나 일을 해결하는 함을 지혜라고 생각합니다. 대화나 논쟁할 때 이성이나 논리적인 사고로 재치 있게 말함을 지혜라고 생각합니다. 사실 고대 헬라와 이집트 지혜 문학에서도 그런 것을 지혜라고 여겼습니다. 다양한 상황에서 얻은 경험에서 나온 지식이나 기술을 지혜라고 여겼습니다.[9]

---

[9] Louis Goldberg, "חָכַם," in *Theological Wordbook of the Old Testament*, ed. R. Laird Harris, Gleason L. Archer Jr., and Bruce K. Waltke, vol. 1 (Chicago: Moody Press, 1980), 647에 따르면, 이집

그러나 성경에서 말하는 지혜는 인간 경험이나 지식으로부터 나오는 단순한 결과물이 아닙니다. 그렇다고 성경이 개인 지식이나 경험, 기술의 유용성을 부정하지는 않습니다. 그러나 성경에서 말하는 지혜는 항상 하나님에게서 출발합니다. 하나님은 지혜의 근본이시기 때문입니다. 지혜는 하나님이 거룩하시고 의로우신 분이라는 전제에서 시작합니다. 그래서 지혜는 거룩하시고 의로우신 하나님의 가르침과 관련이 있습니다. 인간이 습득한 지식, 경험, 기술이 하나님의 선하심과 거룩하심과 관련이 있을 때 비로소 의미가 있습니다. 그런데 사람들은 지식, 경험, 기술을 악을 위해서, 또는 자기를 위해서 사용합니다. 그러나 악을 위해서 또는 자기만을 위해서 사용하는 순간 지식, 경험, 기술은 지혜와 관계가 없습니다.

지혜로워지려면, 하나님 말씀을 배워야 합니다. 부모의 훈계나 징계에 귀를 기울여야 합니다. 하나님의 훈계와 징계에 귀를 기울여야 합니다. 그래서 잠언 23:12은 자녀에게 징계를 마음에 간직하고, 지식을 귀에 간직하라고 말합니다. 그래서 23:13~14은 부모에게 자녀를 징계하라고 했습니다. 잠언 17:16에도 "**미련한 사람의 손에 돈이 있은들, 배울 마음이 없으니 어찌 지혜를 얻겠느냐**"라고 했습니다. 지혜는 배움과 관련이 있습니다. 하나님 말씀을 배울 때, 우리는 선과 악을 구분할 줄 알고, 옳고 그름을 분간할 줄 알고, 또한 하나님의 뜻과 세상의 뜻을 분간할 줄도 알기 때문입니다.

욥기에서 자신의 지혜를 자랑하는 욥의 세 친구와 욥에게, 엘리후는 이렇게 말합니다. "이제는 우리가 모두 무엇이 옳은 것인지를 알아보고, **진정한 선을 함께 이룩하여 볼 수 있기를 바랍니다**"(욥 34:4). 욥과 세 친구는 자기들 지혜로 모든 것을 판단합니다. 그러나 그들 지혜는 서로를 책망하고, 무너뜨리는 데 사용했습니다. 서로 비난하며 아프게 하는 데 사용했습니다. 하지만 참된 지혜는 하나님에게서 옵

트, 메소포타미아, 그리고 헬라 문학에서는 지혜를 인간 경험이나 지식, 기술로 인식했다.

니다. 하나님을 알 때, 하나님 앞에 겸손합니다. 하나님은 만날 때, 참된 선을 실천합니다. 서로를 세웁니다. 그래서 엘리후는 하나님을 알고 하나님을 만남으로 진정한 선을 이룩하자고 권면합니다. 세상 지식이 아무리 많고 축적한 경험이 많아도, 하나님을 떠나는 순간 그것을 자신을 위해서만 사용합니다.

성경이 말하는 지혜는 선과 악을 분간할 수 있을 뿐 아니라, 지극히 선하신 하나님의 뜻을 실천할 수 있는 능력을 말합니다. 지혜는 머리에만 머물러 있는 게 아니라, 현장에서 적절하게 쓰여 결과물을 만듭니다. 그래서 우리는 하나님의 말씀에 뿌리를 내리고, 그것을 삶의 현장에 적용해야 합니다. 말씀을 삶의 현장에 적용하여 올바른 행실을 할 때, 그것을 지혜라고 부릅니다. 지혜는 살아 있는 하나님의 말씀을 생활에 적용한 결과로 얻는 개인 경험입니다. 그래서 하나님을 찾고, 하나님 말씀을 생활에 적용하는 것을 지혜라고 말합니다. 그래서 예수님은 제자들을 가르치실 때, 현장 교육으로 가르치셨습니다. 제자들과 함께 합숙 훈련하면서 그들을 데리고 다니면서 가르치셨습니다. 자연이나 사건으로, 그리고 비유로 삶에서 그것을 해석하고 실천하는 방법을 가르치셨습니다. 그 방법을 활용하여, 제자들은 자연스럽게 삶의 현장에서 예수님 말씀을 적용하는 훈련을 했습니다.

하나님 말씀을 배우고 삶의 현장에서 적용하는 제자가 되면, 기쁨을 줍니다. 또한 둘째 비결은 배우는 제자에서 가르치는 스승이 됨입니다.

2. 둘째 비결은 가르치는 스승이 됨이다(16a절).

16절은 "네가 입을 열어 옳은 말을 할 때면(בְּדַבֵּר שְׂפָתֶיךָ מֵישָׁרִים, 버다베르 서파테카 메샤리임)" 마음에 즐거움을 주고 속이 후련하게 한다고 말씀합니다. 옳은 말을 할 때, 즐거움을 주고 속을 후련하게 합니다. 여기서 '옳다'는 곧음을 말합니다. 중간에 방해나 장애물이 없는 상태를 말합니다. 휘어지거나 구부러지지 않는 직선 상태를 말합니다.

그런데 이것을 윤리 측면에서 이야기하면 결점이나 비난할 점이 없는 성품을 말합니다. 하나님 말씀을 지키고 하나님 말씀을 따라 선을 실천함입니다.10 그렇다면 '옳은 말'은 하나님의 법에 따라 선한 것을 말하기입니다. 하나님 관점에서, 하나님 앞에서 무엇이 옳은지 말함을 뜻합니다. 하나님 말씀을 삶에 적용한 결과 선과 악을 분별할 수 있는 능력이 생긴다는 의미이고, 선한 것을 행하며 말하는 것을 의미하기도 합니다.

그런 면에서 본문에서 '**입을 열어 옳은 말을 한다**'는 하나님 말씀을 모르는 이를 가르친다는 뜻입니다. 하나님 말씀을 잘 배웠다면 이제는 다른 사람에게 하나님 말씀을 가르쳐야 합니다.11 배우고 삶에 적용하고, 더 나아가서 다른 사람에게 가르쳐야 합니다. 다른 사람을 가르치는 스승이 되어야 한다는 말입니다. 그러면 부모에게나 스승에게 기쁨을 주며 즐거움을 선사합니다. 사랑하는 성도 여러분, 우리에게는 배우는 목적이 있습니다. 그것은 잘 활용하기 위해서입니다. 내가 배운 것을 사용하지 못하면 참으로 안타깝기 그지없습니다.

바울은 디모데에게 믿는 자에게 본이 되어, 바울이 방문할 때까지 성경을 읽는 것, 권면하는 일, 가르치는 일에 전념하라고 했습니다(딤전 4:13). 그리고 믿음직한 사람들에게 배운 내용을 가르칠 수 있도록 전수하라고 합니다. 그러면 그들이 다른 사람을 또한 가르칠 수 있습니다(딤후 2:2). 부모나 스승에게 즐거움을 제공하는 비결은 좋은 제자가 되고, 좋은 스승이 되는 것입니다. 우리 주님은 우리가 믿음의 전수자가 되길 기대하십니다. 왜냐하면 가르칠 때, 더 많은 것을 배우기 때문입니다. 강의를 듣는 것은 5% 정도의 습득률밖에는 안 됩니다. 그러나 다른 사람을 가르치면 습득률이 무려 90%나 됩니다. 다

---

10 Donald J. Wiseman, "יָשָׁר," in *Theological Wordbook of the Old Testament*, ed. R. Laird Harris, Gleason L. Archer Jr., and Bruce K. Waltke, vol. 1 (Chicago: Moody Press, 1980), 930.

11 Waltke, *Proverbs 15~31*, 253.

른 사람을 가르치는 순간부터, 배운 지혜가 자기에게 녹아들어 갑니다. 배운 것을 가장 잘 습득하는 방법은 다른 사람을 가르치는 것인데, 그런 면에서 스승이 됨은 더 성장하는 데 한 단계 더 도약하는 의미가 있습니다.12 그래서 제자에서 가르치는 스승이 될 때, 성장한 제자를 보면서 스승은 즐거워하고 기뻐합니다.

결론

자녀가 할 도리는 부모를 기쁘게 하는 일입니다. 제자가 할 도리도 스승을 기쁘게 하는 일입니다. 하나님 백성이 할 도리도 하나님을 기쁘게 하는 일입니다. 지혜자는 그 비결을 두 가지로 말합니다. 첫째는 배우는 제자가 되는 것입니다. 지식에 매이지 말고, 교회에서 실천하는 삶을 살려고 배우시기를 바랍니다. 하나님 말씀, 하나님 원리, 하나님 방법을 배워야 합니다. 그래야 지혜로운 사람으로 성숙합니다. 둘째는 스승으로서 가르치는 것입니다. 배웠다면 이제는 가르치는 스승으로 자라야 합니다. 평생 배우고만 있으면 안 됩니다. 기술을 배웠다면 그 기술을 가르쳐야 합니다. 방법을 배웠다면 그 방법을 전수해야 합니다. 말씀을 배웠다면 그 말씀을 가르치는 스승으로서 활약해야 합니다. 나아가 믿음을 전수해야 합니다.

---

12 「배우는자 vs 가르치는 자 (부제: 디지털노마드를 양성하는 코치가 되는 법)」, https://cafe.naver.com/shaun1/2741, 2020년 4월 26일 접속.

14 축복하시는 하나님을 경외합시다
잠언 23:17~18

중심 내용: 성도의 본분은 악인의 형통을 부러워하지 않고 복을 주시는 하나님을 경외함이다.

I. 악한 사람의 형통을 부러워하지 말고 하나님을 경외하라(17절).

II. 그러면 장래가 밝고, 소망이 넘친다(18절).

서론

 오늘 본문에서, 지혜자는 죄인이 누리는 일시적 형통에 미혹되어 그들을 부러워하지 말라고 권면합니다. 우리 믿는 사람은 눈에 보이는 현실을 뛰어넘는 신앙을 가져야 합니다. 그렇게 하려면 하나님을 경외해야 합니다. 하나님을 사랑하고 섬길 때, 우리는 눈에 보이는 일시적인 것을 뛰어넘을 수 있습니다. 하나님을 경외함으로, 우리는 밝은 미래를 소망할 수 있습니다.

I. 악한 사람의 형통을 부러워하지 말고 하나님을 경외하라(17절).

　17절은 부정 명령과 긍정 명령으로 이뤄졌습니다. 부정 명령은 "악인을 부러워하지 말라"라는 경고입니다. 그리고 긍정 명령은 "여호와 하나님을 경외하라"입니다. 17절을 다시 읽어봅시다. "**죄인들을 보고 마음으로 부러워하지 말고, 늘 주님을 경외하여라.**" 죄인을 부러워하지 말라고 권면합니다. 죄인은 하나님을 믿지 않는 사람, 악을 행하는 사람입니다. 믿는 사람이 악인을 부러워하는 경우는 거의 없습니다. 영화나 TV에서 보면, 악인이 승리하는 듯해도 마지막에는 의인이 승리하는데, 악인을 좋아하고 부러워하는 사람은 없기 때문입니다.

　그런데 하나님은 악인을 마음으로 부러워하지 말라고 권면합니다. 이 뜻은 무엇일까요?

　악인이 잘 되는 것, 형통하는 것에 부러워하지 말라는 의미입니다. 악인은 하나님을 무시하고 대적하면서도 잘살고 있습니다. 그들 삶이 평안한 듯합니다. 경제적으로도 부유합니다. 하는 일이 무엇이든 잘되는 듯합니다. 그들 자녀도 잘됩니다. 경제적으로 부유하다 보니, 좋은 교육을 받게 해 좋은 대학에 보내고, 좋은 직장에 들어가게 후견인 역할도 잘합니다. 인생 말년에도 물질적으로 누리면서 평안한 삶을 살아갑니다. 은퇴 후 삶은 걱정도 하지 않습니다. 여행을 다니면서 여유롭게 살아갑니다. 부유한 여성은 나이가 들었어도 좋은 화장품을 사용하여 아름다운 피부를 유지합니다. 얼굴은 윤기가 가득합니다. 죽을 때도 고통 없이 평안하게 죽습니다.

　이렇게 악인이 형통하게 사는 모습을 보면, 마음으로 부러워할 수밖에 없습니다. 악인의 형통을 부러워하는 것은 현대를 사는 우리만의 생각이 아닌 듯합니다. 시편 기자도 비슷한 마음이었습니다. 시편 73:1~8입니다. "¹하나님은, 마음이 정직한 사람과 마음이 정결한 사람에게 선을 베푸시는 분이건만, ²나는 그 확신을 잃고 넘어질 뻔했구나. 그 믿음을 버리고 미끄러질 뻔했구나. ³그것은, 내가 거만한 자를 시샘하고, 악인들이 누리는 평안을 부러워했기 때문이다. ⁴그들은 죽을 때에도 고통이 없으며, 몸은 멀쩡하고 윤기까지 흐른다. ⁵사람들이 흔히들 당하는 그런 고통이 그들에게는 없으며, 사람들이 으레 당하는 재앙도 그들에게는 아예 가까이 가지 않는다. ⁶오만은 그들의 목걸이요, 폭력은 그들의 나들이옷이다. ⁷그들은 피둥피둥 살이 쪄서, 거만하게 눈을 치켜뜨고 다니며, 마음에는 헛된 상상이 가득하며, ⁸언제나 남을 비웃으며, 악의에 찬 말을 쏘아붙이고, 거만한 모습으로 폭언하기를 즐긴다." 시편 기자도 악인의 형통을 부러워했습니다. 하나님을 믿고 섬기는 자기보다 하나님을 믿지 않는 사람이 더 평안한 삶을 살 때, 이런 마음이 듭니다. 믿는 자신 보다 믿지 않는 사람들이 더 풍성한 삶을 사는 것을 보면 부러워하는 마음이 생기기 마련입니다.

그런데 지혜자는 악인을 부러워하지 말라고 권면합니다. '부러워하지 말라'는 '시기하지 말라(אַל־יְקַנֵּא, 알-여카네)'는 뜻입니다.1 시기는 부러워하기에 생기는 감정입니다. 다른 사람이 잘 되는 것을 보면, 부러워하기에 시기하는 마음이 생깁니다. 특히, 자기가 가지고 싶은 것을 누군가가 가지고 있을 때 이 감정, 곧 시기하는 마음이 생깁니다.2, 성경에 다른 사람이 잘 되는 모습을 시기한 인물이 나옵니다. 야곱의 아내 라헬입니다. 야곱은 라헬을 누구보다 사랑했습니다. 라헬이 원하는 바는 무엇이든 해 주었습니다. 하지만 레아는 야곱의 사랑을 거의 받지 못했습니다. 야곱의 사랑을 거의 받지 못하는 레아를

---

1 '부러워하지 말라'는 '시기하지 말라'는 뜻이다. 이것은 어떤 것에 대한 격한 감정을 표현한다. 이 동사의 목적어가 불법적 내용이면 시기로 해석하고, 합법적 내용이면 열정으로 해석한다. 17절에서 강조는 부정 명령에 있지 않고 긍정 명령에 있다. 곧, 죄인을 시기함을 강조하지 않고, 하나님을 경외함을 강조한다. 그래서 지혜자는 하나님을 경외하는 일에 네 열정을 쏟아부으라고 권면한다. The NET Bible, Proverbs 23:17, n. 29를 보라.

2 Leonard J. Coppes, "קָנָא," in *Theological Wordbook of the Old Testament*, ed. R. Laird Harris, Gleason L. Archer Jr., and Bruce K. Waltke, vol. 2 (Chicago: Moody Press, 1980), 2038.

불쌍히 여긴 하나님은 레아의 태를 열어주셨습니다. 그래서 레아는 많은 자녀를 낳아 길렀습니다. 그러자 라헬이 레아를 시기합니다. 창세기 30:1입니다. "라헬은 자기와 야곱 사이에 아이가 없으므로, 언니를 시새우며, 야곱에게 말하였다. '나도 아이 좀 낳게 해주셔요. 그렇지 않으면, 죽어 버리겠어요.'" 사실, 라헬은 많은 것을 가진 여인이었습니다. 남편 사랑을 독차지했습니다. 눈은 아름다웠고 외모는 멋졌습니다. 단지 한 가지 부족한 점은 자녀가 없었다는 것뿐입니다. 모든 것을 가졌기에 부족함이 없던 라헬은, 아무것도 가진 것이 없고 오직 자녀만 많이 둔 언니 레아를 시기했습니다.

시기는 자기가 얼마나 많이 가지고 있느냐에 달리지 않습니다. 자기에게 없는 것을 다른 사람이 가지고 있을 때 느끼는 감정입니다. 우리 믿는 사람은 하나님에게서 많은 복을 받았습니다. 그것에 감사하지 못하고, 오히려 믿지 않는 사람이 잘 되는 것만 생각하기에, 그들을 시기하고 부러워합니다. "죄인들을 보고 부러워하지 말라"라는 권면은 그들이 잘 되는 것을 부러워하지 말라는 의미입니다. 또한 이 뜻은 그들이 저지르는 악행과 불법으로 얻은 형통을 부러워하지 말라는 의미입니다. 악인은 불법으로 이득을 얻습니다. 불법이나 악행으로 다른 사람보다 더 잘 사는 경우가 많습니다. 악행을 저지르거나 불법을 저질러 얻은 형통이 잘못된 것임을 알면서도, 우리는 한편으로는 그렇게 해서라도 잘 되기를 바랄 때가 있습니다. 우리 삶이 어려울 때 그런 생각이 들곤 합니다. 힘들고 고통스러울 때 그런 생각이 들곤 합니다. 너무도 그것을 바랄 때 그런 생각이 들곤 합니다. 현실적으로 악인이 형통하는 모습을 보면 우리는 미혹이 됩니다. 그래서 부럽고, 시기하는 마음이 생깁니다.

지혜자는 죄인의 일시적 형통에 미혹되어 부러워하는 마음을 가지지 말고, 오히려 주님을 경외하라고 권면합니다. 잠언 23:17은 부정명령을 강조하지 않고 오히려 긍정 명령을 강조합니다.[3] 곧, 하나님을 경외하는 일에 우리 열정을 불태워야 한다는 측면을 강조합니다. 우리는 때때로 부정적인 것에 초점을 두는 습관이 있습니다. 그래서 '**죄인들을 보고 네 마음으로 부러워하지 말라**'에 우리 초점을 맞추곤 합니다. 하지만 우리와는 달리, 성경은 '**늘 주님을 경외하여라**'에 강조점을 둡니다.4 죄인의 형통에 부러워하는 마음을 가지지 않는 비결은 하나님을 경외하기입니다. 하나님을 열정적으로 사랑하고 섬기면, 자연스럽게 죄인의 형통을 부러워하지 않습니다. 부정적 측면보다 긍정적 측면을 강조해야 합니다. 잔디를 기르면 잡초가 많이 나옵니다. 잔디 사이에 자라는 잡초 뿌리를 뽑는다고 잔디를 잘 키우는 게 아닙니다. 잔디를 잘 키우는 방법은 좋은 영양분과 물을 충분히 주는 것입니다. 그러면 잔디가 잘 자라 잡초가 성장하는 것을 막을 수 있습니다. 마찬가지로 죄인의 형통을 부러워하지 않으려면 하나님을 경외해야 합니다.

경외는 하나님을 존경하고 섬기는 마음입니다. 성도는 악인의 형통을 부러워하는 데 에너지를 소비하지 말아야 합니다. 대신에 하나님을 존경하고 섬기는 데 에너지를 쏟아야 합니다. 악인의 번성이나 형통은 일시적이기 때문입니다. 악인의 형통은 사라지는 안개나 이슬과 같기 때문입니다.5 그리고 경외하라는 미완료형입니다.6 미완료형이므

---

3 The NET Bible, Proverbs 23:17, n. 29.

4 אִם כִּי(키 임)은 두 개 다른 절을 소개한다. 이것은 앞의 부정과 대조하면서 일반적으로 긍정적 절을 소개한다. '그런데도' 또는 '그러나 오히려'로 해석할 수 있다. 자세한 내용은 Ludwig Koehler and Walter Baumgartner, *The Hebrew and Aramaic Lexicon of the Old Testament*, trans. and ed. under the supervision of M. E. J. Richardson, vol. 2, rev. by Walter Baumgartner and Johann Jakob Stamm with assistance from Benedikt Hartmann et al. (Leiden: E. J. Brill, 2001), 471; Bruce K. Waltke, *Proverbs 15~31*, New International Commentary on the Old Testament, ed. Robert L. Hubbard Jr. (Grand Rapids: Wm. B. Eerdmans Publishing Company, 2005), 254, 255를 보라.

5 Tremper Longman III, *Proverbs*, Baker Commentary of the Old Testament Wisdom and Psalms, ed. Tremper Longman III (Grand

로, 계속 경외하라는 뜻입니다. 하나님을 경외하는 일에 열중하라는 뜻입니다. 우리는 우리 열정을 어디에 쏟아야 하는지를 알아야 합니다. 악인의 길을 좇는 일이 아니라 하나님을 사랑하고 섬기는 일에 우리 열정을 쏟아야 합니다.7

왜 주님을 항상 경외해야 할까요? 하나님을 경외하면 어떤 결과가 따를까요?

II. 그러면 장래가 밝고, 소망이 넘친다(18절).

하나님을 경외할 때 장래가 밝기 때문입니다. "그러면, 네 미래가 밝아지고, 네 소망도 끊어지지 않는다."8 하나님을 경외하면 그 결과로 미래가 아주 밝습니다. 미래는 '끝', 곧 '마지막'을 의미합니다. "네 미래가 밝아진다"는 네 끝이 좋다. 곧, 밝은 끝이 있다고 말합니다. 장래가 보장된다는 의미입니다. 마지막이 좋아야 합니다. 시작도 좋고 마지막도 좋다면, 두말할 나위 없이 가장 좋습니다. 그런데 시작은 좋은데, 끝을 잘 마무리하지 못하는 사람이 있습니다.

축구선수로 유명한 호나우지뉴가 있습니다. 그는 브라질 축구선수인데, 가장 아름다운 축구를 구사한 세계적으로 유명한 축구선수입니다. 그의 개인기는 화려했으며 다른 선수들과 조화롭게 팀플레이를 하면서 더 명성을 쌓았습니다. 그의 경기는 너무나 경이로워서 외계인이라는 별명도 얻었습니다. 그는 수많은 상을 받았습니다. 그러나 전성기에, 운동을 게을리해서 몸무게가 늘어나고 뱃살로 움직임이 둔

Rapids: Baker Academic, 2006), 427.

6 יְקַנֵּא(여카네, 경외하라)는 동사 קָנָא(키네)의 피엘 미완료형이다.

7 Waltke, *Proverbs 15~31*, 254은 17절에서 잘못된 열정과 올바른 열정을 비교한다.

8 Waltke, *Proverbs 15~31*, 255는 18절을 17절의 결과로 해석한다.

해지기 시작했습니다. 팀 훈련에 일 년 동안 한 번도 나오지 않고, 나이트클럽에 단골손님 생활도 했습니다. 그 후 그는 몇몇 축구 클럽에서 선수 생활하다 2018년에 은퇴했습니다. 명성과 부를 함께 가진 그가 지난 2020년 3월 감옥에 투옥이 되어 전 세계를 놀라게 했습니다. 그 많던 부를 거의 다 탕진했습니다. 위조 여권을 소지한 죄로 파라과이에서 체포되어 미결수로 한 달 정도 갇혀 있다가 보석금을 내고 풀려나 재판을 기다리는 신세였습니다.9 시작은 좋았어도 끝이 좋지 않은 사례를 남긴 유명한 축구선수의 대명사로 남았습니다.

그러나 하나님을 경외하면, 끝이 아름답습니다. 장래가 보장됩니다. 또한 "네 미래가 밝아진다"는 보상이 있음을 뜻합니다.10 죄인의 형통은 일시적일 뿐이지, 절대 영원하지 않습니다. 그러나 하나님을 경외하는 성도의 미래, 그 끝은 밝습니다. 하나님께서 보상하시기 때문입니다. 그렇기에 하나님을 경외해야 합니다.

또한 하나님을 경외할 때, 소망이 끊기지 않습니다. 여기서 소망은 풍성한 삶을 바라는 소망을 의미합니다.11 악인은 마지막에 모든 걸 잃습니다. 하지만 의인은 형통하는 보상을 받습니다. 하나님은 믿는 사람을 반드시 잘되게 하십니다. 시편 기자도 같은 말로 고백합니다. 처음에는 악인의 형통을 부러워했지만, 나중에 하나님 안에서 깨닫습니다. 악인의 형통은 꿈처럼 사라지지만, 의인의 형통은 영원함을! 그래서 고백합니다. "**하나님께 가까이 있는 것이 나에게 복이니, 내가 주 하나님을 나의 피난처로 삼고, 주님께서 이루신 모든 일들을 전파하렵니다**"(시 73:28).

---

9 https://blog.naver.com/seungbusatv/221859059808, 2020년 4월 26일 접속.

10 The NET Bible, Proverbs 23:18, n. 31.

11 Waltke, *Proverbs 15~31*, 255.

'끊어지지 않는다'로 번역한 לֹא תִכָּרֵת(로 티카레트)의 문자적인 의미는 '자르지 않는다'라는 뜻입니다(출 4:25; 사 14:8). 무럭무럭 자라는 나무줄기를 자르지 않는다고 할 때 이 용어를 사용합니다. 이것을 비유적으로 해석하면 '뿌리를 뽑지 않는다, 제거하지 않는다, 파괴하지 않는다'는 뜻입니다(창 9:11, 출 12:15). 그리고 '언약을 파기하지 않는다'는 의미도 있습니다(창 15:18).[12] 하나님은 하나님을 섬기는 사람에게 소망을 주십니다. 그 소망은 잘리지 않고, 마지막 때 반드시 이루어집니다. 그 소망은 절대로 소멸하지 않습니다. 사람은 소망을 먹고 사는 존재입니다. 사람은 희망을 먹고 사는 존재입니다.

소망과 희망이 사라지면 무엇이 남을까요? 소망이 사라지면, 절망과 좌절이 점점 크게 다가옵니다. 모든 것을 포기하고 말겠지요. 왜 많은 사람이 자살 충동을 느낄까요, 인생을 포기할까요? 소망이 없기 때문입니다. 희망이 보이지 않기 때문입니다. 하지만 주님을 경외할 때, 소망이 생깁니다. 하나님을 경외하는 사람에게 희망이 생깁니다. 소망이 있고 희망이 있다는 말은 포기하지 않는다는 말입니다. 소망은 어떤 어려움에서도 우리를 인내하게 만드는 힘을 발휘합니다. 하나님은 하나님을 경외하는 사람에게 이 소망을 주셔서 어떤 어려움도 인내하며 이겨내게 하십니다. 밝은 미래가 있고, 소망이 있다는 말의 의미를 잘 새겨보시기를 바랍니다. 악인에게는 미래도 없고 소망도 없습니다. 그래서 그들은 오직 오늘만을 생각하면서 살아갑니다. 이 땅의 것만 바라보며 살아갑니다. 그들에게는 내일이라는 소망이 없기 때문입니다. 하지만 성도에게는 미래가 있습니다. 밝은 장래가 있습니다. 소망이 있습니다. 그래서 어떤 환경에서도 쉽게 무너지지 않습니다. 밝은 미래와 끊어지지 않는 소망은 예수님이 재림할 때 주어지는 축복입니다. 동시에 우리가 이 땅을 살면서 받는 하나님의 상급이기

---

[12] Elmer B. Smick, "כָּרַת," in *Theological Wordbook of the Old Testament*, ed. R. Laird Harris, Gleason L. Archer Jr., and Bruce K. Waltke, vol. 1 (Chicago: Moody Press, 1980), 1048.

도 합니다. 악인을 부러워하지 않는, 하나님을 경외하는 성도에게 주어지는 축복입니다. 하나님을 경외하는 성도는 반드시 잘됩니다.

결론

오늘 말씀에서, 지혜자는 우리에게 하나님을 경외하는 데 우리 열정을 쏟으라고 권면합니다. 우리는 악인이 일시적으로 잘되는 것을 시기하지 말고, 오히려 하나님을 경외하는 데 우리 에너지를 쏟아야 합니다. 왜냐하면 악인의 형통은 일시적이기 때문입니다. 하지만 하나님을 경외할 때, 밝은 미래가 있습니다. 소망은 절대 사라지지 않습니다. 하나님은 주님을 경외하는 사람에게 반드시 보상하시기 때문입니다. 이 보상은 미래 보상만을 이야기하지 않습니다. 현재 이 땅에서 보상도 의미합니다. 하나님은 하나님을 경외하는 자에게 이 땅에서 그리고 오는 세상에서 보상하십니다. 모든 성도가 하나님을 경외하면서 주님이 주시는 밝은 장래와 풍성한 소망을 바라시기를 예수님 이름으로 축복합니다.

15 잠언 23:19~21
말씀에 따라 지혜로운 삶을 삽시다

중심 내용: 말씀에 따르는 지혜로운 삶은 방탕한 삶으로 패가망신을 막는 비결이다.

I. 말씀을 잘 듣고 말씀에 따라 지혜로운 삶을 살아야 한다(19절).

II. 말씀을 따르지 않고 방탕하게 살면 패망하기 때문이다(20~21절).

서론

오늘 본문에서, 지혜자는 술과 음식을 탐하는 어리석은 사람이 되지 말고, 말씀을 잘 듣고 지혜를 얻어 바른 마음을 가지라고 권면합니다. 지혜는 하나님의 말씀을 잘 듣는 것에서 얻습니다. 반면에 어리석음은 술과 음식을 탐하는 마음에서 시작합니다. 성도는 말씀을 잘 듣고 말씀에 따라 지혜로운 삶을 살아야 합니다. 그렇지 않으면 방탕한 삶을 삽니다. 결국, 방탕한 삶을 살다가는 가진 재산도 다 탕진하고 망하기 때문입니다.

I. 말씀을 잘 듣고 말씀에 따라 지혜로운 삶을 살아야 한다(19절).

본문에서 지혜자는 지혜로운 삶, 곧 바른 삶을 살라고 권면합니다. 19절에는 명령형이 세 개입니다. 한글 성경에서는 명령형 세 개가 잘 구분되지는 않습니다. 하지만 히브리어 성경에서는 분명하게 세 개로 구분합니다. 곧, '들으라(שְׁמַע, 셔마)', '지혜를 얻으라(חֲכָם, 하캄)'," 그리고 '바르게 이끌어라(אַשֵּׁר, 아쉐르)' 입니다.

첫째 명령은 "잘 들으라"입니다. 성도는 하나님 말씀을 잘 들어야 합니다. '들으라'로 번역한 히브리어는 שְׁמַע(샤마), 기본 의미는 '소리나 말씀을 듣기'입니다. 그런데 이 용어는 '주의를 기울여 자세하게 듣기' 또는 '그 말을 이해하고 순종하기'를 의미합니다.1 그러니까 단순하게 듣기가 아니라, 들은 말씀의 뜻을 분명하게 이해하여 삶에 적용까지를 포함합니다. 지혜자는 우리에게 하나님의 말씀을 주의 깊게 듣고 이해해 삶에 적용하라고 권면합니다.

말씀을 잘 듣고 삶에 적용하면 어떤 결과가 나타납니까? 말씀을 잘 듣고 이해해 삶에 적용하면, 지혜를 얻습니다(חֲכָם, 하캄).2 "내 아이들

---

1 Francis Brown, S. R. Driver, and Charles Briggs, eds., *A Hebrew and English Lexicon of the Old Testament with an Appendix Containing the Biblical Aramaic* (Oxford: Clarendon Press, 1906; reprint, Peabody, MA: Hendrickson Publishers, 1979), 1034; Ludwig Koehler and Walter Baumgartner, *The Hebrew and Aramaic Lexicon of the Old Testament*, trans. and ed. under the supervision of M. E. J. Richardson, vol. 2, rev. by Walter Baumgartner and Johann Jakob Stamm with assistance from Benedikt Hartmann et al. (Leiden: E. J. Brill, 2001), 1470~74; Hermann J. Austel, "שָׁמַע," in *Theological Wordbook of the Old Testament*, ed. R. Laird Harris, Gleason L. Archer Jr., and Bruce K. Waltke, vol. 2 (Chicago: Moody Press, 1980), 2412.

2 Bruce K. Waltke, *Proverbs 15~31*, New International Commentary

아, 너는 잘 듣고 지혜를 얻어서, 너의 마음을 바르게 이끌어라." 지혜는 배움으로 얻습니다. 하나님의 말씀을 잘 듣고, 그 말씀을 삶에 적용하면 지혜를 얻습니다. 말씀을 생활에서 실천할 때 삶의 지혜를 얻을 수 있습니다. 이 땅은 많은 유혹과 방해물이 있어 우리가 지혜로운 삶을 살지 못하게 합니다. 지혜는 마음이 유혹이나 방해물로 흔들리지 않고, 바르게 살 수 있게 합니다. 지혜가 없다면 헛된 것에 마음을 빼앗깁니다. 인생을 낭비합니다. 그러나 말씀을 잘 들으면 인생을 보람있게 보낼 수 있는 지혜를 얻습니다.

말씀을 잘 들으면 지혜뿐 아니라, 마음을 바르게 이끌 수 있습니다(אָשַׁר, 아쉐르).3 '마음을 바르게 이끈다'는 바른 마음을 갖는다는 뜻입니다. 문자적 의미는 '마음의 길을 가는 것(בְּדֶרֶךְ לִבֶּךָ, 바데레크 리베카)'입니다. 마음의 길이란 마음이 인도하는 것을 말합니다. 지혜자가 말하는 마음의 길이란 말씀이 통제하는 지혜로운 길입니다.4 사람은 일반적으로 자기중심으로 행동하려 합니다. 편한 길, 쉬운 길을 가려

---

on the Old Testament, ed. Robert L. Hubbard Jr. (Grand Rapids: Wm. B. Eerdmans Publishing Company, 2005), 256에 따르면, 문법적으로는 명령형 '들으라(שְׁמַע, 샤마)'와 '지혜를 얻으라(חָכַם, 하캄)'는 서로 동등하게 이어진다. 그러나 의미론적으로는 '지혜를 얻으라'와 '바르게 이끌어라'는 첫째 동사 '들으라'의 결과이다. 곧, 말씀을 잘 들으면 그 결과 지혜를 얻고, 마음이 바른길로 간다는 뜻이다.

3 '이끌라(אָשַׁר, 아쉐르)'가 칼형은 '걸어가다(to walk)'를 뜻하고, 피엘형은 '축복하다(to bless)'를 뜻한다. 있다. 두 의미 차이는 분명하지 않다. 잠언 23:19에서 이 동사는 피엘형이다. 자세한 내용은 Victor P. Hamilton, "אָשַׁר," in *Theological Wordbook of the Old Testament*, ed. R. Laird Harris, Gleason L. Archer Jr., and Bruce K. Waltke, vol. 1 (Chicago: Moody Press, 1980), 183을 참조하라.

4 Roland E. Murphy, *Proverbs*, Word Biblical Commentary, ed. Bruce M. Metzer, David A. Hubbard, and Glenn W. Barker, vol. 22 (Waco, TX: Word Books, 1998), 176.

합니다. 코로나19로 주일 예배만 드리고 다른 모든 예배는 제대로 드리지 못합니다. 그러자 처음에는 이 상황이 불편했습니다. 무엇인가 허전한 마음이 들었습니다. 그런데 언제부턴가 이 생활이 편해지기 시작했고, 이 상황을 즐기는 자신을 발견했습니다. 한 주에 설교를 한 번만 하니 설교로 스트레스를 덜 받으면서 오히려 없던 여유가 생겼습니다.

편한 것, 쉬운 길에 습관을 들이면, 자기도 모르게 나태합니다. 하나님 말씀이 나를 통제하지 않으면, 나태할 뿐만 아니라 하나님과도 멀어질 수 있습니다. 처음에는 교회에 나오지 못해 불편하더니, 이제는 자연스럽습니다. 처음에는 목장 모임 나오지 않으면 불편하더니, 어느 순간부터 자연스럽고, 이제는 나가는 게 오히려 불편하고 번거롭다는 생각이 듭니다.

편한 것에 습관을 들이듯이, 말씀을 듣고 실천하는 습관을 들이면 지혜를 얻고 바른길을 걷습니다. 이럴 때일수록 말씀을 잘 듣고, 지혜를 얻으면, 해이한 마음을 바로잡을 수 있습니다. 하나님 말씀으로 내 현재 상태를 점검할 수 있기 때문입니다. 그리고 하나님 말씀, 하나님 뜻에 가까이 다가가도록 나를 훈련하기 때문입니다. 그 훈련이 나를 지혜롭게 만들고, 내 마음을 다스리게 합니다. 마음을 다스리면 자연스럽게 바른길로 갑니다.

명령형 세 개는 사실 논리를 펴나갑니다. 세 개 명령, 곧 '들으라', '지혜를 얻으라', '바른길을 가라'는 각각 다른 명령처럼 생각할 수 있습니다. 그러나 의미로 보면, 세 개 명령은 논리를 펼칩니다. 첫 번째가 명령이고, 둘째와 셋째는 그 결과임을 알 수 있습니다.5 하나님 말씀을 잘 들으면, 지혜로워집니다. 지혜로워지면, 자연스럽게 올바른 길을 걷습니다.

---

5 각주 2를 참조하라.

15. 잠언 23:19~21 말씀에 따라 지혜로운 삶을 삽시다

여기서 중요한 일은 하나님 말씀을 듣기입니다. 유대인이 하는 쉐마교육 핵심은 하나님 말씀을 듣기, 읽기, 외우기입니다. 유대인이 많지 않아도, 정치, 경제, 사회, 문화, 과학, 예술 등 모든 분야에서 두각을 나타내는 이유는, 바로 하나님 말씀을 듣는 쉐마교육 때문입니다. 우리가 지혜로워지고, 마음으로 바른길을 갈 수 있는 첫째 비결은 하나님 말씀을 잘 듣기입니다.

사랑하는 성도 여러분, 하나님의 지혜로운 백성이 되고 싶습니까? 하나님 앞에서 떳떳한 길을 걷고 싶습니까? 삶의 의미를 발견하고, 그 길을 걷기를 바라십니까? 지혜로운 자녀로 세우기를 기도하시나요? 아니면, 그들이 바른길을 갔으면 하는 바람이 있으시거나, 그들이 바른 마음을 가졌으면 하는가요? 그렇다면 먼저 하나님 말씀을 잘 들어야 합니다. 하나님 말씀을 잘 듣고 이해해야 합니다. 하나님 말씀을 잘 듣고 삶에 적용하면서 순종해야 합니다. 19절을 다시 한번 읽어봅니다. "**내 아이들아, 너는 잘 듣고 지혜를 얻어서, 너의 마음을 바르게 이끌어라.**"

우리는 왜 하나님 말씀을 잘 들어 지혜로워지고, 바른 마음을 가져야 할까요? 왜냐하면 말씀에 따라 바른길을 가지 않고 오히려 방탕한 길을 가면 패망하기 때문입니다.

II. 말씀을 따르지 않고 방탕하게 살면 패망하기 때문이다(20~21절).

지혜로운 사람에게는 올바른 마음을 가진다는 특징이 있습니다. 생각이 건전합니다. 하지만 지혜롭지 못한 사람은 마음이 바르지 않습니다. 20절에는 지혜롭지 못한 두 종류 사람을 언급합니다. "**너는 술을 많이 마시는 사람이나 고기를 탐하는 사람과는 어울리지 말아라.**" 지혜롭지 못한 사람은 술을 많이 마시는 사람과 고기를 탐하는 사람입니다. 그래서 술을 많이 마시는 사람이나 고기를 탐하는 사람과 어울리지 말라고 권면합니다.

"친구를 보면 그 사람을 안다"라는 말이 있습니다. 이 말은 그 사람이 누군지를 알려면 친구가 보면 알 수 있다는 말입니다. 유유상종(類類相從)이란 말이 있듯이, 사람은 비슷한 사람끼리 어울립니다. 그래서 지혜자는 술을 많이 마시는 사람과 고기를 탐하는 사람과 어울리지 말라고 권면합니다. 그들과 '함께 하지 말라', '같이 있지 말라'라고 권면합니다. 그들과 친하게 지내지 말라고 권면합니다. 그리고 친구로 사귀지 말라고 권면합니다.

누구를 친구로 사귀지 말라고 합니까? 술을 많이 마시는 사람과 음식을 탐하는 사람, 곧 어리석은 사람과 사귀지 말라고 합니다. '술을 많이 마신다(סָבָא, 사바)'는 '술을 흡입하다'를 뜻합니다.6 공기를 흡입하듯이, 술을 흡입하는 사람이 있습니다. 이런 사람을 술고래라고 합니다. 술독에 빠진 사람 또는 알코올 중독자라고 합니다. 술을 자주 마시지 않지만, 마시면 폭음하는 사람도 술을 흡입한다는 의미에 포함됩니다. 그런데 신명기 20:21에서는 부모에게 반항하고, 고집이 세서 부모 말을 전혀 듣지 않는 '방탕한 아들'을 지칭할 때도 이 용어가 쓰였습니다.7 그렇다면 '술을 많이 마신다'라는 용어는 남의 말을 듣지 않고 하는 행동을 지칭함을 알 수 있습니다. 또한 자기 마음이 이끄는 대로 천하게 행동하거나 수치스럽게 행동함을 지칭합니다.

사실, 술을 좋아하는 사람은 거의 방탕한 삶을 삽니다. 수치스럽게 행동합니다. 맨정신으로 절대 못 할 말이나 행동을, 술만 먹으면 술주정하듯 말을 많이 하는 사람도 있습니다. 술기운으로 하니, 하지 말아야 하는 말도 합니다. 그래서 실수를 많이 하고, 사람들 보기에 수치스러운 행동을 합니다. 하나님 말씀을 잘 듣는 사람은 지혜로워

---

6 Waltke, *Proverbs 15~31*, 256; R. D. Patterson, "סָבָא," in *Theological Wordbook of the Old Testament*, ed. R. Laird Harris, Gleason L. Archer Jr., and Bruce K. Waltke, vol. 2 (Chicago: Moody Press, 1980), 1455.

7 Patterson, "סָבָא," 615.

지며 마음을 지킬 수 있습니다. 하지만 술을 즐기는 사람은 마음을 지키기 어렵습니다. 헛소리하고, 수치스러운 행동이나 천한 행동을 합니다. 그래서 지혜자는 술을 많이 마시는 사람과 어울리지도, 친구로 사귀지도 말라고 경고합니다.

그뿐 아니라, 고기를 탐하는 사람과 어울리지 말라(בְּזֹלֲלֵי בָשָׂר, 버조라레 바사르), 곧 친구로 사귀지 말라고 권면합니다. 고기를 탐하는 사람은 문자적으로는 '고기를 많이 먹는 사람'을 말합니다. 그런데 이 용어는 단순히 고기를 많이 먹는 것만이 아니라 음식에 탐을 내서 많이 먹는 사람을 지칭합니다.8 한글 성경에 '고기를 탐하는 사람'으로 번역하는데, 잘 번역했습니다.

그런데 이 용어는 '가볍게 하다' 또는 '보잘것없고, 쓸모없게 만든다'라는 의미도 있습니다. 또는 욕심을 낸 나머지 음식을 너무 많이 만들어 낭비하는 사람을 지칭하기도 합니다.9 이런 사람은 가치 있고 귀한 것을 가치 없게 만듭니다. 사실 성경 시대에는 음식이 귀했습니다. 하루에 세 끼 먹는 사람은 잘사는 사람이었습니다. 보통 하루에 한 끼만이라도 넉넉히 먹으면 그래도 괜찮은 사람이었습니다. 일반 서민의 경우, 먹을 것이 없어서 겨우 입에 풀칠하는 정도로 살았습니다. 그런 상황에서 음식에 욕심을 내서 혼자서 많이 먹거나 탐욕을 부리는 사람은 지혜로운 사람이 아닙니다. 욕심 때문에 음식을 낭비하는 사람도 현명한 사람이 아닙니다. 음식을 탐하는 사람은 누가 봐도 귀한 음식을 귀하지 여기지 않고 낭비하기에, 지혜가 없는 사람입니다.

그래서 잠언 28:7에서, 지혜자는 "슬기로운 아들은 율법을 지키지만, 먹기를 탐하는 사람들과 어울리는 아들은 아버지에게 욕을 돌린

---

8 Leon J. Wood, "זָלַל II," in *Theological Wordbook of the Old Testament*, ed. R. Laird Harris, Gleason L. Archer Jr., and Bruce K. Waltke, vol. 1 (Chicago: Moody Press, 1980), 554.

9 Wood, "זָלַל II," *TWOT*, 1:554; The NET Bible, Proverbs 23:20, n. 36.

다"라고 했습니다. 슬기로운 아들과 음식을 탐하는 사람, 그리고 그 사람과 어울리는 아들을 대조합니다. 음식을 탐하는 사람과 어울리는 아들은 어리석은 사람입니다. 율법을 어기는 사람이며, 아버지를 욕되게 하는 사람입니다. 술을 좋아하는 사람, 먹기를 탐하는 사람과 친구가 되지 말라고 한 이유를 알 수 있습니다. 이들은 부모를 욕보입니다. 이들은 가문을 욕보입니다. 이들은 하나님의 이름을 욕보입니다. 교회를 욕보입니다. 하지만 지혜로운 사람, 경건한 사람은 바른길을 행합니다. 바른 삶을 살아갑니다. 어리석은 일은 하지 않습니다. 죄인 길과 그들 삶의 자리를 멀리합니다. 주님이 바라시는 올바른 길을 걸어갑니다.

왜 술에 취하거나 음식을 탐하는 어리석은 사람과 어울리지 말아야 할까요? 지혜자는 21절에 그 이유를 설명합니다. 술에 취해 있거나 음식을 탐하여 낭비하는 사람은 재산을 탕진하기 때문입니다. "**늘 술에 취해 있으면서 먹기만을 탐하는 사람은 재산을 탕진하고, 늘 잠에 빠진 사람은 누더기를 걸친다.**" 늘 술에 취하며, 먹기만 탐하는 사람은 재산을 탕진하게 되기 때문입니다. 재산을 탕진한다(יָרַשׁ, 야라쉬)는 말은 가난하게 된다는 뜻입니다. 가진 재산을 다 날려 버리고 가난하게 됩니다. 매일 술에 취해 있거나 잔치를 벌이는 음식을 만든다면, 자연스럽게 오는 결과는 가난입니다.

술에 취하거나 음식을 탐하는 사람은 게으른 사람(נוּמָה, 누마)입니다. 『새번역』에는 게으른 사람을 "**늘 잠에 빠져 있는 사람**"으로 번역합니다. 이 용어는 자기가 할 일에 소홀히 하거나 부주의한 사람을 말합니다. 위험이 닥칠 때는 파수꾼처럼 경계해야 하는데, 잠에 빠져 경계를 소홀히 하는 사람입니다. 이런 사람에게는 가난과 재앙이 밀어닥칩니다.10 결국, 누더기를 걸칩니다(וּקְרָעִים תַּלְבִּישׁ, 우커라임 탈러비

---

10 R. Laird Harris, "נוּם," in *Theological Wordbook of the Old Testament*, ed. R. Laird Harris, Gleason L. Archer Jr., and Bruce

쉬). 누더기(קְרָע, 카라)는 문자적으로 말하면 찢어진 옷 조각을 의미합니다.11 걸레처럼 너덜너덜하게 떨어진 옷이나 조각을 말합니다. 결국, 게으른 사람은 걸레처럼 다 떨어진 옷을 입습니다.

술 취한 사람, 음식을 탐하는 사람, 게으른 사람은 사실 같은 사람입니다. 가난해진다는 말과 다 떨어진 옷을 입는다는 말도 같은 뜻입니다. 부지런한 사람은 부자가 됩니다. 반면에 자기 일도 하지 않는 게으른 사람은 가난하게 됩니다. 이런 사람은 자신뿐 아니라 가족 공동체에도 어려움을 주고, 공동체를 파괴합니다.

그런데 누더기를 걸친다(לִבֵּשׁ, 라베쉬)는 수동태입니다. 가난은 방탕한 삶을 사는 사람에게 닥치는 당연한 결과입니다. 수동태 사용은 가난이 하나님의 심판으로 온다는 사실을 강조합니다. 하나님은 게으르고 방탕한 사람의 재산을 빼앗으십니다. 그 결과 가난해집니다. 지혜자가 수동태로 말한 이유는 하나님의 심판을 강조하려 함입니다. 방탕한 사람, 술에 취하는 사람, 음식을 탐하는 게으른 사람, 잠만 자는 사람은 자기가 할 일을 하지 않으니, 당연히 가난하게 되어 비참한 삶을 살아갑니다. 게으르기에 가난해지고 또한 하나님의 심판으로 가난하게 됨을 주목해야 합니다. 하나님의 징계로, 이런 사람은 재산까지도 다 탕진하고 가난하게 되어 비천한 자로 전락합니다.

결론

오늘 본문에서, 지혜자는 하나님 말씀을 잘 듣고 지혜로운 사람이 되어야 하는 이유를 설명합니다. 그렇게 하지 않으면 어리석은 사람,

---

K. Waltke, vol. 2 (Chicago: Moody Press, 1980), 1325.

11 Leonard J. Coppes, "קְרָע," in *Theological Wordbook of the Old Testament*, ed. R. Laird Harris, Gleason L. Archer Jr., and Bruce K. Waltke, vol. 2 (Chicago: Moody Press, 1980), 2074.

방탕한 사람이 됩니다. 가진 재산, 물려받은 재산을 다 탕진하고 가난하게 됩니다. 걸레와 같은 다 떨어진 옷을 입습니다. 비천한 삶을 살아갑니다. 그러므로 하나님 말씀을 잘 듣고 하나님 지혜를 얻으시길 바랍니다. 자기가 바라는 대로가 아니라 하나님이 바라시는 삶을 사시기 바랍니다. 말씀을 잘 듣고 지혜를 얻어 마음을 바르게 잡으시기를 바랍니다. 주님께서는 지혜를 추구하는 사람에게 은혜를 베푸십니다.

16 부모님께 효도합시다

잠언 23:22~25

중심 내용: 효도는 진리에 따라 의롭고 지혜롭게 살아감으로 부모님을 기쁘시게 함이다.

I. 낳아 길러주신 부모님께 효도는 자녀 도리이다(22, 25절).

  1. 부모님께 효도는 자녀 도리이다.

  2. 그 이유는 부모님이 낳아 길러주셨기 때문이다.

II. 효도하는 길은 진리를 행함이다(23~24절).

서론

5월은 가정의 달입니다. 교회마다 다르지만, 대체로 5월을 어린이 주일, 청소년 주일, 청년 주일, 어버이 주일 순으로 예배드립니다. 어떤 이름으로 드리든 5월은 가정의 달이고, 일반적으로 두 번째 주는 '어버이 주일'로 드립니다. '어버이날'의 유래는 미국의 '어머니의 날'로 추측할 수 있습니다. 미국은 '어머니의 날'을 5월 둘째 주 일요일로 지킵니다. 미국 영향을 받아 한국도 처음에는 '어머니의 날'로 드리다가, 아버지의 날이 없던 때에 형평성 문제가 제기되어 '어버이날'

로 지정했다고 합니다. 미국은 '아버지의 날'을 6월 셋째 주 일요일에 지킵니다. 오늘은 잠언 본문으로 「부모님께 효도합시다」라는 제목으로 말씀을 전하려고 합니다.

I. 낳아 길러주신 부모님께 효도는 자녀 도리이다(22, 25절).

  1. 부모님께 효도는 자녀 도리이다.

 자녀의 의무 또는 책임은 부모님께 효도하면서 공경하는 일입니다. 우리는 부모에게 효도해야 한다는 말을 많이 하고, 많이 들었습니다. 그런데 실제 어떻게 하는지는 잘 모릅니다. 어떻게 하는 게 부모님께 효도일까요?

 오늘 본문에서, 지혜자는 부모에게 효도하는 의미를 가르칩니다. 효도는 소극적 측면과 적극적 측면이 있습니다. 소극적 측면에서, 효도는 부모님 말씀에 순종하고, 업신여기지 않는 것입니다. 22절입니다. "너를 낳아 준 아버지에게 순종하고 늙은 어머니를 업신여기지 말아라." 하지만 적극적 측면에서, 효도는 부모님을 즐겁게 하고 기쁘게 하는 것입니다. 25절입니다. "너의 어버이를 즐겁게 하여라. 특히 너를 낳은 어머니를 기쁘게 하여라."

 먼저, 소극적 측면에서 효도를 생각해 보겠습니다. 소극적 측면은 자녀 편에서 하는 효도라고 할 수 있습니다. 자녀는 부모님 말씀에 순종해야 하고, 부모님을 업신여기지 말아야 합니다. 이제, 순종과 업신여기지 않는다는 의미를 생각해 보겠습니다. 효도는 부모님의 말씀에 순종하는 것입니다. "아버지에게 순종하라"에서 순종은 히브리어로 שָׁמַע(샤마)입니다. '샤마'는 '듣는다', '청종한다'를 뜻합니다. 효도는 먼저 부모님 말씀을 잘 듣는 것입니다. 부모님 말씀을 잘 들어야 합니다. 부모님 말씀을 듣지 않으면서 효도할 수는 없습니다. 그런데 '샤마'는 단순히 듣는다 또는 청종한다는 의미가 아니라, '주의 깊게 청종하는 것' 혹은 '그 말씀을 듣고 삶에 적용하는 것'을 뜻합니다. 그런 면에서 우리말 성경에 '순종하고'는 좋은 번역입니다.1 효도란 부모님 말씀을 주의 깊게 청종하는 것이요, 부모님 말씀에 순종하는 것입니다. 부모님 말씀이 이해되지 않아도, 부모님 말씀에 순종이 효도입니다. 부모님 말씀이 죄를 짓게 하는 것이 아니라면, 순종해야 합니다. 그것이 바로 효도입니다.

소극적 측면에서, '부모를 업신여기지 않는 것'도 효도입니다. '업신여긴다'로 번역한 히브리어 בָּזָה(바자) 뜻은 **'경멸하는 것' 또는 '물건이나 사람을 가치 없게 여기는 것'**을 말합니다.2 에서는 자기 장자 신분을 업신여겼습니다(창 25:34). 골리앗은 다윗을 업신여겼습니다(삼상 17:42). 미갈도 남편 다윗이 하나님의 법궤 앞에서 춤을 추는 것을 업신여겼습니다(삼하 6:16). 에서는 장자 신분을 업신여겼기에, 그것을 동생 야곱에게 팥죽 한 그릇에 팔았습니다. 골리앗은 다윗을 업신여기고, 가치 없는 것으로 평가절하하다가 다윗이 던진 물맷돌에 맞아 비참하게 죽었습니다. 미갈는 남편 다윗이 하나님께 보인 열심을 평가절하하다, 자녀를 낳지 못하는 비참한 삶을 살았습니다.

"부모님을 업신여기지 말라"라는 말은 부모님을 평가절하하면서 부모님 말씀을 가치 없는 것으로 간주하지 말라는 뜻입니다. 부모님 말씀을 '잔소리'로 치부하지 말라는 말입니다. 오히려 잘 경청하고 순종

---

1 Hermann J. Austel, "שָׁמַע," in *Theological Wordbook of the Old Testament*, ed. R. Laird Harris, Gleason L. Archer Jr., and Bruce K. Waltke, vol. 2 (Chicago: Moody Press, 1980), 2412.

2 Francis Brown, S. R. Driver, and Charles Briggs, eds., *A Hebrew and English Lexicon of the Old Testament with an Appendix Containing the Biblical Aramaic* (Oxford: Clarendon Press, 1906; reprint, Peabody, MA: Hendrickson Publishers, 1979), 100; Bruce K. Waltke, "בָּזָה," in *Theological Wordbook of the Old Testament*, ed. R. Laird Harris, Gleason L. Archer Jr., and Bruce K. Waltke, vol. 1 (Chicago: Moody Press, 1980), 224.

하라는 말입니다. 자녀가 부모님에게 불순종하는 이유는 부모님 말씀을 업신여기기 때문입니다. 부모님 말씀을 잔소리로 치부하기 때문입니다. 그래서 "순종하라"와 "업신여기지 말라"는 같은 뜻입니다. '업신여기다'의 반대말은 '공경하다', '부모님을 가치 있게 여기다'입니다. 부모님을 가치 있게 생각한다면, 부모님 말씀에 순종합니다. 이처럼 자녀 도리는 부모님의 말씀에 순종하는 것입니다. 이것이 효도입니다.

이제 적극적 측면에서 효도를 생각해 보겠습니다. 적극적 의미로, 효도는 자녀의 효도를 받은 부모님 편에서 생각할 수 있습니다. "**너의 어버이를 즐겁게 하여라. 특히 너를 낳은 어머니를 기쁘게 하여라**"(25절). 부모는 자녀로 즐겁고 기쁨이 넘쳐야 합니다. 누가 즐거워하고, 누가 기뻐하는가요? 부모님입니다. 자녀가 아니고, 부모님입니다. 효도란 부모님이 즐거워하는 것이고, 부모님이 기뻐해야 하는 것입니다. 효도하는 자녀 편에서 즐거워하고 기뻐하는 게 아닙니다. 부모님 편에서 즐거워하고 기뻐해야 효도입니다. 그래서 효도는 부모가 바라는 쪽으로 해야 합니다. 자식이 바라는 게 아니라, 부모님이 바라시는 바를 해 드리는 게 참된 효도입니다. 여러분 부모님이 즐거워하고 기뻐하시는 게 무엇인가요? 여러분 부모님이 좋아하시는 음식이 무엇인지 아시나요? 그것을 해 드리면, 바로 효도입니다.

'즐겁게 한다(שָׂמַח, 사마흐)'는 유쾌하게 만들고 기쁘게 한다는 뜻입니다.3 '웃게 만든다'라는 표현이 좋습니다. 효도란 부모님을 웃으시게 하는 것입니다. 그리고 효도는 부모님을 기쁘게 하는 것(גִּיל, 기일)입니다. '기쁘게 한다'는 즐거움을 격렬하게 표현한다는 뜻입니다.4

---

3 Bruce K. Waltke, "שָׂמַח," in *Theological Wordbook of the Old Testament*, ed. R. Laird Harris, Gleason L. Archer Jr., and Bruce K. Waltke, vol. 2 (Chicago: Moody Press, 1980), 2268.

4 Brown, Driver, and Briggs, eds., *A Hebrew and English Lexicon of the Old Testament with an Appendix Containing the Biblical Aramaic*, 162.

'즐겁게 하다'가 마음이 기쁜 상태를 말한다면, '기쁘게 하다'는 마음의 기쁨이 겉으로 드러나게 한다는 뜻입니다.5 기쁘면 대부분 환호성을 치고, 자랑합니다. 부모님이 자녀들로 즐겁고 기쁘면, 자랑하려는 마음이 생겨 친구만이 아니라 주변 다른 사람에게도 자랑합니다. 적극적 측면에서, 효도란 바로 부모님의 마음을 기쁘시게 할 뿐 아니라, 부모님이 그 기쁨으로 자랑하시게 만들어 드리는 것입니다.

왜 자녀들은 부모님에게 효도해야 할까요? 왜 자녀는 부모님에게 순종하고, 부모님이 기쁨과 즐거움을 느끼시도록 해야 할까요?

2. 그 이유는 부모님이 낳아 길러주셨기 때문이다.

부모님께 효도해야 하는 한 가지 중요한 이유는 부모님이 낳아주셨기 때문입니다. 부모님이 나를 낳아주셨다는 것보다 더 중요한 일은 없습니다. 22절에서, 지혜자는 "너를 낳아 준 아버지에게 순종하라"라고 권면합니다. 25절에서는 "너를 낳은 어머니를 기쁘게 하라"고 종용합니다. 부모님에게 효도해야 하는 이유를 설명하면서, 부모님이 우리에게 생명을 주셨기 때문이라고 말합니다. 그래서 우리는 부모님이 낳아주셨기에 부모에게 효도해야 합니다.6 또 다른 이유는 우리를 길러주셨기 때문입니다. 22절에서는 "늙은 어머니를 업신여기지 말라"고 합니다. '늙은 어머니'는 '어머니가 나이가 들었을 때'라는 뜻입니다. '너를 낳아 준"과 '어머니가 나이 들었을 때"는 부모님이 자녀를 낳아 기르시면서 나이가 들었다는 뜻입니다(잠 1:8).7 부모님은 우리를

---

5 Jack P. Lewis, "גיל," in *Theological Wordbook of the Old Testament*, ed. R. Laird Harris, Gleason L. Archer Jr., and Bruce K. Waltke, vol. 1 (Chicago: Moody Press, 1980), 346.

6 Tremper Longman III, *Proverbs*, Baker Commentary of the Old Testament Wisdom and Psalms, ed. Tremper Longman III (Grand Rapids: Baker Academic, 2006), 429에 따르면, '낳다'는 자녀가 교육하는 부모에게 행해야 하는 기본 책임이나 의무를 강조한다.

낳아 기르시느라 당신 인생 전부를 투자하십니다. 우리를 낳으시고 기르시느라 부모님은 검은 머리가 흰 머리가 되었습니다.

　부모님께 효도해야 하는 이유는 우리를 낳으시고 길러주셨기 때문입니다. 그렇게 하시느라고 한평생을 보냈기 때문입니다. 부모님은 자녀를 위해서 모든 삶을 바치십니다. 아기를 낳고, 기르고, 그 자녀가 결혼해서 한 가정을 이룰 때까지 부모님은 자녀를 위해 살아가십니다. 자식이 결혼한 후에도, 부모님은 자식 걱정으로 세월을 보내십니다. 그래서 90살 먹은 부모님에게 60살 먹은 자녀는 여전히 아기라는 말이 있습니다. 부모님이 우리에게 많은 재산을 물러 주셨기 때문이 아닙니다. 부모님이 위대한 일을 하셨기 때문도 아닙니다. 부모님이 우리를 잘 키워주시고, 좋은 교육을 받게 하셨기 때문이 아닙니다. 단 하나의 이유가 있다면, 우리를 낳아 길러주셨기 때문입니다. 그래서 부모님에게 효도해야 합니다. 지난 금요일, 5월 8일은 어버이날입니다. 어버이날에 전화를 드리고, 용돈 드리면서 효도하셨을 줄 압니다. 부모에게 효도하지 못하셨다면, 지금이라도 늦지 않습니다. 예배 후에 부모님을 찾아뵐 수 있는 분은 찾아뵙기를 바랍니다. 그렇게 할 수 없는 분은 전화하셔서 저를 낳아 길러주셔서 감사하다고 인사와 함께 따뜻한 감사 말을 전하시기 바랍니다. 우리를 태어나게 하시고 기르시느라고 늙고 약해지신 부모님에게 효도해야 합니다. 시부모님에게 감사하며 효도해야 합니다. 장인과 장모님께 감사하며 작은 효도부터 실천해야 합니다.

　효도는 양가 부모님께 순종하고 기쁘게 하는 것이라고 했습니다. 어떻게 하면, 양가 부모님께 순종하고 기쁘시게 할 수 있을까요? 23절과 24절에서, 지혜자는 효도하는 길을 알려줍니다.

---

　7 Bruce K. Waltke, *Proverbs 15~31*, New International Commentary on the Old Testament, ed. Robert L. Hubbard Jr. (Grand Rapids: Wm. B. Eerdmans Publishing Company, 2005), 258~59.

II. 효도하는 길은 진리를 행함이다(23~24절).

23절입니다. "진리를 사들이되 팔지는 말아라. 지혜와 훈계와 명철도 그렇게 하여라." 효도하는 길은 진리를 사고(קָנָה אֱמֶת, 에메트 커네) 팔지 않는 것입니다. 진리는 하나님 말씀과 관련이 있습니다. 사고판다는 말은 상업 용어로 물건을 구매하고 판매하는 활동을 말합니다.8 여기서 진리는 부모님이 가르쳐 주신 하나님 말씀과 관련이 있습니다. 성경은 진리와 효도를 연결합니다. 왜 연결할까요?

이스라엘 가정에서 부모님은 하나님 권위 대리자입니다. 하나님 대리자로서 부모님은 자녀에게 하나님 말씀을 가르치고 전수하는 임무를 맡았습니다. 자녀는 부모님이 가르치는 하나님 말씀을 주의 깊게 청종해야 하며, 그 말씀에 순종해야 합니다. 그런 면에서 '부모에게 순종하라'는 부모님을 통하여 전수하는 하나님 말씀을 주의 깊게 청종하고, 그 말씀에 순종하라는 뜻입니다. 하나님 말씀이 우리 경험, 문화, 생활 가치관과 잘 맞지 않아 보여도 순종해야 합니다. 하나님의 말씀대로 살아가야 합니다. 생활에서 적용하면서 실천해야 합니다. 이것이 바로 부모님께 효도하는 것이며, 하나님께 충성하는 것입니다.

"진리를 사들이되 팔지는 말라"는 구체적으로 무슨 뜻인가요? '진리를 사라'는, 하나님 말씀을 얻으려고 어떤 가격, 곧 어떤 고통과 희생을 치르더라도 노력하라는 뜻입니다. 그리고 '진리를 팔지 말라'는

---

8 '산다(קָנָה 커네)'는 '얻는다', '구속한다', '구원한다'는 의미도 있다. Leonard J. Coppes, "קָנָה," in *Theological Wordbook of the Old Testament*, ed. R. Laird Harris, Gleason L. Archer Jr., and Bruce K. Waltke, vol. 2 (Chicago: Moody Press, 1980), 2038를 보라. Roland E. Murphy, *Proverbs*, Word Biblical Commentary, ed. Bruce M. Metzer, David A. Hubbard, and Glenn W. Barker, vol. 22 (Waco, TX: Word Books, 1998), 176에 따르면, 진리를 얻는 것은 사고파는 게 아니라고 한다. 신실과 충성으로 진리를 발견하는 것이지, 추상적 진리를 말하는 게 아니라고 주장한다.

하나님 말씀이 너무도 고귀하기에 얻은 다음에는 어떤 것과도 바꾸지 말라는 의미입니다. 마태복음 13장에서 예수님께서 하나님 나라를 비유로 말씀하시면서 하늘나라는 좋은 진주를 구하는 상인과 같다고 했습니다. 그는 값진 진주를 발견하고 자기가 가진 모든 것을 팔아서 그것을 삽니다. 값진 물건을 사려면 어떤 것은 포기하고 희생해야 합니다. 진리(אֱמֶת, 에메트)9는 하나님 말씀입니다. 하나님 말씀이 최고로 가치가 있습니다. 부모님을 통하여 주어진 진리 말씀이 그 어떤 것보다도 가치가 있습니다. 하나님 말씀은 이 세상의 그 어떤 것보다 더 귀하고 소중합니다. 대가를 치르더라도, 그 말씀을 소중히 여기고 간직해야 합니다. 효도란 부모님께서 가르치신 하나님 말씀이 가치가 있다고 인정하는 것입니다. 특히, 부모님을 통해 주어진 하나님 말씀의 가치를 인정하는 것입니다. 그 어떤 것을 희생하더라도 그 어떤 고통이 오더라도 지킬 가치가 있는 것은, 부모님을 통하여 배운 하나님의 말씀입니다. 하나님의 말씀을 잘 지키는 게 효도입니다.

이처럼, 성경은 하나님 말씀을 여러 가지로 표현합니다. 그것은 바로 지혜(חָכְמָה, 호크마), 훈계(מוּסָר, 무사르), 명철(בִּינָה, 비나)입니다.10 '지혜'는 진리를 삶에 적용한 결과 얻는 열매입니다.11 '훈계'는 말씀으로 교육하고 훈련하는 과정을 말합니다.12 하나님께서 이스라엘 백

---

9 '에메트(אֱמֶת)'는 확신을 의미한다. 이것은 직간접적으로 하나님과 관련이 있다. 하나님 성품, 하나님 말씀, 하나님 특성 등과 관련이 있다. 모든 진리는 하나님에게서 나오기 때문이다. Jack B. Scott, "אֱמֶת," in *Theological Wordbook of the Old Testament*, ed. R. Laird Harris, Gleason L. Archer Jr., and Bruce K. Waltke, vol. 1 (Chicago: Moody Press, 1980), 116을 보라.

10 Longman, *Proverbs*, 429에 따르면, 네 개가 서로 밀접하게 연결되어 있다.

11 Louis Goldberg, "חָכַם," in *Theological Wordbook of the Old Testament*, ed. R. Laird Harris, Gleason Archer Jr., and Bruce Walke (Chicago: Moody Press, 1980), 647.

성을 광야에서 어려움을 겪게 하심은 하나님 백성으로 경험해야 하는 훈련 과정이었습니다. 그리고 '명철'은 통찰력을 의미하거나 어떤 사물을 파악하고 이해하는 능력을 의미합니다.13 지혜, 훈계, 명철은 진리로 훈련받고, 실제 삶에서 적용하여 얻는 결과입니다.14 이것을 얻는 데 관심을 가져야지, 이것을 버려서는 안 됩니다. 효도하는 방법은 진리 말씀을 얻어서 그것을 삶에 실천함으로 배웁니다. 부모님은 자녀가 이렇게 해서 의롭게 살고 지혜롭게 사는 모습을 보시면서 기뻐하고 즐거워하십니다. 24절입니다. "의인의 아버지는 크게 기뻐할 것이며, 지혜로운 자식을 둔 아버지는 크게 즐거워할 것이다."

부모님은 자녀가 하나님 말씀을 추구하고, 그 말씀대로 훈련받고, 그 말씀으로 명철을 얻을 때, 기뻐하고 즐거워하십니다. 이사야 55:1~2에서, 선지자는 백성에게 하나님 말씀 듣기가 얼마나 귀한지를 설명합니다. "너희 모든 목마른 사람들아, 어서 물로 나오너라. 돈이 없는 사람도 오너라. 너희는 와서 사서 먹되, 돈도 내지 말고 값도 지불하지 말고 포도주와 젖을 사거라. 어찌하여 너희는 양식을 얻지도 못하면서 돈을 지불하며, 배부르게 하여 주지도 못하는데, 그것 때문에 수고하느냐? 들어라, 내가 하는 말을 들어라. 그리하면 너희가 좋은 것을 먹으며, 기름진 것으로 너희 마음이 즐거울 것이다." 이런 면에서 효도는 하나님 섬기기와 다르지 않습니다. 효도는 하나님을 잘

---

12 Paul R. Gilchrist, "מוּסָר," in *Theological Wordbook of the Old Testament*, ed. R. Laird Harris, Gleason L. Archer Jr., and Bruce K. Waltke, vol. 1 (Chicago: Moody Press, 1980), 877.

13 Francis Brown, S. R. Driver, and Charles Briggs, eds., *A Hebrew and English Lexicon of the Old Testament with an Appendix Containing the Biblical Aramaic*, 108; Louis Goldberg, "בִּינָה," in *Theological Wordbook of the Old Testament*, ed. R. Laird Harris, Gleason L. Archer Jr., and Bruce K. Waltke, vol. 1 (Chicago: Moody Press, 1980), 239a.

14 The NET Bible, Proverbs 23:23, n. 39.

섬기는 것이고, 하나님의 말씀대로 살아가는 것입니다.

결론

결론적으로 자녀 도리는 부모님께 효도하는 일입니다. 부모님 말씀에 순종하고 부모님을 기쁘시게 하는 게 효도입니다. 부모님이 바라시고 좋아하시는 일을 먼저 마음을 담아 해 드림으로 부모님을 기쁘시게 하는 것입니다. 특히, 하나님 말씀인 진리를 귀하게 여기고, 그 말씀으로 의롭고 지혜로운 자녀가 되는 것입니다. 부모님은 자녀에게 하나님 말씀을 가르쳐야 합니다. 또한 먼저 진리에 따라 살아야 합니다. 그리고 그것을 자녀에게 가르치면서 살아야 합니다. 그럴 때 자녀는 부모님 삶에서 효도를 배웁니다. 하나님을 사랑하는 법을 배웁니다. 이전에는, 부모님은 물질이 없었어도 기도로 자녀를 키웠습니다. 그래서 자녀는 부모님 기도 소리를 들으면서 잠에서 깼습니다. 하지만 지금은 돈으로 자녀를 키웁니다. 오히려 말씀과 기도로 자녀를 키워야 합니다. 그래야 하나님에게서 효도를 배우고 실천함으로 하나님의 자녀다운 삶을 살아갑니다.

17 잠언 23:26~28
바른 교훈으로 음행을 피합시다

중심 내용: 바른 교훈은 음행으로 파탄에 빠지지 않게 하는 유일한 길이다.

I. 바른 교훈에 마음과 눈을 고정해야 한다(26절).

II. 음행은 잘못된 길로 인도하여 삶을 파괴하고 불신으로 인도하기 때문이다(27~28절).

  1. 음행은 잘못된 길로 빠지게 하는 함정이기 때문이다(27절).

  2. 그 결과 삶을 파괴하고 불신으로 인도하기 때문이다(28절).

서론

저는 한 달에 한 번은 달라스신학대학원 동문 모임에 참석합니다. 이태원에 코로나19 사건이 터진 뒤라, 서울 이태원 근처에서 목회하는 동문에게 이태원 상황을 물었습니다. 그랬더니 이태원 뒷골목에 트랜스젠더 바가 백 개나 넘는다고 합니다. 저는 그 사실에 깜짝 놀랐습니다. 트랜스젠더 바가 한두 개나 많아도 열 개는 안 될 거로 생각했기 때문입니다. 그런데 이태원에만 백 개가 넘는다는 말을 듣는 순간 머리가 멍했습니다. 성을 바꾼 사람이 상상외로 많다는 사실을 알았기 때문입니다. 이 세상은 성 개방 문화로 점점 치닫습니다. 믿지 않는 사람은 물론이고 믿는 사람도 성을 개방하고, 심지어 성을 잘 모릅니다. 결혼 밖의 성관계가 큰 문제인지도 모르고 살아갑니다. 이렇게 살아가는 이 세대에게, 오늘 본문에서 지혜자는 음란이라는 함정을 경고합니다. 음녀의 성적 함정에 조심하라고 권면합니다. 조심하는 비결은 교훈에 마음을 고정하기, 말씀에 눈을 고정하기입니다.

I. 바른 교훈에 마음과 눈을 고정해야 한다(26절).

무지한 아들은 자기 마음대로 하지만, 지혜로운 아들은 하나님과 부모 교훈을 마음에 새깁니다. 지혜자는 자녀에게 마음을 자신에게 집중하고 자기 가르침을 따르라고 권면합니다. 26절입니다. "**내 아이들아, 나를 눈여겨보고 내가 걸어온 길을 기꺼이 따르라.**" 지혜자는 '**나를 잘 보고 내가 걸어온 길을 따라 걸으라**'라고 권면하지요. 여기서 '아이들아'는 '아들'이라는 의미이지만, 후손, 제자, 또는 청중을 의미합니다.[1] 아이들이 부모 말씀에 청종해야 한다면, 성도는 하나님 말씀에 청종해야 합니다.

'**나를 눈여겨보고**'는 히브리어 성서에 תְּנָה־בְנִי לִבְּךָ לִי(터나-버니 리베카 리이)인데, '**네 마음을 나에게 달라**'라는 말입니다. 이 권면은 '내

---

[1] Francis Brown, S. R. Driver, and Charles Briggs, eds., *A Hebrew and English Lexicon of the Old Testament with an Appendix Containing the Biblical Aramaic* (Oxford: Clarendon Press, 1906; reprint, Peabody, MA: Hendrickson Publishers, 1979), 122; Ludwig Koehler and Walter Baumgartner, *The Hebrew and Aramaic Lexicon of the Old Testament*, trans and ed. under the supervision of M. E. J. Richardson, vol. 1, rev. by Walter Baumgartner and Johann Jakob Stamm with assistance from Benedikt Hartmann et al. (Leiden: E. J. Brill, 2001), 137~38.

말에 주의를 기울여라' 또는 '내 말을 주의 깊게 생각해 보라'라는 의미입니다.2. '네 권리, 네 소유권, 또는 네 주도권을 나에게 넘겨라'라는 뜻입니다.3 성도는 자기 마음대로 하려 들지 말고, 주도권을 하나님께 넘겨야 합니다. 인생 주도권을 하나님께 넘겨야 합니다. 주도권을 주님께 넘기라는 말은, 어떤 결정을 할 때 **'예수님이라면 어떻게 할 것인가?'**를 생각해 보고 결정하라는 의미입니다.

왜 마음을 주님께, 주도권을 주님께 넘겨야 할까요? 눈으로 보는 바에 따라 생각이나 행동이 달라질 수 있기 때문입니다. 우리는 보는 것을 조심해야 합니다. 그것에 따라 우리 생각이 달라지고, 우리 행동이 달라지기 때문입니다. 눈은 어떤 판단을 내리거나 결정을 내릴 때 첫째 관문이면서도 아주 큰 영향을 끼치는 신체 한 부분입니다. 그래서 무엇을 보느냐가 중요합니다. 요즘은 컴퓨터나 스마트 폰을 많이 사용하는 시대입니다. 어떤 것을 찾을 때, 네이버에서 검색합니다. 저도 설교를 준비하면서 자료나 단어를 바르게 사용했는지를 확인할 때, 네이버로 검색합니다. 네이버로 검색할 때, 검색어를 무엇으로 하느냐에 따라 결과는 달라집니다. 마찬가지로, 우리 눈과 마음도 무엇을 보느냐에 따라 결과가 달라집니다. 밝은색과 아름다운 자연을 보면 마음이 밝아집니다. 모든 것이 잘 정리 정돈된 환경을 보면, 울적한 마음도 좋아집니다. 반면에 우중충한 환경을 보면, 밝은 마음도 우중충해집니다. 보는 것에 따라 마음이나 생각이 달라지기 때문입니다. 그래서 바른 것을 보는 데 우리 눈을 고정해야 합니다.

---

2 Andrew Bowling, "לֵב," in *Theological Wordbook of the Old Testament*, ed. R. Laird Harris, Gleason L. Archer Jr., and Bruce K. Waltke, vol. 1 (Chicago: Moody Press, 1980), 1071.

3 Bruce K. Waltke, *Proverbs 15~31*, New International Commentary on the Old Testament, ed. Robert L. Hubbard Jr. (Grand Rapids: Wm. B. Eerdmans Publishing Company, 2005), 260; Paul E. Koptak, *Proverbs*, NIV Application Commentary, ed. Terry Muck (Grand Rapids: Zondervan Publishing House, 2003), 547.

지혜자는 우리 눈을 다른 곳에 고정하지 말고, 자기가 걸어온 길에 고정하라고 권면합니다. 그렇다면 지혜자 자신이 걸어온 길은 무엇을 말하는가요?

이 길은 자기가 살아온 길이라 할 수 있습니다. 그리고 지혜자가 지금까지 가르친 교훈이나 말씀이라 할 수 있습니다.4 '길'로 번역한 히브리어는 דֶּרֶךְ(데레크)입니다. 이 단어는 '길이나 여정, 행실이나 관습, 가르침'이라는 뜻입니다.5 길을 의미할 때는 갑자기 만든 길을 의미하지 않습니다. 여러 사람이 걸어 자연스레 만들어진 길을 의미합니다. 하지만 본문에서는 인생 여정이나 가르침을 의미합니다. 잠언 1~9장은 지혜에 관해 이야기합니다. 특히, 5~7장에서 지혜란 음란한 여성에게서 멀어짐이라고 반복하여 가르칩니다.6 그런 점에서 본문이 말하고는 길은 음란한 여성에게서 벗어난 올바른 인생을 말합니다.7 또한 지혜자가 가르쳐 주는 바른 가르침을 의미합니다. 지혜자는 제자들에게 자기가 가르친 교훈에 마음과 눈을 집중하라고 권면합니다. 자기가 가르치며 걸어온 올바른 삶에 시선을 집중하라고 권면합니다. 성경은 믿는 사람에게 하나님 말씀에 마음과 눈을 집중하라고 합니다. 이 세상 가치관이나 삶의 방법이 아니라, 하나님 가치관과 하나님이 가르쳐 주시는 삶의 방법에 집중하라고 말합니다.

---

4 Waltke, *Proverbs 15~31*, 260; Tremper Longman III, *Proverbs*, Baker Commentary of the Old Testament Wisdom and Psalms, ed. Tremper Longman III (Grand Rapids: Baker Academic, 2006), 429.

5 Brown, Driver, and Briggs, eds., *A Hebrew and English Lexicon of the Old Testament with an Appendix Containing the Biblical Aramaic*, 202~4.

6 Longman, *Proverbs*, 429.

7 Herbert Wolf, "דֶּרֶךְ," in *Theological Wordbook of the Old Testament*, ed. R. Laird Harris, Gleason L. Archer Jr., and Bruce K. Waltke, vol. 1 (Chicago: Moody Press, 1980), 453.

왜 마음과 눈을 하나님의 교훈에 고정해야 할까요? 그 이유는 무엇일까요?

II. 음행은 잘못된 길로 인도하여 삶을 파괴하고 불신으로 인도하기 때문이다(27~28절).

  1. 음행은 잘못된 길로 빠지게 하는 함정이기 때문이다(27절).

그 이유는 마음과 눈을 잘못 사용하면, 잘못된 길로 빠져들기 때문입니다. 27절입니다. "**음란한 여자는 깊은 구렁이요, 부정한 여자는 좁은 함정이다.**" 한글 성경에는 나타나지 않지만, 히브리어 성서를 보면 이유를 설명하는 접속사 כִּי(키)가 문장 앞에 나옵니다. 이 접속사는 마음과 눈을 지혜자가 가르친 교훈에 집중해야 하는 이유를 설명합니다. 집중해야 하는 이유는 음란한 여자와 부정한 여자 때문입니다.[8] 교훈에 집중하지 않을 때, 음란한 여성의 유혹에 쉽게 빠지기 때문입니다. 사람 신체에서 성적 유혹에 빠지는 가장 민감한 부분은 눈입니다. 그래서 눈을 음란한 여인, 부정한 여인을 보는 데 사용하지 말고, 민감한 눈의 성질을 긍정적으로 활용하여 교훈, 하나님 말씀에 고정하라고 권면합니다. 부모나 스승은 자녀나 제자가 음란이나 성적으로 문란한 행위를 할 때, 그 위험성을 경고해야 합니다. 자녀나 제자가 잘못된 길을 가는 데 가만히 있다면, 부모라고 할 수 없고 스승이라고 할 수 없습니다. 부모이고 스승이라면, 바른길을 가도록 교훈하고 인도해야 합니다. 공부 잘하는 데로만 인도하지 말고, 바른 정신을 가지도록 인도해야 합니다. 사역자도 마찬가지입니다. 성도가 바른길을 가도록 말씀과 기도로 훈계하며 인도해야 합니다.

27절에 '음란한 여인'이 나오고, '부정한 여인'도 나옵니다. 단어는 랄라도, 둘 다 같은 의미입니다. זוֹנָה(조나, 음란한 여인)은 זָנָה(자나) 분

---

[8] Waltke, *Proverbs 15~31*, 260.

사형인데, '자나'는 '매춘하다', '간음하다', 또는 '금지된 성관계를 한다'를 의미합니다.9 분사형이 쓰였을 때는 매춘하는 사람, 금지된 성관계를 하는 사람을 지칭합니다. 문자적으로는 몸을 파는 사람, 매춘을 하는 사람을 지칭합니다. 그러나 본문에서는 매춘하는 사람뿐 아니라 금지된 성관계를 하는 사람 모두를 지칭합니다. 금지된 성관계란 결혼 밖에서 일어나는 모든 종류의 성관계를 포함합니다. 결혼한 사람이 자기 배우자 외에 다른 사람과 성관계를 맺는 것은 금지된 성관계입니다. 결혼하지 않은 사람이 다른 사람과 성관계 맺는 것도 금지된 성관계입니다. 게이나 레즈비언, 그리고 트랜젠더와 성관계를 하는 것도 금지된 성관계입니다. 성경은 모든 금지된 성관계를 매춘 행위로 여깁니다.

그리고 '부정한 여인(נָכְרִיָּה, 나크리야)'은 이스라엘 백성이 아니라 외국인을 지칭하는 용어입니다. 그런데 잠언에서는 이 용어가 전문 용어로 쓰였습니다. 창녀나 간음하는 사람을 지칭하는 전문 용어로 사용했습니다(잠 2:16; 5:20; 6:24).10 전문 용어로 사용할 때, 단순히 창녀를 말하지 않습니다. 하나님의 백성이 아니라 이방인처럼 생각하고, 이방인처럼 말하고, 이방인처럼 행동하는 사람을 지칭합니다.11 그래

---

9 Leon J. Wood, "זָנָה," in *Theological Wordbook of the Old Testament*, ed. R. Laird Harris, Gleason L. Archer Jr., and Bruce K. Waltke, vol. 1 (Chicago: Moody Press, 1980), 563에 따르면, זָנָה(자나)는 이성 간의 불법 성관계를 말한다. 특히, 결혼한 사람이 자기 배우자 말고 다른 사람과 성관계했을 때를 말한다(레 20:10). 성경에서는 대부분이 여성을 언급하지만, 남자도 언급한다(출 34:16; 민 25:1). 비유적으로 사용할 때는 종교적 성관계도 의미할 수 있다. 이스라엘이 이방 신을 예배하는 것도 여기에 포함된다고 주장한다.

10 Marvin R. Wilson, "נָכַר," in *Theological Wordbook of the Old Testament*, ed. R. Laird Harris, Gleason L. Archer Jr., and Bruce K. Waltke, vol. 2 (Chicago: Moody Press, 1980), 1368; The NET Bible, Proverbs 23:27, n. 45.

서 본문에 나오는 부정한 여인은 하나님 말씀을 떠나 믿지 않는 사람의 사상이나 부도덕하고 난잡한 삶의 방식을 따르는 사람을 의미합니다. 결국, '음란한 여인'과 '부정한 여인'은 성적으로 문란한 여인을 의미한다는 점에서는 동일합니다. 단지 차이점이 있다면, '음란한 여인'은 성적인 부도덕한 빠진 사람입니다. 성적 문란에 빠진 사람을 강조합니다. 다시 말해서 금지된 성관계를 하는 사람입니다. 그런데 '부정한 여인'은 성적 문란에 빠졌다는 점에서는 동일합니다. 다른 점은 하나님의 말씀보다 세상의 철학이나 사상을 따른 결과 성적으로 문란한 삶을 사는 사람을 지칭합니다. 이들은 하나님을 모르는 사람입니다. 하나님의 말씀에는 금지하는데, 남들이 하니까 자신도 문란한 삶을 사는 사람입니다. 친구들이 그렇게 하니까, 자신도 성적인 문란에 빠진 사람입니다. 하나님을 믿는 사람들이 하나님의 모르는 사람처럼 행동해서는 안 됩니다.12

  이 음란한 여인과 부정한 여인과 관계를 맺을 때, 깊은 구렁에 빠지고 좁은 함정에 빠집니다. '깊은 구렁이요', '좁은 함정이다'라는 표현이 나옵니다. 이 두 표현은 한 번 빠지면 결코 헤어 나올 수 없는 위험을 강조합니다. 창녀나 이방 여인에게 빠지면, 결코 빠져나올 수 없는 죽음이나 파멸의 구렁텅이에 빠진다는 뜻입니다. 청년이나 청소년이 교제할 때, 성적으로 빠지면 그것에서 빠져나오기가 쉽지 않습니다. 결혼한 사람도 한 번 외도하면 제자리로 돌아오기는 쉽지 않습니다. 그래서 교제할 때, 조심, 또 조심해야 합니다. 그래서 파멸이라는 구렁텅이에 빠지지 않으려면 하나님 말씀에 마음과 눈을 고정해야 합니다.

---

11 Brown, Driver, and Briggs, eds., *A Hebrew and English Lexicon of the Old Testament with an Appendix Containing the Biblical Aramaic*, 649.

12 음란한 여인이 도덕적 죄를 강조한다면, 부정한 여인은 도덕적 죄가 영적 음란죄에서 기인한다는 점을 강조한다.

이제, '깊은 구렁이요'와 '좁은 함정이다'의 의미를 생각해 보겠습니다. '깊은 구렁이요(עֲמֻקָּה שׁוּחָה, 슈하 아무카)'에서 구렁(שׁוּחָה, 슈하)13은 구멍과 같은 장소를 의미하는 단어입니다. 구멍과 같은 장소라도 일반적인 장소보다는 위험한 장소를 의미합니다. 시베리아 등지에서 수목이 없는 대초원이나 석탄을 파는 갱을 의미할 수 있습니다. 그런데 이 장소는 깊은 장소이기 때문에 한 번 빠지면 나올 수 없습니다.14 그리고 좁은 함정(בְּאֵר צָרָה, 버에르 차라)도 비슷한 의미입니다. 일반적으로 우물이나 수원지를 지칭합니다. 이 용어는 구덩이 또는 지하 감옥을 지칭하기도 합니다. 그리고 죽은 사람이 가는 장소인 스올을 지칭할 때도 있습니다(잠 2:19; 5:5; 시 28:1; 88:4).15 '구렁'과 '함정'은 위험한 곳을 강조합니다. 한번 빠지면 결코 헤어 나올 수 없는 장소를 말합니다. 그런데 앞에 '깊은' 그리고 '좁은'이라는 형용사를 씁니다. 이 형용사는 불가능하다는 것을 강조하고 있습니다. '깊고' '좁다'라는 표현은, 갇히면 나올 수 없다는 뉘앙스를 강조합니다.

---

13 참고로, 『민중국어사전』에서는 '구렁'을 땅이 움쑥하게 팬 곳, 또는 '빠지면 헤어나기가 힘든 어려운 환경'을 비유하는 말이라고 설명한다.

14 Waltke, *Proverbs 15~31*, 261에 따르면, 깊은 구렁(עֲמֻקָּה שׁוּחָה, 슈하 아무카)은 잠언 2:18과 5:5에서 그녀 집으로 묘사된다. 그런데 이것은 사람 몸의 구멍을 의미하기도 한다. 잠언 22:14에서는 여인 목구멍을 의미하지만, 또한 여성의 성, 질을 의미하는 이중 의미로 쓰인다(잠 30:20 참조). 그런 의미에서 깊은 구렁은 성적 관계를 의미한다. 한번 성적인 관계에 빠지면 결코 헤어날 수 없음을 보여준다.

15 The NET Bible, Proverbs 23:27, n. 47. 이것을 상징적으로 사용할 때는 여성 혹은 여성의 질을 지칭한다. 여성을 우물로 표현하였다. 아가서 4:15에서 여성은 '동산의 샘, 생수가 솟는 우물, 레바논에 흐르는 시냇물로 표현했다. 잠언 5:15에서는 네 우물의 물을 마시고 할 때는 여성의 성을 이야기한다. Lewis, "בְּאֵר," *TWOT*, 1:194; Brown, Driver, and Briggs, eds., *A Hebrew and English Lexicon of the Old Testament with an Appendix Containing the Biblical Aramaic*, 91; Waltke, *Proverbs 15~31*, 261; Longman, Proverbs, 194를 참조하라.

깊은 구렁과 좁은 함정은 좌절과 절망의 원천을 의미하기도 합니다.16 한 번 빠지면 도저히 헤어 나올 수 없는 절망과 좌절의 구렁텅이라는 뜻입니다. 음란한 여인과 부정한 여인에게 빠지면, 위험합니다. 절망과 좌절에 빠집니다. 심지어 결국에는 죽습니다. 그렇기에 지혜자는 거기에 빠지지 않도록, 하나님이 주시는 교훈에 눈을 떼지 말라고 권고합니다.

하나님 말씀에 마음과 눈을 두어야 하는 이유는 마음과 눈을 다른 곳에 두는 순간 성적 음란에 빠지기 때문입니다. 그 결과는 무엇일까요?

2. 그 결과 삶을 파괴하고 불신으로 인도하기 때문이다(28절).

그 결과는 절망이라는 구렁텅이로 빠집니다. 구렁텅이에 빠진 사람은 파멸하고 맙니다. 28절입니다. "**강도처럼 남자를 노리고 있다가, 숱한 남자를 변절자로 만든다.**" '**강도처럼 남자를 노린다**'의 문자적 의미는 '그녀가 강도처럼 기다린다'는 뜻입니다. '기다린다(אָרַב, 아랍)'는 엎드려 기다리는 모습을 표현합니다. 사자나 야생동물이 먹잇감을 사냥하려고 숨어서 엎드려 기다리는 모습입니다(시 10:9; 애 3:10). 강도가 물건이나 사람을 강탈하려고 기다리는 모양새입니다.17 음녀가 사자나 야생동물처럼, 강도처럼 노리고 있습니다. 이 표현은 음란에 빠지면, 얼마나 위험한가를 경고합니다.

깊은 구렁과 좁은 함정은 수동적 의미에서 위험을 의미한다면, 강도처럼 남자를 노린다는 능동적 의미에서 위험을 말합니다. 음란과 음행은 수동적이면서도 능동적으로 위험함을 의미합니다. 우리는 조심하고 있기에 자기 의지로 음란에 빠지지 않을 수 있다고 생각합니

---

16 Waltke, *Proverbs 15~31*, 261.

17 Victor P. Hamilton, "אָרַב," in *Theological Wordbook of the Old Testament*, ed. R. Laird Harris, Gleason L. Archer Jr., and Bruce K. Waltke, vol. 1 (Chicago: Moody Press, 1980), 156.

다. 그러나 그렇지 않습니다. 자신도 모르게 빠집니다. 구렁이와 함정은 자기가 알아서 빠지지 않습니다. 자신도 모르는 사이에 빠져 있습니다. 그리고 빠지면, 그곳은 이미 헤어 나올 수 없는 함정입니다. 왜냐하면 음행과 음란이 먹잇감을 기다리는 사자나 야생동물처럼 방심한 여러분을 기다리고 있기 때문입니다. 무방비 상태에 있는 여러분을 민첩하게 공격하기 때문입니다. 맹수는 한 번 움켜잡으면 놓지 않습니다. 세상을 떠들썩하게 했던, 'n방 사건'이 바로 그 사례입니다. 한 번 들어가기는 쉽지만, 한 번 빠지면 나오기가 매우 어렵습니다. 이름을 인터넷에 옮기겠다고, 부모님에게 그리고 회사에 알리겠다고 협박합니다. "열 사람이 도둑 한 명을 못 지킨다"라는 속담이 있듯이, 아무리 방비해도 도둑이 마음먹고 훔치고자 하면, 그 도둑은 잡을 수 없다는 말입니다. 음란, 음행이 바로 도둑과 같습니다. 우리 스스로 힘과 의지만으로는 그 도둑을 방비하는 데 분명 한계가 있기에 하나님의 교훈에 눈을 고정해야 합니다.

음란은 움켜잡을 뿐 아니라, 사람을 **'변절자로 만듭니다.'** 신실하지 않은 사람으로 만든다는 뜻입니다.[18] 믿을 수 없는 사람으로 만든다는 말입니다. 음행에 빠진 사람을 도무지 믿을 수 없습니다. 결혼생활에 신실하지 않고, 배우자에게 정조 의무마저 버립니다. 그래서 결혼생활에 치명적 결과를 초래합니다. 가정이 깨질 수 있습니다. 변절자로 만든다는 표현은 하나님에게 신실하지 않게 만든다는 의미도 있습니다.[19] 하나님을 경외하는 신앙을 저버린다는 의미입니다.[20] 배우자나 사람에게 신실하지 않을 뿐 아니라, 하나님에게도 신실하지 않

---

[18] Louis Goldberg, "בָּגַד," in *Theological Wordbook of the Old Testament*, ed. R. Laird Harris, Gleason L. Archer Jr., and Bruce K. Waltke, vol. 1 (Chicago: Moody Press, 1980), 198.

[19] The NET Bible, Proverbs 23:28, n. 49. Goldberg, "בָּגַד," *TWOT*, 1:198.

[20] Goldberg, "בָּגַד," *TWOT*, 1:198.

습니다. 하나님께 충성을 다하겠다는 의무도 끝장납니다. 믿음 변절자로 만듭니다. 음행은 이렇게 위험합니다.

결론

그래서 지혜자는 성경이 가르친 교훈에 마음을 고정하고, 눈을 고정하라고 권면합니다. 그렇게 하지 않으면 음란에 빠집니다. 그 결과, 멸망의 길에 빠집니다. 가정이 파탄에 이릅니다. 결국, 하나님을 저버리고 불신앙 길로 들어섭니다. 그렇게 되지 않으려면, 오히려 지혜를 친구로 사귀어야 합니다. 하나님 말씀과 교훈에 집중하는 게 지혜입니다. 자식을 둔 부모님은 하나님 말씀에 집중하시기 바랍니다. 그리고 자녀에게도 하나님의 교훈에 마음과 눈을 집중하도록 가르치시기를 바랍니다. 성도도 마찬가지입니다. 말씀에 집중하고, 말씀이 가르치는 교훈에 집중해야 합니다. 그리고 자녀에게 마음과 눈을 집중하도록 가르치고, 그들을 위해 기도해야 합니다.

18 잠언 23:29~35
술 유혹을 이겨냅시다

중심 내용: 술은 현실을 부정하고 자신과 가정을 위험에 빠뜨리는 해악을 초래하니, 술 유혹을 이겨내야 한다.

I. 술을 찾아 마시는 사람에게는 삶의 부정적 현상이 닥친다(29~30절).

II. 술을 쳐다보지도 말아야 하는 이유는 술이 해악을 초래하기 때문이다(31~35절).

　1. 술이 유혹해도, 술을 조금도 생각하지 말아야 한다(31절).

　2. 이유는 술은 자신과 가정을 파괴하는 해악이기 때문이다(32~35절).

서론

요즘, 믿는 사람을 포함해서 많은 사람은 술 마심에 아주 개방적입니다. 성경이 술 취하지 말라고 했지, 술을 먹지 말라고는 하지 않았다고 말합니다. 사회생활을 하려면, 어느 정도 술자리에 참석하고 술을 마셔야 한다고 말합니다. 사실, 그 말에도 일리는 있습니다. 이 세상은 하나님을 믿는 사람들만 모여있는 사회가 아니기 때문입니다. 오늘 본문에서, 지혜자는 '술이 초래하는 해악'을 말하면서 '술을 쳐다보지도 말라'라고 경고합니다. 왜냐하면 술은 음녀와 같기 때문입니다. 한 번 빠지면, 헤어나지 못하고 패망의 길로 치닫기 때문입니다.

I. 술을 찾아 마시는 사람에게는 삶의 부정적 현상이 닥친다(29~30절).

29~30절은 질문과 대답으로 이뤄졌습니다.[1] 29절에 여섯 개 질문이 있습니다. "재난을 당한 사람이 누구냐?, 근심할 사람이 누구냐?, 다툴 사람이 누구냐?, 탄식할 사람이 누구냐?, 까닭도 모를 상처를 입을 사람이 누구냐?, 눈이 충혈될 사람이 누구냐?" 이 질문에 대답은 30절에서 제시합니다. 늦게까지 술자리에 남아있는 사람입니다. 술을 찾는 사람입니다.

30절을 비추어 볼 때, 29절은 술이 초래하는 여섯 가지 부정적 현상을 질문 형태로 기록하고 있음을 알 수 있습니다.[2] 첫째와 둘째는 거의 비슷한 부정적 현상을 질문으로 표현합니다. 한글 성경에는 '재난'과 '근심이 누구에게 있느냐'로 번역합니다. 그런데 히브리어 성서에서는, 재난이나 근심 그 자체보다는 재난이나 불행에서 오는 마음의 고통을 말합니다. 슬픔과 절망, 자포자기, 탄식을 의미합니다.[3] 삶

---

[1] Bruce K. Waltke, *Proverbs 15~31*, New International Commentary on the Old Testament, ed. Robert L. Hubbard Jr. (Grand Rapids: Wm. B. Eerdmans Publishing Company, 2005), 263; Richard J. Clifford, *Proverbs*, Old Testament Library, ed. James L. Mays, Carol A. Newsom, and David L. Petersen (Louisville, KY: Westminster John Knox Press, 1999), 213.

[2] The NET Bibel, Proverbs 23:29, n. 51에서는 여섯 가지 질문을 술 취한 사람에게 닥치는 결과라고 정의한다.

[3] Robert L. Alden, "אוֹי," in *Theological Wordbook of the Old Testament*, ed. R. Laird Harris, Gleason L. Archer Jr., and Bruce K. Waltke, vol. 1 (Chicago: Moody Press, 1980), 42; Francis Brown, S. R. Driver, and Charles Briggs, eds., *A Hebrew and English Lexicon of the Old Testament with an Appendix Containing the Biblical Aramaic*

의 현장에서 오는 스트레스나 고통 때문에 탄식하고 절규하는 모습입니다.4 술을 좋아하거나 술에 취한 사람에게 있는 일반 특징은 자기 신세를 한탄하고, 절망과 자포자기하는 말을 많이 합니다. 암울한 현실을 이겨내려고 술을 마시지만, 술은 현실을 이겨내는 힘을 주지는 못하고 불평하고 신세 한탄하도록 만듭니다.

셋째와 넷째는 '다툴 사람'과 '탄식할 사람이 누구냐?'로 질문합니다. 다툼과 탄식은 내적 불평과 불만을 외적으로 표현, 곧 말과 행동으로 표현을 말합니다. 다툼은 내적 불평과 불만을 행동으로 표현하는 방법입니다.5 반면에 탄식은 내적 불평과 불만을 말로 하는 표현입니다.6 평상시는 얌전하고 조용하지만, 술만 마시면 싸우고, 말을 많이 하는 사람이 있습니다. 그래서 "술이 문제야!"라고 말합니다.

다섯째와 여섯째는 '상처를 입을 사람, 눈이 충혈될 사람이 누구냐?'입니다. 상처는 술에 취해 다투는 현상입니다. 술기운에 서로를

(Oxford: Clarendon Press, 1906; reprint, Peabody, MA: Hendrickson Publishers, 1979), 17; Waltke, *Proverbs 15~31*, 263.

4 Tremper Longman III, *Proverbs*, Baker Commentary of the Old Testament Wisdom and Psalms, ed. Tremper Longman III (Grand Rapids: Baker Academic, 2006), 431.

5 Brown, Driver, and Briggs, eds., *A Hebrew and English Lexicon of the Old Testament with an Appendix Containing the Biblical Aramaic*, 193.

6 Brown, Driver, and Briggs, eds., *A Hebrew and English Lexicon of the Old Testament with an Appendix Containing the Biblical Aramaic*, 967. Gary G. Cohen, "שִׂיחַ," in *Theological Wordbook of the Old Testament*, ed. R. Laird Harris, Gleason L. Archer Jr., and Bruce K. Waltke, vol. 2 (Chicago: Moody Press, 1980), 2255은 שִׂיחַ(시하) 기본 의미가 '연습하다, 회개하다, 명상이나 묵상을 내외적으로 하다'이다. 그런데 이것이 잠언 23:29에서는 말을 많이 하는 것, 특히 불만을 계속 표현하는 것을 의미한다고 주장한다.

비난하며 다툽니다. 은혜는 사라지고, 해서는 안 될 말을 용기로 포장해 너무도 많이 합니다. 그러면 큰 싸움으로 번집니다. 그 결과 부상, 곧 상처를 입습니다. 이빨이 나간다든지, 골절된다든지, 타박상을 입어 병원 신세를 집니다. '눈이 충혈되었다'는 눈이 흐릿한 현상을 말합니다.7 반짝반짝 빛나는 눈의 총기는 사라지고, 술로 눈이 멍한 상태를 말합니다. 마약을 한 사람처럼, 눈이 풀린 상태를 가리킵니다. 이런 사람은 올바르게 판단하지 못합니다.

위 여섯 개는 술로 일어난 부정적 현상을 단계적으로 표현합니다. 심리적 불평과 불만에서, 말과 행동으로 표출하고, 결국 상처를 입고, 멍한 상태에서 올바르게 판단하지 못하는 현상으로 이어집니다. 사람들은 술로 어두운 현실에서 도피하려고, 위안을 찾으려고 합니다. 하지만 술은 도피처도, 피난처도 아닙니다. 진정한 위안을 주지 못합니다. 오히려 자기 불만과 자기 불평만 늘어놓게 만들고, 결국에는 술에 노예가 되어 올바른 것을 판단하지 못하고, 상처만 입힙니다.

지혜자는 여섯 가지 부정적 현상을 낳는 원인은 무엇이라고 말합니까? 술입니다! 30절이 분명하게 말합니다. "**늦게까지 술자리에 남아있는 사람들, 혼합주만 찾아다니는 사람들이 아니냐!**" 술로 이 여러 현상이 나타납니다. '늦게까지 술을 찾는 사람'은 술 주위에 오래 머무르려 합니다.8 술자리가 끝났는데도 미련이 남아서 떠나지 못합니다. 술에 미련을 버리지 못하고 어슬렁거립니다. 이런 사람은 회식 자리를 1차, 2차, 3차로 이어가면서 새벽까지 이 술집 저 술집을 전전합니다. 처음에는 사람이 술을 먹지만, 술이 술을 먹고, 나중에는 술이 사람을 먹는 상태까지 갑니다.

---

7 Brown, Driver, and Briggs, eds., *A Hebrew and English Lexicon of the Old Testament with an Appendix Containing the Biblical Aramaic*, 314. The NET Bible, Proverbs 23:29, n. 52에서는 충혈을 술에 취한 나머지 눈이 어두워지거나 흐릿한 상태라고 한다.

8 Waltke, *Proverbs 15~31*, 264.

'혼합주만 찾아다니는 사람'은 맛집을 찾아다니듯, 술집을 찾아다니는 사람을 말합니다.9 술맛을 아는 사람이라고 말할 수 있습니다. 본문에서 말하는 혼합주는 보통 포도주에 향료나 꿀을 섞은 술을 말합니다. 술맛을 내려고 향료나 꿀을 포도주에 섞었습니다. 그러나 시대가 지남에 따라, 독한 술에 물을 섞기도 했습니다.10 혼합주는 술맛을 내려고 다양한 방법으로 술에 여러 가지를 섞은 술입니다. 오늘날 칵테일과 회식 자리에 등장하는 폭탄주와 같은 술이라 할 수 있습니다. 30절은 술자리에 남아있는 사람, 혼합주만 찾아다니는 사람을 '분사형'으로 표기합니다. 분사형으로 기록은 한 차례 행동이 아니라 계속하는 행동을 서술합니다. 우연히 한 번 그렇게 한 게 아닙니다. 한 주에 두세 차례 또는 그 이상, 술 근처에서 어슬렁거리고, 술을 찾아서 이집 저집을 다니는 사람입니다.

성경은 이렇게 술을 좋아하고, 술을 찾아다니는 사람에게 술을 쳐다보지도 말라고 경고합니다. 술이 유혹하기 때문입니다.

II. 술을 쳐다보지도 말아야 하는 이유는 술이 해악을 초래하기 때문이다(31~35절).

1. 술이 유혹해도, 술을 조금도 생각하지 말아야 한다(31절).

술이 유혹하더라도, 술을 쳐다보지도 말아야 합니다. 31절입니다. "잔에 따른 포도주가 아무리 붉고 고와도, 마실 때 순하게 넘어가더라도, 너는 그것을 쳐다보지도 말아라." 포도주가 아무리 붉고 고와도,

---

9 Waltke, *Proverbs 15~31*, 264.

10 Brown, Driver, and Briggs, eds., *A Hebrew and English Lexicon of the Old Testament with an Appendix Containing the Biblical Aramaic*, 587; G. Lloyd Carr, "מָסַךְ," in *Theological Wordbook of the Old Testament*, ed. R. Laird Harris, Gleason L. Archer Jr., and Bruce K. Waltke, vol. 1 (Chicago: Moody Press, 1980), 1220.

순하게 잘 넘어가도, 술을 쳐다보지도 말라고 경고합니다. '포도주가 붉고 고와도'는 술이 주는 시각적 매력이나 유혹을 말합니다. 포도주를 따를 때, 붉은 포도주가 잔으로 흘러들어 빛을 찰랑찰랑하게 반사하는 모습을 연상할 수 있습니다. 마치 음녀가 자기를 바라보는 사람을 유혹하는 눈빛처럼, 붉은 포도주를 잔에 따를 때 반짝반짝 빛을 내며 유혹합니다. 술 광고를 보면 아름다운 여인이 분위기 있는 곳에서 포도주 한잔을 마시는 장면을 연출합니다. 그것을 보면, "술을 마시면 고상하겠구나"라는 마음이 듭니다. 아름답고 고상한 여성이라고 생각하면 술을 마셔야 한다는 생각도 듭니다. 아름다운 여성과 대화하려면 술을 마셔야 한다고 생각합니다. 이것이 바로 술이 가진 시각적 매력이며, 유혹입니다.

그리고 '순하게 넘어간다'는 미각적 유혹을 말합니다. 문자적으로 장애물이 없어 평평한 길 위로 거리낌 없이 걸어가는 것을 말합니다.11 이 표현은 술이 마시는 사람 목에서 부드럽게 내려간다는 표현입니다. 술을 마실 때 막힘없이 시원하게 내려갑니다. 그래서 사람들이 술을 한 잔을 마시고서, "아, 시원하다!"라고 말하는지도 모릅니다. 지혜자는 술이 지닌 시각적 효과와 미각적 효과를 이렇게 표현합니다.12

술이 아무리 시각이나 미각으로 유혹하더라도, 지혜자는 술을 쳐다보지도 말라고 명령합니다. 이 명령은 술을 마실 생각일랑 아예 하지도 말라는 말입니다.13 술 마시려는 생각을 멈추라, 또는 조금도 생각

---

11 Donald J. Wiseman, "יָשָׁר," in *Theological Wordbook of the Old Testament*, ed. R. Laird Harris, Gleason L. Archer Jr., and Bruce K. Waltke, vol. 1 (Chicago: Moody Press, 1980), 930에 따르면, מִישׁוֹר(미솔)은 문자적으로는 평평한 장소, 언덕과 대조하여 평지를 나타내지만, 은유적으로 안전한 장소를 나타내기도 한다. 하지만 여기서는 술이 편안하고 부드럽게 내려간다는 의미로 해석할 수 있다.

12 Waltke, *Proverbs 15~31*, 264.

13 Waltke, *Proverbs 15~31*, 265; Longman, *Proverbs*, 431.

하지 말라는 명령입니다. 지금까지 조금이라도 술을 긍정적으로 생각하고 있었거나 술을 바라보고 있었다면, 이제는 마음에서 그 생각을 지워버리라고 권면합니다.

왜 술이 시각으로 그리고 미각으로 유혹하더라도, 보지도 말고 생각하지도 말라고 명령할까요?

2. 이유는 술은 자신과 가정을 파괴하는 해악이기 때문이다(32~35절).[14]

술이 주는 해악, 술이 주는 위험 때문입니다.[15] 술은 독사의 독과 같습니다. "그것이 마침내 뱀처럼 너를 물고, 독사처럼 너를 쏠 것이며"(32절). 독사에게 물리면, 몸은 마비가 됩니다. 곧바로 해독하지 않으면, 생명을 위태롭게 합니다. 술이 바로 그렇습니다. 술은 마시는 사람은 패가망신을 겪습니다. 술은 사람을 죽음의 구렁텅이로 몰고 갑니다. 2010년도 살인이나 성폭행 등 강력 사건 세 건의 한 건은 술로 일어난 범죄였다고 합니다. 술은 자신은 물론 다른 사람에게도 치명적 살인 도구입니다. 신명기 32:33입니다. "그들의 포도주는 뱀의 독으로 담근 독한 술이요, 독사의 독이 가득한 술이다." 모세도 술을 독사의 독으로 묘사합니다. 술을 마시면 처음에는 순하게 내려가지만, 그것이 독사의 독처럼 생명을 위험에 빠뜨립니다. 술은 사람을 방탕한 삶으로 이끕니다. 하나님 말씀을 멀리하도록 잘못된 방향으로 인도합니다. 마침내, 하나님을 떠나 세상 사람처럼 살게 합니다.

술이 어떤 해악, 어떤 위험을 끼칠까요? 33~35절이 자세히 설명합니다. 33~35절은 독사 독의 의미를 더 생생하게 묘사합니다.[16]

---

[14] The NET Bible, Proverbs 23:29, n. 51에서는 35절을 29~35절 전체의 결론으로 본다. 하지만 Waltke, *Proverbs 15~31*, 264에서는 32~33절을 결론으로 본다. 단지 32절은 죽음이라는 위험으로, 그리고 33~35절은 죽음 전 무서운 환각 상태 묘사라고 한다.

[15] Waltke, *Proverbs 15~31*, 265에 따르면, 32절에 논리적 이유 접속사(because)가 없어도 이유이다.

33~35절입니다. "눈에는 괴이한 것만 보일 것이며 입에서는 허튼 소리만 나올 것이다. 바다 한가운데 누운 것 같고, 돛대 꼭대기에 누운 것 같을 것이다. 사람들이 나를 때렸는데도 아프지 않고, 나를 쳤는데도 아무렇지 않다. '이 술이 언제 깨지? 술이 깨면, 또 한잔해야지.'라고 말할 것이다." 첫째 해악은 헛된 환상에 사로잡히게 합니다. "눈에는 괴이한 것만 보일 것이며(עֵינֶיךָ יִרְאוּ זָרוֹת, 예네카 이레우 자로트)"(33절). 술에 취하면 헛된 환상을 봅니다. '괴이한 것'은 정상이 아니라 환각 증세를 의미할 수 있습니다. 환각 증세에 빠지면, 똑바로 보지 못합니다.17 그래서 술 취한 사람은 이리저리 휘저으면서 걸어 다닙니다. 정상인데도, 술 취한 사람에게는 비정상으로 보입니다. 그런데 단어 '괴이하다(זָר, 자르)'는 이방 여인을 의미하는 용어입니다. 이 용어는 창녀'를 의미할 때도 쓰입니다(잠 2:16; 5:20; 22:14).18 술이 여자를 밝히게 합니다. 술과 성적 범죄는 서로 연관성이 많습니다. 술 중독에 걸리면, 자제력이 없어지기에 음란한 기질이 강해진다고 합니다. 성적 범죄자는 대부분 마약을 하거나 술에 취하는 사람이 많은데, 바로 이 때문입니다. 그리고 욥기 19:17에는 이 용어가 역겨운 행동을 의미하는 데 쓰입니다. 곧, 구역질 나는 행동, 정떨어지는 행동을 뜻합니다.19 술을 먹는 것은 구역질 나는 행동과 같다는 말입니다. 술은 옳고 그름을 분간하지 못하게 할 뿐 아니라 성 중독에 빠지게 하고, 결국 역겨운 행동을 하게 합니다.

또한 술은 허튼 말을 하게 합니다. "입에서는 허튼소리만 나올 것이다"(33절). 히브리어 표현 וְלִבְּךָ יְדַבֵּר תַּהְפֻּכוֹת(여리베카 여다베르 타흐푸

---

16 29~31절에서는 3인칭, 33~34절에서는 2인칭, 35절에서는 1인칭이다.

17 Waltke, *Proverbs 15~31*, 266.

18 Brown, Driver, and Briggs, eds., *A Hebrew and English Lexicon of the Old Testament with an Appendix Containing the Biblical Aramaic*, 266.

19 Waltke, *Proverbs 15~31*, 266.

코트)은 '너의 마음이 잘못된 말을 한다"입니다. 술에 취하면, 정상적인 말을 하지 못합니다. 환각 상태에 빠지면, 혀가 꼬부라지면서 말을 바르게 하지 못합니다. '허튼소리만 한다'는 입으로 짓는 죄와 관련이 있습니다.20 술로 판단력을 잃습니다. 그렇다 보니 입을 올바로 제어하는 능력을 상실합니다. 그래서 이상하고 왜곡된 말만 합니다. 술이 주는 해악은 헛된 환상을 보게 하고 헛된 말만 하게 합니다.

술이 일으키는 또 다른 해악은 현실을 올바로 직시하지 못하게 합니다. "바다 한가운데 누운 것 같고, 돛대 꼭대기에 누운 것 같을 것이다"(34절). '바다 가운데 누운 것 같다'는 '네가 바다 위에서 잠자는 사람과 같다'는 뜻입니다. 술 취하면 쉴 새 없이 울렁거리는 파도 위에 있는 것같이 균형을 잡지 못한다는 뜻으로 이해할 수 있습니다. 한편으로는 파도가 심히 요동하는데도 잠을 자는 것과 같다는 의미도 포함합니다. '돛대 꼭대기에 누운 것 같다'도 비슷한 뜻입니다. 파도 치는데 배 돛대 꼭대기에서 잠만 자는 것을 말합니다. 또는 침몰하는 배 꼭대기에서 잠만 자는 모습을 말합니다. 왜냐하면 '눕는다'는 '누워있는 상태를 의미하거나 죽은 상태'21를 의미하기도 합니다. 곧, 정

---

20 הָפַךְ(하파크)는 오용된 것, 완고한 것, 비뚤어진 것을 의미한다. 일반적으로 입, 마음, 눈, 생각을 죄짓기와 연결한다. 자세한 내용은 Victor P. Hamilton, "הָפַךְ," in *Theological Wordbook of the Old Testament*, ed. R. Laird Harris, Gleason L. Archer Jr., and Bruce K. Waltke, vol. 1 (Chicago: Moody Press, 1980), 512; Brown, Driver, and Briggs, eds., *A Hebrew and English Lexicon of the Old Testament with an Appendix Containing the Biblical Aramaic*, 246을 참조하라.

21 '눕는다(שָׁכַב, 샤카브)'는 성행위 하는 문맥에서 눕는 것을 말하거나 죽음 상태로 눕혀 있는 것을 말한다. … 성경에서 가장 많이 사용한 경우는 성행위를 하려고 눕는다는 뜻이다. … 하지만, 본문에서는 히필형인데, 단순히 누워있는 것을 의미하지 않고, 술로 누운 상태를 강조한다. 자세한 내용은 Victor P. Hamilton, "שָׁכַב," in *Theological Wordbook of the Old Testament*, ed. R. Laird Harris, Gleason L. Archer Jr., and Bruce K. Waltke, vol. 2 (Chicago: Moody Press, 1980), 2381을 참조하라.

상적으로 반응하지 못하는 상태를 의미하기 때문입니다. 그래서 바다 한가운데 누운 것과 돛대 꼭대기에 누웠다는 표현은, 현실 세계에서 적절하게 처신하지 못하는 상태를 말합니다. 술에 취해 인사불성 상태에 빠져, 위험이 닥쳐오는데도 육체적으로 그리고 정신적으로 감지하지 못합니다.[22] 그래서 위험이 왔을 때, 올바로 처신하지 못합니다. 현실을 올바로 파악하지 못하니, 항상 위태위태한 삶을 살아갑니다. 이것이 술이 끼치는 해악입니다.

또 다른 해악은 술로 과대망상증에 걸려 가족을 고통으로 몰아넣는 불행입니다. 35절입니다. "**사람들이 나를 때렸는데도 아프지 않고, 나를 쳤는데도 아무렇지 않다.**" 술 취한 사람은 자기 망상에 빠집니다. 스스로 말합니다. "그들이 나를 때려도 나는 아프지 않아, 그들이 아무리 나를 쳐도 나는 아무렇지도 않아."라고 생각합니다. 술에 취해 구타당해도 아픔을 느끼지 못한다는 뜻입니다. 정상이라면, 아픔을 느낍니다. 정신이 온전했다면, 분명 구타당하지 않았겠지요. 누군가 때릴 때, 피했을 겁니다. 그러나 술에 취했기 자기를 방어하지 못합니다. 그런데도 그 심각성을 깨닫지 못합니다. 자신을 방어하지도 못하면서도, "나는 괜찮아, 나는 괜찮아"라고 하면서 스스로 괜찮다고 말합니다. 몸에 상처를 입었는데도 고통을 느끼지 못하고 깨닫지 못하여 자기를 방어하지 못합니다. 술로 가정이 어려움을 당하고 파탄 지경인데도, 그것을 깨닫지 못하고 가정을 보호하지 못합니다. 가족과 자녀가 술로 끼치는 해악으로 고통당하는데도, 그것을 깨닫지 못하여 가족이나 자녀를 보호하지도 못합니다. 그러면서 괜찮다고 자기 합리화합니다. 이것이 바로 술이 끼치는 해악입니다.

그리고 이들은 말합니다. "**이 술이 언제 깨지? 술이 깨면, 또 한잔 해야지**"(35절). 술에서 깨기도 전에 술을 계속 마시겠다고 말합니다. 계속 술을 찾고, 술을 마시겠다고 합니다. 그래서, 항상 술에 취한 상

---

[22] Waltke, *Proverbs 15~31*, 266.

태에서 살아가겠다고 말합니다. 밤낮으로 술을 마시겠다고 합니다. 이것이 바로 술이 끼치는 해악입니다. 자신과 가족이 고통당하는데도 모르고 괜찮다고 자기 합리화합니다. 그리고 또 술을 찾아다닙니다.

결론

지혜자는 해악을 이유로 술에 경고합니다. 술을 마시면 부정적 결과를 초래합니다. 육체적, 정신적, 사회적으로 부정적 결과를 초래합니다. 자신뿐 아니라 가족이, 이웃이, 사회가 고통을 당합니다. 그런데도 술이 아무런 해가 없다고 하시겠습니까? 그런데도 술이 사회생활에 필요하다고 하시겠습니까? 고린도전서 6:10~11도 경고합니다. "도둑질하는 사람들이나, 탐욕을 부리는 사람들이나, 술 취하는 사람들이나, 남을 중상하는 사람들이나, 남의 것을 약탈하는 사람들은, 하나님 나라를 상속받지 못할 것입니다. 여러분 가운데 이런 사람들이 더러 있었습니다. 그러나 여러분은 주 예수 그리스도의 이름과 우리 하나님의 성령으로 씻겨지고, 거룩하게 되고, 의롭게 되었습니다." 바울은 '술을 마시는 사람'을 '도둑질하는 사람, 탐욕을 부리는 사람, 남을 중상하는 사람, 남의 것을 약탈하는 사람'과 똑같이 여깁니다. 하나님 나라를 상속받지 못하는 불신자와 같은 사람으로 간주합니다.

믿는 사람은 거룩하고 의로운 삶을 살아야 합니다. 술은 거룩하고 의로운 삶을 살지 못하게 방해합니다. 술은 정상적인 생활을 하지 못하게 하고 한쪽으로 치우치게 만듭니다. 술은 올바른 것을 보지도 못하고, 올바른 말도 하지 못하게 합니다. 망상에 사로잡혀 살아가게 합니다. 그래서 성경은 술을 쳐다보지도 말라, 생각하지도 말라고 경고합니다. 술에 조금이라도 개방적 태도를 가진 성도가 있다면, 술이 주는 해악과 위험을 생각하시고 그 생각을 바꾸시기를 바랍니다.

19 악인을 부러워하지 맙시다

잠언 24:1~2

중심 내용: 악인을 부러워하지 말아야 하는 이유는 그들 동기가 악하기 때문이다.

I. 악한 사람을 부러워하지 말고 친구가 되려고도 하지 말라(1절).

II. 그 이유는 그들 마음과 행동이 악하기 때문이다(2절).

서론

"악인을 부러워하지 말라"는 구절은 잠언에 몇 차례나 있습니다. 3:31; 23:17~18; 24:1~2, 19~20에 있습니다. 모두 '악인을 부러워하지 말라', '그들 행위를 본받지 말라'로 시작합니다. 그런데 차이점은 그렇게 명령하는 이유입니다. 3:31은 이유를 기록하지 않고, 단지 악인을 부러워하지 말고 그들 행위를 본받지 말라고만 명령합니다. 23:17~18은 악인을 부러워하지 말라는 경고에 '여호와를 경외하라'라는 권면이 덧붙습니다. 그 이유는 여호와를 경외하는 의인에게는 밝은 미래가 있고, 장래 소망이 끊어지지 않기 때문입니다. 그리고 24:19~20은 악인을 부러워하지 말라고 명령합니다. 의인과 달리 악인에게는 장래가 없고, 그들 등불은 꺼지기 때문입니다.

오늘 본문에서도, 지혜자는 "악인을 부러워하지 말라"라는 명령으로 시작합니다. 그 이유는 그들 마음과 그들 말이 악하기 때문입니다. 다시 말해, 그들 동기가 악하기 때문입니다. 그들 동기가 악하기에, 부러워하지 말고 멀리하라고 경고합니다. 오늘 우리는 잠언 24:1~2에서, 악인을 부러워하지 말라는 명령과 이유를 더 자세히 살펴보겠습니다.

I. 악한 사람을 부러워하지 말고 친구가 되려고도 하지 말라(1절).

지혜자는 "악인을 멀리하라"라고 경고합니다. "너는 악한 사람을 부러워하지 말며, 그들과 어울리고 싶어 하지도 말라"(1절). "악한 사람을 부러워하지 말고, 악한 사람과 어울리지 말라"라고 권면합니다. 먼저, '악한 사람'이 누구를 지칭하는지 생각해 보겠습니다. '악한 사람'은 히브리어로 בְּאַנְשֵׁי רָעָה(버아너쉐 라아)입니다. רָעָה(라아)는 '악하다'는 뜻입니다. '라아'는 악의 두 측면을 말하는데, 도덕적 측면과 종교적인 측면에서 악을 뜻합니다.[1]

먼저, 도덕적 측면에서 악은 도덕적으로 해서는 안 되는 행동을 하는 것을 말합니다.[2] 자기에게 적용할 때는 가서는 안 되는 길 또는 나쁜 길을 가는 행위를 의미합니다. 이웃과 관계에 적용하면 다른 사람에게 육체적으로 그리고 정신적으로 아픔을 주는 행위를 말합니다. 결국, 자기나 이웃에게 비윤리적이고 부도덕한 행동을 하는 행위가

---

[1] G. Herbert Livingston, "רָעַע," in *Theological Wordbook of the Old Testament*, ed. R. Laird Harris, Gleason L. Archer Jr., and Bruce K. Waltke, vol. 2 (Chicago: Moody Press, 1980), 2191.

[2] Francis Brown, S. R. Driver, and Charles Briggs, eds., *A Hebrew and English Lexicon of the Old Testament with an Appendix Containing the Biblical Aramaic* (Oxford: Clarendon Press, 1906; reprint, Peabody, MA: Hendrickson Publishers, 1979), 949.

악입니다. 반면에 종교적 의미에서 악은 하나님의 뜻과 어긋나는 행동을 하는 행위를 의미합니다.3 하나님 외에 다른 것을 사랑하는 것, 우상을 섬기는 것이 종교적 의미에서 악입니다. 하나님께서 세우신 기준에 미치지 못하는 모든 것을 악이라고 말할 수 있습니다. 아무리 도덕적으로 착하고 법 없이도 살 수 있을 정도로 깨끗하더라도, 하나님의 기준에 미치지 못하면 악입니다. 그래서 성경은 믿지 않는 사람을 가리켜서 악인이라고 부르곤 합니다. 지혜자가 말하는 악은 도덕적이면서도 종교적 의미를 모두 포함합니다. 하나님의 뜻에 반하는 마음과 행동을 하는 것이 악입니다. 자신과 이웃에게는 도덕적으로나 윤리적으로 하지 말아야 하는 행동, 상처를 주는 행동이 악입니다.

그리고 '악한 사람'에서 '사람'을 히브리어 אָדָם(아담)이 아니라, אֱנוֹשׁ(에노쉬)를 씁니다. '아담'은 하나님 형상으로 창조된 인간을 가리킵니다. 하나님의 형상으로 창조되어 영과 혼, 그리고 지정의를 가진 인간을 지칭합니다. 지성과 도덕성을 가지고 있고, 육체 능력과 에너지를 가진 존재인 인간을 지칭할 때 아담이라는 용어를 사용합니다.4 반면에 '에노쉬'는 '약하고, 병들기 쉽고, 연약한 인간'이라는 의미입니다.5 이 용어에는 '하나님의 형상으로 창조된 사람'이라는 의미는

---

3 Livingston, "רָעַע," *TWOT*, 2:2191.

4 Leonard J. Coppes, "אדם," in *Theological Wordbook of the Old Testament*, ed. R. Laird Harris, Gleason L. Archer Jr., and Bruce K. Waltke, vol. 1 (Chicago: Moody Press, 1980), 25; Fritz Maass, "אָדָם," in *Theological Dictionary of the Old Testament*, ed. G. Johannes Botterweck, Helmer Ringgren, and Heinz-Josef Fabry, trans. David E. Green, vol. 1 (Grand Rapids: Wm. B. Eerdmans Publishing Company, 1974), 75~87.

5 '에노쉬'는 '약하다, 병들다, 연약하다'라는 의미를 가진 동사 אָנַשׁ(아나쉬)에서 파생했을 가능성이 크다. 자세한 내용은 Thomas E. Mccomiskey, "אנשׁ I," in *Theological Wordbook of the Old Testament*, ed. R.

약합니다. 단지 약한 존재, 병들기 쉬운 존재, 죽음을 피할 수 없는 존재인 인간을 강조합니다.6 그렇다면 '악한 사람'은 나약하고, 병들기 쉽고, 연약하여 죽음을 피할 수 없는 존재이면서도, 자신을 만드신 하나님의 뜻을 따르지 않고, 도덕적으로나 윤리적으로 하지 말아야 하는 행동을 하는 사람을 지칭합니다.

지혜자는 이 악한 사람을 '**부러워하지 말라**(אַל־תְּקַנֵּא, 알-티카네)'라고 권면합니다. 악한 사람을 부러워하지 말라고 했을 때, 악한 사람의 성격을 부러워하지 말라는 뜻은 아닙니다. 그 누구도 악인의 성격을 좋아하거나 부러워하지 않기 때문입니다. 오히려 악인의 재산이나 소유를 부러워하지 말라는 뜻이요, 악인이 이룬 업적이나 부를 부러워하지 말라는 뜻입니다.7 악인이 나보다 더 잘 나아가고 더 잘 되는 것을 부러워하거나 시기하지 말라는 의미입니다. 우리에게는 '하나님을 잘 섬기는 사람이 잘 된다'라는 믿음이 있습니다. 하나님은 의로우시기에, 하나님을 섬기고 하나님의 뜻을 따르는 사람을 도와주십니다. 성경도 그렇게 말씀합니다. 그런데 막상 삶의 현장을 돌아보면, 하나님을 섬기는 우리보다는 하나님을 섬기지 않는 사람들이 더 잘 사는 경우가 참 많습니다. 더 큰 업적을 이루고, 더 형통한 삶을 삽니다. 그러다 보니 그들을 부러워하는 마음이 듭니다.

그들이 잘 되는 모습을 바라보며, "내가 혹시 잘못 믿는 게 아닌가?"라는 의구심도 듭니다. 삶의 무력감이 생깁니다. 믿음이 별것 아

Laird Harris, Gleason L. Archer Jr., and Bruce K. Waltke, vol. 1 (Chicago: Moody Press, 1980), 135를 보라.

6 Thomas E. Mccomiskey, "אנש II," in *Theological Wordbook of the Old Testament*, ed. R. Laird Harris, Gleason L. Archer Jr., and Bruce K. Waltke, vol. 1 (Chicago: Moody Press, 1980), 136.

7 Leonard J. Coppes, "קנא," in *Theological Wordbook of the Old Testament*, ed. R. Laird Harris, Gleason L. Archer Jr., and Bruce K. Waltke, vol. 2 (Chicago: Moody Press, 1980), 2038.

니라는 생각도 들곤 합니다. 그러다 보면 믿는 사람의 본분을 저버리고 악인을 부러워하며 그들 삶을 따라갑니다. 이러한 경향은 처음 믿는 사람이나 믿음이 약한 사람에게 더 자주 나타나는 특징입니다. 자기는 고생 고생하는데 악인은 잘 나아가고 악인의 사업이 번창할 때, 부러워하고 시기합니다. 부지런히 일하고 최선을 다하는 자신보다 농땡이나 피우고 기회를 엿보는 사람이 승진할 때 이런 마음이 듭니다. 비정상적으로 일을 처리하는 그들 사업이 잘되고 그들 삶이 더 평안하고 평탄하게 보일 때, 부러워합니다. 그래서 성경은 악한 사람을 부러워하지 말라고 권면합니다. 악인의 형통함을 부러워하지 말라는 뜻입니다. 그 이유는 그들 형통이 일시적이기 때문입니다. 악인은 멸망할 수밖에 없는 무가치한 존재입니다. 그들이 이룬 업적이나 형통도 그들과 함께 망하고 사라지기 때문입니다. 하나님이 허락하시는 영원함과 비교할 때, 이 땅의 일시적 부귀영화는 아무것도 아닙니다.8 그런데도 우리는 그들을 부러워합니다. 그들 형통을 부러워합니다. 그러자 지혜자는 하나님 사람들에게 그들 형통, 금방 사라지는 들풀과 같은 형통을 부러워하지 말라고 권면합니다.

그들 형통을 부러워하면, 자연스럽게 따라오는 게 그들과 어울리고 싶은 마음입니다. 그러나 지혜자는 '악인과 함께 어울리고 싶어 하지 말라'라고 권면합니다. "**너는 악한 사람을 부러워하지 말며, 그들과 어울리고 싶어 하지도 말라**"(1절). '어울리고 싶어(אָוָה, 아바)'는 간절한 열망이나 소원을 의미합니다.9 모든 사람은 간절히 열망하고 바라는 소원이 있습니다. 젊은 사람은 멋있고 잘생긴 왕자나 공주와 같은 사람과 연애하고 싶은 열망과 소원이 있습니다. 좋은 직장에서 남부럽지 않게 생활하기를 열망하고 소원합니다. 건강이 약한 사람은

---

8 Mccomiskey, "אִישׁ," 39.

9 Robert L. Alden, "אָוָה II," in *Theological Wordbook of the Old Testament*, ed. R. Laird Harris, Gleason L. Archer Jr., and Bruce K. Waltke, vol. 1 (Chicago: Moody Press, 1980), 40.

건강한 사람이길 열망합니다. 돈이 없는 사람은 돈 걱정하지 않고 막 쓰는 사람을 부러워합니다. 대개 자신에게 없거나 부족한 것을 가지고 있는 다른 사람을 부러워하는 경향이 있습니다. 이런 열망과 소원은 자연스러운 현상입니다.

그런데 열망하지도 말고 소원을 품지 말아야 하는 게 있는데, 바로 악인과 어울리고 싶은 마음입니다. 성경은 악인과 친구가 되고 싶어 하지 말라고 권면합니다. 악인과 함께하고 싶은 마음을 갖지 말라고 권면합니다. 이 마음은 잠시 친구가 되어 함께 하는 것을 말하지 않습니다. 잠깐 어울리고 싶어 하는, 잠깐 드는 마음을 말하지도 않습니다. 영원히 하나가 되고 싶은 마음, 영원히 함께하고 싶은 마음을 말합니다.10 이 마음은 젊은이가 사랑하는 사람과 결혼하여 살고 싶어 하는 마음과 같습니다. 결혼해서 '영원히 함께하고 싶은 마음'을 '어울리고 싶어 하는 마음'이라고 표현하고 있습니다. 이처럼 성경은 악인과 영원히 함께하고 싶은 열망을 품지 말라고 권면합니다.

그리고 '어울리고 싶어 하지 말라'는, 악인과 같이 되고 싶은 열망이나 소원을 두지 말라는 뜻입니다. 악인과 같이 세상의 방법이나 방식으로 형통하고 싶은 열망을 갖지 말아야 합니다. 이 땅에서 성공하고 잘 사는 길이라면, 악인의 방식이나 삶을 마다하지 않겠다는 열망을 갖지 말아야 합니다. 그것은 하나님의 방법이 아니기 때문입니다. 하나님이 가르쳐 주시는 길이 아니기 때문입니다. 이것은 세상이 가르쳐 주는 방식이요. 세상 사람들이 성공하는 방식에 불가합니다.

그러면 왜 성경은 악인의 형통과 악인이 가르쳐 주는 방법대로 사는 것을 금할까요?

---

10 Victor P. Hamilton, "הָיָה," in *Theological Wordbook of the Old Testament*, ed. R. Laird Harris, Gleason L. Archer Jr., and Bruce K. Waltke, vol. 1 (Chicago: Moody Press, 1980), 491; Brown, Driver, and Briggs, eds., *A Hebrew and English Lexicon of the Old Testament with an Appendix Containing the Biblical Aramaic*, 228.

II. 그 이유는 그들 마음과 행동이 악하기 때문이다(2절).

그 이유는 그들 마음과 입술이 악하기 때문입니다. "**그들 마음은 폭력을 꾀하고, 그들 입술은 남을 해칠 말만 하기 때문이다**"(2절). 잠언 23:17~18에서는 악한 사람을 부러워하지 말고, 하나님을 경외해야 하는 이유를 제시합니다. 그 이유는 주님을 경외하고 추구할 때, 미래가 보장되고 소망이 끊어지지 않기 때문입니다. 하지만 본문에는 하나님을 경외하라는 구절이 없습니다. 단지 "악인을 부러워하지 말고 그들과 어울리려고 하지 말라"는 말뿐입니다. 그 이유는 악한 사람의 동기 때문입니다. 악한 사람의 동기가 항상 악하기 때문입니다. 그들의 동기가 악하기에 그들 형통을 부러워하지 말고, 그들과 함께 하고 싶은 마음을 가지지 말라고 촉구합니다.

그들의 악한 동기는 무엇인가요? 이웃을 해치려는 마음입니다. "**그들 마음은 폭력을 꾀하고**"에서 '꾀하다(הָגָה, 하나)'는 '계획한다, 깊이 생각한다'는 뜻입니다.11 악한 사람은 마음으로 깊이 생각하고 계획합니다. 그것은 폭력입니다. 여기서 '폭력(שֹׁד, 쇼드)'은 누군가를 물리적으로 때리거나 상처 입히기만이 아니라, 멸망하고 파괴하기를 의미합니다.12 곧, 악인은 마음에 이웃을 파괴하고 멸망시키려는 악한 계획이 있다는 말입니다. 자기 유익이나 성공에 방해가 되는 사람을 파괴하고 무너뜨릴 계획을 세웁니다. 자기 유익을 지키려고 수단과 방법을 가리지 않을 뿐 아니라 악한 일도 서슴지 않습니다.

---

11 Herbert Wolf, "הָגָה," in *Theological Wordbook of the Old Testament*, ed. R. Laird Harris, Gleason L. Archer Jr., and Bruce K. Waltke, vol. 1 (Chicago: Moody Press, 1980), 467.

12 Victor P. Hamilton, "שָׁדַד," in *Theological Wordbook of the Old Testament*, ed. R. Laird Harris, Gleason L. Archer Jr., and Bruce K. Waltke, vol. 2 (Chicago: Moody Press, 1980), 2331.

2018년도 3월에 개봉한, 스티븐 스필버그 감독의 「레디 플레이어 원」이라는 영화가 있습니다. 이 영화는 최우수 SF 영화상을 받았습니다. 이 영화의 배경은 2045년입니다. 암울한 현실에서 대부분 사람은 현실에서 도피하고자 가상현실 '오아시스'라는 게임에서 살아갑니다. 이 게임에서는 자기가 원하는 캐릭터로 어디든지 무엇이든 할 수 있기 때문입니다. 오아시스의 창시자 할리데이는 게임에 세 가지의 수수께끼를 숨겨 둔 채 세 가지 미션에서 우승하면, 오아시스의 소유권과 막대한 유산을 상속한다는 유언을 남깁니다. 소년 웨이드 와츠가 첫 번째 수수께끼를 푸는 데 성공합니다. 그러자 'IOI'라는 거대한 기업이 이것을 저지하려고 웨이드 와츠를 죽이려고 가상현실과 실제 현실을 가리지 않고 살인과 파괴를 일삼았습니다. 이유는 미션을 완수하는 순간 자신들의 기업 이익에 치명적인 위협이 되기 때문입니다. 자기 기업 이익을 위해서 살인과 파괴를 서슴지 않는 IOI 기업처럼, 악한 사람은 자신의 유익을 위해서 악한 계획을 세웁니다.

악한 계획을 세울 뿐 아니라 마음의 악을 입으로 표현합니다. 2절 "그들 입술은 남을 해칠 말만 하기 때문이다"에서 '남을 해칠 말(עָמָל, 아말)'은 단순히 언어를 말하지 않고, 일이나 노동을 뜻합니다. 특히 일의 긍정적 측면이 아니라, 부정적인 측면, 곧 슬픔이나 괴로움을 표현하는 단어입니다.13 시편 기자는 이 단어를 인간의 짧은 연수 동안에 벌어지는 좌절, 실패, 생존 투쟁과 같은 부정적 측면을 묘사하는 데 사용합니다(시 90:10). 전도서에서, 솔로몬도 이 단어를 하나님과 관계없이 행하는 매일 노동, 좌절, 허무감이나 무력감을 주는 노동의 의미로 사용합니다(전 3:13; 5:18~19). 그렇다면 남을 해칠 만한 말이란 남에게 유익이 아니라 피해를 주고 좌절시키는 언어나 행동을 말합니다. 결국, 악인은 마음의 악한 계획을 입으로 표현합니다. 곧,

---

13 Ronald B. Allen, "עָמָל," in *Theological Wordbook of the Old Testament*, ed. R. Laird Harris, Gleason L. Archer Jr., and Bruce K. Waltke, vol. 2 (Chicago: Moody Press, 1980), 1639.

행동으로 표현합니다. 마음으로 파괴를 계획하고 그것을 입으로 실행합니다. 그래서 이웃을 무너뜨리고 무력감이나 좌절케 만듭니다.

왜 악인을 멀리해야 할까요? 악한 일을 계획할 뿐 아니라 그 악한 계획을 실행하기 때문입니다. 사람은 선하게 살도록 지음을 받았습니다. 사람은 사회적 동물이라는 표현에는 사람은 더불어 살아가도록 창조되었다는 의미가 있습니다. 하나님은 서로 세우면서 함께 성장하길 바라십니다. 서로 섬기며 화평하게 살기를 바라십니다. 그러나 악한 사람은 더불어 살아가야 할 하나님의 원리를 파괴하고, 자신만을 위해서 폭력과 파괴를 일삼으며 살아갑니다. 자기만을 위해, 다른 사람을 이용합니다. 그리고 도움이 되지 않으면 파괴하고 쓰러뜨립니다. 악인은 이웃이나 동료를 친구로 생각하지도 않고, 도구로 생각합니다. 일회용 도구로 생각합니다. 자기 이익에 도움이 되지 않으면 한순간에 파괴하고 망가뜨립니다. 그래서 자기는 물론 다른 사람을 불행으로 몰아넣습니다. 경쟁 시대에 우리는 선의의 경쟁을 해야 합니다. 그래야 서로 발전하면서 자기 능력을 계발할 수 있습니다. 남을 파괴하고 남을 무너뜨리려고 계획을 세우고 실행한다면, 그것은 선의의 경쟁이 아닙니다. 그러나 악인의 마음에는 선한 것이 없고, 악한 것만 있습니다. 그래서 지혜자는 하나님의 자녀에게 악인과 함께하지 말라고 권면합니다.

결론

우리는 악한 시대에 살고 있습니다. 코로나19 때문에, 성도는 직장생활하기가 참으로 더 어렵습니다. 교회에 다녀왔는지 물어보고, 다녀왔다고 비난하기 때문입니다. 정부나 방송 매체는 예배 참석을 악으로 생각합니다. 우리는 교회 다니는 것을 큰 잘못을 저지르는 것으로 생각하는 환경에 살고 있습니다. 교회 가면 무슨 몹쓸 병을 퍼뜨리는 것처럼 생각하는 환경에 살고 있습니다. 자기들은 술집이며 노래방이며 할 것을 다 하며 다닐 곳을 다니면서도, 교회에 다녀왔다고 하면 이상한 눈으로 쳐다보는 환경에 살고 있습니다. 하나님을 대적하고 교회를 대적하는 것이 세상 사람들 생각이요, 사고입니다. 이런 시대에 사는 성도에게 하나님은 도전하십니다. 악인을 부러워하지 말고, 그들과 같이 되려는 마음을 갖지 말라고 말입니다.

20 잠언 24:3~4
건강한 가정을 세웁시다

중심 내용: 건강한 가정은 하나님과 사람이 협력해 세운다.

I. 건강한 가정은 하나님의 지혜와 명철로 세운다(3절).

II. 건강한 가정은 사람의 노력으로 풍요로워진다(4절).

서론

 가정은 중요합니다. 옛날에도 그랬고 오늘날도 그렇습니다. 건강한 가정을 세우는 일은 중요합니다. 남녀가 결혼해 자녀를 낳는다고 건강한 가정이 세워지지 않습니다. 건강한 가정은 하나님과 인간의 협력 사역으로 세웁니다. 건강한 가정을 세우는 데는 하나님 은혜가 그리고 사람의 노력도 필요합니다. 오늘은 잠언의 말씀을 본문으로 「건강한 가정을 세웁시다」라는 제목으로 말씀을 전하겠습니다.

I. 건강한 가정은 하나님의 지혜와 명철로 세운다(3절).

 집을 세우려면 지혜가 있어야 합니다.1 "집은 지혜로 지어지고"(3절). 성경에서 집(בַּיִת, 바이트)은 문자적 의미와 비유적 의미로 쓰입니다.2 문자적으로 집은 사람이 거주하는 장소인 건물을 말합니다(출 12:7; 레 25:29). 신이 거주하는 장소인 성전도 집이라고 표현하곤 합니다(왕상 5:3; 겔 40). 왕이 거주하는 궁전도 집이라고 합니다(왕상 10:12). 비유적으로 집은 '가정'을 의미합니다(창 18:19; 35:2).3 가족이나 가문을 의미할 수도 있습니다(창 24:38; 46:27). 더 나아가 왕조

---

1 Bruce K. Waltke, *Proverbs 15~31*, New International Commentary on the Old Testament, ed. Robert L. Hubbard Jr. (Grand Rapids: Wm. B. Eerdmans Publishing Company, 2005), 270은 3~4절이 1~2절과 연결된다고 본다. 1~2절은 부정적 측면에서 이야기하지만, 3~4절은 긍정적 측면에서 이야기한다. 곧 물질은 지혜로 얻는 것이지(3~4절), 폭력으로 얻는 것이 아니다(1~2절). Paul E. Koptak, *Proverbs*, NIV Application Commentary, ed. Terry Muck (Grand Rapids: Zondervan Publishing House, 2003), 561에서 월키 견해에 동의한다.

2 Louis Goldberg, "בַּיִת," in *Theological Wordbook of the Old Testament*, ed. R. Laird Harris, Gleason L. Archer Jr., and Bruce K. Waltke, vol. 1 (Chicago: Moody Press, 1980), 241; Francis Brown, S. R. Driver, and Charles Briggs, eds., *A Hebrew and English Lexicon of the Old Testament with an Appendix Containing the Biblical Aramaic* (Oxford: Clarendon Press, 1906; reprint, Peabody, MA: Hendrickson Publishers, 1979), 110; Ludwig Koehler and Walter Baumgartner, *The Hebrew and Aramaic Lexicon of the Old Testament*, trans. and ed. under the supervision of M. E. J. Richardson, vol. 1, re. by Walter Baumgartner and Johann Jakob Stamm with assistance from Benedikt Hartmann et al. (Leiden: E. J. Brill, 2001), 124~25. Richard J. Clifford, *Proverbs*, Old Testament Library, ed. James L. Mays, Carol A. Newsom, and David L. Petersen (Louisville, KY: Westminster John Knox Press, 1999), 214에 따르면, 문자적 의미 그리고 비유적 의미 모두를 포함한다.

3 Kathleen A. Farmer, *Proverbs & Ecclesiastes: Who Knows What is Good?*, International Theological Commentary, ed. Fredrick Carlson Holmgren and George A. F. Knight (Grand Rapids: Wm. B. Eerdmans Publishing Company, 1991), 112에서는 1~2절과 3~4절을 모두 비유적으로(figuratively) 해석해야 한다고 말한다.

나 국가를 의미하기도 합니다(왕상 12:26). 사무엘상 20:16에서 '다윗의 집'이라고 표현했는데 이것은 '다윗의 왕조'를 의미합니다. 본문에서 집은 비유적으로 해석해서 '가정'으로 해석이 좋겠습니다. 더 범위를 확대하여 사업체나 교회로 생각해도 좋습니다.

가정은 지혜로 세웁니다.4 지혜(חָכְמָה, 호크마)는 인간이 삶에서 발견하는 통찰력을 뜻합니다.5 지혜는 때때로 전문 분야 기술을 의미하기도 합니다. 제사장 옷을 만들 때, 장인 솜씨를 지혜라고 했습니다(출 28:3; 31:3, 6). 전쟁할 때, 작전이나 전략을 세우고 실행하는 능력도 지혜라고 했습니다(사 10:13).6 그런데 성경이 지혜라는 용어를 사용할 때는 항상 하나님과 관계가 있습니다. 지혜의 근본은 하나님이시기 때문입니다. 거룩하고, 의로우시며, 공의로우신 하나님에게서 온 삶에 대한 통찰력을 지혜라고 합니다. 하지만 사람 경험이나 지식에서 비롯한 것은 지혜라고 하지 않습니다. 성경에서 지혜라고 할 때는 하나님과 관계에서 온 재능이나 통찰력을 말합니다.7 그래서 지혜는 하나님 성품으로 간주합니다(욥 12:13).8 지혜의 근본은 하나님이

---

4 R. N. Whybray, *Proverbs*, New Century Bible Commentary, ed. Ronald E. Clements (Grand Rapids: Wm. B. Eerdmans Publishing Company, 1995), 343에 따르면, 지혜는 자기를 따르는 사람에게 물질적 번영을 주기에, 의인은 집과 집에 딸린 여러 부분을 보석으로 짓고 꾸밀 수 있다고 말한다.

5 Louis Goldberg, "חָכַם," in *Theological Wordbook of the Old Testament*, ed. R. Laird Harris, Gleason Archer Jr., and Bruce Walke (Chicago: Moody Press, 1980), 647.

6 Goldberg, "חָכַם," *TWOT*, 1:647.

7 Franz Delitzsch, *Proverbs, Ecclesiastes, Song of Solomon*, trans. M. G. Easton, 3 vols. in 1st ed., Biblical Commentary on the Old Testament, ed. C. F. Keil and F. Delitzsch, vol. 6 (Edinburgh: T. & T. Clark, 1866~1891; reprint, Peabody, MA: Hendrickson Publishers, 1966), 126.

시기에, 지혜는 하나님 말씀에 가까이할 때 얻습니다. 하나님 말씀을 읽고 묵상할 때, 하나님은 생각이나 아이디어를 주십니다. 이것을 지혜라고 합니다. 그래서 지혜로운 성도가 되려면, 하나님 말씀을 가까이해야 합니다. 시간이 날 때마다 성경을 읽고 묵상해야 합니다.

"집은 지혜로 세운다"에서 '세우다(בָּנָה, 바나)'는 문자적으로 집, 도시, 제단과 같은 건물을 짓는다는 뜻입니다.9 비유적으로 이 용어는 하나님이 인간을 위해서 무엇인가를 만드는 행위를 말합니다. 아담을 창조하신 후에 아담의 갈비뼈에서 하와를 만들 때 이 용어가 쓰였습니다(창 2:22). 그리고 하나님께서 우주를 계획하시고 창조하실 때도 같은 용어를 사용합니다(암 9:6; 시 104:2~3).10 그렇다면 이 용어는 무에서 유로 만드는 것, 새로운 것을 만드는 것을 의미합니다. 동사 '세우다'의 주어로 사람이 나오곤 하지만, 성경에서는 대부분 하나님이 주어로 나옵니다. 사람이 주어가 되어 무엇인가를 만들 때는 반드시 하나님에게 확인받게 하셨습니다. 사람이 만든 것이 하나님의 선한 목적을 위배하면, 하나님은 그것을 거절하셨습니다.11 그래서 '세우다'는 인간에게 유익한 선한 방법으로 세우는 것을 말합니다.

그런 의미에서 집을 세우는 주체는 하나님이십니다. 지혜자가 이 사실을 설명합니다. 동사 '세우다'는 능동태가 아니라 수동태입니다.12 우리는 집을 세우는 일, 가정을 세우는 일이 우리 역할이라고

---

8 Goldberg, "חָכַם," *TWOT*, 1:647.

9 Bruce K. Waltke, "בָּנָה," in *Theological Wordbook of the Old Testament*, ed. R. Laird Harris, Gleason L. Archer Jr., and Bruce K. Waltke, vol. 1 (Chicago: Moody Press, 1980), 255; Brown, Driver, and Briggs, eds., *A Hebrew and English Lexicon of the Old Testament with an Appendix Containing the Biblical Aramaic*, 125.

10 Waltke, "בָּנָה," *TWOT*, 1:255.

11 Waltke, "בָּנָה," *TWOT*, 1:255.

생각합니다. 그래서 저마다 자기 가정을 세우고자 노력합니다. 대부분은 자기 노력으로 세우려고 합니다. 아침부터 저녁까지 열심히 일합니다. 가정을 세우려고, 자식을 돌볼 시간이 없을 정도로 밤낮으로 일합니다. 그런데 하나님은 성경에서 계속 말씀하십니다. '가정을 세우는 일은 우리 노력만으로 이루어지지 않으며, 우리가 아침부터 아무리 열심히 일하고 돈을 벌어도 좋은 가정을 세우지 못한다'라고 말합니다. 사업이나 교회를 세우는 일도 마찬가지입니다. 우리 노력만으로 세우지 못합니다.

하나님께서 세워주셔야 건강한 가정이 세워지고, 하나님께서 세워주셔야 사업이나 교회가 아름답게 세워집니다. 왜냐하면, 하나님이 주시는 지혜로 건강한 가정이 세워지기 때문입니다. 그래서 우리는 하나님께 더 가까이 나아가야 합니다. 하나님을 경외하고 하나님 말씀을 가까이할 때, 하나님이 우리 가정을 아름답고 건강하게 세우십니다. 말씀을 가까이하고 하나님을 가까이할 때, 하나님은 우리가 몸담고 세워가는 곳에 지혜를 주십니다. 그 지혜로 가정도, 사업도, 교회도 세워집니다. 그렇다고 우리 노력이 무용지물이라는 말은 아닙니다. 우리 노력으로 절대로 불가능하다는 말도 아닙니다. 우리 노력만으로 충분하지 않다는 뜻입니다. 물은 섭씨 100도에서 끓습니다. 인간 노력이 물을 따스하게 데울 수는 있지만, 물을 끓이는 섭씨 100도가 될 수는 없습니다. 물을 끓이는 데는 하나님 지혜가 있어야 합니다. 가정을 바로 세우는 데도 하나님 지혜가 있어야 합니다.

가정을 세우는 데 지혜가 필요하듯, 가정을 튼튼하고 건강하게 세우는 데도 명철이 필요합니다. **"명철로 튼튼해진다"**(3절). '튼튼해진다 (כּוּן, 쿤)'는 이미 만들어진 것, 곧 세워진 것에 더 나은 것을 제공하여 견고하게 한다는 의미가 있습니다.[13] 가정은 지혜로 세워집니다.

---

12 히브리어 יִבָּנֶה(이바네)는 니팔 미완료형으로, '세워지다'이다.

13 John N. Oswalt, "כּוּן," in *Theological Wordbook of the Old*

그런데 가정을 세울 때 튼튼하게 세워야 하고, 건강하게 세워야 합니다. 그렇지 않으면, 세워진 가정도 쉽게 무너집니다. 가정을 튼튼하게 세우는 길은 '명철'에 있습니다. '명철(תְּבוּנָה, 터부나)'은 '지식'을 의미하는 용어입니다. 그런데 명철은 단순히 정보를 모으는 수준의 지식을 의미하지 않습니다.14 요즘은 정보 홍수 시대입니다. 인터넷에서 수 없는 정보를 공유할 수 있습니다. 컴퓨터나 스마트 폰을 잘만 사용하면, 수많은 정보를 발견하여 지식수준을 높일 수 있습니다.15

그런데 명철은 이렇게 모은 정보 수준의 지식이나 경험으로 얻은 탁월한 지적 능력이 아닙니다. 오히려 모은 정보를 분석하고 판단할 수 있는 능력을 명철이라고 합니다. 이 정보가 참인지 가짜인지를 판단할 수 있는 능력이 명철입니다. 그런데 이 능력은 경험이 아니라 하나님에게서 옵니다. 지혜처럼, 경험이 아니라 전적으로 하나님에게서 옵니다. 다니엘과 세 친구가 왕이 내린 음식을 먹지 않음으로, 자신을 더럽히지 않겠다고 결심하고서는 하나님만 섬깁니다. 그러자 하

Testament, ed. R. Laird Harris, Gleason L. Archer Jr., and Bruce K. Waltke, vol. 1 (Chicago: Moody Press, 1980), 964에 따르면, "튼튼해진다"로 번역한 히브리어 כוּן(쿤)은 다섯 가지 함축 의미가 있다. 1) 이 단어는 단순히 존재한다는 의미로 거의 사용하지 않았다. 2) 성경에서는 '준비하다'로 해석할 수 있다. 3) '준비하다'와 '세워지다' 사이에 경계가 모호한 점이 있음을 인정해야 한다. 4) 인간의 왕권을 인정하거나 인정하지 않는 존재는 신이다. 5) 하나님의 보호 아래 복지(well-being)라는 의미가 가장 마지막에 나타나는 함축 의미이다. '쿤'의 최종 의미는 복지와 관련이 있다.

14 Louis Goldberg, "בִּין," in *Theological Wordbook of the Old Testament*, ed. R. Laird Harris, Gleason Archer Jr., and Bruce Walke (Chicago: Moody Press, 1980), 239a.

15 오감으로도 지식수준을 높일 수 있다. 눈으로 보면, 그것이 무엇인지를 알 수 있다(잠 7:73). 들으면 그 말의 의미를 이해할 수 있고(잠 29:19), 느낌으로 이해할 수 있으며(시 58:10), 때로는 입으로 맛을 분별할 수 있다(요 6:30). 훈련하면 다른 사람보다 월등한 수준에 도달할 수 있다. 명철은 오감으로 얻는 지식을 말하지도 않는다.

나님은 그들에게 온갖 지혜와 지식, 곧 총명을 주셨습니다(단 1:20). 여기서 언급한 지식, 곧 총명(聰明)이 바로 명철(明哲)과 같은 단어입니다. 총명, 곧 명철은 바벨론 왕립학교에서 배운 모든 것을 종합하고 분석하여 판단할 수 있는 능력을 말합니다. 이 총명을 주신 분은 다름 아닌 하나님이십니다. 그런 측면에서 명철은 하나님의 선물이라 할 수 있습니다(단 2:21). 그것은 인간 노력이나 경험의 결과로 오지 않습니다. 하나님의 특별한 선물입니다. 이 선물은 모든 사람이 가질 수 있는 게 아니지만, 기도할 때 하나님이 특별히 주시는 은혜입니다 (시 119:34; 사 29:14).

명철은 하나님의 선물이기에, 우리는 하나님께 깨닫는 능력을 달라고 다니엘처럼 기도해야 합니다. 그래야 건강한 가정을 세울 수 있습니다. 그래야 하나님 뜻에 합당한 튼튼한 사업체로 키울 수 있습니다. 그래야 성경적인 건강한 교회를 세울 수 있습니다. 어떤 상황이 왔을 때, 우리 경험을 의지하고 싶은 유혹을 이겨내야 합니다. 우리 경험으로 해결할 수 없는 게 너무도 많기 때문입니다. 하나님의 특별한 은혜, 깨달음, 명철 등이 있어야 합니다. 그래서 우리는 기도해야 합니다. 순간순간 주님께 기도해야 합니다. 수시로 기도하면서 상황을 분석하고 판단할 수 있는 능력인 명철을 달라고 기도해야 합니다.16

지혜로 집을 세우고, 명철로 집을 견고하게 세웁니다. '세우다'와 '튼튼하게 한다'는 수동태(니팔형)와 재귀형(히트포엘)입니다. 두 동사는 주어가 하나님임을 강조합니다. 왜냐하면 지혜와 명철이 도구나 수단으로 사용하기 때문입니다. 그래서 하나님께서 지혜로 집을 세우시고, 하나님께서 명철로 집을 건강하게 하십니다. 두 동사 수동형은 지혜와 명철이 인간 노력이나 능력이 아니라, 하나님을 경외할 때 오는 하나님 선물임을 강조합니다. 가정과 교회를 튼튼하게 세우고, 사업체를 튼튼하게 세우는 데 하나님 지혜와 하나님 명철이 절대로 필요합

---

16 『민중국어사전』에 따르면, 명철은 밝다, 총명하다, 도리나 사리에 밝은 사람, 알다, 분명히 하다는 뜻이다.

니다.17 그러므로 하나님의 말씀을 읽어야 합니다. 하나님께 기도해야 합니다. 하나님께 더 가까이 나아가야 합니다.

건강한 가정을 세우려면 하나님의 지혜와 명철뿐 아니라 사람의 노력도 필요합니다.

II. 건강한 가정은 사람의 노력으로 풍요로워진다(4절).

집이 세워지고, 튼튼하게 집을 세운다고 다 된 것은 아닙니다. 방마다 가구를 채워야 합니다. 책장도 들여야 합니다. 옷장도 들여야 합니다. 화장대도 들여야 합니다. 다양한 가구를 들여야 합니다. 그런데 좋은 가구, 보석으로 꾸민 가구를 채우려면 지식이 필요합니다. 4절입니다. "지식이 있어야, 방마다 온갖 귀하고 아름다운 보화가 가득 찬다." 방에 좋은 가구를 들여놓는 비결은 지식입니다. 남이 버린 가구를 방에 들여놓을 때는 지식이 필요하지 않을 수 있습니다. 그러나 값진 가구, 쓸만한 가구를 들여놓는 데는 지식이 필요합니다.

4절에서 말하는 각종 보화는 물질적 부와 번영을 의미할 수 있습니다.18 가정에 물질이 풍성함을 말할 수 있습니다. 사업이 잘되어서 풍요로운 삶을 산다는 뜻일 수 있습니다. 또한 비유적으로 각종 보화는 가정의 소중한 가치를 말할 수도 있습니다. 화목하고, 서로 배려하는 가정, 따스한 가정을 말할 수 있습니다.

---

17 히브리어 일반 어순은 동사 다음에 명사가 나온다. 명사가 동사 앞에 나오면, 명사를 강조한다는 의미이다. 그런데 지혜가 집을 짓고, 명철이 튼튼하게 한다(בְּחָכְמָה יִבָּנֶה בָּיִת וּבִתְבוּנָה יִתְכּוֹנָן)는 명사가 동사 앞에 나오기에 지혜와 명철을 강조한다.

18 잠언에서 때때로 지혜와 물질을 서로 연결하면서 지혜를 물질적 부를 가져온다고 이야기한다(잠 3:13~30). 그런 측면에서, 각종 보화는 지혜와 연결되기에 물질적 부를 언급한다고 볼 수 있다.

가정이 물질적으로 부유할 뿐 아니라 화목하게 만들려면 지식이 있어야 합니다. 여기서 '지식'은 דַּעַת(다아트)인데, יָדַע(야다)의 여성명사입니다. '야다'는 명철과 같이 지식 또는 능력으로 번역합니다. 그런데 둘 사이에는 차이가 있습니다. '명철(תְּבוּנָה, 터부나)'이 지식이나 정보를 판단하고 분석할 때 하나님이 주신 능력을 뜻한다면, '야다'는 경험으로 얻는 능력을 말합니다.19 어떤 한 분야를 끊임없이 연구하면, 그 분야에 전문가가 됩니다. 그래서 다른 사람보다 정보를 판단하고 분석하는 데 탁월한 전문 지식이나 능력을 갖춥니다.20 이렇게 연구나 경험으로 얻은 지식이나 능력을 '야다'라고 합니다. 3절에서, 명철이 하나님이 주신 능력이라면, 4절에서 야다, 곧 지식은 경험으로 얻은 능력입니다.

그래서 인간 노력으로 얻은 지식이나 능력을 잘못 사용하면 나쁜 방향으로 나아갈 수 있습니다. 예를 들어 봅시다. 에덴동산에서 아담과 하와는 뱀을 만났습니다. 뱀이 아담과 하와에게 '선과 악을 알게 하는 나무 실과(עֵץ הַדַּעַת טוֹב וָרָע, 에츠 하다아트 토브 바라)'를 먹으면, 하나님과 같이 될 수 있다고 유혹합니다. 이때 '알게 하는'이라는 용어가 '다아트'입니다. 곧, 뱀은 우리가 경험을 통하여 지식을 쌓고 능력을 쌓으면 하나님과 같이 될 수 있다고 유혹했습니다.21 그러자 아담과 하와는 경험으로, 지식으로, 자기 노력으로 하나님처럼 되려고 했습니다. 인간의 실패는 경험이나 연구로 하나님과 동등하게 되려는 마음에서 시작합니다. 우리가 어떤 일을 할 때, 처음에는 생소하기에 하나님을 의지하고 기도합니다. 그런데 계속 일하면, 자연스럽게 지식

---

19 Jack P. Lewis, "יָדַע," in *Theological Wordbook of the Old Testament*, ed. R. Laird Harris, Gleason L. Archer Jr., and Bruce K. Waltke, vol. 1 (Chicago: Moody Press, 1980), 848c.

20 Lewis, "יָדַע," *TWOT*, 1:848c.

21 Lewis, "יָדַע," *TWOT*, 1:848c.

이 생기고, 비결을 압니다. 그러면 하나님을 의지하기보다 자기 지식이나 경험을 의지합니다. 사역도 마찬가지입니다. 그래서 경험이 있고 지식이 있는 사람이 실패하는 경우가 많습니다. 자기 지식, 자기 경험으로 하려고 하지 마시기 바랍니다.

그러나 인간 노력으로 얻은 지식이나 능력이 하나님의 통제를 받는다면 달라집니다. 3절과 연결하면, 경험으로 얻은 지식보다 하나님이 주시는 지혜와 명철이 더 우선입니다. 다른 말로 하면, 경험으로 얻은 지식이 하나님이 주신 지혜와 명철에 통제받았습니다. 지식이 지혜와 명철에 통제받을 때, 방마다 귀한 보물로 채울 수 있습니다. 방에 온갖 보화를 채우려면 사람이 노력해야 합니다. 우리는 연구해야 하며, 성공과 실패도 경험해야 합니다. 그런데 우리 연구와 경험이 효과를 발휘하게 하려면 하나님이 주시는 지혜, 하나님이 주신 명철을 기반으로 해야 합니다. 하나님이 주시는 지혜와 명철의 통제를 받아야 합니다. 그럴 때 놀라운 역사를 만들 수 있습니다. 하나님의 은혜나 하나님의 지혜에 기반해 세워진 우리 지식이나 능력은 지붕과 벽이 있는 방으로 비유될 수 있습니다. 집에는 다양한 방이 있습니다. 그런데 지붕이나 벽이 없는 방이라면, 그 방에 귀한 보석을 놓아 둘 수 있을까요? 그 방에 보석으로 꾸민 가구를 넣어 두지는 않습니다. 먼지, 습기, 태양, 비바람 등으로 가구가 망가지기 때문입니다. 하나님의 지혜와 명철이 아니라 인간 경험이나 연구로 얻은 지식은, 지붕과 벽이 없는 방과 같습니다. 그러나 하나님의 지혜와 명철을 의지하는 인간 지식이나 능력은, 지붕이 있고 벽이 있는 방과 같습니다. 이 방에는 온갖 귀한 보석이나 귀한 가구를 둘 수 있습니다.

결론

오늘 본문 3~4절에서, 지혜자는 가정을 세우는 비결을 말합니다. 집은 하나님의 지혜와 명철로 견고하게 세워집니다. 그러나 방에 온갖 귀한 것으로 채우려면 인간 경험이나 노력, 그리고 끊임없는 연구가 필요합니다. 남편은 아내를 알아야 하고, 아내는 남편을 알아야 합니다. 부모는 자식을 알아야 하고, 자식은 부모를 알아야 합니다. 이 노력이 하나님과 관계없는 노력이어서는 안 됩니다. 하나님과의 관계에서, 하나님을 경외하고 신뢰함으로, 오직 그분의 통제를 받으려고 노력해야 합니다.

그러므로 건강한 가정을 세우는 데는 하나님의 절대적 은혜가 필요합니다. 그리고 그 은혜 위에다 우리 노력을 올려놓아야 합니다. 다른 사람이 어떻게 건강한 가정을 세우는가를 연구하시기를 바랍니다. 잘하는 사람이 하는 강의를 듣거나, 실제 경험으로 지식을 얻어야 합니다. 하지만 중요한 것은 하나님 은혜, 하나님 지혜와 명철입니다. 하나님 지혜와 명철에 기반하지 않고 얻은 지식을 사용하다가는 하나님을 대적하는 실수를 저지릅니다. 그 결과, 가정을 힘들고 어렵게 만듭니다. 사랑하는 성도 여러분, 하나님의 말씀 위에 건강하고 아름다운 가정을 세우시기를 바랍니다. 가정은 하나님 은혜와 인간 노력의 조화로 세워지고 견고해지며 풍성해지기 때문입니다.

21 지혜와 지식을 추구합시다
잠언 24:5~6

중심 내용: 지식을 갖춘 지혜는 어려움을 극복하는 비결이다.

I. 지혜와 지식은 어려움을 극복하는 시너지 효과를 낸다(5절).

II. 왜냐하면 지혜와 지식이 전쟁에서 승리하는 비결이기 때문이다(6절).

서론

『새번역』은 5절을 "지혜가 있는 사람은 힘이 센 사람보다 더 강하고, 지식이 있는 사람은 기운이 센 사람보다 더 강하다"라고 번역합니다. 그러나『개역개정』은 "지혜 있는 자는 강하고 지식 있는 자는 힘을 더하나니"라고 번역합니다. 왜 서로 다르게 번역할까요?

히브리어 성경(MT)과 70인 역(LXX)의 차이 때문입니다.『새번역』은 70인 역을 번역했고,『개역개정』은 히브리어 성경을 번역했기 때문입니다. 70인 역은 주전 3세기에서 시작하여 1세기 즈음까지 히브리어 성경을 헬라어로 번역한 성경입니다. 잠언 24:5~6의 히브리어 성경과 70인 역이 다르기에, 학자들 사이에서 둘 중 무엇이 원문에 가까운지를 토론하고 있습니다.[1] 저는 70인 역을 번역한『새번역』이 아니라, 히브리어 성경을 번역한 『개역개정』 본문, 곧 "지혜 있는 자는 강하고 지식 있는 자는 힘을 더하나니 너는 전략으로 싸우라 승리는 지략이 많음에 있느니라"으로 설교하겠습니다.

I. 지혜와 지식은 어려움을 극복하는 시너지 효과를 낸다(5절).

잠언 24:5~6은 전쟁할 때, 정말 무엇이 필요한지 말씀합니다. 『새번역』에 따르면, 전쟁할 때 왕이나 장수에게 군사력이 필요하기보다는 지혜 있는 참모가 필요합니다.[2] 왜냐하면 전쟁에서 승리는 군사의 수가 얼마나 많은가, 얼마나 최신 무기를 가지고 있느냐에 달리지 않기 때문입니다. 오히려 전략을 어떻게 짜느냐에 따라 전쟁에서 승패가 갈립니다. 전쟁뿐 아니라 삶의 현장에서도 마찬가지입니다. 물질이나 권력보다도 지혜가 있는 사람이 옆에 있을 때, 더 풍성한 삶을 살 수 있다고 권면합니다. 반면에 『개역개정』은 전쟁에 힘이 있는 지혜자가 더 낫다고 말합니다. 왜냐하면 전쟁에서 승패는 전략과 지략의 차이에서 비롯하기 때문입니다. 그래서 이 땅에 살면서 힘과 전략을 함께 갖춘 지혜자가 되는 게 중요하다고 말합니다. 힘과 지략을 갖춘 지혜자를 두는 게 중요합니다. 그러므로 우리는 좋은 지혜자이어야 하고, 좋은 지혜자를 두어야 합니다. 『새번역』과 『개역개정』 번역은 그 뜻이 비슷하지만, 차이가 있습니다. 『새번역』은 힘이나 권력과 지

---

[1] Bruce K. Waltke, *Proverbs 15~31*, New International Commentary on the Old Testament, ed. Robert L. Hubbard Jr. (Grand Rapids: Wm. B. Eerdmans Publishing Company, 2005), 272에 따르면, 히브리어 성서 독본이 더 매력적이다. 더 어려운 독본이고, 잠언 21:22에서 지혜로운 사람과 용사를 대조해도 '공격(attack)'이나 '무너뜨린다(bring down)'이라는 용어가 없기에, 그리고 히브리 성서 독본이 6절과 잘 어우러지게 설명하기 때문이다.

[2] Richard J. Clifford, *Proverbs*, Old Testament Library, ed. James L. Mays, Carol A. Newsom, and David L. Petersen [Louisville, KY: Westminster John Knox Press, 1999], 214에서는 70인 역을 따른다.

혜를 대조하면서 힘이나 권력보다 지혜를 추구하라고 권면합니다. 하지만 『개역개정』은 대조가 아니라, 힘과 지략을 갖춘 지혜가 필요함을 역설합니다. 그러면서 힘과 지략이 지혜와 서로 대조가 아니라, 서로 조화되고 하나가 되어야 한다는 점을 강조합니다.

5절에서, 지혜자는 "지혜 있는 자는 강하고 지식 있는 자는 힘을 더한다"라고 말합니다. "지혜 있는 자는 강하다(גֶּבֶר־חָכָם בַּעוֹז, 게베르-하캄 바요즈)"는 의미를 생각해 보겠습니다. 지혜(חָכָם, 하캄)는 인간이 삶을 살아가면서 발견하는 통찰력을 의미합니다. 삶을 살아가면서 다양한 상황을 만나는데, 그 상황을 대하는 방식이나 태도를 지혜라고 합니다. 고대 메소포타미아인이나 이집트인은 지혜를 경험에서 얻는 통찰력이라고 표현했습니다.[3] 그래서 어렵고 힘든 일을 많이 겪는데, 그 경험을 지혜라고 했습니다. 직장에서 초보자보다 경험자를 우대함도 아마 어려움을 대처하는 능력 때문입니다. 하지만 구약은 거룩하신 하나님에게서 오는 가르침이나 삶의 영역에서 나타나는 하나님 성품이나 통찰력을 지혜라고 말합니다.[4] 단순히 대처하는 능력뿐 아니라 삶을 대하는 자세까지도 포함합니다. 어려움이나 고난이 닥칠 때 그 문제를 대하는 태도와 자세를 지혜라고 말합니다. 그래서 성경이 말하는 지혜는 '삶의 현실에서 하나님을 인정하고, 주님과 함께 인생에서 만나는 문제를 해결하는 능력, 자세, 성품'을 말합니다.

이 '지혜가 있는 사람은 강하다'에서 '사람'은 히브리어로 גֶּבֶר(게베르)입니다. 잠언 24:1에 '악한 사람'이라는 표현이 나오지요. 이때 사람은 אֱנוֹשׁ(에노쉬)입니다. '에노쉬'는 약하고 병들기 쉬운 존재로서 인간을 지칭합니다. 곧, 약하고 죽음에 연약한 존재, 또는 성경에서 중요하지 않

---

3 Louis Goldberg, "חָכָם," in *Theological Wordbook of the Old Testament*, ed. R. Laird Harris, Gleason Archer Jr., and Bruce Walke (Chicago: Moody Press, 1980), 647.

4 Goldberg, "חָכָם," *TWOT*, 1:647.

은 존재로서 인간을 의미할 때 사용합니다.5 그런데 24절의 '지혜 있는 사람'에서 사람은 '게베르'입니다.6 '게베르'는 유능한 사람, 능력이 있는 사람, 어떤 역량이 있는 사람을 말합니다. 다윗이 블레셋과의 전쟁 중 베들레헴 물을 먹고 싶다고 했을 때, 측근 장군 세 명이 블레셋 군을 물리치고 물을 떠 옵니다(대상 11:15~19). 이 대장군 세 명과 같은 사람을 지칭할 때, 게베르를 사용합니다.7 그래서 '지혜로운 사람'은 어떤 환경에도 하나님을 경외하는 유능한 사람이라는 뜻입니다. 이런 사람은 전쟁에도 두려워하거나 쉽게 좌절하지 않습니다. 코로나19와 같은 어려움이나 고난이 와도 하나님을 신뢰하기에 더 담대합니다.

그 지혜로운 사람은 '**강합니다**(גְּבַר־חָכָם בָּעוֹז, 게베르-하캄 바오즈)'. '강하다(בָּעוֹז, 바오즈)'는 하나님과 사람의 강함을 의미할 때 사용합니다. 하나님에게 쓰일 때는 본래부터 강하신 하나님의 전지전능하신 능력을 의미합니다. 하지만 사람에게 쓰일 때는 전쟁이나 어떤 어려움에서 인내하면서 이겨내는 힘을 의미합니다(삿 3:10; 6:2; 단 11:12). 자기 힘이 아니라, 하나님에게서 오는 능력으로 극복하고 얻는 승리를 의미할 때 '강하다'는 용어를 사용합니다.8 그렇다면 5절의 "**지혜 있는 사람은 강하다**"는, 하나님을 경외하며 믿는 사람은 어떤 어려움과 역경에서도 하나님을 의지하기에 그것을 이겨낸다는 뜻입니다. 하

---

5 Thomas E. Mccomiskey, "אֱנוֹשׁ," in *Theological Wordbook of the Old Testament*, ed. R. Laird Harris, Gleason L. Archer Jr., and Bruce K. Waltke, vol. 1 (Chicago: Moody Press, 1980), 135.

6 John N. Oswalt, "גָּבַר," in *Theological Wordbook of the Old Testament*, ed. R. Laird Harris, Gleason L. Archer Jr., and Bruce K. Waltke, vol. 1 (Chicago: Moody Press, 1980), 310.

7 Oswalt, "גָּבַר," *TWOT*, 1:310.

8 Carl Schultz, "עָזַז," in *Theological Wordbook of the Old Testament*, ed. R. Laird Harris, Gleason L. Archer Jr., and Bruce K. Waltke, vol. 2 (Chicago: Moody Press, 1980), 1596.

나님의 성품이 있기에, 문제를 만나도 조급하거나 두려워하지 않습니다. 주님이 이겨낼 힘을 주신다는 믿음을 가집니다. 그리고 하나님이 주시는 힘으로 문제나 어려움을 슬기롭게 이겨냅니다.

이제, "지식이 있는 사람은 힘을 더합니다(אִישׁ־דַּעַת מְאַמֶּץ־כֹּחַ, 이쉬-다아트 머아메츠-코하)"를 살펴보겠습니다. '지식'은 יָדַע(야다)의 여성명사 דַּעַת(다아트)입니다. '다아트'는 사람이 경험으로 얻는 지식이나 능력을 의미한다고 말씀을 드렸습니다. 공부하고 연구하면서 자연스럽게 배우는 지식입니다. 분석하고 판단하는 탁월한 능력을 지식이라고 합니다.9 지혜는 하나님이 주시는 능력이라면, 지식은 경험으로 얻는 능력입니다. 그리고 '지식이 있는 사람'에서 '사람'은 אִישׁ(이쉬)입니다. '이쉬'는 일반 사람, 평범한 남자나 남편을 지칭하는 단어입니다. 또한 어떤 한 분야에서 일하는 사람, 농부, 사냥꾼을 의미하기도 합니다(창 25:27).10 그래서 '지식이 있는 사람'은 한 분야에서 끊임없이 연구한 경험으로 자기를 계발하는 일반 사람을 말합니다.11

---

9 Jack P. Lewis, "דַּעַת," in *Theological Wordbook of the Old Testament*, ed. R. Laird Harris, Gleason L. Archer Jr., and Bruce K. Waltke, vol. 1 (Chicago: Moody Press, 1980), 848c.

10 Thomas E. Mccomiskey, "אִישׁ," in *Theological Wordbook of the Old Testament*, ed. R. Laird Harris, Gleason L. Archer Jr., and Bruce K. Waltke, vol. 1 (Chicago: Moody Press, 1980), 83.

11 성경, 특히 잠언에서 사람을 자주 지칭하는 용어는 네 개이다. אָדָם(아담), אִישׁ(이쉬), אֱנוֹשׁ(에노쉬), גֶּבֶר(게베르)이다. '아담'은 하나님의 성품으로 창조된 인간을 말하며, 지·정·의나 오감이 있는 인간을 지칭한다. '이쉬'는 일반 용어로 사람, 남자 또는 남편을 지칭한다. '에노쉬'는 연약하고 나약한 인간, 죽을 수밖에 없는 인간을 지칭한다. 하지만 '게베르'는 능력 있는 사람, 힘이 있고 유능한 사람, 고귀한 사람을 지칭한다. 자세한 내용은 Leonard J. Coppes, "אדם," in *Theological Wordbook of the Old Testament*, ed. R. Laird Harris, Gleason L. Archer Jr., and Bruce K. Waltke, vol. 1 (Chicago: Moody Press, 1980), 10~11;

이런 사람은 '힘을 더하게 됩니다(מְאַמֶּץ־כֹּחַ, 머아메츠-코하).'12 '힘 (כֹּחַ, 카하)'은 육체 힘을 나타내는 용어입니다. 하나님이 주시는 힘이 아니라, 육체 힘입니다. 특히, 어떤 상황에서 정신적으로 육체적으로 견디어 낼 수 있는 에너지를 말합니다.13 그리고 '더하다(אָמֵץ 아메츠)' 는 스스로 강하게 한다, 튼튼해진다는 의미가 있습니다.14 결국, '힘을 더하다'는 어려운 상황에서 스스로 그것을 이겨 낼 수 있는 육체 힘을 기른다는 뜻입니다. 어려우면 어려울수록 좌절하지 않고 더 강해지는 현상을 말합니다.

5절 하반절 '지식이 있는 사람은 힘을 더합니다'를 종합하면 이런 뜻입니다. 어떤 한 분야에 끊임없이 연구하는 사람은 어떤 어려움이 닥치더라도 스스로 견디는 힘을 냅니다. 살아남을 힘이 생긴다는 뜻입니다. 그래서 경험에서 힘을 얻는 방법을 배우기에 어떤 환경에도

Mccomiskey, "אִישׁ," *TWOT*, 1:83; Mccomiskey, "אֱנוֹשׁ," *TWOT*, 1:135; Oswalt, "גֶּבֶר," *TWOT*, 1:310을 보라.

12 Franz Delitzsch, *Proverbs*, Ecclesiastes, Song of Solomon, trans. M. G. Easton, 3 vols. in 1st ed., Biblical Commentary on the Old Testament, ed. C. F. Keil and F. Delitzsch, vol. 6 (Edinburgh: T. & T. Clark, 1866~1891; reprint, Peabody, MA: Hendrickson Publishers, 1966), 127에 따르면, '힘을 더한다(מְאַמֶּץ־כֹּחַ, 머아메츠-코하)'를 '힘을 강화한다(to strengthen the strength)'는 의미, '탁월한 힘(superior strength)'을 의미한다.

13 John N. Oswalt, "כהה," in *Theological Wordbook of the Old Testament*, ed. R. Laird Harris, Gleason L. Archer Jr., and Bruce K. Waltke, vol. 1 (Chicago: Moody Press, 1980), 973.

14 Charles L. Feinberg, "אָמֵץ," in *Theological Wordbook of the Old Testament*, ed. R. Laird Harris, Gleason L. Archer Jr., and Bruce K. Waltke, vol. 1 (Chicago: Moody Press, 1980), 117.

넘어지지 않고 오뚝이처럼 일어나 더 힘을 씁니다. SBS의 「정글의 법칙」하면 '김병만 족장'을 생각합니다. 이 프로그램은 2011년 10월에 첫 방송을 했습니다. 거의 10년 정도 진행하면서 지구를 18바퀴를 돌며 약 38개 나라를 방문했습니다. 그런데 김병만 족장하면, 팀원이나 시청자에게 어떤 어려움도 능히 이겨낼 수 있는 사람이라는 믿음을 줍니다. 끊임없이 노력하고 도전한 결과입니다. 그러므로 사랑하는 성도 여러분, 여러분이 종사하는 그 분야에서 끊임없이 연구하시기 바랍니다. 책을 읽고 궁리하시기 바랍니다. 필요하다면 세미나에도 참석해야 합니다. 그래서 계속 자신을 연마하시고, 자신이 있는 분야에서 연구하여 많은 경험을 쌓아야 합니다. 그렇게 하면 그 경험과 지식이 어려운 시기를 이겨낼 강력한 힘을 씁니다.

5절 말씀, 곧 "**지혜가 있는 사람은 강하고, 지식이 있는 자는 힘을 더한다**"를 종합하면, 이 결론이 나옵니다. 지혜가 있는 사람은 하나님의 지혜로 더 유능한 사람이 됩니다. 그가 주님을 의지하기에 다른 어떤 사람보다도 유능한 일꾼이 됩니다. 특히, 어려운 시기에 하나님의 성품을 드러내고, 신앙인의 모습을 보여줍니다. 탁월함을 드러냅니다. 지식이 있는 사람은 스스로 연구하는 사람입니다. 스스로 공부하는 사람입니다. 그래서 어려움이 올 때, 다른 사람보다 더 인내할 힘을 발휘합니다. 어려움에 도전하며 극복하는 능력을 발휘합니다. 이 둘이 합쳐질 때 놀라운 시너지 효과를 나타냅니다. 그러므로 우리는 하나님을 의지하여 지혜로운 사람이 되어야 합니다. 스스로 연구하면서 하나님 지혜의 통제를 받는 지식을 갖춘 사람이 되어야 합니다. 그래야 어떤 위기 상황에서도 하나님의 지혜와 그동안 경험한 지식으로 능히 이겨낼 수 있습니다. 저는 우리 교회 성도 모두가 지혜가 있는 성도, 지식이 있는 성도가 되길 원합니다.

왜 지혜 있는 자가 되어야 하고, 지식 있는 자가 되어야 할까요? 인생은 전쟁이기 때문입니다. 그리고 전쟁에서 승리하는 힘은 지혜와 지식에 있기 때문입니다.

II. 왜냐하면 지혜와 지식이 전쟁에서 승리하는 비결이기 때문이다(6절).

인생이라는 전쟁에서 승리는 힘이나 물질로 거두지 않습니다. 권력으로도 아닙니다. 전략과 지략으로 승리합니다. 6절입니다. "전략을 세운 다음에야 전쟁을 할 수 있고, 참모가 많아야 승리할 수 있다." 『개역개정』입니다. "너는 전략으로 싸우라. 승리는 지략이 많음에 있느니라." 6절에서, 지혜자가 전쟁에서 전략과 지략으로 승리한다고 말합니다. 여기서 '전쟁(מִלְחָמָה, 밀하마)'은 여호와 하나님께서 우리를 위해서 싸우는 전쟁을 의미합니다. 때때로 이것을 '거룩한 전쟁', '성전'이라고 표현하기도 합니다. 물론 이 용어가 쓰인 모든 전쟁을 거룩한 전쟁으로 표현하지는 않습니다. 그러나 대부분은 여호와께서 싸우는 전쟁을 이야기합니다.15 여기서 전쟁은 무력을 써서 물리적으로 싸우는 전쟁은 물론이고 비물리적으로 치열하게 싸우는 삶의 전쟁도 의미합니다. 어려운 시기, 고난을 겪는 시기를 이야기합니다. 코로나19 시기, IMF 시기, 경제적으로 그리고 육체적으로 힘든 시기를 말합니다. 어쩌면 적의가 가득한 사회나 환경을 이야기할 수도 있습니다. 우리가 당하는 모든 시험이나 어려운 삶은 하나님께서 우리에게 허락하신 전쟁입니다. 그래서 인생을 '광야 같은 삶'이라고 표현합니다. 어려운 시기에 우리는 혼자서 버겁게 싸운다고 생각합니다. 그런데 그렇지 않습니다. 우리가 어려움에서 고군분투(孤軍奮鬪)하면서 힘들게 싸울 때, 주님은 옆에서 가만히 계시지 않습니다. 그분은 우리 대장으로서 우리 대신에 직접 싸우십니다. 인생이라는 전쟁터에서 주님은 항상 우리 편이십니다.

---

15 Walter C. Kaiser, "לָחַם," in *Theological Wordbook of the Old Testament*, ed. R. Laird Harris, Gleason L. Archer Jr., and Bruce K. Waltke, vol. 1 (Chicago: Moody Press, 1980), 1104.

전쟁에는 전략(תַּחְבֻּלוֹת, 타흐불로트)이 중요합니다. 여기서 전략은 지혜로운 조언, 현명한 조언을 의미합니다.16 어떤 어려움이 닥칠 때, 자기 힘이나 능력으로 무모하게 맞서려 하지 말아야 합니다. 오히려, 먼저 지혜로운 충고나 전략을 세워야 합니다. 전쟁에서 승리는 힘이 아니라 전략에서 오기 때문입니다. 경험이 아니라 전략에서 오기 때문입니다. 우리 인생은 항상 전쟁을 치르는 과정입니다. 코로나19만이 어려움이 아닙니다. 우리는 크고 작은 많은 어려움에 살아갑니다. 인생이라는 전쟁에서 승리하는 비결은 지혜로운 충고 따르기입니다. 그러므로 하나님을 경외하며 하나님이 주시는 지혜를 따라 살아가시기를 바랍니다. 참된 지혜이신 주님께 기도하십시오. 그럴 때 참된 평안과 안식을 누릴 수 있습니다.

인생이라는 전쟁에서 승리하려면 전략에 더해 지략도 있어야 합니다. 6절 후반부입니다. "승리는 지략이 많음에 있느니라(וּתְשׁוּעָה בְּרֹב יוֹעֵץ, 우터슈아 버로브 요에츠)". 『새번역』은 "참모가 많아야 승리할 수 있다"라고 번역합니다. '승리(תְּשׁוּעָה, 터슈아)'는 구원을 의미합니다. 신약성서에서 구원은 죄 용서받거나 사탄의 능력에서 벗어나짐을 구원이라고 말합니다. 반면에 구약에서 구원은 고난, 재난, 불행에서 벗어남, 또는 자연재해에서 벗어남을 말합니다.17 본문에서 구원은 불행, 고난, 재난을 극복함이라고 말합니다. 이 고난에 승리하려면 지략이 있어야 합니다. 이 '지략(יָעַץ, 야아츠)'은 전략과 마찬가지로 조언한다는 뜻입니다. 하나님은 지략을 주시는 분이시며 지략가이십니다. 그런데 '지략'하면 가장 먼저 떠오르는 사람은 모세의 장인 이드로입니다. 출

---

16 Gerard Van Groningen, "חָבַל," in *Theological Wordbook of the Old Testament*, ed. R. Laird Harris, Gleason L. Archer Jr., and Bruce K. Waltke, vol. 1 (Chicago: Moody Press, 1980), 596.

17 John E. Hartley, "יָשַׁע," in *Theological Wordbook of the Old Testament*, ed. R. Laird Harris, Gleason L. Archer Jr., and Bruce K. Waltke, vol. 1 (Chicago: Moody Press, 1980), 929.

애굽기 18:19에서, 이드로는 모세에게 조언합니다. "혼자서 200만 넘는 백성의 문제를 듣고 판결하면, 모세도 백성도 무너진다. 그러므로 조직을 만들어 십부장, 오십부장, 백부장, 천부장을 만들어 백성 문제를 다루도록 하라"라고 조언합니다. 그러면 "모세도 살고, 백성도 모두 살 수 있다"라고 조언합니다.18

우리가 이 땅에서 승리하려면, 이드로와 같은 좋은 조언자를 곁에 둬야 합니다. 잘 준비한 조언자가 많으면 많을수록 좋습니다. 그런데 우리에게 이드로보다 더 뛰어난 최고 조언자가 있습니다. 그분이 바로 우리 주 예수님이십니다. 그러므로 예수님의 조언을 끊임없이 구해야 합니다. 찰스 쉘던의 신앙소설 제목처럼 『예수님이라면 어떻게 하실까?』를 늘 생각하고 주님에게서 답을 얻어야 합니다. 그리고 우리도 유비에게 좋은 조언자인 제갈량처럼 좋은 조언자로 준비하면, 다른 사람에게 많은 도움을 줄 수 있습니다. 잘 준비한 조언자가 되려면, 한 분야에서 전문가이어야 합니다. 인생의 성공은 얼마나 좋은 조언자를 많이 가질 수 있느냐에 따라 판가름이 납니다. 그러므로 우리는 주님께 좋은 조언자를 보내달라고 기도해야 합니다. 우리에게 좋은 조언자가 있어야 하고, 우리도 다른 사람에게 좋은 조언자이어야 합니다. 마찬가지로, 우리 자녀 주위에 좋은 조언자가 많도록 기도해야 합니다. 그리고 자녀가 좋은 조언자가 되도록 격려해야 합니다. 지혜와 전략, 지식과 지략은 유기적으로 연결돼 있습니다.19 단어

---

18 Paul R. Gilchrist, "יָעַץ," in *Theological Wordbook of the Old Testament*, ed. R. Laird Harris, Gleason L. Archer Jr., and Bruce K. Waltke, vol. 1 (Chicago: Moody Press, 1980), 887.

19 Tremper Longman III, 『잠언 주석』, 베이커 지혜 문헌 · 시편 주석 시리즈, 임요한 옮김 (서울: 기독교문서선교회, 2019), 689에 따르면, 본문은 지혜가 힘을 가장 적절하게 조절할 수 있기에 승리할 수 있는 전략을 제공할 수 있다고 말한다. Derek Kidner, *Proverbs: An Introduction & Commentary*, Tyndale Old Testament Commentaries, ed. D. J. Wiseman, vol. 15 (Downers Grove, IL: InterVarsity Press, 1964),

는 달라도, 서로 연관이 있습니다. 지혜 있고, 지식이 있는 사람이 전략과 지략을 가질 수 있고, 전략과 지략을 세웁니다.

결론

잠언 16:16에서, 지혜자는 "지혜를 얻는 것이 금을 얻는 것보다 낫고, 명철을 얻는 것이 은을 얻는 것보다 낫다"라고 했습니다. 잠언 20:15에서는 "세상에는 금도 있고, 진주도 많이 있지만, 정말 귀한 보배는 지각 있게 말하는 입이다'라고 했습니다. 지혜나 명철이 금이나 은보다 낫습니다. 물질을 얻고 권력을 얻는 것보다 지혜로운 친구를 얻는 게 더 낫습니다. 그러므로 우리는 주님을 찾고 배우는 일에 게을리하지 말아야 합니다. 특히, 주님 말씀을 연구하고 기도하기를 게을리하지 마십시오. 그리고 자신이 있는 분야에서 끊임없이 연구하시기를 바랍니다. 우리에게는 좋은 조언자가 있습니다. 예수 그리스도이십니다. 유비처럼 제갈량을 조언자로 얻으려고 삼고초려(三顧草廬)하지 않아도 됩니다. 우리 곁에는 최고 조언자이신 예수 그리스도께서 늘 계십니다. 주님께 묻고 지혜를 얻을 수 있음은 은혜입니다. 예수님께는 하나님의 완전한 말씀이 있습니다. 하나님께 기도하며 말씀 읽으시면서 주님의 지혜를 구하시기를 바랍니다. 이것이 여러분의 인생 전쟁터에서 승리하게 합니다.

152에서는 전략이 곧 힘이라고 말한다. R. N. Whybray, *Proverbs*, New Century Bible Commentary, ed. Ronald E. Clements (Grand Rapids: Wm. B. Eerdmans Publishing Company, 1995), 345에 따르면, 참된 힘은 지적인 탁월성에 있지, 폭력에 있지 않다.

지혜자 잠언

22 잠언 24:7
지혜의 고귀성을 찾아갑시다

중심 내용: 지혜는 사회에서 그 가치를 인정받지만, 어리석음은 무시당한다.

I. 원인: 어리석음은, 지혜가 너무 높아서 가까이 접근할 수 없다(7a절).

II. 결과: 어리석은 사람은 사회에서 무시당한다(7b절).

서론

지혜와 어리석음은 잠언이 다루는 단골 주제 중 하나입니다. 잠언은 지혜와 어리석음을 많이 언급합니다. 잠언 1~9장에서 지혜와 어리석음을 대조합니다. 특히 7~9장에서는 여성명사를 사용하여 지혜로운 여인과 어리석은 여인으로 대조합니다. 잠언 22:17~24:34은 지혜자 잠언 36개입니다. 지혜자 잠언 36개에도 지혜와 어리석음이라는 주제가 있습니다. 잠언 24:3~6은 지혜의 유익을 이야기합니다. 3~4절은 지혜가 지식과 함께 건강한 가정을 세우고, 5~6절은 지혜가 지식과 함께 어려움을 극복하게 하는 비결이라고 말합니다.

하지만 잠언 24:8~9은 어리석음을 이야기합니다. 어리석은 사람은 이간질 꾼이 되어 죄짓는 생각만 합니다. 그래서 누구에게나 미움을 받는 천덕꾸러기가 됩니다. 3~6절이 지혜를 말하고 8~9절이 어리석음을 말하는 그 사이에 7절이 있습니다. 7절은 지혜와 어리석음을 대조하면서 자연스럽게 지혜라는 주제에서 어리석음이라는 주제로 바뀌도록 돕습니다. 오늘은 지혜와 어리석음을 대조하는 7절을 근거로 지혜의 고귀성과 아울러 어리석음의 결과를 말씀드리고자 합니다.

I. 원인: **어리석음은, 지혜가 너무 높아서 가까이 접근할 수 없다**(7a절).

잠언 24:5~6은 전쟁에서 승리를 거두는 비결이 지혜라고 말합니다. 어떤 어려움과 고난이 닥쳐도, 지혜는 지식과 함께 역경에서 승리하게 돕습니다. 하지만 어리석음은 역경에서 승리는커녕, 사소한 문제도 해결하지 못하며 사람들에게 인정도 받지 못하고 무시당합니다. 7절에서, 지혜자는 그 둘을 대조함으로 그 사실을 교훈합니다.

7a절입니다. "**지혜는 너무 높이 있어서, 어리석은 사람이 거기에 미치지 못하니**"(7a절). 먼저, 지혜를 다시 한번 정리해 보겠습니다. 지혜(חָכְמוֹת, 호크모트)는 하나님으로부터 받은 삶의 통찰력이나 분별력을 말합니다. 또한 삶을 대하는 자세나 태도까지도 포함합니다. 인생에는 평탄한 길도 있지만, 울퉁불퉁한 고난의 길도 많습니다. 이런 삶의 굴곡에서, 우리는 때때로 "왜 나에게만?"이라는 의문과 불평을 던지곤 합니다. 특히, 극한 고통을 동반한 어려움이 찾아올 때면 그렇게 불평합니다. 다른 사람은 평탄하게 살아가는 것 같은데, 오직 나에게만 어려움이 찾아오는 것 같을 때, 우리는 그렇게 불평하고 원망합니다. 지혜는 이때 나타납니다. 하나님의 뜻이 있다는 소망으로, 하나님 관점에서 그 문제를 보려고 노력합니다. 그러다 보니 인생을 바라보고 문제를 바라보는 영적 안목과 분별력이 생깁니다. 그래서 하나님과 함께 그 어려움과 역경을 헤쳐 나아갑니다. 성경은 이 자세까지 포함해서

지혜라고 합니다.1 그래서 지혜로운 사람은 어려움이나 고난이라는 위기에 처할 때, 그것을 반전하는 기회로 여깁니다. 고난이나 어려움을 좋아하는 사람은 아무도 없습니다. 그러나 지혜로운 사람은 위기가 닥쳐와도 불평, 불만, 원망으로 시간을 허비하지 않습니다. 반전하는 기회, 성숙하는 기회로 삼습니다. 그래서 지혜로운 사람은 어리석은 사람보다 더 높은 차원의 삶을 살 수 있습니다.

하지만 어리석은 사람은 그렇게 하지 못합니다. 왜냐하면 어리석은 사람(אֱוִיל, 에빌)은 그렇게 생각할 만큼 통찰력이나 분별력이 없기 때문입니다. 『네이버 국어사전』은 '어리석다'를 '슬기롭지 못하고 둔함'으로 설명하고, 비슷한 말로 '현명하지 못하고 둔하다,' '우매하다'를 제시합니다.2 이 사전에 따르면, 어리석음은 지적 영역이며, 행동 영역입니다.

그렇다면 성경은 어떤 영역에서 어리석음을 이야기할까요? 성경에서는 '어리석다'를 다양한 영역에서 사용합니다. 『네이버 국어사전』과 같이 지적 영역에 사용합니다. '어리석다'는 문자적으로 '두꺼운 뇌를 가짐'을 의미합니다. '두꺼운 뇌'는 뇌가 잘 돌아가지 않고, 마비 상태를 의미하는 은유법입니다. 즉, 머리가 잘 돌아가지 않거나 생각 없이 말하는 사람, 또는 분별력이나 사려 깊게 판단하는 능력이 부족한 사람을 가리켜서 어리석은 사람이라고 부릅니다.3 그런데 '어리석은 사람'이란 용어는 도덕성에 결함이 있는 사람을 지칭할 때도 사용합니다. 잠언에서는 주로 이 의미로 많이 쓰입니다. 도덕적으로 무지

---

1 Louis Goldberg, "חָכַם," in *Theological Wordbook of the Old Testament*, ed. R. Laird Harris, Gleason Archer Jr., and Bruce Walke (Chicago: Moody Press, 1980), 647.

2 https://ko.dict.naver.com/#/search?query=%EC%96%B4%EB%A6%AC%EC%84%9D%EC%9D%8C, 2020년 6월 28일 접속.

3 Louis Goldberg, "אוּל I," in *Theological Wordbook of the Old Testament*, ed. R. Laird Harris, Gleason L. Archer Jr., and Bruce K. Waltke, vol. 1 (Chicago: Moody Press, 1980), 44.

한 상태를 죄라고 말합니다. 죄에 무지하니, 도덕적으로 하지 말아야 하는 일, 곧 부정하고 부도덕한 일을 합니다. 이웃에게 무례하고 오만한 일을 합니다.4 이렇게 도덕성에 결함이 있는 사람을 어리석은 사람입니다.

그런데 어리석다는 용어가 하나님을 경외하지 않음을 의미하기도 합니다. 하나님의 말씀을 잘 듣지 않거나 신실한 훈계에 귀를 기울이지 않는 사람을 어리석은 사람이라고 합니다. 하나님을 알려고 하지 않는 사람도 어리석은 사람입니다.5 잠언 1:7에 **"주님을 경외하는 것이 지식의 근본이거늘, 어리석은 사람은 지혜와 훈계를 멸시한다."** 잠 15:5에서는 **"어리석은 사람은 자기 아버지의 훈계를 업신여긴다."** 하나님의 지혜와 훈계, 아버지로 표현한 스승이나 지혜로운 사람이 하는 훈계를 멸시하고 업신여기는 사람을 어리석은 사람이라고 합니다.

왜 하나님의 말씀이나 훈계를 멸시하고 업신여길까요? 자기 생각이 옳다고 생각하기 때문입니다. 자기가 옳다고 생각하는 사람은 하나님이나 다른 사람이 하는 지혜로운 조언을 듣지 않습니다. 자기가 하나님이나 다른 사람이 하는 조언을 듣지 않아도 될 만큼 지혜롭다고 생각하기 때문입니다. 그래서 하나님이나 다른 사람이 하는 조언을 듣지 않습니다. 그 결과, 곤경이나 어려움에 자주 빠지고, 그 상황에서 때 자주 넘어지고 좌절합니다(잠 10:8).6 『네이버 국어사전』이 어리석음을 지적 영역에서 머리가 잘 돌아가지 않는 것과 우둔한 것으로 정의한다면, 성경에서는 어리석음을 지적 영역에만 제한하지 않습니다.

---

4 Henri Cazelles, "אֱוִיל," in *Theological Dictionary of the Old Testament*, ed. G. Johannes Botterweck, Helmer Ringgren, and Heinz-Josef Fabry, trans. David E. Green, vol. 1 (Grand Rapids: Wm. B. Eerdmans Publishing Company, 1974), 137~40; Goldberg, "אול I," *TWOT*, 1:44.

5 Cazelles, "אֱוִיל," *TDOT*, 1:139.

6 Goldberg, "אול I," *TWOT*, 1:44.

도덕성 영역, 더 나아가 영성 영역까지 확장합니다. 사실, 영적 문제가 있기에, 그것이 도덕적 문제와 지적 문제를 일으킨다고 성경은 말합니다. 하나님과 관계에 문제가 있기에, 사람과 관계에 문제가 있고, 이것이 지식 영역까지 영향을 줍니다.

로마서 1:18~32이 이 사실을 잘 설명합니다. 사람들이 자기 정욕대로 살면서 도덕적으로 해서는 안 되는 부끄러운 일, 온갖 불경건하고 성적 부도덕한 일을 합니다. 서로에게 불의와 악행을 저지릅니다. 탐욕과 악의, 시기와 살인, 분쟁과 시기로 서로에게 해서는 안 될 일을 합니다. 그 이유를 하나님을 알 수 있는 지식을 가지고 있으면서도 의도적으로 하나님을 거절했기 때문이라고 말합니다. 하나님을 거절하고 하나님 말씀을 거절할 때, 도덕적으로 하지 말아야 할 짓, 부정한 짓을 합니다. 그리고 그들 지각과 지식에까지 영향을 주어 어두워진 것입니다. 영적 문제가 도덕적·지적 수준까지 영향을 끼칩니다. 그러므로 하나님과 관계가 좋아야 합니다. 지혜와 어리석음은 사실 비교조차 할 수 없습니다. 왜냐하면 출발점이 다르기 때문입니다. 지혜 출발점이 하나님이라면, 어리석음의 출발점은 사람입니다. 이렇게 출발점이 다르니, 이 둘은 비교할 대상이 아닙니다.

지혜자는 지혜의 탁월성을 이렇게 정리합니다. **"지혜는 너무 높이 있어서, 어리석은 사람이 거기에 미치지 못하니"**(7a절). '너무 높이 있다'라는 말에는 두 가지 의미가 있습니다.7 하나는 '위치적 높이'를 뜻하고, 다른 하나는 '가치적 높이'을 말합니다. '위치적 높이'란 1층에 있는 집보다 20층이나 30층에 있는 집이 더 높이 있다는 개념입니다. 사람의 키가 1m 20cm보다 2m가 더 크다고 할 때도 사용합니다. 농구를 한다면, 1m 20cm인 사람은 2m인 사람의 높이에 도달할 수 없습니다. 지혜와 어리석음도 마찬가지입니다. 지혜가 훨씬 높

---

7 Andrew Bowling, "רום," in *Theological Wordbook of the Old Testament*, ed. R. Laird Harris, Gleason L. Archer Jr., and Bruce K. Waltke, vol. 1 (Chicago: Moody Press, 1980), 2133.

은 곳에 있기에, 어리석은 사람은 지혜에 도달할 수가 없습니다. 어리석은 사람은 지혜로운 사람을 따라갈 수도 없습니다.

그런데 이 용어는 가치가 뛰어나다는 의미로도 쓰입니다. '높다'에 사용한 용어가 보석의 일종인 값비싼 산호(רָאמוֹת, 라모트)를 지칭할 때도 쓰입니다(욥 28:18; 겔 27:16).8 산호는 바닷속 100~300m에서 50cm 정도 나뭇가지 모양의 군체를 이루는 자포동물군입니다. 개체가 죽으면 골격만 남는데, 바깥쪽은 무르고 속은 단단한 석회질로 되어 있어 속을 가공해 장식품을 만드는데, 옛날부터 일곱 가지 보물 중 하나로 여겼습니다. "산호 기둥에 호박 주추다"라는 속담을 해석하면 '귀한 산호로 기둥을 세우고 귀한 호박으로 주춧돌을 놓았다'라는 뜻입니다. 이것은 매우 사치스럽고 호화롭게 꾸미는 삶을 비유하는 말입니다.9 산호는 너무 고귀하고 비싼 보석이기에, 어리석은 사람은 감히 접근할 수 없습니다. 이처럼 지혜는 높은 빌딩과 같고 귀하고

---

8 히브리어 사본 MT는 'ra'mot(רָאמוֹת, corals)'라고 읽는다. 하지만 영어 성경뿐 아니라 한국어 성경은 א(알렙)을 빼고 'ramot(רָמוֹת, high)'라고 읽는다. The NET Bible, Proverbs 24:7, n. 9은 내적 증거가 수정한 읽기를 선호한다고 말한다. '산호'에 관해서는 Francis Brown, S. R. Driver, and Charles Briggs, eds., *A Hebrew and English Lexicon of the Old Testament with an Appendix Containing the Biblical Aramaic* (Oxford: Clarendon Press, 1906; reprint, Peabody, MA: Hendrickson Publishers, 1979), 910; William White, "רָאם," in *Theological Wordbook of the Old Testament*, ed. R. Laird Harris, Gleason L. Archer Jr., and Bruce K. Waltke, vol. 1 (Chicago: Moody Press, 1980), 2096을 보라. R. N. Whybray, *Proverbs*, New Century Bible Commentary, ed. Ronald E. Clements (Grand Rapids: Wm. B. Eerdmans Publishing Company, 1995), 345; Roland E. Murphy, *Proverbs*, Word Biblical Commentary, ed. Bruce M. Metzer, David A. Hubbard, and Glenn W. Barker, vol. 22 (Waco, TX: Word Books, 1998), 180는 두 가지 모두 가능하며 차이가 없다고 본다.

9 https://ko.dict.naver.com/.#/entry/koko/2efffc5fc68a4989a234d6047cb90bde, 2020년 6월 28일 접속.

값비싼 보석과도 같습니다. 어리석음은 지혜에 비하면 아주 하찮은 일이기에 감히 비교할 수 없습니다. 당연히, 어리석은 사람은 감히 지혜에 접근할 수 없습니다. 지혜를 이해할 수도 없습니다.10

어리석은 사람은 하나님의 지혜에 접근할 수도 없고, 이해할 수도 없습니다. 그 결과는 무엇일까요?

II. 결과: **어리석은 사람은 사회에서 무시당한다**(7b절).

어리석은 사람은 사회에서 무시당합니다. "**어리석은 사람은 사람이 모인 데서 입을 열지 못한다**"(7b절). 어리석은 사람은 사람들 모임에서 입도 방긋하지 못한다고 말합니다. 이 말은 사회생활을 할 때 어리석은 사람은 무시당한다는 뜻입니다. "사람이 모인 데서"는 히브리어로 '성문에서(שַׁעַר, 샤아르)'라는 뜻입니다. 성문은 성벽으로 둘러싸인 도시에 들어가는 입구를 말합니다. 고대 시대에 성문은 백성의 삶에서 아주 중요한 역할을 했습니다. 사람들이 물건을 사고파는 시장의 기능을 하기도 했습니다. 때로는 오늘날 마을회관이나 시민회관처럼, 공공회의 장소나 토론 장소로 쓰였습니다. 그리고 죄의 유무를 판정하는 법정 역할을 하기도 했습니다. 에스라가 유대인에게 성경을 읽고, 해석을 한 곳도 '성문에서'였습니다(느 8:1, 3).11 이렇듯 성문은 많은 사람이 모이는 장소였습니다. 오늘날은 소그룹부터 많은 사람이 모이는 모임 장소나 모임까지를 포함하는 공동체로 표현할 수 있습니

---

10 Franz Delitzsch, *Proverbs, Ecclesiastes, Song of Solomon*, trans. M. G. Easton, 3 vols. in 1 ed., Biblical Commentary on the Old Testament, ed. C. F. Keil and F. Delitzsch, vol. 6 (Edinburgh: T. & T. Clark, 1866~1891; reprint, Peabody, MA: Hendrickson Publishers, 1966), 127.

11 Hermann J. Austel, "שַׁעַר," in *Theological Wordbook of the Old Testament*, ed. R. Laird Harris, Gleason L. Archer Jr., and Bruce K. Waltke, vol. 2 (Chicago: Moody Press, 1980), 2437.

다. 이렇게 사람들이 모이는 모임에서 어리석은 사람은 입도 방긋하지 못합니다. 성문을 법정으로 해석한다면, 어리석은 사람은 변론할 때, 말 한마디도 하지 못한다는 뜻입니다. 증인을 세우거나 증거를 제시할 때, 아무 말도 하지 못합니다. 일반 모임이었다고 가정하면, 그 모임에서 어리석은 사람은 말을 조리 있게 못 한다는 의미입니다. 지혜가 없기 때문입니다.

"입을 열지 못한다"라는 말은 지혜가 없기에 말을 하지 못한다는 의미도 있지만, 말을 하지만 받아들여지지 않는다는 의미도 있습니다.12 사리나 이치에 맞지 않는 말을 하니, 다른 사람이 그 사람이 하는 말을 들으려고 하지 않습니다. 말을 할 때, 가끔 '맹구'처럼, 엉뚱한 말을 하는 사람이 있습니다. 그러면 친구들은 그가 하는 말을 무시해 버립니다. 어리석은 사람이 맹구처럼 말을 하니 사람들이 그냥 무시합니다. 사람들에게 무시당한다는 말은 그 사람이 사회에서 무시당한다는 뜻입니다.13 어리석은 사람은 지적으로도 부족하고, 도덕적으로나 영적으로도 문제가 있습니다. 현실이 그렇다 보니, 사람들에게 무시당하고, 사회에서도 무시당합니다.

사람들은 어리석은 사람의 말을 들을 가치가 없다고 치부합니다. 어리석은 말을 하는 사람은 사회에서 인정받지 못합니다. 회사나 공동체에 있으나 마나 하는 사람으로 전락하고 맙니다. 잠언 26:7에 **"미련한 사람이 입에 담는 잠언은, 저는 사람의 다리처럼 힘이 없다"** 라고 했습니다. 잠언 26:9은 "미련한 사람이 입에 담는 잠언은, 술 취한 사람이 손에 쥐고 있는 가시나무와 같다."라고 말합니다. 입을 열면, 의미 없는 말만 하고, 술 취한 사람이 가시나무를 잡고 휘두르는 것과 같이 문제만 일으키니 누가 그 사람을 인정하겠습니까? 누가 그

---

12 Victor P. Hamilton, "פָּתַח," in *Theological Wordbook of the Old Testament*, ed. R. Laird Harris, Gleason L. Archer Jr., and Bruce K. Waltke, vol. 2 (Chicago: Moody Press, 1980), 1854.

13 Murphy, *Proverbs*, 180.

사람을 좋아하겠습니까? 사회에서 도태됩니다. 무가치한 사람으로 버려집니다. 사람은 다른 사람에게서 존경받고 싶어 합니다. 누구나 인정받고 싶어 합니다. 특히, 자기가 한 일에 상응하는 적절한 보상을 받고자 합니다. 그러나 어리석은 사람은 인정받기는커녕, 보상도 받지 못합니다. 그 어리석음에서 벗어나지 못하기 때문입니다. 사회에서, 모임에서, 인정받기를 원하십니까? 무시당하는 왕따가 아니라 사회 일원으로 그리고 공동체 일원으로 당당하게 대우받기를 바라십니까? 그렇다면 우매한 사람이나 어리석은 사람이 아니라, 지혜로운 사람이 되어야 합니다.

결론

오늘 본문 잠언 24:7은 지혜와 어리석은 사람을 대조합니다. 지혜는 너무나 고귀하고 높이 있어서, 어리석은 사람은 감히 접근하지 못합니다. 지혜는 너무나 가치가 높아서, 어리석은 사람은 감히 가까이에 갈 엄두도 내지 못합니다. 그 결과, 어리석은 사람은 사회에서 뒤처집니다. 동료에게 인정받지 못하며, 또한 있으나 마나 하는 무가치한 존재로 전락합니다. 완전히 따돌림당하며 도태됩니다. 사랑하는 성도 여러분, 여러분이 있는 곳에서 인정받기를 원하십니까? 여러분이 있는 직장에서 그리고 공동체에서 인정받기를 원하십니까? 여러분의 자녀가 공동체에서 존경받고 인정받으며 살아가길 원하십니까? 그러려면 어리석음보다 지혜를 추구해야 합니다. 지혜는 하나님을 추구할 때 옵니다. 하나님을 찾고, 하나님을 추구하시기 바랍니다. 자녀가 하나님을 찾도록 기도하시기 바랍니다.

23 악한 일을 꾀하지 않음으로 비방과 혐오를 피합시다

잠언 24:8~9

중심 내용: 악인의 결과는 사회에서 비방 거리가 되고 혐오 대상이 된다.

I. 악을 계획하는 사람은 사회에서 비방 거리가 된다(8절).

II. 악한 사람은 죄짓기만 계획하기에 사회에서 혐오 대상이 된다(9절).

서론

예수님은 산상수훈에서 "너희는 그 열매를 보고 그들을 알아야 한다. 가시나무에서 어떻게 포도를 따며, 엉겅퀴에서 어떻게 무화과를 딸 수 있겠느냐? 이처럼, 좋은 나무는 좋은 열매를 맺고, 나쁜 나무는 나쁜 열매를 맺는다. 좋은 나무가 나쁜 열매를 맺을 수 없고, 나쁜 나무가 좋은 열매를 맺을 수 없다"라고 하셨습니다(마 7:17~18). 이 말씀에서 핵심은 '열매가 갑자기 맺히지 않는다.'입니다. 무엇을 뿌렸느냐에 따라 맺히는 결과입니다. 선을 뿌리면, 선한 열매를 맺습니다. 악을 뿌리면 악한 열매를 맺습니다. 그리고 그 사람이 어떤 사람이냐? 선한 사람이냐, 악한 사람이냐에 따라 열매가 맺힌다고 말씀합니다. 오늘 본문은 악인이 누구며, 악인의 결과는 무엇인지를 이야기합니다. 그런데 본문을 자세히 읽으면, 결과에는 원인이 있다고 말합니다. 하나님을 거부하고 자기 생각대로 살아가는 사람, 곧 악인에게는 악한 열매가 맺힐 수밖에 없습니다. 오늘, 우리는 그 열매가 무엇인지를 본문을 근거로 깨닫고, 악인이 아니라 의인으로서 삶을 살려고 노력하며 결심하고자 합니다.

I. 악을 계획하는 사람은 사회에서 비방 거리가 된다(8절).

"늘 악한 일만 꾀하는 사람은, 이간질꾼이라고 불린다"(8절). "악한 일"은 일반적으로 사람에게 해를 끼치는 행위를 말합니다. 정신적·육체적 고통을 주는 행위, 곧 스트레스를 주는 행위를 의미합니다(민 16:15; 민 11:10~11).[1] 이웃의 재산을 빼앗거나 사람을 학대하는 행위를 의미할 수 있습니다. 사업이나 어떤 일을 할 때, 정직하지 않는 행동을 말할 수도 있습니다. 생각하지 않고 급하게 맹세하거나 어떤 행동을 취하는 것도 악한 일로 표현했습니다(레 5:4; 대상 21:17). 사람이 부도덕한 관계를 맺는 것도 악한 일이요(창 19:7; 삿 19:23), 윤리적으로 하지 말아야 하는 일을 하는 행동도 악한 일입니다.

이렇게 행동으로 표현하는 것뿐 아니라 마음의 동기도 악한 일입니다. 미워하는 마음이나 해코지하려는 마음을 가진다면, 행동으로 옮기지 않았더라고 악한 일입니다(렘 4:22; 잠 24:8). 예수님도 산상수훈에서 여자를 보고 마음에 음욕을 품으면 간음했다고 하셨습니다(마 5:28). 마음에 올바르지 않은 생각을 품는다면, 그것도 악한 일입니다. 그런데 성경은 자주 하나님의 뜻에 반대하는 행동을 할 때 악한

---

[1] G. Herbert Livingston, "רָעַע," in *Theological Wordbook of the Old Testament*, ed. R. Laird Harris, Gleason L. Archer Jr., and Bruce K. Waltke, vol. 2 (Chicago: Moody Press, 1980), 2191.

일이라고 합니다. 하나님을 거절하거나(사 1:4; 9:17; 렘 7:26), 우상 섬김(왕상 14:9; 16:26)을 악이라고 지적하고, 하나님께서 받아들이지 않는 행동을 하는 것도 악이라고 합니다.2

성경에서 말하는 악한 일은 다른 사람에게 정신적으로 상처를 주거나 육체적으로 상처를 주는 행동뿐 아니라 마음의 동기를 포함합니다. 게다가 하나님을 거절하고 하나님의 뜻을 따르지 않는 모든 것을 악한 일이라고 말합니다. 마음의 동기 그리고 하나님과 관계가 가장 중요합니다. 하나님을 거절하는 마음, 이웃에게 상처를 주려는 마음이 악한 일입니다. 이 마음이 결국 행동으로 표출되어 가까이 있는 사람이나 다른 사람 마음에 상처를 주고 고통을 주기 때문입니다.

하나님을 거절하며 마음에 악한 의도를 가진 사람은 악한 일을 꾀합니다. 여기서 '꾀하다(חשׁב, 하세브)'는 '어떤 것을 생각하고, 계획하다'를 뜻합니다.3 이 동사는 단순히 생각하고 계획하는 게 아니라, 어떤 새로운 일을 생각하고 만들어 낸다는 뜻입니다.4 동사 '꾀하다'는 하나님과 사람 모두에게 쓰입니다. 하나님께 쓰일 때는 선한 일을 계획함을 뜻하지만, 사람에게 쓰일 때는 나쁜 일을 계획하고 만들어 냄을 의미합니다.5 어떤 새로운 일을 만들어 낼 때, 항상 나쁜 쪽으로 만들어 내는 일을 말할 때, 동사 '꾀하다'를 사용합니다.

---

2 Livingston, "רָעַע," *TWOT*, 2:2191.

3 Francis Brown, S. R. Driver, and Charles Briggs, eds., *A Hebrew and English Lexicon of the Old Testament with an Appendix Containing the Biblical Aramaic* (Oxford: Clarendon Press, 1906; reprint, Peabody, MA: Hendrickson Publishers, 1979), 363.

4 Leon J. Wood, "חָשַׁב," in *Theological Wordbook of the Old Testament*, ed. R. Laird Harris, Gleason L. Archer Jr., and Bruce K. Waltke, vol. 1 (Chicago: Moody Press, 1980), 767.

5 Wood, "חָשַׁב," *TWOT*, 1:767.

하나님과 사람에게 쓰인 좋은 예가 창세기 50:20에 있습니다. "형님들은 나를 해치려고 하였지만, 하나님은 오히려 그것을 선하게 바꾸셔서, 오늘과 같이 수많은 사람의 생명을 구원하셨습니다"(창 50:20). 20절에서 "나를 해치려고 하였다"라고 할 때, 이 용어가 쓰였고, 하나님은 그것을 "선하게 바꾸셨다"라고 할 때도 이 용어가 쓰였습니다. 이 뜻은 요셉의 형제들이 기껏 생각하고 새롭게 고안한 일이 요셉을 죽이려는 악한 계획이었습니다. 하나님은 이 악한 계획을 요셉을 통하여 이스라엘 민족을 구원하려는 선한 계획으로 바꾸셨습니다. 하나님께 불순종하여 타락한 이래, 사람들은 항상 악한 일을 생각했습니다. 그래서 사람의 마음에서 나오는 것이 항상 악하다고 하였습니다. 하나님의 은혜, 하나님의 개입이 없었다면, 이 세상은 벌써 악으로 물들었을 것입니다.

8절에서 "늘 악한 일만 꾀하는 사람"을 종합하면 이렇습니다. 다른 사람에게 육체적으로 정신적으로 고통을 주려고 생각하고 계획하는 사람을 말합니다. 마음에 완악한 계획을 세우고 그것을 실천하려는 사람입니다. 그래서 다른 사람을 힘들게 합니다. 가정에서 가족을 힘들게 하고, 공동체에서 구성원을 정신적으로 그리고 육체적으로 스트레스를 주고 힘들게 만듭니다. 어쩌면 우리는 요셉의 형들과 같은 사람일지도 모릅니다. 항상 다른 사람을 미워하고 비난할 조건을 찾습니다. 생각하고 고안한다는 것이 문제를 일으키고, 아픔과 스트레스를 줍니다. 그리고 비난할 작은 것만 찾아도, 하이에나처럼 그것을 물고 늘어집니다.

이런 사람을 가리켜 '이간질꾼(בַּעַל־מְזִמּוֹת, 바알-머지모트)'이라고 부릅니다. '이간질꾼'은 두 단어가 결합해 한 단어가 됐습니다. 곧, '이간질'을 의미하는 단어와 '꾼'이라는 단어가 결합한 합성어입니다. 이간질은 두 사람 사이에서 서로를 멀어지게 하는 행위를 말합니다. 꾼은 물론 사람입니다. 그래서 이간질꾼은 두 사람 사이를 멀어지게 하는 사람이라는 뜻입니다.

그렇다면 성경은 이간질꾼을 어떻게 정의할까요? 이간질로 번역한 히브리어 מְזִמּוֹת(머지모트)는 '계획, 의도'를 뜻합니다. 이 단어는 긍정적 의미와 부정적 의미로 쓰입니다. 긍정적 의미로 쓰일 때는 글자 그대로 계획을 세우는 일을 말합니다. 그런데 부정적 의미로 쓰일 때는 '계획을 세우되 악한 계획을 세우기'를 의미합니다. 하나님과 사람에게 악하고 나쁜 음모를 꾸밀 때 쓰입니다.6 예를 들면, 하나님을 대항하여 바벨탑을 쌓을 때, 하나님을 대적하는 인간의 악한 계획과 음모를 표현하는 데 이 용어가 쓰였습니다(창 11:6). 그리고 법정에서 다른 사람이 처벌받게 거짓 증언을 하는 행위를 표현할 때도 이 용어가 쓰였습니다(신 19:19).7

반면 '꾼'으로 번역한 단어는 '바알(בַּעַל)'입니다. 바알은 이방 종교에서 신 이름입니다. 특히, 가나안 종교의 천둥과 번개의 신을 말할 때, 바알이라고 부릅니다. 그런데 '바알'은 또한 어떤 것의 소유자, 주인, 지배자라는 의미가 있습니다.8 그래서 '이간질꾼'은 사람과 사람 사이를 갈라놓는 사람이라는 의미가 아니라, 사람에게 악을 행하고자 계획하는 사람이라는 뜻입니다. 하나님이나 사람에게 손해를 끼치고 피해를 보도록 악한 음모나 계획을 주관하는 사람을 가리켜서 이간질꾼이라고 합니다.9 마음에는 언제나 사악한 일을 계획하고 남

---

6 Herbert Wolf, "זָמַם," in *Theological Wordbook of the Old Testament*, ed. R. Laird Harris, Gleason L. Archer Jr., and Bruce K. Waltke, vol. 1 (Chicago: Moody Press, 1980), 556.

7 Wolf, "זָמַם," *TWOT*, 1:556.

8 Bruce K. Waltke, "בָּעַל," in *Theological Wordbook of the Old Testament*, ed. R. Laird Harris, Gleason L. Archer Jr., and Bruce K. Waltke, vol. 1 (Chicago: Moody Press, 1980), 262.

9 Brown, Driver, and Briggs, eds., *A Hebrew and English Lexicon of the Old Testament with an Appendix Containing the Biblical Aramaic*, 127.

을 해치려는 악한 계획과 음모를 꾸미는 사람을 지칭할 때 쓰이는데, 이것을 『개역개정』은 '사악한 자'라고 번역합니다.

그리고 "이간질꾼으로 불린다"에서 동사 '불린다(יִקָּרֵא, 이크라우)'는 미완료형이라서, 끝나지 않았다는 뜻입니다. 계속 이어진다는 뜻입니다. 다시 말해, 많은 사람에 의하여 계속 그렇게 불린다는 의미입니다. 이웃을 해치려고 생각하는 사람 그리고 행동하는 사람은, 이웃에게 할 악한 일만 생각하고 계획하는 사람으로 인식됩니다. 그렇게 불립니다. 한 번만 그렇게 불리는 것이 아니라, 평생 그렇게 불립니다. 사람들에게 불명예스럽고 저주스러운 이름으로 불립니다. 이 말은 이웃에게, 사람들에게 비방 거리가 된다는 뜻입니다. 이것은 사회적 조롱거리라는 뜻입니다. 남의 비웃음이나 놀림을 받는 대상이라는 뜻이기도 합니다. 7절에서, 악인이나 어리석은 사람은 사회에서 입도 방긋하지 못하고 무시당하는 사람이 된다고 했습니다. 그런데 8절은 악인이나 어리석은 사람은 사회에서 무시당할 뿐 아니라 비방 거리로 전락한다고 말합니다. 가인과 같은 사람이나 유다와 같은 사람으로 불리면서, 평생 불명예스러운 이름으로 살아간 것처럼 말입니다.

II. 악한 사람은 죄짓기만 계획하기에 사회에서 혐오의 대상이 된다(9절).

"어리석은 사람은 죄짓는 것만 계획한다"(9a절). '어리석은 사람(אִוֶּלֶת, 이베레트)'은 머리, 곧 뇌가 두꺼운 사람입니다. 머리가 잘 돌아가지 않는 사람이라는 뜻이지요. 목이 곧은 사람처럼, 하나님을 잘 이해하지 못하는 사람을 말합니다. 하나님을 이해하지 못하니, 하나님의 지혜를 이해할 수가 없습니다. 하나님의 말씀이나 법도 이해하지 못합니다. 이런 사람은 하나님을 두려워할 줄도 모릅니다. 하나님을 두려워할 줄 모르니, 자기 생각이나 자기 경험을 더 중요하게 생각하고 더 가치가 있다고 여깁니다. 그러다 보니 자기 연민이나 자기중심적 사고에 빠지기 쉽습니다. 하나님을 두려워할 줄 모르고 자기 세계관에 갇혀 있는 사람을 어리석은 사람이라고 부릅니다. '미련한 사람'이라고 번역한 한국어 성경도 여럿입니다.

이렇게 자기 세계관에 빠진 어리석은 사람은 죄짓는 일만 생각합니다. 죄(חַטָּאת, 하타아트)는 과녁에서 벗어나는 것, 또는 가야 할 길이나 정도에서 벗어나는 일을 말합니다(삿 20:16). 성경은 죄를 다양한 영역에서 설명합니다. 마땅히 해야 하는 일을 실천하지 않는 것을 죄라고 합니다. 윤리적으로 기대에 미치지 못하는 삶을 사는 것도 죄입니다(창 40:1). 인간관계에서 문제를 일으켜 관계가 깨어지게 하는 것도 죄입니다(삼상 19:4; 24:12). 때로는 하나님께 순종하지는 않는 것, 또는 하나님께 인정받지 못하는 것을 의미할 때도 죄라는 용어를 사용합니다(창 41:9; 민 27:3).10 곧, 하나님께서 인간으로 살아가야 할 도리를 주었지만, 그 도리를 다하지 않는 것을 말합니다. 그 도리를 행하지 못할 때, 소돔과 고모라와 같이 하나님께 심판받습니다.

문제는 어리석은 사람이 하나님을 두려워하지 않고 언제나 상식에서 벗어나는 일만 계획함입니다. 인간이 마땅히 해야 하는 일을 하지 않습니다. 가정에서나 사회에서 마땅히 해야 할 자기 역할을 잘하지 못합니다. 한 가정의 남편으로 그리고 가장으로서 역할을 제대로 못합니다. 아내로서 그리고 어머니로서 역할을 하지 못할 때가 많습니다. 언제 어디서나 문제만 일으키는 존재로 치부됩니다. 그래서 "**어리석은 사람은 죄짓는 것만 계획한다**"라고 말씀하고 있습니다.

9b절에서는 "**오만한 사람은 누구에게나 미움을 받는다**"라고 말합니다. '오만한 사람(לֵץ, 레츠)'에서 동사 '오만하다'는 '경멸하다, 모욕하다, 비웃는다'를 뜻합니다.11 이 동사가 9절에서는 분사형으로 쓰였습

---

10 G. Herbert Livingston, "חָטָא," in *Theological Wordbook of the Old Testament*, ed. R. Laird Harris, Gleason L. Archer Jr., and Bruce K. Waltke, vol. 1 (Chicago: Moody Press, 1980), 638.

11 Brown, Driver, and Briggs, eds., *A Hebrew and English*

니다(Qal 분사). 분사형으로 쓰이면, 교만한 사람(잠 21:24), 완고하여 제멋대로 하는 사람(잠 9:7)이라는 의미가 있습니다. 또한 모든 비판을 거절하는 사람(잠 9:8), 어떤 책망이나 꾸지람도 싫어하는 거만한 사람(잠 13:1)이라는 뜻입니다.12 그래서 오만한 사람은 야비하고 거만하여 모든 사람에게 얄밉고 불쾌감을 주는 사람의 이미지입니다. 어찌 그렇지 않겠습니까? 모든 것을 자기 멋대로 하고 마음이 완고하여 친구나 다른 사람이 무슨 말을 하려고 해도 그 말을 듣지 않는데, 그 사람의 이미지가 좋을 리가 없습니다. 이런 사람은 직장에서도 별로 인기가 없는 유형입니다. '오만한 사람'은 9a절에 말하는 '어리석은 사람'과 같은 사람입니다. 곧, 하나님의 말씀에 순종하지 않아서 하나님의 법이나 말씀을 이해하지 못하는 사람입니다. 그래서 이 사람은 언제나 교만하고 거만합니다. 자기가 잘났다고 생각하여 어떤 책망이나 꾸지람도 거절하며 자기 멋대로 살아가는 사람입니다. 특히, 하나님의 경고에도 머리를 숙이지 않습니다.

이런 사람은 누구에게나 미움을 받습니다. '미움을 받는다(תוֹעֲבַת, 토아바트)'는 몹시 싫어함, 혐오하고 가증스럽게 생각함을 말합니다. 이 단어는 하나님께서 혐오하심을 표현하는 단어입니다. 하나님께 드려지거나 나아갈 때는 깨끗하고 구별된 상태에서 나아가야 하고 드려져야 합니다. 사람이 신체적으로 문제가 있다면 하나님께 나아갈 수 없습니다(욥 9:31; 19:19). 제물에 문제가 있다면 하나님께 드릴 수 없습니다(신 7:26). 도덕적 문제, 동성애, 성적 부도덕성이 있는 사람도 하나님 앞으로 나아갈 수 없습니다(레 18:22~30). 그런데 문제가 있는 상태로 주님께 나아가거나 드린다면, 하나님은 질색하시고 혐오하십

Lexicon of the Old Testament with an Appendix Containing the Biblical Aramaic, 539.

12 Walter C. Kaiser, "לִיץ," in *Theological Wordbook of the Old Testament*, ed. R. Laird Harris, Gleason L. Archer Jr., and Bruce K. Waltke, vol. 1 (Chicago: Moody Press, 1980), 1113.

니다.13 이렇게 질책하고 혐오함을 미워함으로 표현합니다. 말라기 1:6~14에서, 제사장들이 주님께 아무렇게나 상을 차려도 된다고 하면서 자기들이 싫어하는 음식을 하나님께 제물로 드렸습니다. 눈먼 짐승, 절뚝거리고 병든 짐승을 제물로 드렸습니다. 그러자 하나님은 이렇게 말씀하셨습니다. 말라기 1:10입니다. "나 만군의 주가 말한다. 너희 가운데서라도 누가 성전 문을 닫아걸어서, 너희들이 내 제단에 헛된 불을 피우지 못하게 하면 좋겠다! 나는 너희들이 싫다. 나 만군의 주가 말한다. 너희가 바치는 제물도 이제 나는 받지 않겠다." 하나님은 이스라엘 백성과 제사장들의 제물과 그들 마음을 혐오하셨습니다. 이 혐오를 본문은 미워한다고 표현합니다. '오만한 사람은' 하나님뿐 아니라 사람에게도 혐오 대상입니다. 단순히 사람에게만 미움을 받는다는 감정만을 이야기하지 않습니다. 오히려 극심한 혐오를 받는다고 말씀합니다.

8, 9절에서, '늘 악한 일만 꾀하는 사람', '어리석은 사람', '오만한 사람'은 같은 부류 사람입니다. 공통점은 하나님과 관계에 문제가 있는 사람입니다. 하나님을 거절하는 사람이요, 하나님 말씀을 거절하는 사람입니다. 이들은 악한 일만 꾀하고 어리석고 오만하기에, 사악한 일을 계획하고, 그래서 비방 거리가 되며 하나님과 사람에게 혐오를 받습니다. 한마디로, 사회생활에서 기피 대상 1호가 되고 맙니다.

결론

7절, 8절, 9절은 어리석은 사람, 악인을 평가합니다. 이런 사람은 사회에서 무가치한 존재입니다(7절). 악한 음모나 계획만 일삼는 사악한 사람이라는 불명예스러운 이름을 달고 살아갑니다(8절). 자기 세계

---

13 R. F. Youngblood, "תוֹעֵבָה," in *Theological Wordbook of the Old Testament*, ed. R. Laird Harris, Gleason Archer Jr., and Bruce Walke (Chicago: Moody Press, 1980), 2530a.

에 갇혀 죄지을 생각만 합니다(9절). 누구에게나 혐오나 증오 대상입니다(9절). 8~9절을 자세히 보면, 원인과 결과가 있습니다. 이들이 잘하고 있는데 갑자기 사회가 이웃이 그 사람을 무시하고 증오하지 않습니다. 그들이 그렇게 되게 했기 때문입니다. 그들 마음은 하나님을 두려워하지 않기 때문입니다. 자기 마음대로 살려는 죄악이 그들을 지배하기 때문입니다. 남에게 해를 끼치려는 악한 생각과 계획에 사로잡혀 있기 때문입니다.

   사랑하는 성도 여러분, 하나님께서는 악인이 잘되지 않는다고 말씀하시고, 의인은 잘된다고 분명하게 말씀하십니다. 우리는 이 말씀이 교훈하는 대로, 악인, 어리석은 사람이 아니라, 지혜로운 사람이 되어야 합니다. 하나님을 경외하고, 하나님의 말씀에 순종하며 살아가야 합니다. 하나님의 뜻을 이해하고 그것을 실천해야 합니다. 그래야 사회에서 존경받고 대우받는 은택을 얻습니다.

24 잠언 24:10
낙심하지 말고 주님을 바라봅시다

중심 내용: 스트레스를 극복하는 비결은 자기가 아니라 주님을 바라봄이다.

I. 스트레스로 넘어지는 이유는 인내하고 대처하는 힘이 약하기 때문이다.

II. 스트레스를 이기는 비결은 자신이나 환경이 아니라 주님을 바라봄이다.

서론

오늘은 질문으로 설교를 시작하겠습니다. "우리가 넘어지는 이유는 환경 때문일까요, 아니면 마음 때문일까요?" 어렵습니까. 다시 한번 질문합니다. "어려움이 올 때, 또는 일상에서 넘어지고 쓰러지는 이유가 어려운 환경 문제 때문일까요, 아니면 마음 문제 때문일까요?" 옛 말씀에 "호랑이에게 물려가도 정신만 차리면 산다"라는 말이 있습니다. 이 속담은 위급한 상황에도 정신만 차리면 살 수 있다는 뜻입니다. 사람이 살고 죽음은 위급한 상황이 아니라 정신 문제라고 말하고 있습니다. 그러므로 "우리가 넘어지는 이유는 환경 때문일까, 아니면 마음 때문일까?"라는 질문에 답은 "마음 때문이다!"입니다. 어떤 어려운 환경이 오더라도 낙심하지 않고 포기하지 않으면, 위기를 극복할 수 있습니다. 그러므로 스스로 낙심하지도 말고 포기하지도 마시기를 바랍니다.

I. 스트레스로 넘어지는 이유는 인내하고 대처하는 힘이 약하기 때문이다.

본문은 낙심이나 좌절에 관해 말씀하고 있습니다.[1] "**재난을 당할 때 낙심하는 것은**(הִתְרַפִּיתָ בְיוֹם צָרָה, 히트라피타 버욤 차라)". 여기서 '재난'은 우리가 경험하는 심리적 고통이나 두려움, 스트레스를 말합니다. 재난은 히브리어로 '차라(צָרָה)'입니다. '차라'는 '작은 장소'나 '제한 장소'를 의미합니다. 사람의 숫자가 많아지면 너무 좁아서 사람이 거할 수 없는 작은 장소를 말합니다(왕하 6:1; 사 49:19). 이렇게 좁은 장소, 곧 제대로 움직일 수 없고 숨도 쉴 수 없는 제한 공간이나 환경을 '재난'이라고 표현합니다.[2] '차라'는 또한 '묶다, 포박하다'를 뜻합니다.[3] 다윗이 골리앗을 만나 무릿매에 조약돌을 감싸 돌린

---

[1] 10절과 11~12절을 합쳐서 24번째 잠언으로 여기는 내용은 Bruce K. Waltke, *Proverbs 15~31*, New International Commentary on the Old Testament, ed. Robert L. Hubbard Jr. (Grand Rapids: Wm. B. Eerdmans Publishing Company, 2005), 274~75; Roland E. Murphy, *Proverbs*, Word Biblical Commentary, ed. Bruce M. Metzer, David A. Hubbard, and Glenn W. Barker, vol. 22 (Waco, TX: Word Books, 1998), 181; R. N. Whybray, *Proverbs*, New Century Bible Commentary, ed. Ronald E. Clements (Grand Rapids: Wm. B. Eerdmans Publishing Company, 1995), 346; 트렘퍼 롱맨 3세, 『잠언 주석』, 베이커 지혜 문헌·시편 주석 시리즈, 임요한 옮김 (서울: 기독교문서선교회, 2019), 690; Derek Kidner, *Proverbs: An Introduction & Commentary*, Tyndale Old Testament Commentaries, ed. D. J. Wiseman, vol. 15 (Downers Grove, IL: InterVarsity Press, 1964), 154)을 보라. 그리고 10절과 11~12절을 각각 다른 잠언으로 여기는 내용은 두에인 개릿, 『잠언, 전도서, 아가』, The New American Commentary, 황의무 옮김 (서울: 부흥과개혁사, 2019), 250을 보라. 필자는 10절과 11~12절을 분리하여 각각 잠언으로 여겨 설교한다.

후에 던집니다. 이때 무릿매에 조약돌을 감싸는 것을 '차라'라 합니다 (잠 26:8).4 다른 말로는 포박 상태, 감금 상태입니다. 두려움이나 환경에 압도되어 마음이 포박된 상태를 말합니다. 그리고 '차라'는 심리 반응을 이야기할 때도 사용합니다. 잘못된 결정을 하거나 극심한 어려움을 만났을 때 겪는 내적·외적 압박이나 스트레스를 의미합니다. 야곱이 종으로부터 형 에서가 자기를 치려고 부하 400명을 거느리고 온다는 말을 들었을 때 두려워했습니다. 이때 느끼는 심리적 감정, 두려워하는 마음을 '차라'라고 합니다.5

위 용례를 살펴볼 때, 10절이 말하는 재난은 전쟁이나 천재지변 또는 자연재해나 인위적 재해와 같은 현상을 의미할 수 있습니다만, 그것보다는 어려움이나 고난이 왔을 때 그것 때문에 느끼는 심리적 고통을 의미합니다. 그러니까 어려운 환경보다는 어려운 환경에서 오는 마음 문제, 심리적 압박이나 스트레스를 '재난'이라고 표현합니다. 그렇다면 우리는 언제 이런 스트레스를 경험할까요? 이스라엘처럼 전쟁이나 천재지변과 같은 국가적 위기 상황이 아니더라도, 일상에서 우리는 많은 재난, 심리적 스트레스를 경험합니다. 결혼을 준비할 때, 새로운 직장에 들어가거나 직장에서 새로운 일을 맡았을 때, 이런 심리적 스트레스를 받습니다. 또한 직장을 잃고 앞으로 삶이 막막할

---

2 John E. Hartley, "צָרַר I," in *Theological Wordbook of the Old Testament*, ed. R. Laird Harris, Gleason L. Archer Jr., and Bruce K. Waltke, vol. 2 (Chicago: Moody Press, 1980), 1973.

3 Francis Brown, S. R. Driver, and Charles Briggs, eds., *A Hebrew and English Lexicon of the Old Testament with an Appendix Containing the Biblical Aramaic* (Oxford: Clarendon Press, 1906; reprint, Peabody, MA: Hendrickson Publishers, 1979), 865.

4 Hartley, "צָרַר I," *TWOT*, 2:1973.

5 Hartley, "צָרַר I," *TWOT*, 2:1973.

때, 또는 경제적 어려움을 겪을 때 이런 심리적 스트레스가 쓰나미처럼 밀려옵니다. 가족을 잃거나 건강의 어려움이 겪을 때, 코로나19와 같은 어려움이 왔을 때도 심리적 스트레스를 많이 받았습니다. 이런 심리적 스트레스나 고통을 재난이라고 표현하였습니다.

재난이라고 불리는 심리적 고통이나 스트레스가 오면, 사람은 우울증, 불안과 불면증, 집중력 저하, 공황장애와 같은 정신질환을 경험하기도 합니다(삼하 13:2).

어려움으로 스트레스를 받으면, 사람은 두 가지 반응으로 나타냅니다. 하나는 겸손하게 하나님을 찾는 반응입니다(대하 33:12; 신 4:30). 악한 왕인 므낫세가 하나님께 죄를 범하며, 이방 산당을 짓고 우상숭배에 빠졌습니다. 이방 사람보다도 더 악행을 저지릅니다. 그러자 하나님은 아시리아를 이용해 므낫세를 심판하십니다. 므낫세가 체포되어 쇠사슬로 묶여 바벨론으로 끌려가는 치욕을 겪게 하십니다. 그때가 되어서야 므낫세는 고통과 수치 가운데서 하나님께 겸손하게 간구했습니다. 다른 하나는 하나님을 대적하고 신앙을 포기하는 반응입니다(대하 28:16~27). 대표 인물이 아하스입니다. 아하스도 악한 왕이었습니다. 아하스의 악함 때문에, 하나님께서는 이방 나라를 보내 유다를 치고 백성을 포로로 사로잡아 가게 하셨습니다. 그러자 아하스는 하나님께 간구하고 돌아오는 게 아니라, 하나님을 버리고 더 큰 범죄를 저질렀습니다(대하 28:22). 여러분은 어느 반응을 보이십니까.

왜 이런 두 가지 반응으로 나타날까요? 재난으로 낙심하기 때문입니다. 재난이나 스트레스를 경험할 때 사람은 낙심합니다(רָפָה, 라파). '낙심하다'는 '떨어지다, 느슨해지다'도 뜻합니다.6 가을이 되면 나뭇가지에 붙어 있는 잎이 땅에 떨어집니다. 이렇게 떨어지는 잎사귀에

---

6 William White, "רָפָה," in *Theological Wordbook of the Old Testament*, ed. R. Laird Harris, Gleason L. Archer Jr., and Bruce K. Waltke, vol. 2 (Chicago: Moody Press, 1980), 2198.

'낙심하다'는 용어를 사용합니다. 또한 나사가 풀린 것처럼 느슨하게 된 데도 '낙심하다'라는 용어를 사용합니다. 그런 점에서 '낙심하다'는 '포기하다'를 뜻합니다. 극한 위기가 오면 부딪히고 싸우기보다는, 포기해 버리거나 회피하는 경우가 많습니다. 외부의 기세에 압도된 어두운 현실 앞에서 기도 한번 제대로 해보지 않고, 낙담하고 포기하는 어리석은 선택을 하곤 합니다.

그런데 더 큰 문제는 '낙심하다'를 재귀형(הִתְרַפִּיתָ, 히트라피타)으로 표현했다는 점입니다. 이것은 '스스로 포기'를 의미합니다. 어떤 어려움이나 재난이 닥쳤을 때, 우리 능력으로 감당하지 못할 때가 종종 있습니다. 어려움과 싸우면서 최선을 다하지만, 능력이 부족하여서 승리하지 못하고 쓰러질 때가 있습니다. 살다 보면 어쩔 수 없는 상황을 맞이할 때도 있습니다. 그런데 재귀형 동사는 그런 어쩔 수 없는 경우를 말하지 않습니다. 그것을 극복할 수 있는 능력이 없어 하지 못하는 게 아니라, 어느 정도 노력한 다음에 스스로 포기하는 경우를 이야기합니다. 정신을 차리고 용기를 내면 극복할 수 있는데, 스스로 좌절하고 낙심하여 스스로 포기하는 게 더 큰 문제입니다. 참으로 안타까운 태도입니다.

사실, 많은 사람이 넘어지는 이유는 외부의 힘이 아니라, 스스로 포기하기 때문입니다. 자기 마음을 잘 단속하지 못하기에 포기하는 경우가 많습니다. 왜냐하면 우리가 당하는 어려움이나 재난은 일반적으로 우리가 감당할 수 있는 범위 안에 있기 때문입니다. 고린도전서 10:13입니다. "여러분은 사람이 흔히 겪는 시련밖에 다른 시련을 당한 적이 없습니다. 하나님은 신실하십니다. 여러분이 감당할 수 있는 능력 이상으로 시련을 겪는 것을 하나님은 허락하지 않으십니다. 하나님께서는 시련과 함께 그것을 벗어날 길도 마련해 주셔서, 여러분이 그 시련을 견디어 낼 수 있게 해주십니다." 신실하신 하나님은 우리가 감당할 수 있는 범위 안에서만 시련을 줍니다. 그 범위 안에서만 어려움을 허락하십니다. 그렇다면 낙심하지 않고 포기하지만 않으면, 감당할 수 있다는 뜻입니다. 물론 때때로 우리가 감당하지 못할 만큼 큰 어려움도 올 때가 있습니다. 그러나 그것도 염려할 필요가 없습니다. 왜냐하면 주님께서 그것을 이겨 낼 비책을 주시기 때문입니다. 그 비책과 함께 위기를 견디고 극복하도록 해 주시기 때문입니다.

오늘 본문이 말하는 재난, 위기, 심리적 스트레스는 우리가 감당할 수 없는 영역을 의미하지 않습니다. 이것은 우리가 충분히 감당할 수 있는 영역입니다. 잠언은 믿는 사람들이 어려움을 당할 때 넘어지고 쓰러지는 이유를, 재난이 주된 원인이 아니라 스스로가 포기하기 때문이라고 말씀하고 있습니다. 그러므로 어려움이 오면 스스로 낙심하거나 포기하지 말아야 합니다.

그런데 왜 자포자기할까요, 왜 쉽게 넘어지고 포기할까요? 그 이유는 10b절에서 설명합니다. "너의 힘이 약하다는 것을 드러내는 것이다(צַר כֹּחֶכָה, 차르 코헤카)." 우리 힘이 약하기 때문입니다. 여기서 '너의 힘'은 능력을 의미합니다. 이 문장은 '너의 약한 힘'으로 해석할 수도 있고(NRS), '너의 힘이 약하다'로 해석할 수도 있는데(NET, NIV), 후자가 더 좋은 해석입니다. 일반적으로는 육체적 힘을 의미합니다. 가수 김종국처럼 무거운 것을 드는 힘이요. 3종, 5종, 7종 경기 선수나 다른 선수처럼 몇 시간이라도 뛸 수 있는 강력한 체력을 의미합니다. 삼손이 가졌던 그 어마어마한 힘, 성전의 두 기둥을 붙잡고 쓰러뜨릴 힘을 의미합니다(삿 16:5).

그런데 본문에서 말하는 힘은 물리적 힘이 아니라, 인내할 수 있는 능력이나 어떤 일을 계속할 수 있는 마음을 말합니다. 특히 어떤 상황에도 대처하고 극복하는 능력이요, 대항하여 헤쳐 나갈 수 있는 능력을 말합니다(신 8:17~18; 대상 29:14; 에 10:13). 이것을 우리는 역량이라고 말합니다. 어려움을 인내하면서 이겨내는 능력, 어려움을 헤쳐 나갈 수 있는 역량을, 성경은 힘이라고 표현합니다. 재난을 당했을 때, 왜 사람이 낙심하고 좌절합니까? 능력과 역량이 부족하기 때문입니다. 그래서 한 사람의 역량이 어떤지를 확인할 수 있는 길은 극한 고난이나 스트레스를 만나면 확인할 수 있습니다.7 하나님께서 우리에게 크고 작은 수많은 고난이나 스트레스를 주십니다. 이유는 우리의 능력, 역량을 시험하려 하심입니다.

본문에서는 '약하다'라고 표현합니다. 이것은 10절 '재난'이라는 용어 '차라'와 같은 단어입니다. 재난은 명사 '차라(צָרָה)'이지만, '약하다'는 형용사 '차르(צַר)'를 씁니다. 재난으로 사용한 '차라'는 제한 공간, 감금 상태, 심리적 반응인 압박이나 스트레스를 의미합니다. 하지만 형용사 '차르'는 동사 의미로 쓰여 '**제한되다, 감금되다. 심리적으로 압박받다, 스트레스를 받다**'를 뜻합니다. '너의 힘'이 의미하는 바는 재난이나 어려움에 인내하고 대처하는 능력, 역량이라고 말씀드렸습니다. 그렇다면 '너의 힘이 약하다'는 어떤 상황을 대처할 수 있는 능력이 제한받는다는 의미입니다. 대처할 수 있는 능력이 포박되고 감금된 상태를 말합니다. 대처할 수 있는 능력이 스트레스로 발휘하지 못함을 뜻합니다.

어려움이 닥칠 때 포기하는 이유는 극복할 수만큼 어렵기 때문이 아니라, 그 어려움이 주는 심리적 고통과 두려움 때문입니다. 어려움이 왔을 때, 두려운 감정에 사로잡히면 스스로 포기하고 무너집니다. 지난 목요일(2020. 7. 9.), 박원순 서울시장이 유언장을 남기고 세상을 떠났습니다. 경찰은 타살 정황을 확인하지 못했기에, 극단적 선택 가능성에 무게를 두고 있습니다. 그는 시민운동가로서 명성과 많은 업적을 남겼지만, 최근 전 서울시장 비서가 그를 성추행으로 고소했습니다. 그래서 성추행 혐의로 경찰 조사를 받는 상황이었습니다. 앞으로 자신에게 닥칠 많은 상황이 그에게 정신적 압박과 스트레스를 주었을 테고, 그 스트레스를 이겨내지 못해 극단적인 선택을 했을 가능성이 큽니다.

---

7 The NET Bible, Proverbs 24:10, n. 17.

왜 사람들이 어려움을 당하면, 낙심하고, 포기할까요? 대처하는 힘과 극복하는 힘이 약하기 때문입니다. 어려움에 저항하고 대처할 힘도, 마음도 약하기 때문입니다. '네 힘이 약하기 때문이다'를 기억해야 합니다. 인간은 정도 차이가 있을 뿐이지, 약하지 않은 사람은 거의 없습니다. 개개인이 정도 차이는 있어도, 모든 인간은 스트레스에 취약합니다. 사실 넘어지는 이유는 환경적 요인 때문만이 아니라, 어려운 환경으로부터 받는 심리적 압박이나 스트레스가 더 큰 원인으로 작용하기 때문입니다.

그렇다면 어려움이 닥쳤을 때 넘어지지 않는 비결, 포기하지 않는 비결은, 대처하는 힘을 기르는 것입니다. 어떻게 하면 힘을 기를 수 있을까요? 자신이나 환경을 바라보지 않고, 주님을 바라볼 때, 힘을 기를 수 있습니다.

II. 스트레스를 이기는 비결은 자신이나 환경이 아니라 주님을 바라봄이다.

먼저, 환경이나 자기를 바라보지 않아야 합니다. 민수기 13장은 '가데스 바네아 사건'을 다룹니다. 이스라엘 백성은 가나안 땅을 바라보고 있었습니다. 이제 가나안 땅 정복은 시간문제였습니다. 그런데 이때 백성은 모세에게 먼저 정탐꾼을 보내 그 땅이 어떠한지를 확인하자고 제안합니다. 모세는 지파마다 1명씩, 곧 12명의 인정받는 탁월한 사람을 선택하여 정탐꾼으로 보냅니다. 이들은 평범한 사람이 아닙니다. 각 지파에서 선발된 탁월한 사람이었습니다. 신체도 건장했고, 지혜도 있고, 사회적으로 인정받은 지도자였습니다. 그런데 그들 보고를 듣고, 이스라엘 백성은 가나안 땅을 바라보긴 했어도 들어가지는 못했습니다.

그 이유는 자기가 처한 환경과 연약한 자신을 바라보았기 때문입니다. 가나안 땅에 사는 사람은 키가 큰 아낙 자손이었습니다. 키가 보통 2m 이상인 장신이었습니다. 게다가 그들이 사는 성읍도 크고 견고한 성벽으로 쌓여 있었습니다. 그들이 가지고 있는 무기는 칼과 창이었습니다. 하지만 이스라엘 사람은 보통 사람의 키였습니다. 가지고 있는 무기는 별로 없었습니다. 광야를 걸어서 왔기에, 변변한 무기가 있을 리 없고, 가진 것이라곤 지팡이 정도였습니다. 낮에는 무더위로 지치고 밤에는 추위에 버티며 살았기에, 전투에 합당한 몸을 만들지 못했고 군인 정신도 없었습니다. 더구나 평생 노예로 살아온 수동적 노예근성에 빠진 그들에게 강인한 군인 정신을 기대하기는 무리였습니다. 그리고 그들은 전쟁을 위해서 준비된 군인이 아니라, 건축업에 종사한 사람이었습니다. 이런 상태에서 전쟁한다면 반나절도 견디지 못하고 패배할 수밖에 없습니다. 가나안의 아낙 사람과 비교하면, 자신들은 숫자만 많았지, 메뚜기와 같이 보잘것없는 아주 작은 존재였습니다. 그래서 이스라엘 백성은 자신을 메뚜기 같다고 했습니다.

정탐꾼과 백성은 환경을 바라보고 자신을 바라보는 순간 심리적으로 위축이 됐습니다. 어쩌면, 이것이 우리 모습이 일지도 모릅니다. 새로운 환경 앞에서 두려워하고 낙심하는 이유는 그것을 이겨낼 힘이 없기 때문입니다. 그것을 이겨낼 힘이 있다면 두려워하지 않습니다. 이스라엘 백성도 우리도 자기 약함을 인정해야 합니다. 이것이 우리 현실임을 인정해야 합니다.

그러므로 자기를 바라보지 말고, 오히려 하나님을 바라보고 의지해야 합니다. 우리 능력과 한계를 인정함은 좋은 일입니다. 우리가 약한 것은 당연합니다. 그렇기에 모든 것을 가능케 하시는 하나님을 바라보아야 합니다. 하나님의 힘은 강하기 때문입니다. '네 힘'에서 힘(כֹּחֶכָה, 코헤카)을 하나님에게 적용하면, 하나님의 전능하심을 의미합니다. 하나님의 전능하심은 세상 만물을 창조하신 놀라운 솜씨에서 나타납니다(렘 10:12). 이스라엘 백성을 세계 강대국이었던 이집트에서 구하신 그 사건에서 우리는 하나님의 위대하심을 찾아볼 수 있습니다(출 9:16). 수많은 대적을 물리치시고, 그 땅을 정복하신 후 백성을 구원하시는 사건에서도 발견합니다(욥 36:19; 사 63:1).[8]

인간 능력에는 제한이 있기에, 인간 능력을 의지함은 참으로 어리석습니다. 모든 만물을 창조하시고 운행하시는 그 하나님을 바라보고 의지해야 합니다. 다윗을 생각하시기 바랍니다. 다윗은 몸이 작은 10대 청소년이었습니다. 그는 전쟁에 참여할 준비한 용사가 아니었습니다. 하지만 골리앗은 전쟁에 이골이 난 군대 장군이었습니다. 그런데도 전투에서 이긴 사람은 골리앗이 아니라, 다윗이었습니다. 이 승리는 다윗의 능력에서 비롯하지 않았습니다. 다윗의 두뇌 때문도 아니고, 다윗이 전략을 잘 세웠기 때문은 더더욱 아닙니다. 다윗이 이길 수 있었던 비결은 하나님을 의지했기 때문입니다. 만군의 하나님을 의지하고 나아갔기 때문입니다. 이처럼 단순하게 하나님만을 의지하면 어떤 전투에서도, 어떤 어려움에도 반드시 승리하리라 믿습니다.

결론

우리가 승리하는 삶을 살려면, 우리 연약함을 인정해야 합니다. 어려움을 당할 때, 우리는 심리적으로 압박받고 낙심하여 포기하려고 합니다. 왜냐하면 어려움을 이겨내려는 능력이 다양한 이유로 제한이 되기 때문입니다. 인내하고 극복하려는 마음이 약하기 때문입니다. 이때, 우리는 우리 자신이나 환경을 바라보지 않도록 특별히 주의해야 합니다. 왜냐하면 어려운 환경에, 자신을 겹치게 하는 순간, 한없이 초라해지고 연약해지기 때문입니다. 심리적인 압박과 스트레스로 쓰러지고 포기하고 맙니다. 이때 오직 하나님과 그분의 전능하신 능력만 바라봐야 합니다. 두려움이 엄습하는 순간이라도, 정신을 차리고 모든 것을 창조하시고 불가능을 가능케 하시는 하나님을 바라봐야만 합니다. 그래야 포기하지 않고, 어려움을 극복해 나갈 수 있습니다.

---

8 John N. Oswalt, "כהה," in *Theological Wordbook of the Old Testament*, ed. R. Laird Harris, Gleason L. Archer Jr., and Bruce K. Waltke, vol. 1 (Chicago: Moody Press, 1980), 973.

하나님이 함께하시면 최악 상황에서도 최상 결과를 얻습니다. 그러므로 우리는 환경이 아닌 그 환경을 지배하시고 통치하시는 주님을 바라보는 영적 눈이 열려 어려움과 위기를 이겨낼 수 있기를 바랍니다.

えेज़ी 잠언

25 서로 도우며 삽시다
잠언 24:11~12

중심 내용: 서로 도와야 하는 이유는 하나님 앞에서 핑계 댈 수 없고 반드시 보응이 따르기 때문이다.

I. 위급한 상황에 부닥친 사람을 돕는 일은 의무이다(11절).

II. 이유는 핑계 댈 수 없으며 행한 대로 보상을 받기 때문이다(12절).

   1. 도와야 하는 이유는 하나님 앞에서 핑계 댈 수 없기 때문이다.

   2. 도와야 하는 이유는 행한 대로 보상을 받기 때문이다.

서론

오늘 본문은 사회적 의무를 교훈합니다. 지혜자 잠언 30개에서는 사회적 의무를 세 가지로 언급합니다. 첫째, 약자를 압제하지 말라(22:22~23). 둘째, 백성의 기본 생활을 보장하는 지계석을 옮기지 말라(22:28). 셋째, 어려운 사람을 도와주라(24:11~12). 셋째가 오늘 설교 본문입니다. 서로 돕기는 우리 의무입니다. 특히, 도움이 필요한 사람을 도와야 합니다. 도움이 필요한 사람은 누구이며, 왜 도와야 하는지 오늘 본문 말씀을 통하여 배우겠습니다.

I. 위급한 상황에 부닥친 사람을 돕는 일은 의무이다(11절).

우리가 이 땅에서 살면서 반드시 해야 할 의무가 있습니다. 도움이 필요한 사람을 돕는 일입니다. 본문은 "죽을 자리로 끌려가는 사람", "살해될 사람"을 도와주라고 명령하고 있습니다. '도움이 필요한 사람'이 누구인지는 본문이 명확하게 언급하지 않습니다. 이 사람은 자기 잘못이나 죄로 사형 선고받은 사람일 수 있습니다.[1] 아니면 죄가 없는데도 유죄판결을 받은 억울한 사람일 수 있습니다.[2] 또는 어리석은 행동 때문에 불행한 일을 당한 사람일 수도 있습니다.[3]

우리는 11절을 통하여 그들이 누군지를 생각해 보겠습니다. "죽을 자리로 끌려가는 사람(לְקֻחִים לַמָּוֶת, 러쿠힘 라마베트)"에서, '끌려가다'를 뜻하는 동사는 '라카흐(לָקַח)'입니다. '라카흐'는 자기 의도와는 관계없이 끌려간다는 뜻입니다.[4] 엘리야가 하나님의 산으로 도망갔을 때, 하

---

[1] Roland E. Murphy, *Proverbs*, Word Biblical Commentary, ed. Bruce M. Metzer, David A. Hubbard, and Glenn W. Barker, vol. 22 (Waco, TX: Word Books, 1998), 181; Richard J. Clifford, *Proverbs*, Old Testament Library, ed. James L. Mays, Carol A. Newsom, and David L. Petersen (Louisville, KY: Westminster John Knox Press, 1999), 215; 두에인 개릿, 『잠언, 전도서, 아가』, The New American Commentary, 황의무 옮김 (서울: 부흥과개혁사, 2019), 151.

[2] "죽을 자리로 끌려가는 사람"과 "살해될 사람"은 복수 수동형이기에, 자기 죄보다는 죄 없는데도 유죄판결을 받았다는 뜻이다.

[3] 트렘퍼 롱맨 3세, 『잠언 주석』, 베이커 지혜 문헌·시편 주석 시리즈, 임요한 옮김 (서울: 기독교문서선교회, 2019), 690.

[4] Walter C. Kaiser, "לָקַח," in *Theological Wordbook of the Old Testament*, ed. R. Laird Harris, Gleason L. Archer Jr., and Bruce K. Waltke, vol. 1 (Chicago: Moody Press, 1980), 1124.

나님께 이렇게 대답했습니다. 열왕기상 19:10입니다. "엘리야가 대답하였다. '나는 이제까지 주 만군의 하나님만 열정적으로 섬겼습니다. 그러나 이스라엘 자손은 주님과 맺은 언약을 버리고, 주님의 제단을 헐었으며, 주님의 예언자들을 칼로 쳐서 죽였습니다. 이제 나만 홀로 남았는데, 그들은 내 목숨마저도 없애려고 찾고 있습니다.'"(14절을 참조). 엘리야는 하나님께 이스라엘 백성이 자기 생명까지도 "없애려고" 한다고 고백하면서 '라카흐'를 사용했습니다. 엘리야는 잘못하지 않았습니다. 그런데도 북이스라엘 사람이 그를 죽이려고 했습니다. 잘못이 없는데도 죽이려고 한 것을 '라카흐'로 표현했습니다. 그리고 "살해될 사람(מֻתִים לַהֶרֶג, 마팀 라헤레그)"은 살인 당하거나 학살당할 사람을,5 또는 정복자에게 '끌려가는 사람'을 의미합니다.6 때때로 질병이나 전쟁과 같은 위험한 상황을 만난 사람을 지칭하기도 합니다.7

이들이 누군지는 정확히 알 수 없습니다. 그런데 두 용어를 보면, 자기 잘못보다는 사회 불합리한 구조에 피해를 본 사람일 가능성이 큽니다. 그들은 위험에 처해 있지만, 해결할 능력이 없는 사람입니다. 성경이 말하는 죽음은 극한 어려움 또는 극한 위험에 빠진 경우를 말합니다. 우리가 도와야 하는 사람은 극한 어려움에 빠진 사람입니다. 하지만 일상에서 도움이 필요한 사람으로 여겨도 좋을 듯합니다. 왜냐하면 죽음이라는 극한 상황으로 가는 사람을 만나기는 평생에 한두

---

5 R. N. Whybray, *Proverbs*, New Century Bible Commentary, ed. Ronald E. Clements [Grand Rapids: Wm. B. Eerdmans Publishing Company, 1995], 348에 따르면, 살해(הֶרֶג, 헤레그)는 재판에서 사형 판결로 쓰인 적이 없다.

6 Walter C. Kaiser, "מוֹט," in *Theological Wordbook of the Old Testament*, ed. R. Laird Harris, Gleason L. Archer Jr., and Bruce K. Waltke, vol. 1 (Chicago: Moody Press, 1980), 1158.

7 Bruce K. Waltke, *Proverbs 15~31*, New International Commentary on the Old Testament, ed. Robert L. Hubbard Jr. (Grand Rapids: Wm. B. Eerdmans Publishing Company, 2005), 276.

번 정도이기 때문입니다. 그리고 본문은 자기 잘못이 아닌 사람을 지칭하는 듯합니다. 하지만 잘못이 있고 없고를 판단하기는 어려울 수 있습니다. 그래서 어려움을 겪는 모든 사람으로 확장하는 게 좋습니다. 이들 모두가 도움이 필요하기 때문입니다. 때로는 실수로 위급한 상황에 들어갈 때도 있기 때문입니다.

성경은 이들을 도우라고 명령합니다. "건져주라", "돕는 데 인색하지 말라"라고 명령합니다. '건져주라(הַצֵּל, 하첼)'는 '구조하다, 구출하다, 구원하다'는 의미가 있습니다. 이 용어는 일차적으로 물리적 의미와 이차적으로 영적인 의미, 둘 다 있습니다.8 일차적 의미는 위험이나 위기로부터 구출하는 것을 의미합니다(삼상 30:22). 삶의 현장에서 겪는 많은 어려움과 위기로부터 구해주고, 돕는 것을 말합니다. 하지만 영적으로 쓰일 때는 죄 용서로 구원하는 것을 의미합니다(시 39:8). 본문에서는 일차적 의미인 어떤 위험이나 위기, 어려운 환경으로부터 도와주는 것을 말합니다. 하지만 영적인 의미로 확장하여 예수님을 모르는 사람을 도와주는 것도 포함할 수 있습니다.

그리고 "돕는 데 인식하지 말라(אִם־תַּחְשׂוֹךְ, 임-타흐쇼크)"는 억제하지 말라, 자제하지 말라는 뜻입니다.9 도와주고 싶은 마음이 들 때, 자제하지 말라는 뜻입니다. 우리 사정 때문에, 정작 도움이 필요한 사람에게 돕는 손길을 거두지 말라는 뜻입니다. 이 말씀은 하나님은 어려움에 부닥친 사람을 도와주고자 하는 마음을 우리에게 주셨다는 뜻을 포함합니다. 하나님이 주신 그 선한 뜻을 포기하지 말아야 합니다. 억압이나 학대당하는 사람을 도와야 합니다. 또한 삶의 어려움이나

---

8 Milton C. Fisher, "נצל," in *Theological Wordbook of the Old Testament*, ed. R. Laird Harris, Gleason L. Archer Jr., and Bruce K. Waltke, vol. 2 (Chicago: Moody Press, 1980), 1407.

9 Leonard J. Coppes, "חשׂך," in *Theological Wordbook of the Old Testament*, ed. R. Laird Harris, Gleason L. Archer Jr., and Bruce K. Waltke, vol. 1 (Chicago: Moody Press, 1980), 765.

스트레스를 겪는 사람, 도움이 필요한 사람을 도와야 합니다. 반드시 그들을 도와야 합니다. 긍정 명령인 '**건져주라**'와 부정 명령인 '**돕는 데 인색하지 말라**'는 반드시 해야 한다고 명령하기 때문입니다. 이 명령은 우리가 해도 되고, 하지 않아도 되는 선택이 아닙니다. 반드시 해야 하는 명령입니다. 도와주라는 명령에는 선택이 없습니다.

사실, 약자를 돕고 무고한 자를 돕는 일은 국가가 해야 하는 일입니다. 그래서 국가에는 법이 있고, 국민은 세금을 냅니다. 그러나 이것이 국가 일이니, 우리에게는 책임이 없다고 할 수는 없습니다. 하나님은 우리에게도 도우라고 명령하셨기 때문입니다. 국가는 국가가 할 일을 하고, 우리는 우리가 할 일을 해야 합니다. 때로는 국가가 국가의 일을 못 할 때, 우리가 국가에 국가의 일을 할 수 있도록 요청할 수 있습니다. 사회복지사가 있지만, 여력이 부족할 때는 우리가 나서서 돕는 것도 한 방법입니다. 위험에 처한 사람을 돕는 일은 소방대원만의 사명이 아님을 기억해야 합니다. 그것은 우리 모두의 사명이기도 합니다. 그들을 도우려고 우리가 반드시 건강하거나 잘 살아야 할 이유는 없습니다. 그러나 건강하고 잘 사는 게 이웃을 돕는 데 더 유익하다면, 그렇게 하는 게 좋습니다. 믿는 우리가 건강하고 잘 살아야 한다면, 돕기 위해서입니다. 나와 내 가족만을 위해서가 아닙니다. 모두가 행복하게 살도록 돕기 위해서이고, 어려움에 부닥친 사람들을 돕기 위해서입니다.

이 세상에는 가난한 사람, 연약한 사람, 도와야 할 사람이 언제나 있기 마련입니다. 돕는 일은 한도 끝도 없을 수 있습니다. 그런데도 주님께서 도우라고 명령했습니다. 그러므로 도움이 필요한 사람의 부르짖음에 귀를 기울여야 합니다. 이들의 아픔과 고통에 귀를 기울여야 합니다. 그들을 돕는 방법에는 두 가지가 있습니다. 어려운 상황에 부닥친 사람을 돕는 게 하나입니다. 다른 하나는 어려움에 부닥치지 않게 돕는 겁니다. 이것은 고기를 잡아 주느냐, 고기 잡는 방법을 가르쳐 주느냐는 차이입니다. 어느 때는 고기를 잡아 주어야 하고,

어느 때는 고기 잡는 방법을 가르쳐 주어야 합니다. 어떤 방법이든 주님은 우리가 도움을 손길을 주기를 바라십니다.10

왜 도와야 할까요? 왜냐하면 하나님께 핑계 댈 수 없고, 행한 대로 보응을 받기 때문입니다.

II. 이유는 핑계 댈 수 없으며 행한 대로 보상을 받기 때문이다(12절).

1. 도와야 하는 이유는 하나님 앞에서 핑계 댈 수 없기 때문이다.

첫째는 하나님 앞에서 핑계를 댈 수 없기 때문입니다. 12절에서 이렇게 말씀합니다. "너는 그것이 '내가 알 바 아니다'라고 생각하며 살겠지만, 마음을 헤아리시는 주님께서 어찌 너의 마음을 모르시겠느냐? 너의 목숨을 지키시는 주님께서 다 알고 계시지 않겠느냐?" 우리에게 도움이 필요한 사람을 도와주지 못한 이유를 적으라고 한다면, 한 자리에서 10개 이상을 적을 수 있습니다. 그 사람을 잘 모른다, 친하지 않다, 생면부지 남남이다, 그밖에 변명거리가 수없이 많을 수 있습니다. 거리 문제, 우리 어려운 상황 때문이라고 변명할 수 있습니다. "국가가 있고 시가 있는데, 왜 내가 해야 하느냐"라고 말 할 수도 있습니다. 그리고 "몰랐다"라고 회피할 수 있습니다. 그런데 이런 변명은 하나님 앞에서는 인정받지 못합니다. "**너는 그것이 내가 알 바 아니라고 생각하며 살겠지만.**" 이 표현은 자신이 몰랐다고 하면서 책임을 회피하는 모습을 묘사합니다. 하나님 앞에서 그 어떤 변명도 인정되지 않습니다. 하나님은 드러나는 행위뿐 아니라 인간의 마음 깊은 곳까지 다 알고 계시기 때문입니다. 진지하신 하나님은 우리 마음, 우리 동기를 아시기 때문입니다.

"마음을 헤아리는 주님께서(תֹּכֵן לִבּוֹת, 토켄 리보트)"에서 '헤아리다'는 측정한다는 뜻입니다.11 하나님은, 가만히 계신 것 같지만 실상은

---

10 Waltke, *Proverbs 15~31*, 277.

우리 마음을 다 측정하고 계십니다. 우리 마음의 무게나 상태를 다 파악하고 계십니다. 그리고 "너의 마음을 모르시겠느냐(הוּא־יָבִין, 후아-야빈)"는 주님이 우리의 마음을 안다는 말입니다. 안다(בִין, 빈)는 단순히 안다는 뜻이 아닙니다. 모든 지식을 분석하고 모든 상황을 평가해서 나온 결과로 안다는 의미입니다. 우리 마음을 측정하는 하나님은, 우리가 어떤 형편에 있는지 우리가 무슨 생각을 하는지 모든 상황을 다 분석하여 간파하고 계십니다.12

그리고 "너의 목숨을 지키시는 주님께서"에서, '지킨다'라는 말은 망을 보다, 보호한다는 뜻입니다.13 일차적 의미는 포도원을 지키거나 군대에서 경계를 서는 일을 뜻합니다.14 그런데 본문에서 이 표현은 위험으로부터 지켜주고, 생명을 보호해 준다는 의미로 쓰였습니다.15 우리 생명을 보호하시는 하나님은 우리 인생의 일거수일투족을 철저

---

11 Francis Brown, S. R. Driver, and Charles Briggs, eds., *A Hebrew and English Lexicon of the Old Testament with an Appendix Containing the Biblical Aramaic* (Oxford: Clarendon Press, 1906; reprint, Peabody, MA: Hendrickson Publishers, 1979), 1067; Bruce K. Waltke, "תָּכַן," in *Theological Wordbook of the Old Testament*, ed. R. Laird Harris, Gleason L. Archer Jr., and Bruce K. Waltke, vol. 2 (Chicago: Moody Press, 1980), 2511.

12 Louis Goldberg, "בִּין," in *Theological Wordbook of the Old Testament*, ed. R. Laird Harris, Gleason L. Archer Jr., and Bruce K. Waltke, vol. 1 (Chicago: Moody Press, 1980), 239a.

13 Walter C. Kaiser, "נָצַר II," in *Theological Wordbook of the Old Testament*, ed. R. Laird Harris, Gleason L. Archer Jr., and Bruce K. Waltke, vol. 1 (Chicago: Moody Press, 1980), 1407.

14 Brown, Driver, and Briggs, eds., *A Hebrew and English Lexicon of the Old Testament with an Appendix Containing the Biblical Aramaic*, 666.

15 Kaiser, "נָצַר II," *TWOT*, 2:1407.

하게 살펴보고 계십니다. 그 결과, 하나님은 우리 모든 것을 다 아십니다(יָדַע, 야다).16 우리는 어려움을 당하는 사람의 부르짖음을 나와 상관이 없다고 말하면서 지나칠 수 있습니다. 그러나 주님은 우리 마음을 다 아십니다. 우리 생사화복을 주관하시고 보호하시는 하나님은 우리 모든 것을 다 아십니다. 도와주고 싶어도 능력이 없어서 도와주지 못하는지, 아니면 도와줄 능력이 있어도 관심이 없어서 돕지 않는지를 아십니다. 그러므로 우리는 핑계를 댈 수 없습니다. 사람은 나타난 결과나 행동을 보지만, 하나님은 마음을 보시는 분이시기 때문입니다. 마음과 행동을 모두 보시는 하나님 앞에, 드러나지 않는 것은 없습니다. 모든 것은 하나님 앞에 낱낱이 드러납니다.

우리가 하나님 앞에 핑계를 댈 수 없기에 도와야 합니다. 또한 행한 대로 보상받기에 도와야 합니다.

2. 도와야 하는 이유는 행한 대로 보상을 받기 때문이다.

우리는 행한 대로 보상받습니다. 사람은 심는 대로 거둡니다. "그분은 각 사람의 행실대로 갚으신다." 이 문장과 비슷한 문장을 바울도 썼습니다. 고린도후서 9장에서는 바울은 이 문장을 물질과 관련해서 사용했습니다. 하나님이나 이웃을 물질로 섬길 때, 고린도후서 9:6에 "이것은 곧 '적게 심은 자는 적게 거두고 많이 심은 자는 많이 거둔다'라는 말이다"라고 말합니다. 본문이 어려운 사람과 가난한 사람에게 하는 우리 행실을 말하지만, 하나님은 각 사람의 행실대로 갚으시는 분이십니다. 우리 형편을 돌보시는 하나님은 연약한 사람, 비천한 사람을 돌보시고 보호하십니다. 우리가 그들 아픔과 도움에 눈을 감는다면, 우리가 아프고 도움을 요청할 때 하나님도 눈을 감으십니다.

---

16 Jack P. Lewis, "דַּעַת," in *Theological Wordbook of the Old Testament*, ed. R. Laird Harris, Gleason L. Archer Jr., and Bruce K. Waltke, vol. 1 (Chicago: Moody Press, 1980), 848c.

왜냐하면 하나님은 각 사람이 행한 대로 갚아 주시는 분이시기 때문입니다. 이 말은 하나님께서 즉각적으로 갚으신다는 뜻이 아닙니다. 궁극적으로 갚으신다는 뜻입니다. 사람이 죄를 짓는 이유 중 하나는 하나님이 즉각적으로 갚지 않기 때문입니다. 하지만 하나님은 궁극적으로 보응하십니다. 이 땅에서 그리고 마지막 심판 날에 반드시 행한 대로 보응하십니다.

행한 대로 갚으신다고 했을 때, 하나님의 심판 대상은 도움이 필요한 사람을 돕지 않는 사람임을 기억해야 합니다. 그들을 핍박하는 악한 사람이 아닙니다. 그들을 괴롭히는 사람도 아닙니다. 도움이 필요함을 알면서도 전혀 돕지 않은 사람입니다. 도와야 하는 데 돕지 않는 우리입니다. 이 말씀은 괴롭히는 사람을 심판하지 않고 돕지 않는 사람만 심판하신다는 뜻이 아닙니다. 오늘 본문이 강조하는 바는 도움이 필요한 사람에게 반드시 도와야 한다는 점입니다.[17] 하나님께서는 괴롭히는 사람을 반드시 심판하십니다. 돕지 않은 사람도 심판하십니다. 모든 것을 아시고 갚으시는 분은 전지하시고 전능하신 하나님입니다. 하나님은 전지전능하신 분이십니다.[18] 모든 것을 아시는 전지하신 하나님이십니다. 그리고 행한 대로 갚으시는 전능하신 하나님이십니다. 이 전지전능하신 분은 반드시 때가 되면 보상하십니다.

2022년 2월, 러시아가 우크라이나를 침공했기에 국제적으로 비난받습니다. 그런데도 러시아는 연일 폭격을 강행하고 있습니다. 많은 민간인이 생명을 잃고 있습니다. 국제사회에서 그들을 도와야 한다는 목소리가 SNS를 통해 매일 쏟아지고 있습니다. 유엔 총회에서도 141개국의 동의를 얻어 러시아 철군 결의안이 통과되었고, 국제축구연맹 FIFA는 러시아 팀의 월드컵 참가 자격을 박탈했습니다. 또한 국제사회는 정치, 경제, 스포츠, 사회, 문화, 외교 등 국가적 차원에서 제제

---

[17] Paul E. Koptak, *Proverbs*, NIV Application Commentary, ed. Terry Muck (Grand Rapids: Zondervan Publishing House, 2003), 562.

[18] Waltke, *Proverbs 15~31*, 277~78.

가 이어지고 있습니다. 그리고 민간 부분에서도 도와야 한다는 목소리가 점점 커지고 있습니다.

우리나라 연예인들도 기부에 동참해서 며칠 만에 8억 원을 모금했고, 특히 배우 이영애 씨가 우크라이나 대사관에 1억을 기부했다는 보도가 있었습니다. 정치 이해관계로 원조에 신중한 국가 차원보다는 민간 차원에서 더 많은 원조의 손길이 이어집니다. 우크라이나 대사관 앞에는 라면부터 시작해서 음식과 생필품 박스들이 시민의 자발적 기부로 쌓이고 있습니다. 아직 글로벌 시민의식이 죽지는 않은 듯합니다. 우리나라가 6·25전쟁으로 연약한 상태였을 때, 도움을 받아서 지금 평화를 누리고 있고 경제 발전을 이룩하여 잘살기에, 우리나라도 모른 척해서는 안 됩니다. 연약한 그들을 도와야 합니다. 교회도 그들을 도우려고 할 수 있는 모든 방법을 동원해야 합니다. 우리 개개인도 여러 방법으로 도움을 실천할 수 있습니다. 하나님은 연약한 사람을 돕는 사람에게 그대로 갚아 주시는 분이십니다.

우리가 연약한 사람을 돕지 않는다면, 전지전능하신 하나님도 우리 위기에 우리를 돕지 않으실 겁니다. 하지만 우리가 돕는다면, 하나님도 우리 필요를 채우시고 돕습니다. 이 사회는 여전히 불법이 활개를 칩니다. 올바른 일을 하면 불이익을 당할 수도 있습니다. 그러하기에 소심해서 또는 겁이 나서, 올바른 일을 하지 않을 수 있습니다. 하지만 그것은 믿는 사람이 할 자세가 아니라고 말씀하고 있습니다. 도움의 손길을 베풀어야 합니다. 고 최현숙 선수가 겪은 안타까운 일도 돕지 않았기 때문입니다. '미투 운동'을 한 원인도 돕지 않았기 때문입니다. 그들은 도와달라고 외쳤지만, 우리는 그 요청에 응하지 않았습니다. 경주시와 경주시체육회만의 문제일까요? 서울시와 서울시장 그리고 측근들 만의 문제일까요? 우리 문제는 아닌가요? 도와달라는 외침에 침묵하고 있는 우리 문제는 아닌가요? 하나님은 우리가 도움의 손길을 베풀기를 바라십니다.

결론

죄에는 적극적 측면과 수동적 측면이 있습니다. 적극적 측면에서 죄는, 우리가 짓지 말아야 하는 죄를 말합니다. 남의 소유물을 훔치기나 빼앗기, 나쁜 짓하는 행위는 죄입니다. 불평하지 말아야 하는데, 불평불만 토로는 죄입니다. 그러나 수동적 측면에서 죄도 있습니다. 해야 하는 데도 하지 않는 게 죄입니다. 선을 행해야 하는데 선을 행하지 않는 게 죄입니다. 다른 사람을 도와야 하는 데 돕지 않는 게 죄입니다. 법을 지켜야 하는데 지키지 않는 게 죄입니다.

유니세프를 도와달라는 광고에 이 말이 있습니다. "손이 두 개인 이유는 다른 사람을 도와주기 위함이다." 손이 두 개, 귀가 두 개, 눈이 두 개가 있는 이유는 다른 사람을 도와주기 위해서입니다. 하나님께서 우리를 이 땅에 두신 이유는 연약한 사람, 보호가 필요한 사람을 위해서입니다. 우리가 이 땅의 불평등을 완전히 없앨 수는 없습니다. 그러나 불평등 때문에 위기에 빠지는 사람을 도울 수는 있습니다. 하나님은 또한 사람이 죄의 속박에서 벗어나도록 돕기를 바라십니다. 하나님을 모르고 이 땅에서 자기 마음대로 살아가는 많은 사람이 있습니다. 그들은 영원한 심판, 영원한 불 못의 심판이 기다리고 있음을 모릅니다. 이 사실을 모르고 살아가는 이들을 도와야 합니다.

지혜자 잠언

26 잠언 24:13~14
지혜를 추구합시다

중심 내용: 지혜는 어려움에서도 밝은 미래와 번영을 약속한다.

I. 꿀은 건강뿐 아니라 삶의 많은 부분에서 행복을 준다(13절).

II. 지혜는 건강뿐 아니라 미래를 준비하는 데 도움을 준다(14절).

  1. 지혜는 소망을 주고 행복과 번성을 준다.

  2. 지혜를 얻는 것은 곧 하나님과 그의 말씀을 추구하는 것이다.

서론

본문은 꿀과 지혜를 각각 무언가에 비유하고 있습니다. 꿀은 육체와 관계가 있고, 지혜는 영혼과 관계가 있습니다. 그렇다면 꿀은 무엇으로 만들었을까요? 꿀은 왜 먹어야 할까요? 꿀을 먹으면 무슨 유익이 있을까요? 지혜도 마찬가지입니다. 왜 추구해야 할까요? 추구하면 어떤 유익이 있을까요? 오늘 우리는 본문을 근거로 「지혜를 추구합시다」라는 제목으로 지혜자에게서 교훈을 배우겠습니다.

I. 꿀은 건강뿐 아니라 삶의 많은 부분에서 행복을 준다(13절).

성경(지혜자)은 성도(제자)에게 꿀을 먹으라고 말씀합니다. "내 아이들아, 꿀을 먹어라. 그것은 좋은 것이다. 송이꿀을 먹어라. 그것은 너의 입에 달콤할 것이다"(13절). 왜 꿀을 먹으라고 할까요? 이 꿀은 무엇으로 만들어졌을까요? 먼저, 꿀은 무엇으로 만들어졌는지 알아보겠습니다. 그리하고서 왜 먹으라고 권면하는지를 알아보겠습니다. "꿀을 먹어라."라고 했을 때, '꿀'과 "송이꿀을 먹어라"라고 했을 때, '꿀'은 약간 차이가 있습니다.[1] 첫째 '꿀'은 '더바쉬(דְּבַשׁ)'입니다. 이것은 팔레스타인에서 많이 나오는 특산물 일종입니다. 기록에 따르면, 이 꿀은 팔레스타인에서 많이 생산됐습니다(신 32:3; 시 81:16).[2] 그리고 야곱이 자기 아들을 이집트로 보내 양식을 구하라고 할 때, 선물로 꿀을 보낸 것으로 보아 가나안 특산물일 가능성이 큽니다(창 43:11). 꿀을 선물로 보냈다는 사실에서, 우리는 몇 가지 가능성 있는 해석을 발견할 수 있습니다. 이집트에서 이 꿀은 생산되지 않았을 가능성이

---

[1] Bruce K. Waltke, *Proverbs 15~31*, New International Commentary on the Old Testament, ed. Robert L. Hubbard Jr. (Grand Rapids: Wm. B. Eerdmans Publishing Company, 2005), 281에서는 '먹다'를 하나님과 올바른 관계이어야 한다는 명령으로 해석한다. 왜냐하면 음식은 신실하지 않은 백성이 아니라(신 28:17~18; 14:23), 하나님께서 신실한 백성에게 주신 선물이기 때문이다(출 16:4; 레 25:19).

[2] Pritchard, James B., ed., *Ancient Near Eastern Texts Relating to the Old Testament*, 3rd ed. with Supplement (Princeton, NJ: Princeton University Press, 1969), 19; Francis Brown, S. R. Driver, and Charles Briggs, eds., *A Hebrew and English Lexicon of the Old Testament with an Appendix Containing the Biblical Aramaic* (Oxford: Clarendon Press, 1906; reprint, Peabody, MA: Hendrickson Publishers, 1979), 185; Earl S. Kalland, "דבשׁ," in *Theological Wordbook of the Old Testament*, ed. R. Laird Harris, Gleason L. Archer Jr., and Bruce K. Waltke, vol. 1 (Chicago: Moody Press, 1980), 181~82.

있습니다. 아니면 팔레스타인에서 생산되는 이 꿀이 최상품 꿀일 가능성이 있습니다. 그리고 당시 설탕이 생산되지 않았을 때이기에, 이 집트에서 꿀이 귀하고 좋은 선물이었을 가능성이 있습니다. '더바쉬'로 표현한 꿀은 벌꿀이나 과일로 만든 꿀을 지칭합니다(창 43:11; 삿 14:8). 과일로 만든 꿀이라면, 과일이나 포도를 끓여 만든 시럽(syrup)을 의미합니다. 성경은 이 꿀을 사자 시체에서(삿 14:8), 바위에서(신 32:13), 숲에서(삼상 14:25), 땅에서(삼상 14:26) 발견할 수 있었다고 기록합니다.

그런데 '송이꿀'은 히브리어로 '노페트(נֹפֶת)'입니다.3 이 꿀은 순수하게 벌집에 들어 있는 꿀, 또는 벌통에서 떼어 낸 야생 꿀 덩어리를 말합니다(시 19:1; 잠 5:3).4 팔레스타인에는 큰 나무 틈이나 바위틈에 야생 벌집들이 많았다고 합니다. 정리하면, 꿀은 벌집에서 만들어진 꿀이나 과일에서 만든 시럽을 의미합니다. 그리고 송이꿀은 전적으로 벌집에서 만든 야생 꿀이나 꿀 덩어리를 말합니다.

꿀의 용도는 다양합니다. 음식으로도 쓰였고(시 81:16), 에너지를 주는 건강식품으로도 쓰였습니다(삼상 14:27). 십일조나 첫 열매로 제사장을 위해서 드리도록 했습니다(대하 31:5). 그러나 꿀은 제단 위에서 태워서 하나님께 드릴 수는 없었습니다(레 2:11).

---

3 Roland E. Murphy, *Proverbs*, Word Biblical Commentary, ed. Bruce M. Metzer, David A. Hubbard, and Glenn W. Barker, vol. 22 (Waco, TX: Word Books, 1998), 181에서는 송이꿀(honeycomb)을 최고 꿀 또는 가장 달콤한 꿀을 의미한다고 설명한다.

4 Brown, Driver, and Briggs, eds., *A Hebrew and English Lexicon of the Old Testament with an Appendix Containing the Biblical Aramaic*, 661. Bruce K. Waltke, *Proverbs 15~31*, New International Commentary on the Old Testament, ed. Robert L. Hubbard Jr. (Grand Rapids: Wm. B. Eerdmans Publishing Company, 2005), 281에서는 "송이꿀을 먹어라"를 송이꿀이 주는 기쁨의 특성 또는 자산을 의미한다고 설명한다.

성경은 꿀을 먹으라고 명령합니다. 이유는 '좋은 것이기 때문'이고, '입에 달콤하기 때문'입니다. "그것은 좋은 것이다. … 그것은 너의 입에 달콤할 것이다." '좋은 것이다(טוֹב, 토브)'는 그 의미가 다양합니다. 건강에 유익하다는 의미가 있습니다. 경제적으로 번영하게 한다는 의미도 있습니다. 행복하게 한다는 의미도 있습니다. 결국, '좋은 것이다'는 몸에 '다방면으로 유익을 준다'로 해석할 수 있습니다.5 그리고 '입에 달콤하다(מָתוֹק, 마토크)'는 꿀이나 시럽이 내는 달콤한 맛을 말합니다. 이 용어는 기본적으로 '기분이 좋고 유쾌한 것'을 표현합니다. 그리고 어떤 의견에 '흔쾌히 동조'할 때 쓰입니다. 우리 말에 "당근이지!"와 같다고 볼 수 있습니다. 음식이 입에 딱 맞을 때 '달콤하다'라고 표현합니다. 성경에서 '달콤하다'가 꿀이나 시럽과 함께 사용될 때는 꿀이 주는 미각적인 달콤함을 이야기합니다. 그리고 하나님의 말씀과 함께 사용될 때는 꿀과 대조하면서 하나님의 말씀이 꿀보다 더 달다는 의미에서 쓰였습니다.6 물론 본문에서는 미각적인 달콤함을 말합니다. 꿀을 먹으라고 권면하는 이유는 꿀이 주는 유익이나 행복 때문입니다. 꿀은 몸을 건강하게 합니다. 미각적으로 즐거움을 줍니다. 몸과 삶의 많은 부분에서 행복하게 합니다.

왜 꿀이 몸과 많은 부분에서 유익과 행복을 주는 것일까요? 꿀에 있는 단맛을 내는 특성 때문입니다. 단맛을 내는 당을 먹으면 세로토

---

5 Andrew Bowling, "טוֹב," in *Theological Wordbook of the Old Testament*, ed. R. Laird Harris, Gleason L. Archer Jr., and Bruce K. Waltke, vol. 1 (Chicago: Moody Press, 1980), 345~46은 טוֹב(토브)를 다섯 가지 분야로 나눈다. 1) 실제적, 경제적, 물리적인 선(유익), 2) 소망, 기쁨, 아름다움 등과 같은 추상적인 선, 3) 좋은 품질, 고급스러움, 4) 도덕적인 선, 그리고 5) 기술적(전문적) 철학적 선 등이다.

6 Victor P. Hamilton, "מָתֹק," in *Theological Wordbook of the Old Testament*, ed. R. Laird Harris, Gleason L. Archer Jr., and Bruce K. Waltke, vol. 1 (Chicago: Moody Press, 1980), 537~38.

닌을 분비합니다. 세로토닌은 사랑할 때 분비되는 에너지입니다. 세로토닌은 사람을 행복하게 하고, 피로감을 사라지게 합니다. 그래서 사람이 사랑하고 연애할 때 세상 모든 것을 가졌듯이 행복하고 장시간 함께 있는데도 피로하지 않음도, 세로토닌이 분배되기 때문입니다. 세로토닌이 분비되게 하려면, 단것을 먹든지 사랑하든지 하면 됩니다. 그런데 과일에 있는 당을 가지고는 세로토닌 분비가 활성화하기 어렵다고 합니다. 세로토닌 분비가 활성화하려면 당을 많이 먹어야 합니다. 지금이야 설탕이나 사탕을 통해 한 번에 많이 먹을 수 있습니다. 하지만 설탕이 생산되지 않았던 고대 자연에서 구할 수 있는 유일한 당분 덩어리가 꿀이었다고 합니다. 그래서 꿀은 귀했습니다. 꿀을 먹으면 건강은 물론이거니와 행복한 삶을 살 수 있었습니다. 지금은 꿀을 먹어도 과거보다 건강이나 행복감이 덜 느낍니다. 이유는 우리가 당을 과다 복용하고 있기 때문입니다.7

꿀이 몸의 건강과 삶에 행복과 유익을 제공한다면, 지혜는 영혼에 행복과 유익을 제공합니다.

II. 지혜는 건강뿐 아니라 미래를 준비하는 데 도움을 준다(14절).

1. 지혜는 소망을 주고 행복과 번성을 준다.

14절이 이렇게 말합니다. "지혜도 너의 영혼에게는 그와 같다는 것을 알아라." 꿀이 몸에 많은 유익을 제공한다면, 지혜는 영혼(שׁפנ, 네페쉬)에 많은 유익을 제공합니다.8 '영혼(שׁפנ, 네페쉬)'은 영과 혼을 의

---

7 황교익, 「설탕은 사랑이다」, https://blog.naver.com/lky5789/222037905130, 2020년 7월 26일 접속.

8 Derek Kidner, *Proverbs: An Introduction & Commentary*, Tyndale Old Testament Commentaries, ed. D. J. Wiseman, vol. 15 (Downers Grove, IL: InterVarsity Press, 1964), 155에 따르면, '알다(know)'보다는 '추구하다(seek)'로 해석해야 한다고 말한다. 곧, '너의 영혼을

미할 수 있습니다. 하지만, 여기서는 자아나 사람 자체를 의미합니다.9 꿀이 우리 몸에 유익을 제공한다면, 지혜는 우리 몸뿐 아니라 영혼, 곧 우리 모든 영역에 많은 유익을 제공합니다.10

그러면 '언제' 지혜가 우리에게 많은 유익을 가져다줄까요? 지혜를 얻을 때(אִם־מָצָאתָ, 임-마차타)입니다.11 '얻는다'는 '발견하다, 찾다, 혹은 추구하다'는 뜻입니다.12 가만히 있으면 지혜가 주어지지 않습니다. 지혜는 추구해야 얻을 수 있습니다. 찾아야 발견할 수 있습니다. 지혜를 만나려고 열심히 노력해야 합니다. 우리가 열심히 찾고 애써야 지혜를 만날 수 있습니다(창 19:11). 꿀은 팔레스타인 지역에서 많이 생산되었습니다. 그러나 아무리 많이 생산되어도, 가만히 있다면

위해서 지혜를 추구하라' 만약 네가 그것을 얻으면" 그 보상, 곧 미래가 있다. The NET Bible, Proverbs 24:13, n. 22도 참조하라.

9 Bruce K. Waltke, "נֶפֶשׁ," in *Theological Wordbook of the Old Testament*, ed. R. Laird Harris, Gleason L. Archer Jr., and Bruce K. Waltke, vol. 2 (Chicago: Moody Press, 1980), 587, 90; Brown, Driver, and Briggs, eds., *A Hebrew and English Lexicon of the Old Testament with an Appendix Containing the Biblical Aramaic*, 661.

10 Kathleen A. Farmer, *Proverbs & Ecclesiastes: Who Knows What is Good?*, International Theological Commentary, ed. Fredrick Carlson Holmgren and George A. F. Knight (Grand Rapids: Wm. B. Eerdmans Publishing Company, 1991), 113.

11 Waltke, *Proverbs 15~31*, 281에서는 14절을 권면과 이유로 나눕니다. 14절 전반부는 권면으로서 송이 꿀을 먹으라는 것이다. 후반부는 그 이유를 제시한다.

12 Victor P. Hamilton, "מָצָא," in *Theological Wordbook of the Old Testament*, ed. R. Laird Harris, Gleason L. Archer Jr., and Bruce K. Waltke, vol. 1 (Chicago: Moody Press, 1980), 521; Brown, Driver, and Briggs, eds., *A Hebrew and English Lexicon of the Old Testament with an Appendix Containing the Biblical Aramaic*, 594. The NET Bible, Proverbs 24:14, n. 22를 보라.

꿀을 먹을 수 없습니다. 산과 들로 나가서 꿀을 찾아야만 먹을 수 있습니다. 과일은 끓여 시럽을 만드는 과정을 거쳐야 꿀로 먹을 수 있습니다. 가만히 있는데 꿀이 "나를 마시세요"라고 하면서 입안으로 쏙 들어오지 않습니다.

본문에서 말하는 "그것을 얻으면"은 조건절 접속사라서, 적극적으로 찾아 나서야 한다는 뜻이 있습니다. 지혜를 얻으려면, 적극적으로 찾아 나서야 합니다. 찾아다니면 만날 수 있습니다. 지혜는 찾는 사람에게 주어지는 선물이기 때문입니다. 사랑하는 성도 여러분, 지혜를 얻기를 원하시는가요? 원하신다면 찾아야 합니다. 찾아야 발견할 수 있습니다. 찾아야 획득할 수 있습니다. 예수님은 "**천국은 침노하는 자의 것**"이라고 했습니다. 천국은 가만히 있는 사람에게 주어지는 게 아니라, 찾고 두드리는 사람에게 주어집니다. 지혜도 마찬가지입니다. 예나 지금이나, 가만히 있는 사람에게 주어지지 않습니다. 갈망하고 찾는 사람에게 주어집니다.

지혜는 찾는 자에게 많은 유익을 준다고 했는데, 구체적으로 '어떤 유익'을 말할까요? 찾는 자의 "**장래가 밝아지고**", 찾는 자의 "**소망이 끊어지지 않는**" 유익입니다. "**그것을 얻으면 너의 장래가 밝아지고, 너의 소망이 끊어지지 않는다**"(14절). 찾는 사람에게 밝은 장래(אַחֲרִית, 아하리트)를 보장합니다. '장래'는 대개 미래를 의미합니다. 때로는 마지막 날을 의미하기도 합니다. 장래는 죽음이 없는 미래를 의미할 수 있습니다. 또는 죽은 후의 복스러운 미래를 의미할 수도 있습니다.13 이것을 다른 말로 표현하면, 실패나 고난이 없는 밝은 미래를 보장한다는 뜻일 수 있습니다. 하지만 그것보다는 실패나 낙심, 좌절에도 여전히 밝은 미래가 있다는 뜻이 더 강합니다.14 왜냐하면 "**장래가 밝아지고, 소망이 끊어지지 않는다**"라는 표현 자체가 현시점에서 미래

---

13 R. Laird Haris, "אַחַר," in *Theological Wordbook of the Old Testament*, ed. R. Laird Harris, Gleason L. Archer Jr., and Bruce K. Waltke, vol. 1 (Chicago: Moody Press, 1980), 34.

가 보이지 않고 소망이 끊어져 있는 상태를 의미할 수도 있기 때문입니다. 현실이 너무 어둡고 절망 가운데 처해 있어, 장래가 보이지 않고 소망이 끊어진 듯해도, 지혜를 추구하면 미래와 소망이 되살아난다는 뜻입니다.

그런데 때때로 '장래(אַחֲרִית, 아하리트)'를 의미하는 용어는 자손, 후손을 의미하기도 합니다.15 자손, 후손 의미로 해석하면, 지혜를 찾을 때 후손이 밝아진다는 표현입니다. 이 뜻은 자녀가 많아진다, 또는 자녀가 복을 받는다는 의미입니다. 고대에는 자손을 축복으로 여겼습니다. 그래서 자녀를 많이 두는 것을 화살통에 화살이 많음에 비유하곤 하였습니다. 자녀가 많아지고 자녀가 복을 받는다는 것은, 결국은 지혜를 찾는 사람에게 하나님의 복이 임한다는 뜻입니다. 그래서 "너의 장래가 밝아지고"는 밝고 더 나은 미래가 있다는 뜻입니다. 우리는 때때로 쓰러질 수 있고, 좌절할 수도 있습니다. 그러나 우리는 다시 일어나겠고, 영원히 넘어지지 않습니다. 전투에서 한두 번은 질 수는 있지만, 전쟁 전체를 볼 때는 결코 지는 게 아니라 승리합니다. 지혜를 찾는 사람은 넘어져도, 오뚝이처럼 다시 일어납니다. 오뚝이는 아래쪽을 둥글고 무겁게 만들기에 넘어져도 다시 일어납니다. 지혜를 가지면, 지혜가 오뚝이처럼 굳건한 받침이 되어 우리가 넘어져도 계속 일어나게 합니다.

또한 지혜를 얻으면 "소망이 끊어지지 않습니다(וְתִקְוָתְךָ לֹא תִכָּרֵת, 여티크야트카 로 티카레트)". '소망'은 '희망'이란 용어로, 장래가 밝아진다는 것과 비슷한 표현입니다.16 사람에게 미래가 있는 한 희망은 사

---

14 두에인 개릿, 『잠언, 전도서, 아가』, The New American Commentary, 황의무 옮김 (서울: 부흥과개혁사, 2019), 251에 따르면, 지혜를 얻어야 하는 이유는 도덕성 때문이 아니라 기쁨과 꿈을 이루는 지름길이기 때문이다.

15 Brown, Driver, and Briggs, eds., *A Hebrew and English Lexicon of the Old Testament with an Appendix Containing the Biblical Aramaic*, 31.

라지지 않습니다. 사람이 힘들고 어려울 때 포기하는 이유는 희망이 보이지 않기 때문입니다. 작고 희미한 희망이라도 희망이 보이면 절대 포기하지 않습니다. 이 희망의 원천이 지혜입니다. 지혜가 있는 사람은 미래가 있기에 포기하지 않습니다. 결국, "너의 장래가 밝아지고"와 "너의 소망이 끊어지지 않는다"는 같은 의미입니다. 지혜를 얻으면 밝은 미래가 생기고 희망을 꿈꿉니다. 그렇기에 궁극적으로 번영합니다. 물론 어려움에 순간순간 고통을 느낍니다. 염려하기도, 두려워하기도, 걱정하기도 합니다. 그러나 궁극적으로 성공도 하고, 행복과 번영을 누립니다. 왜냐하면 소망과 희망을 주는 지혜가 있기 때문입니다.

그러면 지혜를 얻는다는 뜻은 무엇인가요? '지혜를 얻는 것'은 하나님을 추구하고 하나님의 말씀을 추구함을 말합니다.

2. 지혜를 얻는 것은 곧 하나님과 그의 말씀을 추구하는 것이다.

성경은 지혜의 근본을 하나님이라고 말씀합니다. 그렇다면 지혜를 얻으려면 하나님을 찾아야 합니다.17 왜냐하면 지혜가 하나님께 있기 때문입니다. 하나님께 기쁨이 있고, 하나님께 건강이 있고, 하나님께 행복이 있기 때문입니다. 그리고 하나님을 찾는다는 의미는 하나님의 말씀을 찾고 추구한다는 뜻입니다. 왜냐하면 하나님은 말씀을 통하여 당신을 알려주시기 때문입니다. "말씀이 하나님과 함께 계셨고, 이 말

---

16 John E. Hartley, "קָוָה," in *Theological Wordbook of the Old Testament*, ed. R. Laird Harris, Gleason L. Archer Jr., and Bruce K. Waltke, vol. 2 (Chicago: Moody Press, 1980), 791; Brown, Driver, and Briggs, eds., *A Hebrew and English Lexicon of the Old Testament with an Appendix Containing the Biblical Aramaic*, 876.

17 Waltke, *Proverbs 15~31*, 282에 따르면, '그것을 얻으면', 곧 '지혜를 얻으면'을 '하나님을 두려워하면'으로 대체하면서 이 조건절이 원인과 결과를 나타낸다.

씀이 곧 하나님이시니라"(요 1:1). 그러므로 하나님을 찾기 위해서는 하나님 말씀을 찾아야 합니다. 주님 말씀은 금보다 순금보다 더 값지고, 꿀보다 송이꿀보다 더 달기 때문입니다(시 19:10).

사람에게는 어렵고 힘들면 하나님을 찾지만, 좀 나아지면 하나님을 잊어버리는 특성이 있습니다. 우리나라가 형편이 어렵고 잘 살지 못할 때는, 많은 사람이 하나님을 찾았습니다. 그런데 한국이 지금 조금 잘사니 무엇이라고 말합니까? 자기 노력으로 되었다고 말합니다. 한국인 근면성으로 오늘의 발전을 이뤘다고 자아(自我) 자찬(自讚)합니다. 또한 그들 스스로, 한국인의 높은 교육열이, 한국 사람의 좋은 머리가 잘 살게 하는 원동력이었다고 말합니다. 그것이 틀린 말은 아니지만, 정확히는 하나님의 은혜가 한국을 잘살게 했습니다. 한국인만 그렇게 생각하는 게 아닙니다. 미국 사람도 중국 사람도, 자기가 잘났다고 생각합니다. 인간의 지식과 능력으로 무엇이든 할 수 있다고 말합니다. 지금은 달나라에 가는 세상이고, 화성에도 가는 세상입니다. 얼마 후면 달과 화성에 관광 여행도 할 겁니다. 그러다 보니 세상은 교만해졌습니다. 하나님이 없어도 모든 걸 할 수 있다고 말합니다. 과학이 발달하고, 문화가 발달하니까, 하나님이 없어도 모든 게 잘 된다고 말합니다.

선진국이라는 여러 나라는 이른바 '포괄적 차별 금지법'을 만들어서, 동성애가 죄라거나 잘못이라고 말하면 차별 금지법 위반으로 잡아갑니다. 교육 현장에서 성에는 두 가지, 곧 남자와 여자만 있다고 말하면, 법을 어겼다고 잡아갑니다. 남성이 여성이라고 주장하면서 여성 화장실도 이용할 수 있도록 정당화합니다. 그리고 포괄적 차별 금지법을 반대하면 처벌해야 한다고 외치며 법을 제정합니다. 포괄적 차별 금지법 반대가 평등권 반대라고 말합니다. 그리고 그들은 자기 견해와 다른 사람은 법으로 처벌해야 한다고 말합니다. 그들은 평등을 강조하면서 자기 견해에 반대하면 차별하고 처벌해야 한다고 주장하는 모순에 빠져 있습니다.

코로나19 경험으로, 우리는 하나님이 어떤 분이신지를 알아야 합니다. 사람이 아무리 지식이 있고 과학이 발달하고 문명이 발달하여 달나라에 가더라도, 인간은 연약한 존재입니다. 코로나바이러스에도 두려워하고 고통받습니다. 전 세계가 코로나바이러스로 두려워하면서 경제, 문화 등 많은 교류를 중단했습니다. 지금 세상은 홍수로, 이상기온으로, 작은 병충으로 몸살을 앓고 있습니다. 중국은 홍수로 4천 5백만 명이 피해당했습니다. 메뚜기 공습으로 2,700만 평이 초토화되었습니다. 우리나라에서 전국 각지에서 해충이 출현하고 있습니다. 나뭇가지 벌레, 매미나방, 작은 귀뚜라미 같은 벌레들이 창궐했습니다. 수돗물에서 벌레 유충이 발견되기도 했습니다. 전 세계가 크고 작은 재난으로 고통당하고 있습니다.

코로나19를 통하여, 그리고 세계 각지에서 나타나는 자연재해를 통하여, 하나님은 당신이 누구이신지를 선포하십니다. 교만한 인간에게, 하나님 없이도 잘 살 수 있다고 말하는 교만한 인간에게, 여호와만이 유일하신 하나님이심을 선포하고 있습니다. 그 어떤 것도 하나님의 능력에 도전할 수 없습니다. 그러므로 하나님을 찾으시고 하나님의 말씀에서 지혜를 찾으시기를 바랍니다. 지혜는 하나님을 찾고, 추구할 때 오기 때문입니다. 하나님께 밝은 미래가 있고, 하나님께 소망이 있고, 희망이 있기 때문입니다. 하나님 없이는 아무것도 할 수 없다고 고백하는 우리이길 바랍니다.

결론

하나님을 찾으면 지혜를 발견하고, 지혜를 찾으면 장래가 밝아지고, 소망이 끊어지지 않습니다. 우리는 현재 어둡고 암울한 시대를 살고 있습니다. 소망이 없는 시대를 살고 있습니다. 많은 학자는 코로나19가 이번 한 번으로 끝이 나지 않는다고 말합니다. 인간이 아무리 노력해도 코로나바이러스는 변이가 되어 다른 모습으로 우리를 공격할 것입니다. 이때 우리가 기대하고 찾아야 할 분은 하나님이십니다. 꿀이 우리 건강과 우리 미각을 즐겁게 하듯이, 지혜는 우리에게 밝은 미래를 약속합니다. 어떤 어려운 역경에도 희망을 주고 소망을 줍니다. 그래서 우리를 밝은 미래로 이끕니다. 그러므로 꿀을 찾듯이, 하나님을 찾아야 합니다.

27 잠언 24:15~16
악인처럼 행동하지 맙시다

중심 내용: 악인처럼 행동하지 말아야 하는 이유는 악인은 멸망하기 때문이다.

I. 악한 사람처럼 의인의 집을 노리지 말아라(15절).

II. 이유는 어려움에서 의인은 일어나지만, 악인은 절망하고 쓰러지기 때문이다(16절).

서론

오늘 본문에서 지혜자는 악인처럼 행동하지 말라고 권면합니다. 왜냐하면 의인은 넘어져도 일어서지만, 악인은 한 번 넘어지면 다시 일어나지 못하기 때문입니다. 15~16절은 14절과 이어집니다. 14절에서, 의인에게는 밝은 장래가 있다고 했습니다. 영원한 미래가 의인에게 있습니다. 14절과 오늘 본문을 연결하면 이 말씀입니다. "의인이 넘어진 후 다시 일어나 영원한 미래를 가지기 전에, 악인은 먼저 넘어져 멸망한다.'[1] 그래서 악인처럼 행동하지 말고 의인의 삶을 살아야

---

[1] Bruce K. Waltke, *Proverbs 15~31*, New International Commentary

한다고 말씀합니다. 이제 잠언 24:15~16에서 교훈을 얻읍시다.

I. 악한 사람처럼 의인의 집을 노리지 말아라(15절).

15절입니다. "악한 사람아, 의인의 집을 노리지 말고, 그가 쉬는 곳을 헐지 말아라." 성경은 악한 사람에게 의인의 집을 노리지 말고, 파괴하지도 말라고 경고합니다. 다시 말해, 의인에게 악을 행하지 말라고 경고합니다. 여기서 눈여겨봐야 할 점은 '악한 사람아!'입니다.[2]

오늘 말씀이 악한 사람에게 하는 경고일까요, 아니면 모든 청중에게 하는 권면일까요? 악한 사람, 악인에게 한 경고라면,[3] 이렇게 해석할 수 있습니다. '악한 사람아, 의인의 집과 거주하는 곳을 해코지 하지 말아라. 왜냐하면 의인은 넘어지나 일어서지만, 악인은 **멸망하기 때문이다**'(JPS, KJV, NAS, 『개역개정』, 『새번역』). 그런데 이렇게 해석하면 문장이 자연스럽지 않습니다. 15절은 악인에게 한 명령이지만, 16절에서는 악인의 운명을 두고 제삼자가 설명하기 때문입니다. 15절 경고를 16절과 자연스럽게 연결하려면, 16절에서 3인칭 '악인'이 아니라 2인칭 대명사 '너'나 '너희'를 사용해야 합니다. 곧, '**악한 사람아 …. 말아라. 왜냐하면 의인은 일곱 번 넘어져도 일어나지만, 너는 재앙을 만나면 망하기 때문이다.**'이어야 합니다. 악인이 아니라, '너'가 되어야 문장이 자연스럽습니다. 그런데 2인칭 '너'가 아니고, 3인칭 '악인'입니다.

---

on the Old Testament, ed. Robert L. Hubbard Jr. (Grand Rapids: Wm. B. Eerdmans Publishing Company, 2005), 282.

[2] The NET Bible, Proverbs 24:15, n. 26을 보라.

[3] 트렘퍼 롱맨 3세, 『잠언 주석』, 베이커 지혜 문헌·시편 주석 시리즈 임요한 옮김 (서울: 기독교문서선교회, 2019), 593. 두에인 개럿, 『잠언, 전도서, 아가』, The New American Commentary, 황의무 옮김 (서울: 부흥과 개혁사, 2019), 251에서는 '악한 자여'라고 해석해야 한다고 주장한다.

그래서 어떤 학자는 이 말씀을 청중에게 했기에, '악한 사람아' 보다는, '악한 사람처럼'으로 해석해야 한다고 주장합니다.[4] '악한 사람처럼'으로 해석하면 이렇습니다. '악한 사람처럼 의인의 집을 노리지 말고, 그가 쉬는 곳을 헐지 말아라. 왜냐하면 의인을 다시 일어나지만, 악인은 넘어지기 때문이다'(NET, NIV, NRS, 『쉬운번역』). 이렇게 해석하면, 하나님의 말씀을 듣는 청중에게 악한 사람처럼 행동하지 말라고 권면하는 뜻입니다. 잠언의 청중은 악인이 아니라 하나님의 백성이요, 이 말씀을 듣는 모든 청중입니다. 그러므로 '악한 사람아'보다는 '**악한 사람처럼**'으로 해석이 좋습니다. 청중에게 악인처럼 행동하지 말라고 권면한다고 보아야 합니다. 아마 하나님의 백성 중 일부는 악인처럼 생각하고 악인처럼 행동했을 것입니다. 악인처럼 행동하면서 의로운 사람을 박해하는 것을 보았을 것입니다. 그래서 악인처럼 행동하지 말라고 경고합니다.

그러면 악인처럼 행동하는 것은 무엇일까요? 말씀을 통해서 살펴보겠습니다.

"**의인의 집**"이 나오고, "**의인이 쉬는 곳**"이 나옵니다. 이것은 무슨 뜻일까요? "의인의 집"에서 '집(נָוֶה, 나베)'은 잠시 거주하는 장소를 말합니다. 일반적으로 '집'을 의미하는 히브리어는 '바이트(בַּיִת)'입니다. 그런데 15절의 '집은' '바이트'가 아니고, '나베'입니다. '나베'는 목자나 가축이 잠시 쉬는 장소입니다. 목자가 양을 인도해서 쉬게 하고, 먹이는 장소입니다(렘 33:12; 시 23:2). 일반적으로 언덕이나 들에 '울타리를 쳐서 쉴 수 있도록 만든 장소'를 지칭합니다. 그래서 이 집은 보호의 장소, 공급의 장소, 또는 안전한 장소를 의미합니다.[5]

---

[4] Roland E. Murphy, *Proverbs*, Word Biblical Commentary, ed. Bruce M. Metzer, David A. Hubbard, and Glenn W. Barker, vol. 22 (Waco, TX: Word Books, 1998), 181에 따르면, 성경 어디에서도 악인에 관하여 직접적으로 언급한 곳이 없다고 말한다. The NET Bible, Proverbs 24:15, n. 26도 악인처럼 주장한다.

이 장소는 시대에 따라 바뀌었습니다. 이집트에서 포로 생활하던 이스라엘 백성에게 공급의 장소, 보호의 장소는 약속의 땅 가나안이었습니다(출 15:13; 렘 10:25). 그들이 광야 40년 후에 가나안 땅에 들어갔습니다. 가나안 땅에서 사는 이스라엘 백성에게 보호와 공급의 장소는 예루살렘이었습니다(삼하 15:25). 왜냐하면 하나님의 성전이 예루살렘에 있었기 때문입니다. 하나님이 눈동자처럼 그들을 지켜보고 보호해 주는 장소가 시온성, 예루살렘이었기 때문입니다(렘 15:5).6 그 후 이스라엘 백성이 포로 생활하면서 항상 돌아가고자 한 곳도 예루살렘이었습니다.

"의인이 쉬는 곳을 헐지 말아라"에서 '쉬는 곳(רֵבֶץ, 레베츠)'은 일반적으로 눕는 장소를 말합니다. 동물이 편히 쉬려고 눕는 장소를 의미합니다(창 29:2; 39:9, 14).7 사람이나 동물이 고된 노동을 한 후에 쉬면서 눕는 장소를 말하기도 합니다.8 휴식 장소라고 하는 게 좋겠습니다. '집'이 보호나 공급의 장소를 의미한다면, '쉬는 곳'은 고된 노동이나 열심히 일한 후에 눕는 장소, 또는 탈진되었을 때 쉬는 장소를 말합니다.9 결국, 집이나 쉬는 곳은 거의 비슷한 장소를 지칭합니다. 의인이 보호받는 장소, 또는 의인이 편히 쉬는 안식처를 이야기할 수 있습니다.

---

5 Leonard J. Coppes, "נָוֶה," in *Theological Wordbook of the Old Testament*, ed. R. Laird Harris, Gleason L. Archer Jr., and Bruce K. Waltke, vol. 2 (Chicago: Moody Press, 1980), 1322.

6 Coppes, "נָוֶה," *TWOT*, 2:1322.

7 Waltke, *Proverbs 15~31*, 282.

8 William White, "רָבַץ," in *Theological Wordbook of the Old Testament*, ed. R. Laird Harris, Gleason L. Archer Jr., and Bruce K. Waltke, vol. 2 (Chicago: Moody Press, 1980), 2109.

9 Waltke, *Proverbs 15~31*, 282.

성도가 편히 쉴 안식처는 어디인가요? 마음이 쉬고 평안할 곳은 어디인가요? 여러분의 안식처가 가정인가요, 아니면 직장인가요? 여러분의 안식처가 이 땅인가요, 아니면 새로운 예루살렘인 하늘나라인가요? 양이나 가축에게 보호와 공급의 장소, 편히 쉬는 장소인 안식처는 장소의 의미로 한정하기보다는 목자가 있는 곳, 다시 말해서 누구와 있느냐에 강조점을 두고 있습니다. 목자가 있는 곳이면 그곳이 어떤 곳이든 보호와 공급의 장소이고, 양이 편히 쉬는 장소입니다. 그곳이 들일 수 있습니다. 그곳이 언덕일 수도 있습니다. 그곳이 험한 산일 수도 있습니다. 목자가 없는 곳이 아무리 좋고 울타리가 둘러쳐져 있어도, 도둑이나 야생동물의 공격을 받을 수 있습니다. 그래서 양에게 안식처는 목자가 있는 곳입니다. 여러분에게 보호와 공급의 장소, 삶을 쉬게 하는 장소는 어디인가요? 주님과 함께하는 그 장소이길 바랍니다. 시편 23:1~4입니다. "주님은 나의 목자시니, 내게 부족함 없어라. 나를 푸른 풀밭에 누이시며 쉴 만한 물가로 인도하신다. 나에게 다시 새 힘을 주시고, 당신의 이름을 위하여 바른길로 나를 인도하신다. 내가 비록 죽음의 그늘 골짜기로 다닐지라도, 주님께서 나와 함께 계시고, 주님의 막대기와 지팡이로 나를 보살펴 주시니, 내게는 두려움이 없습니다." 주님이 함께하셔서, 때, 우리 모든 필요를 공급하십니다. 주님이 함께하실 때, 우리는 편히 쉴 수 있습니다. 그곳이 삶의 전쟁터일지라도, 보호받고 쉴 수 있는 안식처입니다. 그곳이 어렵고 힘든 직장이더라도, 보호받고 쉴 수 있는 안식처입니다. 그래서 더더욱 주님이 함께하시는 가정, 주님이 함께하시는 교회, 주님이 함께하시는 직장을 만들어야 합니다.

성경은 그 장소를 '노리지 말고', '헐지 말라'고 경고합니다. '노리지 말라(אַל־תֶּאֱרֹב, 알-테에로브)'는 성이나 목표물을 공격하려고 매복하는 행동을 말합니다. 매복은 전쟁터에서 적군을 공격하려고 은폐물인 숲이나 나무 뒤에서 가만히 기다리는 상태를 의미합니다(시 10:9; 겔 8:31). 사자나 호랑이가 먹잇감을 공격하려고 숨어서 기다리는 모습을 생각할 수 있습니다. 본문에서는 의인이 안식처에서 편히 쉬고 있는데, 악인이 그것을 파괴하려고 엎드려 때를 기다리는 모습을 말합니다(삼상 22:8, 13).10 그리고 '헐지 말라(אַל־תְּשַׁדֵּד, 알-터샤데드)'는 못쓰게 만들기, 파괴하기, 약탈하고 강탈하기를 의미하는 표현입니다.11 전쟁에서 승리한 쪽은 패한 쪽의 값진 물건이나 재물을 약탈합니다. 힘 있는 사람이 연약한 사람의 재산을 강탈합니다. 이것을 '헐지 말라'라는 용어로 표현합니다. 본문에서는 불의나 불법적인 방법을 동원하여 의인의 안전한 처소를 공격하여 파괴하는 행위를 말합니다.

악인의 처세술은 의인이 편히 쉬면서 안식을 누리는 곳을 숨어 기다렸다가 공격해서 파괴하려 합니다. 악인은 처음에는 다정하게 행동합니다. 동료나 친구처럼 행동합니다. 그러나 속은 다릅니다. 상대방의 긴장이 풀리고 무방비 상태가 되었을 때를 기다립니다. 그때가 되면 불법적 방법을 동원해서라도 공격하고 파괴하려고 합니다. 이 사회는 공정한 경쟁을 통하여 발전합니다. 올바른 마음을 가진 사람이라면 경쟁으로 더불어 사는 방법을 채택합니다. 그러나 악한 사람은 다른 사람을 파괴하려고 인간적인 방법을 사용합니다. 법의 약점을 교묘히 사용하거나 불법을 사용해 자기 유익만을 위해 의인을 공격합니다. 성경은 그런 악인처럼 행동하지 말라고 권고합니다.

15절 표현은, 악인이 직접 공격보다는 간접적으로 공격함을 의미합니다.12 그들이 의인을 직접적으로 공격하지 않았다는 뜻이 아닙니다.

---

10 Victor P. Hamilton, "אָרַב," in *Theological Wordbook of the Old Testament*, ed. R. Laird Harris, Gleason L. Archer Jr., and Bruce K. Waltke, vol. 1 (Chicago: Moody Press, 1980), 156.

11 Victor P. Hamilton, "שָׁדַד," in *Theological Wordbook of the Old Testament*, ed. R. Laird Harris, Gleason L. Archer Jr., and Bruce K. Waltke, vol. 2 (Chicago: Moody Press, 1980), 2331.

12 Waltke, *Proverbs 15~31*, 282. Franz Delitzsch, *Proverbs, Ecclesiastes, Song of Solomon*, trans. M. G. Easton, 3 vols. in 1

그들이 의인을 직접적으로 공격하고 약탈하지 않았다는 뜻도 아닙니다. 그들은 그렇게 했을 것입니다. 그런데 15절은 의인의 집이 아니라 의인이 쉬는 안식처를 공격했다고 표현합니다. 그들이 모처럼 쉬고 있는 장소를 공격하여 쉬지 못하게 했다는 말입니다. 이것은 의인을 간접적으로 공격함을 의미합니다. 의인의 재산을 약탈하는 방식으로 고통스럽게 한다는 말입니다. 그들은 의인을 직접 죽이지 않았지만, 의인의 재산을 약탈함으로 괴롭힙니다.

사랑하는 성도 여러분, 직장 생활을 하거나 사회생활을 할 때 이런 사고나 자세를 가져서는 안 됩니다. 직장 동료와 협력하고 더불어 살아가는 마음을 가져야 합니다. 동료가 어떤 일을 할 때 어려워하거나 힘들어한다면, 그 일이 내 일이 아니더라도 도와주면서 함께하는 마음을 가져야 합니다. 내가 조금 편하여지려고 다른 사람을 힘들게 하는 행동은 악인의 자세이지 하나님을 믿는 사람의 자세는 아니기 때문입니다. 우리는 직접적인 피해를 주지 않았기에, 피해를 주지 않았다고 말하곤 합니다. 직접적으로 피해를 주지는 않았어도 간접적인 방법으로 피해를 주었다면, 피해를 줬습니다. 속으로 미워하거나 시기하기, 질투나 분노를 간접적으로 표현하는 행동이 바로 간접적인 방법입니다. 부정적인 이야기를 하므로 인격을 공격할 수도 있습니다.

---

ed., Biblical Commentary on the Old Testament, ed. C. F. Keil and F. Delitzsch, vol. 6 (Edinburgh: T. & T. Clark, 1866~1891; reprint, Peabody, MA: Hendrickson Publishers, 1966), 135~36에서 이 경고는 사람에게 직접적으로 주어진 것이 아니라 의인이 거주하는 장소는 쉬는 장소에 대한 경고라고 말한다. Kathleen A. Farmer, *Proverbs & Ecclesiastes: Who Knows What is Good?*, International Theological Commentary, ed. Fredrick Carlson Holmgren and George A. F. Knight (Grand Rapids: Wm. B. Eerdmans Publishing Company, 1991), 113에서는 의인이 거주하는 장소라고 한다. 하지만 R. N. Whybray, *Proverbs*, New Century Bible Commentary, ed. Ronald E. Clements (Grand Rapids: Wm. B. Eerdmans Publishing Company, 1995), 350에서는 파괴되는 것이 의인이라고 말한다.

말 한마디 한마디로, 다른 사람에게 간접적으로 피해를 줄 수 있습니다. 인터넷에서 남을 아프게 하는 댓글 달기도 간접적으로 피해를 주는 행위입니다. 연예인이나 운동선수가 악성댓글에 힘들어서 넘어지는 경우가 너무 많습니다.

왜 악인처럼 행동해서는 안 될까요? 그렇게 행동해서 의인의 마음을 상하게 할 수는 있지만, 넘어뜨릴 수는 없기 때문입니다.

II. 이유는 어려움에서 의인은 일어나지만, 악인은 절망하고 쓰러지기 때문이다(16절).

"의인은 일곱 번을 넘어지더라도 다시 일어나지만, 악인은 재앙을 만나면 망한다"(16절).13 의인은 일곱 번 넘어지지만, 다시 일어납니다. 그러나 악인은 그렇게 하지 못합니다. 악인은 한 차례 불행으로 넘어지면, 다시는 일어나지 못합니다. 우리는 알 수 없는 수많은 어려움이나 곤경과 환난을 경험합니다. 어떤 일은 이해할 수 있지만, 어떤 일은 이해할 수도 없습니다. 의인은 자기 실수 때문이든 나쁜 환경 때문이든 넘어질 수 있습니다. 자기 실수나 잘못 판단으로 넘어질 때도 있습니다. 하지만 어떨 때는 자기 잘못이 아니라, 환경이나 외부의 영향으로 고난을 겪거나 넘어질 수 있습니다. 그런데 본문에서 말하는 넘어짐은 자기 실수보다는 **악인의 공격으로 닥치는 불행**을 말합니다. 하지만 의인은 그런 불행한 일에도 다시 일어납니다. 의인이 일곱 번 넘어진다는 표현이 나오지요. 여기서 일곱 번은 딱 일곱 번만을 의미하지 않습니다. 수많은 불행을 의미할 수 있습니다. 끊임없이 당하는 어려움, 불행일 수 있습니다. 시도하는 일마다 여러 가지 이유로 불운이 겹쳐서 넘어질 수 있다는 사실을 가르쳐 주고 있습니다. 그러나 넘어짐은 일시적이고 의인은 반드시 일어납니다. 그리고 마침내 승리합니다. 그래서 '7전 8기'라는 용어가 생겼습니다.

---

13 The NET Bible, Proverbs 24:16, n. 26을 참조하라.

의인이 다시 일어날 수 있는 비결은 무엇일까요? 하나님이 주시는 지혜입니다. 14절을 읽어보겠습니다. "지혜도 너의 영혼에게는 그와 같다는 것을 알아라. 그것을 얻으면 너의 장래가 밝아지고, 너의 소망이 끊어지지 않는다." 지혜가 의인의 장래를 밝게 하고, 의인의 소망을 끊어지지 않게 하기 때문입니다. 지혜가 의인에게 미래에 대한 소망을 주기 때문입니다. 소망이 있기에, 넘어져도 다시 일어납니다. '7전 8기', 밝은 미래와 소망은 의인이 곤경을 당하지 않는다는 말이 아닙니다. 의인도 수없이 넘어집니다. 무수한 재앙과 환난 가운데 살아갑니다. 그러나 궁극적으로 반드시 회복하고 승리한다는 말입니다.

하지만 악인은 재앙을 만나면 망합니다. 악인은 불행을 만나면 포기합니다. 의인이 수많은 곤경, 재앙, 환난을 만나듯이, 악인도 마찬가지로 수많은 어려움과 환난을 만납니다. 하지만 악인은 어려움을 만나면 좌절하고 포기합니다. 그래서 다시 일어나지 못합니다. "**악인은 재앙을 만나면 망한다**"라는 말에서 '재앙'은 불행을 말합니다. 인생이 경험하는 불행이나 상처를 말합니다. 그러나 이것은 또한 정신적이며 감정적인 아픔을 말합니다.14 살면서 만나는 정신적이며 감정적인 충격을 말합니다. 그래서 재앙은 실제 어려움뿐 아니라 정신적인 충격을 의미합니다. '망한다(יִכָּשֵׁלוּ, 이카셔루)'는 실제로 망한다는 의미가 있습니다.15 악인은 어려움을 당하고 불행을 만나면 쉽게 포기하는데, 지혜가 없기 때문입니다. 그것을 이겨낼 힘이 약하기 때문입니다(잠 24:10). 그래서 죄와 타협하면서 죄를 짓습니다.16 그러다

---

14 G. Herbert Livingston, "רָעַע I," in *Theological Wordbook of the Old Testament*, ed. R. Laird Harris, Gleason L. Archer Jr., and Bruce K. Waltke, vol. 2 (Chicago: Moody Press, 1980), 2191.

15 R. Laird Harris, "כָּשַׁל," in *Theological Wordbook of the Old Testament*, ed. R. Laird Harris, Gleason L. Archer Jr., and Bruce K. Waltke, vol. 1 (Chicago: Moody Press, 1980), 1050.

16 Harris, "כָּשַׁל," *TWOT*, 1:1050에 따르면, '망한다'는 영적으로 죄를

보면 결국은 망합니다. '망한다(כָּשַׁל, 카샬)'는 또한 비틀거리다, 넘어진다는 의미도 있습니다.17 악인은 어려움을 만나면 비틀거립니다. 쓰러지고 넘어집니다. 악인은 어려움이 오고 정신적인 고통이 올 때, 절망하고 쓰러집니다. 그래서 다시 일어나지 못합니다. 어려움이나 정신적 충격으로 한 번 넘어지면, 다시 일어나기 힘듭니다. 의인도 악인처럼 행동하면 마찬가지입니다. 그래서 의인은 의인답게 살아야 합니다. 그리스도인은 그리스도인답게 살아야 합니다. 악인처럼 생각하고 악인처럼 행동하면, 그리스도인이라도 악인처럼 넘어져 일어나지 못합니다.

결론

"의인은 일곱 번 넘어지더라고 다시 일어나지만, 악인은 재앙을 만나면 망한다"라는 말씀은 강조 용법입니다. 절대 명제가 아니라 강조 용법입니다. 의인은 일어서지만, 악인은 그렇지 못함을 강조합니다. 하나님은 의인에게 지혜를 주시고 능력을 주십니다. 어떤 어려움이 닥쳐도 이겨낼 수 있는 내적 저항력을 주십니다. 넘어져도 다시 딛고 일어설 굳건한 반석이십니다. 그래서 의인은 넘어지지만 일어날 수 있습니다. 그러나 악인은 자기 힘을 의지하기에 넘어지면 일어설 수 없습니다. 자기 능력을 의지하기에 더 큰 것이 오면 포기하고 맙니다. 몇 번은 가능하나 나중에는 포기합니다. 희망이 보이지 않기 때문이지요. 처음에 잘되고 나중에 잘못되는 것보다, 처음에는 부족하고 넘어져도 나중에 잘 되는 게 훨씬 낫습니다. 의인은 결국 나중에 잘

짓는다는 의미도 있다.

17 Francis Brown, S. R. Driver, and Charles Briggs, eds., *A Hebrew and English Lexicon of the Old Testament with an Appendix Containing the Biblical Aramaic* (Oxford: Clarendon Press, 1906; reprint, Peabody, MA: Hendrickson Publishers, 1979), 506.

됩니다. 악인은 처음에 잘되는 것처럼 보이지만, 마침내 의인이 승리합니다. 힘들고 어렵더라고 주님을 바라보시기를 바랍니다. 하나님은 여러분이 겪는 어려움 기억하시고 반드시 이겨내게 하십니다. 그러므로 미래가 없는 사람처럼 행동하지 말고, 믿음의 사람으로 행동하며 살아가야 합니다.

28 잠언 24:17~18
남의 불행에 행복해하지 맙시다

중심 내용: 이웃의 불행에 기뻐함은 하나님께 악이며 진노 대상이다.

I. 이웃의 불행을 즐기면서 기뻐하지 말아라(17절).

II. 이웃의 불행에 기뻐함은 주님께는 악이며 진노 대상이기 때문이다 (18절).

서론

주일 오후 5시와 6시 30분에 각각 방영하는 예능 오락 프로그램인 「런닝맨」과 「1박 2일」에서, 출연자는 "상대방 불행이 곧 내 행복이다"라고 여깁니다. 이 예능 오락 프로그램을 보면서 여러분도 그렇게 생각하십니까? 상대방 불행이 정말로 내 행복으로 이어질까요? 인간 본성은 자기가 속한 집단을 편애하지만, 자기가 속하지 않은 집단을 혐오하는 성향이 있습니다. 자기가 속하지 않은 집단이 불행을 당하면, "그것참 쌤통이다"라고 생각합니다. 이른바 '쌤통 심리'입니다.[1]

---

[1] 리처드 H. 스미스, 『쌤통의 심리학: 타인의 고통을 즐기는 은밀한 본성에 관하여』, 이영아 옮김 (서울: 현암사, 2015), 1~38을 보라.

쌤통 심리는 스포츠팀이나 정치 정당원에게 특히 많이 나타납니다.

내가 좋아하지 않는 팀이나 정당이 불행한 일을 당하면 통쾌함을 느끼는 이상한 심리가 우리 마음에 있습니다. 여당인 더불어민주당을 지지하는 사람은 야당인 국민의힘이 잘못하면 통쾌함을 느낍니다. 반대로 야당 국민의힘을 지지하는 사람은 여당 더불어민주당이나 정부가 잘못하면 통쾌함을 느끼며, "그것 봐라, 잘됐다!"라고 생각합니다. 이런 마음은 한 번쯤은 느끼셨을 겁니다. 타인의 고통을 은근히 즐기며 기뻐함이 인간 심리이기 때문입니다. 그런데 성경은 이 쌤통 심리를 경고합니다. 남의 불행이 정말로 내 행복일까요? 성경은 '이웃이 겪는 불행을 즐거워하지 말고 기뻐하지도 말라'고 경고합니다.

I. 이웃의 불행을 즐기면서 기뻐하지 말아라(17절).

17절입니다. "원수가 넘어질 때 즐거워하지 말고, 그가 걸려서 쓰러질 때 마음에 기뻐하지 말아라." 원수가 넘어짐에 즐거워하거나 기뻐하지 말라고 권면합니다. "사촌이 땅을 사면 배가 아프다"라는 속담이 있습니다. 가까운 친척이나 이웃이 잘되면 축하하고 기뻐해야 하는데, 오히려 시기하고 질투하는 못된 마음을 표현합니다. 이웃사촌이 잘되어도 속이 아픈 게 인간 마음이라면, 원수가 넘어지고 쓰러짐을 좋아하는 건 당연하기도 합니다. 원수가 쓰러질 때 박장대소하며 좋아함은 당연합니다. 그런데 성경은 이런 당연한 것까지도 금합니다.

여기서 원수는 누구일까요? '원수(אֹיֵב, 아야브)'는 문자적으로 적의가 있는 사람을 의미합니다.[2] 가까운 문맥을 보면, 원수는 15~16절에 나오는 악인을 지칭할 수 있습니다. 왜냐하면 16절의 '넘어진다(נָפַל, 나팔)',

---

2 Thomas E. Mccomiskey, "אֹיֵב," in *Theological Wordbook of the Old Testament*, ed. R. Laird Harris, Gleason L. Archer Jr., and Bruce K. Waltke, vol. 1 (Chicago: Moody Press, 1980), 78.

'망한다(כָּשַׁל, 카샬)'는 용어가 17절에 '넘어지다(נָפַל, 나팔)', '걸려서 쓰러진다(כָּשַׁל, 카샬)'로 쓰였기 때문입니다.3 16절에서 의인이 쉬면서 안식을 누리는 그 장소를 숨어 기다렸다가 공격하여 파괴하는 악인이 17절에서 원수입니다. 하지만 꼭 그렇게 생각하지 않아도 좋습니다. 오히려 개인적으로 싫어하는 사람, 또는 개인적인 원한 관계에 있는 사람을 의미할 수 있습니다. 악인은 아니지만, 여러 가지 이해관계가 얽히고설켜서 싫어하는 사람일 수 있습니다. 준 것 없이 미운 사람일 수도 있고요. 유난히 못된 짓만 골라서 하는 사람일 수도 있습니다. 또는 경쟁 대상자일 수도 있습니다. 그렇다면 원수는 16절에 나오는 악인일 수 있거나 개인 관계나 문제로 싫어하는 사람일 수 있습니다.

　어떤 사람이든 그 사람이 넘어질 때 기뻐하고 즐거워해서는 안 됩니다. 그 사람이 겪는 불행을 기뻐해서도 안 됩니다. 그러면 '넘어진다'와 '걸려서 쓰러진다'는 무슨 뜻일까요? **'넘어진다(נָפַל, 나팔)'**는 어떤 사고로 넘어지거나 우연히 넘어지는 상태를 말합니다. 때때로 이 용어는 죽음이나 파괴, 피해나 재난을 당함을 의미하기도 합니다.4 실제로 무너짐, 붕괴, 와해를 말합니다. 하지만 **'걸려서 쓰러진다(כָּשַׁל, 카샬)'**는 실제로 넘어짐을 의미할 수도 있지만, 많은 경우에는 비유적으로 쓰여 도덕적으로나 영적으로 넘어짐을 말합니다. 도덕적으로는 하지 말아야 하는 일, 곧 부정한 일을 하는 행위를 의미합니다. 영적으로는 우상숭배나 잘못된 가르침으로 신앙에서 벗어남을 의미하기도 합니다. 곧, 도덕적·영적으로 바른길에서 벗어나 해서는 안 되는 일을 하는 상태를 '걸려서 쓰러진다'라는 용어로 표현합니다(렘 18:15;

---

3 R. N. Whybray, *Proverbs*, New Century Bible Commentary, ed. Ronald E. Clements (Grand Rapids: Wm. B. Eerdmans Publishing Company, 1995), 250.

4 Milton C. Fisher, "נָפַל I," in *Theological Wordbook of the Old Testament*, ed. R. Laird Harris, Gleason L. Archer Jr., and Bruce K. Waltke, vol. 2 (Chicago: Moody Press, 1980), 1392.

말 2:8).5 정리하면, '넘어진다'와 '걸려서 쓰러진다'는 비슷하지만, 차이가 있습니다. '넘어진다'는 실제로 물리적 넘어짐을 말합니다. 사업이 실패하거나 경제적으로 어려움을 겪음을 말합니다. 지금까지 열심히 해서 쌓아 놓은 업적이나 재물이 무너짐을 말합니다. 하지만 '걸려서 쓰러진다'는 실제로 무너지는 것보다는 도덕적으로 그리고 영적으로, 정도에서 벗어남을 말합니다. 도덕적으로 잘못된 길을 가는 것을 말하고, 신앙적으로 하나님을 버리고 곁길로 가는 것을 말합니다.

또 다른 차이는 '넘어진다'는 자기 스스로 사고를 내거나 자기 잘못으로 쓰러짐을 말합니다. 하지만 '걸려서 쓰러진다'는 자기 잘못보다는 잘못된 가르침이나 교훈 또는 다른 사람에 의하여 넘어짐을 말합니다. 왜냐하면 '넘어진다'는 능동태로 쓰였지만, '걸려서 쓰러진다'는 수동태로 쓰였기 때문입니다. 이웃이 자기 잘못으로 넘어지든 환경이나 타인에 의하여 넘어지든, 성도는 이웃의 불행을 기뻐해서는 안 됩니다. 이웃이 어려움을 겪을 때나 도덕적으로나 신앙적으로 바른길에서 벗어나 잘못된 길을 갈 때, 기뻐해서도 안 됩니다. 신앙생활 잘못하니까 그렇게 되었다고, 쌤통이라고 하지 말라는 말입니다.

그러면 이제 '즐거워하지 말라'와 '기뻐하지 말라'는 무엇을 뜻하는지 생각해 보겠습니다. "즐거워하지 말라(אַל־תִּשְׂמָח, 알-티스마흐)"는 일반적으로 즐거워함을 의미합니다. 그런데 특히 마음으로나 눈으로 보고 느낌과 관련이 있습니다.6 원수가 불행을 당하는 소식을 듣고 마음으로 기뻐하거나, 그 불행을 직접 눈으로 보고 기뻐함을 말합니다. 이웃의 불행을 듣거나 볼 때, 즐거워하지 말라는 뜻입니다. 반면에

---

5 R. Laird Harris, "כָּשַׁל," in *Theological Wordbook of the Old Testament*, ed. R. Laird Harris, Gleason L. Archer Jr., and Bruce K. Waltke, vol. 1 (Chicago: Moody Press, 1980), 1050.

6 Bruce K. Waltke, "שָׂמַח," in *Theological Wordbook of the Old Testament*, ed. R. Laird Harris, Gleason L. Archer Jr., and Bruce K. Waltke, vol. 2 (Chicago: Moody Press, 1980), 2268.

"기뻐하지 말아라(אַל־יָגֵל, 알-야겔)"는 보통 즐거움보다는 기쁨을 강하게 표현함을 말합니다. 열정적으로 기뻐하기, 환호성을 지르며 너무 기뻐서 어쩔 줄을 몰라 춤추기를 의미합니다.7 그동안 전세로 이집 저집을 전전긍긍하며 이사 다니다가 마침내 자기 집을 샀을 때나 새 아파트가 당첨되어 이사할 때 느끼는 그 기쁨, 그 전율을 말합니다. 성경에서는 하나님께서 원수로부터 구원하셨을 때(시 9:14; 31:7~8) 극적 기쁨을 표현할 때 사용했습니다. 그렇다면 "즐거워하지 말고, 기뻐하지 말라"는 원수가 겪는 불행을 보고 마음에 미소를 짓지도 말고, 더 나아가 극단적으로 기쁨을 표현하지도 말라는 의미입니다.

성경은 때때로 원수의 멸망을 하나님의 백성에게는 축복의 징표로 표현하곤 했습니다. 신명기 6:19입니다. **"주님께서 말씀하신 대로, 당신들 앞에서 당신들의 모든 원수를 쫓아낼 수 있을 것입니다."**(레 26:7~8을 참조하라). 이 말씀은 주님께 순종하면 주님께서 원수를 멸망시킨다는 구절입니다(출 23:4~5; 마 5:38~48).8 이스라엘이 하나님을 버릴 때 하나님은 원수의 손을 빌려서 이스라엘을 심판하도록 했습니다(레 26:17; 신 1:42; 왕하 21:14). 그 후 하나님은 이스라엘을 심판한 원수, 그 적을 심판하십니다. 원수를 심판하심은 곧 이스라엘 회복과 해방을 의미하기에, 이스라엘 백성은 원수의 멸망에 환호성을 지르며 기뻐했습니다(사 49:13; 시 9:14; 13:4).9

그런데 본문은 즐거워하지도 말고, 기뻐하지도 말라고 경고합니다. 우리는 어떻게 이 말씀을 이해하고 조화해야 할까요? 개인 원한 관계

---

7 Jack P. Lewis, "גִּיל," in *Theological Wordbook of the Old Testament*, ed. R. Laird Harris, Gleason L. Archer Jr., and Bruce K. Waltke, vol. 1 (Chicago: Moody Press, 1980), 346.

8 Bruce K. Waltke, *Proverbs 15~31*, New International Commentary on the Old Testament, ed. Robert L. Hubbard Jr. (Grand Rapids: Wm. B. Eerdmans Publishing Company, 2005), 285.

9 Mccomiskey, "אֹיֵב," *TWOT*, 1:78.

에서 오는 기쁨인지, 아니면 하나님의 공의에서 오는 기쁨인지 차이입니다. 하나님은 공의를 나타내시려고 악인을 멸하실 때가 있습니다. 성경의 많은 구절이 하나님께서 공의를 나타내시려고 악인을 심판하시는 내용을 말합니다. 이스라엘 백성이 이집트에서 착취당하고 고통 가운데 있을 때, 하나님은 이적으로 이집트를 심판하셨습니다. 홍해를 통하여, 이스라엘 백성을 구원하시려고 이집트 군인을 멸하셨습니다. 이 구원에 감사하며 백성은 기뻐하면서 춤추면서 하나님을 찬양했습니다. "때에, 아론의 누이요 예언자인 미리암이 손에 소구를 드니, 여인들이 모두 그를 따라 나와, 소구를 들고 춤을 추었다. 미리암이 노래를 메겼다. '주님을 찬송하여라. 그지없이 높으신 분, 말과 기병을 바다에 던져 넣으셨다.'"(출 15:20~21). 이스라엘 백성이 즐거워하고 기뻐함은, 춤추면서 악기를 연주하며 기뻐함은 홍해에서 이집트 군인이 몰살되었기 때문이 아닙니다. 하나님의 공의와 정의가 실현되었기 때문입니다. "주님을 찬송하여라. 그지없이 높으신 분, 말과 기병을 바다에 던져 넣으셨다."

하지만 원수의 멸망 그 자체 때문에 또는 개인 원한 관계 때문에, 기뻐해서는 안 됩니다. 내 원수이기에, 내게 해를 끼쳤기에, 내 경쟁자이기에, 상대편 몰락이나 불행을 즐거워하지 말라는 말입니다. 원수의 몰락이나 불행이 단순히 내 유익이기에 기뻐해서는 안 됩니다. 인간 관점에서 원수의 멸망과 죽음 그리고 고통을 즐기면, 그것은 잘못입니다. 하나님 공의 관점에서 기뻐함은 받아들일 수 있지만, 인간 관점과 개인 원한 관계 때문에 기뻐함은 안 됩니다. 오히려 그들의 멸망이나 불행을 안타까워해야 합니다. 그들 불행에 불쌍히 여겨야 합니다.[10] 불쌍히 여기는 마음, 연민하는 마음이 성도가 가져야 하는 마음입니다.

---

[10] Waltke, *Proverbs 15~31*, 285.

원수나 이웃의 불행을 개인 관계 때문에 좋아해서는 안 된다는 말씀을 우리는 사업이나 사역에 적용할 수 있습니다. 같은 업종에 종사하는 사람이 있다고 합시다. 그런데 경쟁자가 사업에 어려움을 겪거나 망함에 기뻐하지 말라는 말씀입니다. 그가 어려움 겪거나 망함이 곧 내 사업이 성공할 수 있는 기회일 수 있지만, 이웃의 불행을 기뻐해서는 안 됩니다. 나의 성공에 기뻐할 수 있지만, 이웃의 실패에 즐거워해서는 안 된다는 뜻입니다. 이것은 사역 현장이나 목장에도 마찬가지입니다. 이웃 교회나 다른 부서나 공동체가 어려움을 겪을 때, 기뻐하지 말아야 합니다. 이웃 교회에 다툼이 일어나서 분쟁을 겪을 때, 그중에 일부가 우리 교회 오길 바라면서 기뻐하지 마시기 바랍니다. 오히려 안타까워해야 하고 기도해야 합니다. 이웃의 불행을 안타까워함은 넓은 마음을 가진 사람만이 가능합니다. 하나님은 우리 그리스도인이 소인배 마음이 아니라, 대인군자 마음을 가지라고 요구하십니다. 직장 동료가 잘될 때 함께 기뻐하고, 어려움을 겪을 때 안타까워하고 기꺼이 도와주면서 기도해야 합니다. 이 마음이 주님이 바라시는 마음입니다.

왜 원수나 이웃의 불행을 보고, 기뻐하지 말아야 할까요? 두 가지 이유 때문입니다.11

II. 이웃의 불행에 기뻐함은 주님께는 악이며 진노 대상이기 때문이다
(18절).

첫째는 하나님 앞에서 악한 일이기 때문입니다(18a절). 18a절입니다. "주님께서 이것을 보시고 좋지 않게 여기셔서." 하나님은 원수의 불행을 보고 즐거워하고 기뻐하는 것을 좋지 않게 여기십니다. 여기서 "**좋지 않게 여긴다**(וְרַע בְּעֵינָיו, 베라 베예나브)"는 문자적으로 여호와의 눈에 악하게 보인다는 뜻입니다. 하나님 공의 측면이 아니라 개인

---

11 Waltke, *Proverbs 15~31*, 284에 따르면, 18절은 17절의 이유나 목적이다.

차원에서 원수의 멸망이나 불행에 즐거워하고 기뻐함은, 하나님께서 보시기에 악입니다. 욥기 31:29입니다. "내 원수가 고통받는 것을 보고, 나는 기뻐한 적이 없다. 원수가 재난을 당할 때도, 나는 기뻐하지 않았다." 이는 욥이 한 고백입니다. 원수가 고통받는 것을 보고 기뻐하거나 즐거워했다면 그것은 하나님 앞에 죄악이기에, 하나님께서 그 죗값을 물으신다고 해도 할 말이 없다고 했습니다. 그러면서 자기가 그렇게 하지 않았다고 고백합니다. 원수가 고통을 당할 때 기뻐하고 즐거워하는 죄를 하나님 앞에 짓지 않았다고 고백합니다. 남의 잘못을 즐거워하는 일은 죄악입니다.

악인이나 이웃이 잘못되는 상황에 기뻐하고 즐거워합니다. 하지만 의인은 악인이 불행을 겪고 멸망하는 상황에 안타까워하며 기도합니다. 그들 불행에 안타까워하고, 그들 아픔에 함께 마음 아파합니다. 시편 35:13~15입니다.[12] "그들이 병들었을 때, 나는 굵은 베 옷을 걸치고, 나를 낮추어 금식하며 기도했건만! 오, 내 기도가 응답되지 않았더라면 더 좋았을 텐데! 친구나 친척에게 하듯이 나는 그들의 아픔을 함께 아파하고, 모친상을 당한 사람처럼 상복을 입고 몸을 굽혀서 애도하였다. 그러나 정작 내가 환난을 당할 때, 오히려 그들은 모여서 기뻐 떠들고, 폭력배들이 내 주위에 모여서는 순식간에 나를 치고, 쉴 새 없이 나를 찢었다." 그러나 악인은 그렇지 않습니다. 자신을 도와주고 기도한 의인이 환난을 겪으면 기뻐하고, 즐거워합니다. 이것이 악인의 특징입니다.

우리가 원수의 멸망과 고통을 보고 기뻐할 때, 하나님께서 그것을 악으로 여기시는 이유를 아시겠지요. 그것이 하나님 앞에서 죄이기 때문입니다. 그런 행태는 악인과 똑같이 생각하는 행위이고 악인과 똑같이 하는 행동이기 때문입니다. 하나님을 믿는 성도라면, 하나님의 백성이라면, 이웃의 불행을 보고 개인적인 감정 때문에 기뻐하지 말

---

[12] Whybray, *Proverbs*, 350.

아야 합니다. 오히려 안타까워해야 합니다. 그 고통에 동참하고, 도와야 하며 기도해야 합니다. 잠언 8:13은 말합니다. "**주님을 경외하는 것은 악을 미워하는 것이다.**" 악을 미워하는 것이 주님을 사랑하는 표현입니다. 그런 면에서 이번 코로나19의 어려움에서도 많은 교회가 국가를 위해 기도하고, 마스크가 필요할 때 마스크 나눔은 참으로 잘한 일입니다.

하나님은 우리가 높은 수준으로 살기를 바라십니다. 관용하고 선을 베풀기를 바라십니다. 우리에게 악을 행하고 우리를 나쁘게 하는 사람, 핍박이나 고통을 주는 사람에게도 선한 일이 이루어지기를 바라며 기도하기를 바라십니다. 제가 몇 주 전에 북부시장에서 U턴을 하려다가 서 있는 트럭의 옆을 살짝 건드렸습니다. 그 차는 문제가 없고, 제 차 조수석 측면에 흠집이 하나 생겼습니다. 그런데 상대방 사람이 차 수리해야 하고 입원해야겠다고 보험회사에 신고해 달라고 했습니다. 보험회사에서 병원 입원비를 합쳐 거의 200만 원을 지급하고 사고 종결했다고 연락이 왔습니다. 이것을 보고 이렇게 기도했습니다. "주님, 저런 나쁜 xx를 자기가 한 그대로 되돌려 받게 해 주세요"라고 기도했습니다. 이 말씀을 준비하면서 "아, 나도 악인이었고 악인처럼 생각했구나"라는 판단에 하나님께 회개했습니다.

원수나 이웃의 불행에 기뻐하지 말아야 하는 이유는 하나님 앞에 죄이기 때문입니다. 둘째 이유는 하나님의 노여움을 받기 때문입니다.

둘째는 하나님의 노여움을 받기 때문입니다(18b절). 18b절입니다. "**그 노여움을 너의 원수로부터 너에게로 돌이키실까 두렵다.**" 이 문장을 글자 그대로 풀이하면 이런 뜻입니다. "**하나님께서 … 그의 얼굴 또는 그의 분노를 그에게서 되돌리신다**(וְהֵשִׁיב מֵעָלָיו אַפּוֹ, 버헤쉬브 메야라브 아포)". 『개역개정』은 이렇게 번역했습니다. "**그의 진노를 그에게서 옮기실까 두려우니라.**" 의인이 악인의 불행을 개인적 이유로 즐거워하면, 하나님께서 당신 얼굴 또는 분노를 악인에게서 되돌리신다는 뜻입니다. 곧, 악인에게 쏟을 진노를 거두신다는 뜻입니다. 그런데 "돌이키신다(הֵשִׁיב, 헤쉬브)"는 사역형 동사입니다. 성도가 개인적 이유로 악인의 불행을 기뻐한다고 해서 하나님께서 악인에게 쏟는 진노를 거두신다는 표현이 이상하지 않나요! 공의로운 하나님께서 악인의 죄를 다루시고 심판하실 때 의인이 그것을 기뻐한다는 이유로, 악인을 심판하시는 일을 멈추심은 이해하기 어렵습니다. 그렇다면 기뻐하지 않으면 악인에게 심판을 계속하시고, 기뻐하면 악인에게 심판을 멈추신다는 뜻인가요?. 그것은 하나님의 성품에 맞지 않습니다. 그렇다면 『새번역』 해석이 더 타당합니다. "**주님께서 … 그 노여움을 원수로부터 너에게로 돌이키실까 두렵다**", 즉 하나님께서 원수에게 내린 노여움의 진노를 의인에게 옮기신다는 의미입니다.

의인이 악인처럼 생각하고 행동하면, 하나님께서 의인에게도 진노하십니다. 왜냐하면 의인이 악인이나 할 반응, 곧 이웃이나 원수의 멸망을 즐거워하기 때문입니다. 이웃의 멸망에 기뻐함은 하나님의 눈에는 죄, 악이기 때문입니다. 그래서 하나님은 악인처럼 행동하는 의인에게 진노하십니다. 그 악을 미워함이 하나님을 경외하고 섬기는 표현입니다. 하나님은 의인이 의인답게 살기를 바라십니다. 그래서 예수님은 자신을 십자가에 못 박은 유대종교 지도자들이나 백성을 보면서 하나님께서 그들 죄를 용서해 주시기를 기도했습니다. 저들은 자신이 하는 일을 모르기 때문이라고 하시면서 용서하셨습니다. 스데반도 예수님의 마음을 이해하고 자기에게 돌을 던지는 사람들을 위해서 기도했습니다. 이것이 믿는 사람의 자세이고, 당연한 삶입니다.

결론

하나님은 악인을 징계하십니다. 악인에게는 밝은 미래가 없습니다. 그들에게는 오직 멸망만 있습니다. 이것이 하나님의 공의입니다. 그렇다고 해서 성도가 개인감정 때문에 원수나 악인의 불행을 기뻐해서는 안 됩니다. 그들 불행을 기뻐하지 않음이 하나님의 마음입니다. 요나서 4:10~11은 성내고 있는 요나에게 하나님의 마음을 친절하게 잘 설명합니다. "여호와께서 이르시되 네가 수고도 아니하였고, 재배도 아니하였고 하룻밤에 났다가 하룻밤에 말라 버린 이 박넝쿨을 아꼈거든 하물며 이 큰 성읍 니느웨에는 좌우를 분변하지 못하는 자가 십이만여 명이요. 가축도 많이 있나니 내가 어찌 아끼지 아니하겠느냐 하시니라." 이처럼 하나님은 결코 악인의 불행은 기뻐하지 않으십니다. 하물며 자녀인 우리가 불행해짐을 더욱더 바라시지 않습니다. 우리가 약점이 많고 실수도 많이 하고 불순종할 때도 가끔 있지만, 하나님은 여전히 우리를 사랑하시고 잘 되기를 바라십니다. 우리가 불행을 겪을 때 주님은 얼마나 마음 아파하시겠습니까! 그러므로 하나님의 마음을 가진 그리스도인으로서, 예수님처럼 이웃이나 원수의 불행을 기뻐하지 말고, 안타까워하며 기도하는 넓은 마음을 가져야 합니다.

29 잠언 24:19~20
악인이 형통해도 분노하거나 시기하지 맙시다

중심 내용: 악인이 형통해도 사라지는 풀과 같기에 시기하지 말아야 한다.

I. 악인이 형통해도 분노하지도 시기하지도 말라(19절).

II. 악인의 형통은 일시적이라 곧 사라지기 때문이다(20절).

서론

    행복은 어디서 올까요? 모든 사람은 행복하길 바라지만, 항상 불평과 불만 그리고 불만족으로 살아갑니다. 어떻게 하면 행복할 수 있을까요? 내 봉사로 주위 사람이 행복을 느낄 때, 친구와 주위 사람에게 인정받을 때, 시험에 합격했을 때, 희망하는 직장에 취직했을 때, 자녀가 건강하고 공부 잘할 때, 사업이 번창할 때, 바라던 자녀를 가졌을 때, 좋은 집으로 이사할 때. 아마도 대다수 사람은, 이 중 하나나 몇 개만 성취해도 행복하다고 느낍니다. 설령, 위에 나열한 모든 것을 성취하더라도 기쁨과 행복은 한순간일 뿐 결코 오래가지 못합니다. 왜냐하면 사람 욕심을 완전하게 채울 수 없기 때문입니다.[1]

그러면 행복은 어디에서 올까요? 답은 아주 간단합니다. 마음에서 옵니다. 만족할 줄 모르는 마음이 아니라, 만족할 줄 아는 마음에서 옵니다. 그래서 성경은 행복 조건을 감사하는 마음이라고 말씀합니다. 불평과 불만 그리고 시기는 어디에서 올까요? 그것도 마음에서 옵니다. 특히, 비교하는 마음에서 옵니다. 감사하지 못하고 다른 사람과 비교하는 마음에서 옵니다.

I. 악인이 형통해도 분노하지도 시기하지도 말라(19절).

성경은 악인에게 분노하지도 말고, 시기하지도 말라고 권면합니다. 19절입니다. "**행악자 때문에 분개하지도 말고, 악인을 시기하지도 말아라.**" '행악자'가 나오고, '악인'이 나오지요. **행악자**는 히브리어로 '라아(רָעַע)'인데, 종교적 측면과 도덕적 측면에 쓰입니다.[2] 종교적 측면에서는 하나님의 뜻에 거슬러 사는 삶을 말합니다. 주로 하나님을 거절하거나 우상을 섬기는 삶을 말합니다. 도덕적 면에서는 악을 행하는 삶을 말합니다. 사람에게 물리적으로 그리고 감정적으로 상처를 주는 삶을 말합니다. 행악자는 하나님을 거절하여 우상을 섬기거나 사람에게 물리적으로 그리고 감정적으로 상처를 주는 사람입니다.

하지만 **악인**은 '라샤(רָשָׁע)'입니다. '라샤'는 불의를 행한다는 뜻인데, 강조점은 유죄판결을 받는 상태에 있습니다. 하나님의 성품에 거슬러 행동하거나, 사회적으로 적의나 불의를 행하여 사법 판결을 받은 사람을 '라샤', 곧 악인이라고 부릅니다. 그리고 의인과 대조하여 사용할 때는 '라아'보다는 주로 '라샤'가 쓰였습니다.[3] "**악한 사람아,**

---

[1] 「인간의 행복은 어디서 오는가?」, https://blog.naver.com/jungt23/220686771089, 2020년 8월 16일 접속.

[2] G. Herbert Livingston, "רָעַע I," in *Theological Wordbook of the Old Testament*, ed. R. Laird Harris, Gleason L. Archer Jr., and Bruce K. Waltke, vol. 2 (Chicago: Moody Press, 1980), 2191.

의인의 집을 노리지 말고, 그가 쉬는 곳을 헐지 말라. 의인은 일곱 번을 넘어지더라도 다시 일어나지만, 악인은 재앙을 만나면 망한다."

'라아'와 '라샤'를 구분하기는 어렵습니다. 행악자는 악한 행동, 악을 행하는 그 자체를 강조하지만, 악인은 사법 판결받은 측면을 강조합니다. 이 차이가 한국말에 '착하다'와 '선하다'의 차이와 같습니다.4 '착하다'는 언행이나 마음씨가 곱고 바르며 상냥하다는 뜻입니다. 그런데 '선하다'는 올바르고 착하여 도덕적 기준에 맞는 것을 말합니다. 도덕적 기준의 측면에서 말한다면 선하다를 사용합니다. 마찬가지로, 사법 기준으로는 악인(רָשָׁע, 라샤)이 쓰입니다. 그런데 착하다와 선하다를 우리는 구별하지 않고 사용하는 것처럼, '라아'와 '라샤'를 번역할 때도 구별하지 않습니다. 좋은 예가 잠언 24:1입니다. "너는 **악한 사람을 부러워하지 말며**"에서, 악한 사람은 '라아'입니다. 오늘 본문인 19절에서는 '행악자'로 번역했습니다.

지혜자는 악인에게 "분개하지 말고(אַל־תִּתְחַר, 알-티트하르)", "시기하지도 말라(אַל־תְּקַנֵּא, 알-터카네)"라고 권면합니다. '분개하다(חָרָה, 하라)'는 '불을 붙이다' 또는 '조바심을 내다'를 뜻합니다. 어떤 것을 태우려고 불을 붙일 때 사용합니다.5 마음에 불을 지펴서 흥분함을 의미합니다.6 마음에 불을 지피고 흥분함을 분노라고 합니다. 그리고 마음

---

3 G. Herbert Livingston, "רָשָׁע," in *Theological Wordbook of the Old Testament*, ed. R. Laird Harris, Gleason L. Archer Jr., and Bruce K. Waltke, vol. 2 (Chicago: Moody Press, 1980), 2222.

4 『네이버 어학사전』, https://dict.naver.com, 2020년 8월 16일 접속.

5 Francis Brown, S. R. Driver, and Charles Briggs, eds., *A Hebrew and English Lexicon of the Old Testament with an Appendix Containing the Biblical Aramaic* (Oxford: Clarendon Press, 1906; reprint, Peabody, MA: Hendrickson Publishers, 1979), 354.

6 Leon J. Wood, "חָרָה," in *Theological Wordbook of the Old Testament*, ed. R. Laird Harris, Gleason L. Archer Jr., and Bruce

이 초조해하고 안달 날 때도 쓰입니다. 그렇다면 '분개하지 말라'라는 말은 악인 때문에 흥분하지 말라, 분노하지 말라, 초조해하지 말라는 뜻입니다.

또한 '시기하다(קנא, 카나)'는 '질투하다'를 뜻합니다. 이웃의 소유나 재산에 질투하고 시기할 때 쓰입니다. 시기는 긍정적으로 그리고 부정적으로도 쓰입니다. 긍정적으로는 하나님에게 쓰입니다. 출애굽기 20:5은 하나님을 시기하는 분으로 묘사합니다(출 20:5; 수 24:19). "나, 주 너희의 하나님은 질투하는 하나님이다." 하나님을 시기하는 하나님, 질투하는 하나님으로 묘사합니다. 하나님의 백성이 하나님의 사랑을 거부하고 우상을 섬길 때, 하나님은 당신 사랑을 질투나 시기로 표현하십니다.

하지만 대부분 경우, 시기를 부정적으로 사용합니다. 이웃에 적의를 품고 파괴하려는 열정을 '시기'라고 표현합니다. 시기는 사람의 기질 중 하나입니다.[7] 본문에서는 인간 기질 중 하나인 나쁜 의미에서 시기를 말합니다. 다른 사람이 잘될 때, 내가 가지고 있지 않은 것을 가지고 있을 때, 나오는 질투를 '시기'라고 표현합니다.

하나님은 우리에게 악인에게 분노하거나 시기하지 말라고 권면합니다. 그 이유는 무엇일까요? 18절과 관련이 있을 수 있습니다. 18절은 원수가 불행을 당할 때 즐거워하고 기뻐하지 말라고 권면하면서 그 이유를 설명합니다. 그 이유는 원수가 불행을 당함에 즐거워하고 기뻐하면, 원수에게 향하는 하나님의 노여움이 도리어 즐거워하고 기뻐하는 사람에게 내리기 때문입니다. 그렇다면 원수, 즉 악인에게 부어지는 하나님의 진노가 거두어진다는 뜻일 수 있습니다. 악인은 이 땅

K. Waltke, vol. 1 (Chicago: Moody Press, 1980), 736.

[7] Leonard J. Coppes, "קנא," in *Theological Wordbook of the Old Testament*, ed. R. Laird Harris, Gleason L. Archer Jr., and Bruce K. Waltke, vol. 2 (Chicago: Moody Press, 1980), 2038.

에서 잘되고, 하나님의 심판도 받지 않는다고 생각하면 분노할 수 있고, 시기가 생길 수 있습니다.8 그래서 악인에게 분노하고 시기하지 말라고 권면합니다.

다른 견해는 악인이 번영 때문에 또는 악인이 누리는 부유 때문에, 의인이 분노하고 시기한다는 주장입니다. 이 주장은 시편 37:1을 근거로 합니다. "**악한 자들이 잘 된다고 해서 속상해하지 말며, 불의한 자들이 잘 산다고 해서 시새워하지 말아라.**" 시편 37:1에 악한 자들에게 분노하고 시기하는 이유는 그들이 잘되기 때문입니다. 그들이 이 땅에서 잘살기 때문입니다. 그들은 악을 행하는데도 잘만 되고 잘만 사는 것을 보니, 분노가 일어나고 시기가 생깁니다. 두 가지 견해, 곧 잘되는 견해 그리고 심판도 받지 않는다는 견해 모두 이유일 수 있습니다. 의인은 고통스럽게 사는데, 악인은 이 땅에서도 잘 살고 심판도 받지 않는다는 사실에 분노할 수 있습니다. 그들이 잘되고 형통하면 분노가 일어나거나 초조합니다. 시기가 일어날 수 있습니다.

그리고 '분노하다(תִּתְחַר, 티트하르)'는 재귀형 동사(Hithpael)입니다. 재귀형 동사는 자기 스스로가 분노하고 자기 스스로 초조함을 표현합니다. 어떤 것을 생각하면 스스로 초조해 통제할 수 없는 감정이 복받쳐 오르는 상태를 말합니다. 곧, 분노나 초조는 마음에서 시작한다는 뜻입니다. 국회의사당을 세종시로 옮긴다는 말 한마디로 세종시 아파트가 몇 개월 사이에 2억 원짜리는 4억 원으로, 3억 원짜리는 6억 원으로 치솟아 올라 중앙부처 공무원들이 부자가 되었다는 소식을 들을 때,9 짜증이 나면서 마음에 분노가 치솟습니다. 왜 안 그렇겠습니까? 우리는 평생 모아도 2~3억 원을 모을 수 없는데, 말 한마디에

---

8 Bruce K. Waltke, *Proverbs 15~31*, New International Commentary on the Old Testament, ed. Robert L. Hubbard Jr. (Grand Rapids: Wm. B. Eerdmans Publishing Company, 2005), 285.

9 http://news.kmib.co.kr/article/view.asp?arcid=0924150127&code=11151500&cp=zu, 2020년 8월 16일 접속.

가만히 앉아서 서너 달 만에 몇억 원씩 버는 것을 보고 마음에 분노하고 시기하는 마음이 생길 수 있습니다. 그리고 "나는 언제나 그렇게 모을 수 있지"라는 생각에 초조합니다. 장마로 많은 수재민은 신음하는데 정치인은 와서 도와준다면서 선전용 사진이나 찍어대면, 화가 치밀어 오릅니다. 그런데 이런 분노, 초조함, 시기는 모든 경우에 일어나지는 않습니다. 자기 마음을 다스리지 못할 때만 일어납니다.

분노와 시기는 악인과 관련해 일어나지만, 영화 「밀양」에서 자기 아들을 유괴해서 살인한 미술학원 원장이 감옥에서 예수를 믿고 구원되어 기쁨과 자유를 누리는 모습을 본 주인공이 하나님에게 분노하는 것처럼, 어떤 면에서는 하나님과 관련해 일어날 수도 있습니다.[10] 때로는 자기에게 분노하고 시기합니다. 내가 무엇을 잘못했기에 나만 이렇게 고생하고 희생해야 하느냐며 자기 처지와 무능함에 분노할 수 있습니다. 내가 가정에 얼마나 헌신했는데, 내 남편이, 내 아내가, 내 자녀가 그럴 수 있느냐며 남편이나 아내 또는 자녀에게 분노할 수 있습니다. 내가, 우리 가정이 얼마나 주님을 섬겼는데, "하나님께서 나와 우리 가정에 이럴 수 있냐"라고 하나님께 분노할 수도 있습니다.

우리는 매일 매일 분노와 시기를 경험합니다. 불평등하다고 생각하는 순간, 분노와 시기가 가장 먼저 일어납니다. 그런 점에서 '분노하지 말라' 그리고 '시기하지 말라'는 남에게 하는 이야기가 아니라, 나에게 하는 이야기입니다. 마음을 다스리지 못하면, 우리는 분노와 시기에 매이고 맙니다. 왜냐하면 마음을 다스리지 못하면 가장 먼저 일어나는 것이 분노이고 시기이기 때문입니다. 그 대상이 하나님이든, 가족이든, 이웃이든, 자신이든 상관없습니다. 마음을 다스리지 못하는 그 순간, 분노가 일어나고 시기와 질투가 슬그머니 일어나 우리 마음을 장악합니다. 그런데 불행히도 우리에게는 우리 마음을 통제할 힘이 없습니다. 그렇기에 하나님을 의지해야 합니다. 하나님께 기도해야

---

10 Waltke, *Proverbs 15–31*, 285; Wood, "חָרָה," 322.

합니다. 기도하지 않으면, 하나님을 의지하지 않으면, 순간순간 분노와 시기 그리고 질투가 튀어나오기 때문입니다.

하나님은 악인의 번영이나 소유에 분노하거나 시기하지 말라고 권면합니다. 왜 그렇게 하지 말라고 하실까요?

II. 악인의 형통은 일시적이라 곧 사라지기 때문이다(20절).

그 이유가 20절에 있습니다. "**행악자에게는 장래가 없고 악인의 등불은 꺼지고 만다.**" 악인에게는 장래가 없기 때문입니다. 악인의 등불이 꺼지기 때문입니다. 악인에게 장래가 없다는 의미는 악인에게 미래가 없다는 뜻입니다. 시편 37:2에서 "**그들은 풀처럼 빨리 시들고, 푸성귀처럼 사그라지고 만다**"라고 하면서 그들 번성이 일시적임을 강조합니다. 악인에게 장래가 없는 이유는, 풀처럼 시들고 푸성귀처럼 한순간에 사그라지기 때문입니다. 풀과 푸성귀는 빨리 자랍니다. 가뭄에 다른 식물이 다 죽어도 풀과 푸성귀는 잘 자랍니다. 여름방학 한 달 동안, 코로나로 학생들이 운동장을 사용하지 않았다는 이유로 학교 운동장마다 온통 풀투성입니다. 잔디밭이며, 논과 밭이며, 비닐하우스 안이며, 사람의 손이 조금만 가지 않으면 풀투성이가 됩니다. 풀투성이는 쓸모가 없기에 제초제를 뿌려 풀과 푸성귀를 제거합니다. 가을이 되고 겨울이 되면 풀과 푸성귀는 사그라들고 없어집니다.

악인이 번영해도, 사라지는 풀과 같고 사그라지는 푸성귀와 같습니다. 일시적으로 잘 자랍니다, 막힘이 없이 잘 자랍니다. 그러나 어느 순간 뽑히고, 제거되며, 사라집니다. 악인의 번영도 마찬가지입니다. 막힘이 없이 잘나갑니다. 어렵고 힘든 시기에도 잘됩니다. 그러나 악인의 번성과 형통은 잠깐일 일시적일 뿐입니다. 일시적 번영과 형통만 보고, 악인을 부러워하거나 마음에서 일어나는 분노와 시기를 방치하지 마시기를 바랍니다.

또한 악인에게 장래가 없는 두 번째 이유는, 악인의 등불은 반드시 꺼지기 때문입니다. "악인의 등불은 **꺼지고 만다.**" 작은 용기와 같은 접시에 기름을 담아 불을 켜는 게 등불입니다.11 등불은 바람에 아주 취약합니다. 바람만 불면 등불은 곧바로 꺼지고 맙니다. 그래서 "바람 앞 등불"이라는 말이 있습니다. 악인의 등불이 아무리 밝게 비추어도 바람 앞에 있는 등불이기에, 꺼지고 맙니다. 그런데 등불은 때때로 비유적으로 번영, 성공을 나타내기도 합니다(삼하 21:17).12 악인의 등불은 악인이 부정한 방법으로 번 재산이나 물질을 의미하기도 합니다.13 악인이 가진 재산이나 부를 의미할 수 있습니다. 악인의 번영, 성공, 많은 재산은 바람 앞에 있는 등불처럼 순식간에 사라집니다.14 그래서 성도는 바람 앞에 있는 등불인 악인의 번영이나 성공에 현혹되어 분노하지도 말고 시기하지도 말아야 합니다. 이 땅의 사라지는 것에 너무 마음을 둘 이유가 없습니다.

악인은 장래가 없고, 그들의 재산이나 부가 곧 꺼져가는 등불이라면 성도는 어떻게 될까요? 성도의 미래는 밝고, 성도의 소망은 끊어지지 않습니다. 잠언 23:18입니다. "**너의 미래가 밝아지고, 너의 소망도 끊어지지 않는다.**" 악인의 번영이나 일시적 형통을 보고 초조해하지 말아야 하는 이유는, 의인의 장래가 밝고 소망이 끊어지지 않기 때문입니다. 성도에게는 밝은 미래가 있습니다. 밝은 미래가 있기에,

---

11 Leonard J. Coppes, "נוּר," in *Theological Wordbook of the Old Testament*, ed. R. Laird Harris, Gleason L. Archer Jr., and Bruce K. Waltke, vol. 2 (Chicago: Moody Press, 1980), 1333.

12 Brown, Driver, and Briggs, eds., *A Hebrew and English Lexicon of the Old Testament with an Appendix Containing the Biblical Aramaic*, 633.

13 Waltke, *Proverbs 15~31*, 286.

14 Brown, Driver, and Briggs, eds., *A Hebrew and English Lexicon of the Old Testament with an Appendix Containing the Biblical Aramaic*, 200.

결코 소망이 끊어지지 않습니다. 우리에게는 희망이 있고 소망이 있습니다. 그러므로 악인의 일시적 번성이나 잘됨에 분노하며 하나님께 원망해서는 안 됩니다. 그들 잘됨을 시기하지 마십시오. 오히려 궁극적으로 인도하시고 잘되게 하시는 하나님을 바라보시기를 바랍니다. 그리고 오직 소망을 하나님께 두고 하나님만을 경외하는 지혜로운 그리스도인이 되어야 합니다.

결론

성경은 악인에게는 장래가 없지만, 의인에게는 장래가 있다고 자주 말합니다. 성도에게 악인의 형통을 부러워하지 말라, 그들 형통에 분노하거나 초조하지 말라, 시기하지 말라고 권면합니다. 오히려 주님을 경외하고 섬기라고 권면합니다. 주님을 경외하고 섬길 때, 밝은 미래가 있고 소망이 있기 때문입니다.

어떤 사람이 미국의 초기 청교도 역사에서 가장 위대한 영향을 끼쳤던 사람 중 한 명인 조나단 에드워드 가문과 뉴잉글랜드에서 그와 같이 자란 동네 친구였던 맥스 쥬크라는 사람의 가문을 조사했습니다. 에드워드는 믿는 가정을 이루었고, 쥬크는 믿지 않는 가정을 이루었다고 합니다. 에드워드는 617명의 후손을 두었는데, 대학의 총장을 지냈던 사람이 12명, 교수가 75명, 의사가 60명, 성직자가 100명, 군대 장교가 75명, 저술가가 80명, 변호사가 100명, 판사가 30명, 공무원이 80명, 하원의원이 3명, 상원의원이 1명, 미국의 부통령을 1명이었습니다. 하지만 맥스 쥬크는 1,292명의 후손을 두었는데 유아로 사망한 사람이 309명, 직업적인 거지가 310명, 장애인이 440명, 매춘부가 50명, 도둑이 60명, 살인자가 70명, 그저 그렇고 그런 사람이 53명이었습니다.15 너무 극단적인 예일까요. 그럴 수 있

---

15 「최용우의 햇볕 같은 이야기」, http://cyw.pe.kr/xe/a39/67940, 2020년 8월 16일 접속.

습니다. 그러나 그리스도가 있는 가정과 그리스도가 없는 가정의 차이점은 아주 분명합니다.

성경은 악인의 형통에 분노하거나 초조하지 말고, 악인의 일시적 형통을 시기하지 말라고 경고합니다. 이유는 그들 장래는 어둡고, 그들 부는 일시적일 뿐 결코 영원하지 못하기 때문입니다. 그러나 주님을 믿고 의지할 때, 의인에게는 미래가 있고 소망이 있습니다. 결코 망하거나 넘어지지 않습니다. 모든 것을 주관하시고 좋은 것을 주시기 좋아하시는 주님을 마음에 두시기를 바랍니다. 행복과 불행은 마음에서 옵니다. 원망과 불평, 분노와 시기도 마음에서 옵니다. 그래서 긍정적인 마음을 주시는 하나님을 경외해야 합니다.

30 권위자에게 순종합시다
잠언 24:21~22

중심 내용: 권위자에게 순종은 하나님의 뜻에 따라 이루어져야 한다.

I. 하나님의 위임을 받은 권위자에게 순종하되, 변절자에게 순종하지 말아야 한다(21절).

II. 이유는 변절자에게 순종할 때 재앙과 재난이 임하기 때문이다(22절).

서론

코로나19로, 정부는 교회 예배나 소모임을 금지한다는 행정명령을 내렸습니다. 우리는 이 행정명령을 따라야 할까요, 따르지 말아야 할까요? 이것이 이른바 코로나 시대에 사는 성도에게는 딜레마입니다. 따른다면 왜 따라야 하고, 따르지 않아야 한다면 왜 따르지 않아야 할까요? 이 문제를 생각하면서 「권위자에게 순종합시다」라는 제목으로 말씀을 전하고자 합니다.

I. 하나님의 위임을 받은 권위자에게 순종하되, 변절자에게 순종하지 말아야 한다(21절).

지혜자는 21절에서 하나님과 왕을 경외하라고 권면합니다. "내 아이들아, 주님과 왕을 경외하고." 주님과 왕을 경외하라고 촉구합니다. 우리는 주님이 여호와 하나님을 의미함을 잘 알고 있습니다. 그렇다면 여기서 '왕은 누구를 지칭할까요?' 여기서 왕은 하나님의 합법적인 지상 대리인을 의미합니다.1 하나님께서 임명한 이스라엘 왕, 합법적 다윗 왕, 곧 다윗 왕조를 의미할 수 있습니다. 오늘날은 하나님께서 위임한 합법 정부를 의미할 수 있습니다. 여호와 하나님을 섬기기와 다윗 왕과 같은 하나님이 세우신 합법적인 정부를 섬기기는 분리할 수 없습니다. 이것은 마치 하나님을 사랑하기와 이웃을 사랑하기가 별개가 아니고 하나인 것과 같습니다. "**사랑하는 여러분, 서로 사랑합시다. 사랑은 하나님에게서 난 것입니다. 사랑하는 사람은 다 하나님에게서 났고, 하나님을 압니다. 사랑하지 않는 사람은 하나님을 알지 못합니다. 하나님은 사랑이시기 때문입니다**"(요일 4:7~8). 하나님을 사랑한다면, 이웃을 사랑해야 합니다. 이웃을 사랑하지 못하면서 하나님을 사랑한다고 고백할 수는 없습니다. 마찬가지로 하나님을 경외하는 사람은 다윗 왕조에 충성을 다해야 합니다. 하나님을 경외하는 성도는 하나님이 세운 합법적인 정부 권위에 순종해야 합니다.

그렇다면 여호와 하나님을 경외하기와 다윗 왕, 곧 합법적인 정부를 섬기기는 왜 나뉠 수 없는가요? 그 이유는 다윗 왕은 **여호와 하나**

---

1 Bruce K. Waltke, *Proverbs 15~31*, New International Commentary on the Old Testament, ed. Robert L. Hubbard Jr. (Grand Rapids: Wm. B. Eerdmans Publishing Company, 2005), 287; R. N. Whybray, *Proverbs*, New Century Bible Commentary, ed. Ronald E. Clements (Grand Rapids: Wm. B. Eerdmans Publishing Company, 1995), 351; 두에인 개럿, 『잠언, 전도서, 아가』, The New American Commentary 황의무 옮김 (서울: 부흥과개혁사, 2019), 252.

님께서 세우신 대리인이기 때문입니다.2 여호와 하나님은 다윗 왕을 이 땅에서 당신 대리인으로서 다스리도록 임명하셨습니다. 다윗의 왕권은 하나님의 왕권을 이 땅에 반영하는 합법적 도구입니다. 신약은 이 구절을 국가 권력에 충성으로 연결합니다. 로마서 13:1~2입니다. "사람은 누구나 위에 있는 권세에 복종해야 합니다. 모든 권세는 하나님에게서 온 것이며, 이미 있는 권세들도 하나님께서 세우셨습니다. 그러므로 권세를 거역하는 사람은 하나님의 명을 거역하는 것이요, 거역하는 사람은 심판받습니다." 디도에게 보낸 편지에서도 바울은 성도들에게 국가의 권세자에게 복종라고 명령합니다. "그대는 신도를 일깨워서, 통치자와 집권자에게 복종하고, 순종하고, 모든 선한 일을 할 준비를 갖추게 하십시오"(딛 3:1). 국민투표로 결정한 정부는 하나님께서 허락한 합당한 권위를 가집니다. 그래서 하나님을 경외하는 사람은 하나님께서 허락한 국가 권력에 복종해야 합니다. 이것이 하나님을 섬기는 성도의 마땅한 도리입니다.

여기에 질문이 하나 있습니다. "국가 권력이 하나님의 뜻과 정반대로 나갈 때도 복종해야 하는가?"라는 질문입니다. 우리는 사도행전에서 베드로가 당시 유대 권위자들에게 한 대답에서 암시를 찾을 수 있습니다. 유대 종교 지도자들로 구성한 유대 정부는 베드로와 제자들에게 예수님을 전하거나 가르치지 말라는 행정명령을 내립니다. "그들이 사도들을 데려다가 공의회 앞에 세우니, 대제사장이 신문하였다. '우리가 그대들에게 그 이름으로 가르치지 말라고 엄중히 명령하였소. 그런데도 그대들은 그대들의 가르침을 온 예루살렘에 퍼뜨렸소. 그대들은 그 사람의 피에 대한 책임을 우리에게 씌우려 하고 있소'"(행 5:27~28). 28절에 "엄중히 명령했다"라는 말은 정부가 내린 행정명령을 말합니다. 당시 권세자는 교회에게 예배를 드리지 말고 예수님을 가르치지 말라고 행정명령을 내렸습니다. 이 행정명령에도, 베드로와 제자들은 예배를 드리며 예수님을 계속 가르쳤습니다. 그러자 권세자

---

2 Waltke, *Proverbs 15~31*, 287.

들은 베드로와 제자들을 법정에 세워 책임추궁을 하였습니다. '공의회'는 산헤드린 법정으로 오늘날 행정부, 입법부, 사법부를 총망라한 최고 권력 기관이었습니다. 최고 법정에 선 베드로와 사도들은 이렇게 대답합니다. "사람에게 복종하는 것보다, 하나님께 복종하는 것이 마땅합니다"(행 5:29). 우리는 국가나 국가 권력에 복종해야 합니다. 그것이 성도의 마땅한 도리입니다. 단, 조건이 있습니다. 국가 권력이 하나님의 뜻 안에서 행할 때입니다. 정부의 행정명령이 하나님의 뜻과 어긋난다면, **정부보다 하나님의 뜻에 복종**이 성도에게 마땅한 본분입니다.

많은 분은 국가 권력에 순종하라고 했기에, 무조건 순종해야 한다고 하면서 잠언 24:21이나 로마서 13장을 근거로 제시합니다. 그러나 여호와 하나님과 다윗 왕을 경외하라는 명령을 **국가 권력에 무조건 충성하라는 근거자료로 사용해서는 안 됩니다**. 국가 권력에 무조건 순종해야 한다는 명목으로 남용한 사건이 성경에 있습니다. 열왕기상 21장을 보면, 아합 왕이 나봇의 포도원을 빼앗는 이야기가 있습니다. 아합이 돈을 줄 테니 포도원을 달라고 나봇에게 명령했을 때, 나봇은 하나님의 말씀에 어긋난다며 거절했습니다. 이것 때문에 아합은 스트레스를 받아 누워있었습니다. 이때 왕의 아내 이세벨은 왕이 별것 아닌 것에 스트레스를 받아 누워있다며 핀잔을 줍니다. 그리고 그 마을 원로들과 귀족들에게 "**나봇이 하나님과 임금님을 저주하였다고 증언하게 한 뒤에 그을 끌고 나가서 돌로 쳐서 죽이라**"라고 명령을 합니다(삼상 21:10). 여기서 하나님과 임금님은, 오늘 본문에서 주님과 왕으로 연결이 됩니다. 왕정이나 정부는 하나님의 권세를 위임받았기에 합법적 권세가 있습니다. 그러나 이스라엘의 왕 아합이나 그의 아내 이세벨은 왕의 권위를 남용했습니다. 위임받은 왕이나 정부의 임무는 자신에게 권위를 위임한 하나님의 뜻에 부합하여 정치를 해야 합니다. 위임받은 정부가 하나님의 뜻을 위배하지 않도록 우리 헌법은 종교의 자유를 보장하고 있습니다. 하지만 아합 왕과 이세벨은 하나님의 뜻, 영광, 이름보다는 자신의 유익이나 통치 수단으로 왕의 권력을 남용했습니다.

그 결과, 하나님께서는 아합 왕을 징계하셨습니다. 열왕기상 21:19입니다. "나 주가 말한다. 네가 살인하고, 또 재산을 빼앗기까지 하였느냐? 나 주가 말한다. 개들이 나봇의 피를 핥은 바로 그곳에서, 그 개들이 네 피도 핥을 것이다." 21절과 24절에서는 아합의 후손까지 징계하시겠다고 선포합니다. 21절입니다. "내가 너에게 재앙을 내려 너를 쓸어 버리되, 너 아합 가문에 속한 남자는 종이든지 자유인이든지, 씨도 남기지 않고, 이스라엘 가운데서 없애 버리겠다." 24절입니다. "아합 가문에 속한 사람은, 성 안에서 죽으면 개들이 찢어 먹을 것이고, 성 밖에서 죽으면 하늘의 새들이 쪼아 먹을 것이라고 하셨습니다." 23절에서는 하나님의 심판이 이세벨에게도 선포됩니다. "주님께서는 또 이세벨을 두고서도 '개들이 이스르엘 성 밖에서 이세벨의 주검을 찢어 먹을 것이다' 하고 말씀하셨습니다." 우리는 마땅히 국가 권력에 순종해야 합니다. 국가 권력은 정권 유지나 권력자 개인의 유익을 위해 사적 목적으로 권력을 남용해서는 안 됩니다. 불의한 목적으로 권력을 남용할 때, 우리는 누구에게 순종해야 할 것인가를 결정해야 합니다. 국가 권력인가, 아니면 하나님의 말씀인가? 말씀에 순종의 대가가 나봇처럼 고난과 어려움, 심지어 죽음이라는 불이익을 당한다고 할지라도 말입니다.

지혜자는 이 사실을 오늘 본문에서 우리에게 가르칩니다. "변절자들과 사귀지 말아라." '변절자(שׁוֹנִים, 쇼님)'라는 용어를 눈여겨봅시다. 변절자는 문자적으로 '바꾸는 사람'이라는 뜻입니다. 충성을 바꾸는 사람입니다. 여호와 하나님과 왕에게 충성을 바꾸어 더는 충성하지 않는 사람을 의미합니다.3 또한 '정치 선동가'라는 의미도 있습니다.4

---

3 The NET Bible, Proverbs 24:21, n. 37.

4 Waltke, *Proverbs 15~31*, 287.

하나님과 다윗 왕의 통치에 반대하는 정치 선동가를 지칭합니다. 이들은 일반적으로 높은 사람, 곧 귀족일 것입니다. 종합하면, 변절자는 하나님의 뜻에 순종하기보다는 자기 권력이나 힘으로 하나님의 뜻을 거부하는 사람을 말합니다.

성경은 이들과 사귀지 말라고 권면합니다. '사귀지 말라(אַל־תִּתְעָרָב, 알-티트아라브)'라는 말은 서약하지 말라, 맹세하지 말라는 뜻입니다. 이 용어는 또한 '연합하지 말라,' '섞이지는 말라'라는 의미도 있습니다.5 이것은 하나님과 다윗 왕에게 충성 서약을 버리고 하나님을 반대하는 자들과 연합하겠다고 서약하지 말라는 뜻입니다. 하나님의 뜻에 반대하는 무리나 권력에 동조하지 말라는 명령입니다. 또한 '바꾸지 말라', '교환하지 말라'는 의미로도 해석할 수 있습니다.6 하나님과 다윗 왕에게 충성했을 때 불이익이 온다고 해서 그 충성을 바꾸어 이 땅의 권력을 잡은 사람들과 협력하는 행위를 말합니다. 잠시 편하여지려고 하나님께 충성을 바꾸는 것을 말하면서, 그렇게 하지 말라고 경고합니다. 결국 "내 아이들아, 주님과 왕을 경외하고, 변절자들과 사귀지 말라"라는 말은 하나님의 뜻이나 하나님의 뜻에 합하는 국가 권력에는 순종해야 하지만, 하나님의 뜻에 반하는 정책을 펴는 국가나 국가 권력에는 불이익을 감수하더라도 순종하지 말라는 뜻입니다.

왜 하나님의 뜻에 반대하는 권력자에게 순종하지 말아야 할까요?

---

5 Ronald B. Allen, "עָרַב," in *Theological Wordbook of the Old Testament*, ed. R. Laird Harris, Gleason L. Archer Jr., and Bruce K. Waltke, vol. 2 (Chicago: Moody Press, 1980), 1686.

6 Francis Brown, S. R. Driver, and Charles Briggs, eds., *A Hebrew and English Lexicon of the Old Testament with an Appendix Containing the Biblical Aramaic* (Oxford: Clarendon Press, 1906; reprint, Peabody, MA: Hendrickson Publishers, 1979), 786.

II. 이유는 변절자에게 순종할 때 재앙과 재난이 임하기 때문이다(22절).

22절이 그 사실을 말합니다. "그들이 받을 재앙은 갑자기 일어나는 것이니, 주님이나 왕이 일으킬 재난을 누가 알겠느냐?" 그들에게 재앙이 '갑자기' 일어나기 때문입니다. 하나님과 왕을 경외하지 않고, 불순종하며 반역을 꾀하는 무리에게 재앙이 갑자기 임하기 때문입니다. 재앙이 갑자기 임한다고 합니다. '갑자기(פִּתְאֹם, 피트옴) **일어난다**'라는 말은 '빠르게 온다는 의미가 있지만, 순식간에 생각하지 않은 때에 온다'[7]는 의미도 있습니다. 하나님께 충성하지 않을 때도 모든 일이 잘되고 만사형통하듯 술술 잘 풀릴 수 있습니다. 그런데 예상치 않게 재앙이 밀어닥칩니다. 여호와 하나님께 불순종하는 이 땅의 권력자들에게 협력하고 순종할 때, 잠시간은 형통할 수 있습니다. 잠시 권력의 맛을 즐기며 평안을 누릴 수 있습니다. 그러나 한순간에 갑자기 어려움이 몰려오고 재앙이 닥칠 수 있습니다. 이 재앙은 두 무리에게 임합니다. 하나는 하나님과 하나님께서 세운 지도자를 반대한 무리입니다. 그리고 그 무리에게 협력하며 동조하는 사람들에게 입니다.

'재앙이 갑자기 임한다'를 22절 후반부는 이렇게 표현하고 있습니다. "주님이나 왕이 일으킬 재난을 누가 알겠느냐?" 이 구절을 『개역개정』은 이렇게 표현합니다. "**그 둘의 멸망을 누가 알랴**." 『개역개정』은 히브리어 성경을 문자적으로 번역합니다. 하지만 『새번역』은 감수위원의 해석을 반영합니다. 히브리어 성경에서 "**그 둘의 멸망을 누가 알랴**"에서 그 둘은 두 가지로 해석할 수 있습니다.[8] 하나는 하나님과

---

[7] Brown, Driver, and Briggs, eds., *A Hebrew and English Lexicon of the Old Testament with an Appendix Containing the Biblical Aramaic*, 837; Victor P. Hamilton, "פֶּתַח," in *Theological Wordbook of the Old Testament*, ed. R. Laird Harris, Gleason L. Archer Jr., and Bruce K. Waltke, vol. 2 (Chicago: Moody Press, 1980), 1854.

왕을 지칭합니다.9 하나님과 왕을 지칭한다면, '하나님과 왕에게서 오는 멸망, 재앙을 누가 알랴.'입니다. 다른 하나는 반역자들을 의미할 수 있습니다. 반역자일 경우는 '이 둘, 반역자들에게 임하는 멸망, 재난을 누가 알랴.'입니다. 지혜자는 두 가지로 해석할 수 있는 문법을 의도적으로 사용합니다.10 재난이나 멸망이 갑자기, 기대하지 않았을 때 임함을 강조하려 함입니다. 재앙이 하나님에게서 그리고 왕에게서 반역자들에게 반드시 임한다고 강조합니다.

지혜자는 "**누가 알랴**"라고 말합니다. 아무도 모른다는 말입니다.11 하나님만 아시고 누구도 알 수 없다는 말이고요, 아무도 예측할 수 없다는 말입니다. 왜냐하면 예상치 못하고 있는데, 갑자기 재앙과 재난이 임하기 때문입니다. 하나님의 심판이나 재앙은 우리 생각과 달리, 하나님의 때에 하나님의 방법으로 임합니다. 그래서 아무도 모릅니다. 생각하지 않은 때, 생각하지 못했을 때, 갑자기 어려움이나 재앙이 하나님과 왕에게서 반역자들에게 몰려오는 게 분명합니다. 그래서 믿는 사람은 하나님에게 반대하는 정부에 동조하거나 협력해서는 안 됩니다. 협력하거나 동조할 때, 반대하는 변절자, 곧 정부뿐 아니라 협력하거나 동조하는 사람까지 하나님으로부터 심판, 재앙, 재난을 받기 때문입니다. 그것도 전혀 예상하지 못한 순간에 말입니다. 우리

---

8 하나님과 왕에게서 오는 멸망은 소유격 목적어 용법(objective genitive)으로, 반역자에게 임하는 멸망은 소유격 대리 용법(agentive genitive)으로 해석을 할 수 있다. 이것을 『월리스 중급 헬라어 문법』을 번역한 김한원은 '목적어적 속격'과 '작인의 속격'이라 한다(대니얼 월리스, 『월리스 중급 헬라어 문법』, 김한원 옮김 [서울: 한국기독학생회출판부, 2019], 46, 67, 71를 참조하라). The NET Bible, Proverbs 24:22, n. 39은 하나님과 왕을 선호한다.

9 Roland E. Murphy, *Proverbs*, Word Biblical Commentary, ed. Bruce M. Metzer, David A. Hubbard, and Glenn W. Barker, vol. 22 (Waco, TX: Word Books, 1998), 182.

10 Waltke, *Proverbs 15~31*, 287.

11 Waltke, *Proverbs 15~31*, 287.

스스로 괜찮다, 잘된다고 생각하는 순간에 말입니다. 성경은 하나님을 경외하고 하나님께서 대리인으로 세운 권력자에게 순종하라고 강조합니다. 하지만 하나님이나 하나님이 세운 위정자를 반역하는 무리에게 **순종하라는 말씀은 없습니다**. 이 말씀은 우리는 누구에게 순종해야 하는가를 결정해야 함을 말합니다. 여호와 하나님과 그의 대리인인가, 아니면 그것을 반대하며 자기 권력을 남용하는 이 세상 통치자인가?

다니엘과 세 친구를 생각해야 합니다. 하나님과 세상의 권력이 서로 대치할 때, **다니엘과 세 친구는 하나님을 선택했습니다**. 그래서 다니엘은 사자 굴에 던져졌고, 세 친구는 풀무 불에 던져졌습니다. 그러나 하나님께서는 사자 굴에서 그리고 풀무 불에서 그들을 건져주셨습니다. 물론 하나님께서 언제나 건져 주시지는 않습니다. 하나님의 역사를 경험한 바벨론 왕들은 자기 잘못을 인정하고 다니엘과 세 친구를 각각 사자의 굴에서 그리고 풀무 불에서 건져주셨습니다. 하지만 세상의 모든 통치자가 바벨론 왕들처럼 하나님의 뜻에 순종하지는 않습니다. 어떤 통치자는 하나님의 뜻을 모르거나 알면서도 거부합니다. 이때 다니엘의 세 친구 믿음이 우리에게 필요합니다. "사드락과 메삭과 아벳느고가 왕에게 대답하여 아뢰었다. '굽어살펴 주십시오. 이 일을 두고서는, 우리가 임금님께 대답할 필요가 없는 줄 압니다. 불 속에 던져져도, 임금님, 우리를 지키시는 우리 하나님이 우리를 활활 타는 화덕 속에서 구해주시고, 임금님의 손에서도 구해주실 것입니다. 비록 그렇게 되지 않더라도, 우리는 임금님의 신들은 섬기지도 않고, 임금님이 세우신 금 신상에게 절을 하지도 않을 것입니다. 굽어살펴 주십시오'"(단 3:16~18). 세 친구의 믿음 핵심은 "그렇게 되지 않더라도"입니다. 그렇게 되지 않더라고, 곧 하나님이 세상의 권력으로부터 구원해 주시지 않더라도, 하나님만 섬기겠노라고 고백하는 세 친구의 신앙과 믿음이, 우리 신앙이 되고 믿음이어야 합니다. 설사 하나님에게 다른 뜻이 있어서 구원해 주시지 않더라도, 믿음을 버리지 않겠노라고 결심해야 합니다.

결론

　코로나19로 교회 모임을 제한하는 행정명령을 다시 생각해 보겠습니다. 사실, 성경은 코로나19와 같은 특별한 위기 상황에 어떻게 하라고 구체적으로 명령하지는 않았습니다. 17세기 청교도 목회자에게 많은 영향을 준 리차드 백스터가 한 말을 인용합니다. 여러 목회자가 그에게 질문했습니다. "만약 위정자가 금한다면 교회는 주일에 모이는 것을 생략할 수 있는가?" 리차드 백스터는 대답합니다. "전염병 감염이나 화재, 전쟁 등 특별한 이유로 금하는 것과 상시적으로 혹은 불경스럽게 금하는 것은 경우가 다르다. 만약 특수 상황에서 위정자가 더 큰 유익을 위해 교회 모임을 금한다면, 그에 따르는 것이 우리 의무다. 우리의 일상적 의무는 더 큰 자연적 의무에 양보해야 한다. 어느 한 주일이나 하나의 모임을 생략해서 더 큰 모임을 얻을 수 있다면 그것이 더 중요한 일이다."[12] 리차드 백스터는 국교회 사제로 서품받았지만, 그는 청교도 혁명 때 의회파에 속했으며 국교회 주교직을 거절했습니다. 국교회를 중상했다는 이유로 18개월 동안 투옥되기도 했습니다. 그런 그가 놀랍게도 이런 말을 했습니다.

　지금 정부가 천주교 대면 미사는 괜찮으나 교회 대면 예배는 안 된다고 함은, 분명 기독교 탄압에 가깝습니다. 기독교를 탄압하는 정부에 분명히 항의해야 합니다. 하지만 코로나19와 같은 특별한 경우, 전염병이 확산하는 상황에서 교회는 덕을 세워야 합니다. 덕을 세우는 방법으로, 정부 정책에 따라 예배를 몇 주간 비대면 예배로 전환해도 좋겠습니다. 탄압 때문이 아닙니다, 정치적 이유 때문도 아닙니다, 전략적 이유 때문도 아닙니다, 유익 문제 때문도 아닙니다. 덕을

---

[12] 리차드 백스터의 요리문답 중에서, http://news.kmib.co.kr/article/view.asp?arcid=0014935831&code=61221111&cp=nv 참조하라. 2020년 5월 24일 접속.

위해서입니다. 신앙 때문입니다, 하나님의 영광 때문입니다, 하나님의 이름 때문입니다. 기독교 탄압에는 항의해야 하지만, 어려운 시기에 교회는 교회가 해야 하는 일을 해야 합니다.

코로나19와 관련한 정부 정책에 성도들 각자가 다른 견해를 가질 수 있습니다. 이는 개개인의 믿음이 옳고 그름의 문제이기보다는, 다름의 문제입니다. 특별한 위기 상황일수록 성도는 **"예수님이시라면 어떻게 하실까?"**를 생각하시면서 말씀 원리에 따라 결정해야 합니다. 어려울 때일수록 원망과 시비가 없이 주안에서 지혜롭게 잘 이겨내는, 믿음에 성숙한 성도가 되어야 합니다.

지혜자 잠언

추가 1 　잠언 24:23~25
공의로운 사회를 만듭시다

중심 내용: 공의로운 사회(사회 공의)는 옳고 그름을 분명하게 판단하는 문화 조성으로 만들 수 있다.

I. 공의로운 사회(사회 공의)는 편애를 버리고 공정한 문화를 만들 때 온다(23절).

II. 불공정한 판결은 저주와 비난을 받지만, 공정한 판결은 기쁨과 복을 받는다(24~25절).

서론

지금까지는 지혜자 잠언 30개를 말씀드렸습니다. 이제, 23~34절은 추가 잠언입니다. 추가 잠언 개수를 두고 논의가 많습니다. 어떤 학자는 6개라고,[1] 어떤 학자는 5개라고,[2] 어떤 학자는 4개라고 주장합

---

[1] Richard J. Clifford, *Proverbs*, Old Testament Library, ed. James L. Mays, Carol A. Newsom, and David L. Petersen (Louisville, KY: Westminster John Knox Press, 1999), 217~18에서는 **6개 추가 잠언을** 주장하지만, 구절이 다르다(23~25절, 26절, 27절, 28절, 29절, 30~34절).

[2] R. N. Whybray, *Proverbs*, New Century Bible Commentary, ed.

니다.3 하여튼 추가 잠언 개수를 두고는 서로 달리 주장해도 그 내용은 주로 **법정과 일에 관한 조언입니다.**4

오늘 본문에서 지혜자는 **공정성**, 곧 **법정에서 공정해야 함**을 가르칩니다. 공정성은 현재 사회가 시급히 요구하는 키워드 중 하나입니다. 그 이야기는 사회가 공정하지 못하다는 의미입니다. 사회가 공정했다면, 공정해야 한다고 말하지 않았을 테니까요. 그러나 사회가 공정하지 않으니, 공정성이라는 용어를 쓸 수밖에 없습니다. 사회는 공정할 때 건전하게 유지할 수 있습니다. 특히, 재판에서 공정해야 합

Ronald E. Clements (Grand Rapids: Wm. B. Eerdmans Publishing Company, 1995), 185~86; 트렘퍼 롱맨, 3세, 『잠언 주석』, 베이커 지혜문헌·시편 주석 시리즈, 임요한 옮김 (서울: 기독교문서선교회, 2019), 696~99; Bruce K. Waltke, *Proverbs 15~31*, New International Commentary on the Old Testament, ed. Robert L. Hubbard Jr. (Grand Rapids: Wm. B. Eerdmans Publishing Company, 2005), 290~95에서는 5개 추가 잠언을 주장하며, 구절은 23~25절, 26절, 27절, 28~29절, 30~34절이다. Derek Kidner, *Proverbs: An Introduction & Commentary*, Tyndale Old Testament Commentaries, ed. D. J. Wiseman, vol. 15 (Downers Grove, IL: InterVarsity Press, 1964), 156에서도 5개 추가 잠언을 주장하는데, 구절은 23~26절, 27절, 28절, 29절, 30~34절로 다르다.

3 두에인 개릿, 『잠언, 전도서, 아가』, The New American Commentary, 황의무 옮김 (서울: 부흥과개혁사, 2019), 253은 4개 추가 잠언을 주장하는데, 구절은 23~26절, 27절, 28~29절, 30~34절이다.

4 개릿, 『잠언, 전도서, 아가』, 253은 23~34절이 변칙 대구법으로 구성이라고 주장하면서 대구법 구조를 제시한다.

  A: 법정에 관해(23~26절)

    B: 경제적 우선순위에 관해(27절)

  A': 법정에 관해(28~29절)

    B': 게으름에 관해(30~34절)

니다. 오늘 본문 말씀을 자세히 살피면서 사회 공의를 다시 한번 생각해 보겠습니다.

I. 공의로운 사회(사회 공의)는 편애를 버리고 공정한 문화를 만들 때 온다(23절).

지혜자는 "재판할 때 얼굴을 보아 재판하는 것은 옳지 않다"라고 권면합니다. 이 말씀은 재판하거나 판결할 때 공정하게 해야 함을 강조합니다. '공정하다'의 반대말은 '불공정하다'입니다. 그런데 '편애하다'와 '편견을 갖다'도 '공정하다'의 반대말일 수 있습니다. 편애하기는 어느 한 사람이나 한쪽만을 치우치는 현상을 말합니다. 편애하는 현상은 예나 지금이나 존재합니다. 성숙한 사람도 성숙하지 못한 사람도 편애하는 오류를 범할 수 있습니다. 가정에서도 편애하는 현상이 있습니다. 여러 자녀 중에 한 자녀를 특별히 감싸고 좋아하지 않나요? 그것이 바로 편애입니다. 공부 잘하는 아이를 좋아하고, 말 잘 듣고 착한 아이를 좋아함이 편애입니다. 요셉을 다른 아들보다 더 사랑하여 특별대우를 했던 야곱이 편애라는 나쁜 실례입니다. 가정에서 편애하면 가정 문제가 생깁니다. 교회도 마찬가지입니다. 지도자가 그리고 목사가 성도를 편애하면, 교회 공동체가 힘들어지고 어려워집니다. 교회 지도자부터 편애하는 마음을 조심해야 합니다.

국가 지도자가 편애하면 국가는 어지러워집니다. 편애하는 행동은 절대 좋지 않습니다. 그런데 법정에서 편애가 이루어지면, 더 많은 문제를 일으킵니다. 그래서 지혜자는 "재판할 때 얼굴을 보아 재판하는 것은 옳지 않다"라고 말합니다. 다시 말해, 재판에서는 공정성이 요구된다는 말씀입니다. 어떤 것보다도 사법부는 공정해야 합니다. 있는 사람이든, 없는 사람이든 공정한 재판을 받아야 합니다. 지위 높은 사람이든 평민이든, 공정하게 재판받아야 합니다. 재산이 많다는 이유로나 지위가 높다는 이유로, 유죄판결을 받아야 할 사람이 무죄로 판결받는다면 공정성은 깨집니다.

"얼굴을 보아(הַכֵּר־פָּנִים, 하케르-파니임)"에서 '본다(הַכֵּר, 하케르)'는 말이 있지요. 이 말의 기본 뜻은 '조사하다', '주목하다'는 의미입니다. 그래서 '얼굴을 본다'는 얼굴을 조사하고 주목한다는 의미로 '얼굴을 알아본다', '얼굴을 인식한다'는 뜻입니다.[5] 얼굴을 보고 인식한다는, 좋은 의미로 '선의로 대하고, 선의를 베풀기'를 뜻합니다.[6] 룻기 2:10입니다. "**어찌하여 저 같은 것을 이렇게까지 잘 보살피시고 생각하여 주십니까?**" 룻기에서는 '본다'는 '편의를 봐주고 돌보아 주기'를 뜻합니다. 보아스는 친족 나오미에게 잘해주는 룻을 보고 그에게 도움을 주며 많은 편의를 제공했습니다. 그러자 나에게 "왜 이렇게 잘해주십니까?"라고 감사하는 내용입니다. 룻기 2:10에서 본다는, 좋은 의미로 선을 베풀기를 뜻합니다.

그런데 재판에서 얼굴을 보고 재판한다는 의미는, 좋은 의미가 아니라 나쁜 의미입니다. 불공평하게 재판한다는 의미요, 편파적으로 재판한다는 의미입니다. 재판관이 안면이 있다는 이유로나 잘 알고 지낸다는 이유로, 편파적인 재판을 하여 범법자를 사면하거나 무죄로 판결하는 것을 말합니다.[7]

왜 재판관이 편파적으로 재판할까요? 안면이 있기 때문입니다. 같은 정당에 있다거나 같은 단체에 있다는 이유로 공정하게 재판하지

---

[5] Marvin R. Wilson, "נָכַר," in *Theological Wordbook of the Old Testament*, ed. R. Laird Harris, Gleason L. Archer Jr., and Bruce K. Waltke, vol. 2 (Chicago: Moody Press, 1980), 1368에 따르면, '본다(נָכַר)'는 기본 의미는 '조사하다, 검사하다'는 의미이다. 그런데 이것은 어떤 물건을 알아본다는 뜻이기도 하다. 유다는 다말이 간음했다고 죽이라고 했을 때, 다말은 유다에게 도장, 끈, 지팡이를 보여주면서 누구 것인지 보라고 한다. 이때 유다는 그것을 알아보고 다말을 살린다(창 35:25~26). 이 단어는 또한 사람을 알아본다는 뜻이기도 하다. 그래서 은혜를 베풀거나 친절을 베푼다는 관용어로 쓰인다.

[6] Waltke, *Proverbs 15~31*, 291.

[7] Waltke, *Proverbs 15~31*, 291.

않습니다. 그런데 '얼굴을 본다'가 잠언 28:21에서는 물질과 관련이 있습니다. "사람의 얼굴을 보고 재판하는 것은 옳지 않다. 사람은 빵 한 조각 때문에 그런 죄를 지을 수도 있다." 여기에 얼굴과 빵 한 조각이 나옵니다. 빵 한 조각 때문에 얼굴을 봐주고 옳지 않은 재판을 한다는 말입니다. 물질 때문에나 명예 때문에, 자기 힘이나 권력을 유지하려고 얼굴을 봐주면서 하는 재판을 말합니다. 그런데 법정에서 그런 이유로 그릇된 재판이 벌어짐이 문제입니다.

불공평한 재판은 공동체를 해칩니다. 사회 공의를 파괴하고 사회를 불안하게 만드는 요인입니다. 사회를 공정하게 유지해야 하는 사명이 재판, 사법부에 있습니다. 사회가 부패해도 법을 집행하는 사법 제도가 굳게 선다면, 사회는 다시 건강할 수 있습니다. 그러나 사법부에서 부정이 생긴다면, 그 사회는 참혹한 결과를 낳습니다.[8] 아무리 사회가 건강해도 사법부가 부패하여 불공정하게 판결하면 사회는 불법으로 곧바로 무너집니다. 정의가 무너지기 때문입니다. 정의가 무너질 때, 불법과 부정은 더 만연합니다. 그래서 재판할 때 얼굴을 보아 재판하지 말라고 경고합니다.

이 원리는 우리 인생에도 적용할 수 있습니다. 사람을 안다거나 그 사람과 친밀한 관계라서 공의를 부정으로 바꾸어서는 안 됩니다. 특히 교회는, 성도는 공의를 지켜야 합니다. 왜냐하면 교회가 세상의 빛이며 소금이기 때문입니다. 교회가 세상의 부정과 부패를 막는 최후 보루이기 때문입니다. 교회가 무너지면, 세상은 무너집니다. 신명기 16:19에 "당신들은 재판에서 공정성을 잃어서도 안 되고, 사람의 얼굴을 보아주어서도 안 되며, 재판관이 뇌물을 받아서도 안 됩니다. 뇌물은 지혜 있는 사람의 눈을 어둡게 하고, 죄 없는 사람을 죄인으로 만듭니다"라고 했습니다. 신명기는 재판에 관한 이야기이지만, 모든 사람에게 한 말입니다. 특히 믿는 사람에게 공정성을 잃고 편파적으

---

[8] 롱맨, 『잠언 주석』, 696.

로 해서는 안 된다고 말씀합니다. 국민은 공의 사회가 이루어지게 해야 합니다.9 뇌물을 주고받는 사회가 되어서는 안 된다고 말합니다. 뇌물을 주어서도 받아서도 안 됩니다. 뇌물은 눈을 어둡게 만들고 죄 없는 사람을 죄인으로 만들기 때문입니다. 특히, 믿는 사람이 먼저 공정한 사회를 만들도록 노력해야 합니다.

그렇다면 얼굴을 보아 판결하는 것, 곧 불공평하게 판결한다는 의미는 본문에서는 구체적으로 무엇일까요? 24a절이 그것을 설명합니다. "악인에게 네가 옳다 하는 것"입니다. 이것은 역으로 말하면, '의인을 옳지 않다'입니다. 본문에서 '악인(רָשָׁע, 라샤)'은 '악한 행동을 하는 사람'이나 '악인으로 판결받은 사람'을 지칭합니다.10 생각, 말, 행동에서 사회에 문제를 일으킨 사람입니다. 그런 악인을 악하다고 하지 않고 오히려 의롭다고 하고, 의로운 사람을 의롭다고 하지 않고 오히려 악하다고 하는 사람입니다. 악한 사람을 옳은 사람이라고 판결하면, 불공정한 판결입니다.

24절에 '옳다'와 23절에 '옳지 않다'는 다른 단어로, 다른 의미입니다. 23절에 "재판할 때 얼굴을 보아 재판하는 것은 옳지 않다"에서 '옳지 않다(בַּל־טוֹב, 발-토브)'는 '적합하지 않다', '정당하지 않다', '동의할 수 없다'는 뜻입니다.11 이 표현은 곡언법, 곧 완곡한 표현입니다. 예로, '매우 좋다'를 '나쁘지 않다'라고 표현하곤 합니다.12 나쁘

---

9 Whybray, *Proverbs*, 353.

10 G. Herbert Livingston, "רָשָׁע," in *Theological Wordbook of the Old Testament*, ed. R. Laird Harris, Gleason L. Archer Jr., and Bruce K. Waltke, vol. 2 (Chicago: Moody Press, 1980), 2222.

11 Francis Brown, S. R. Driver, and Charles Briggs, eds., *A Hebrew and English Lexicon of the Old Testament with an Appendix Containing the Biblical Aramaic* (Oxford: Clarendon Press, 1906; reprint, Peabody, MA: Hendrickson Publishers, 1979), 375.

12 Waltke, *Proverbs 15~31*, 291.

지 않다는 좋다는 완곡한 표현입니다. 그렇다면 23절에 '옳지 않다'는 '악하다', '나쁘다'는 완곡한 표현입니다. 안면이 있다거나 친분이 있다고 부정한 재판을 하는 것은, 악하며 나쁜 판결이라고 23절에서 말합니다.

하지만 24절에 "악인을 옳다 하는 것"에서 '옳다(צָדֵק, 차데크)'는, 윤리적·도덕적 기준으로 바르다는 뜻입니다. 이 용어 뿌리는 '일직선, 곧은 것'을 의미하는데, 이것에서 '규범', '기준', 또는 어떤 것을 재는 척도 등이 파생했습니다.13 구약 성경에서 기준은 하나님 뜻이나 성품과 관련이 있습니다. 하나님 기준에서, 윤리적으로나 도덕적으로 문제가 없을 때, '옳다(צָדֵק, 차데크)'라는 용어를 사용합니다. 이 관점에서 볼 때 악인을 옳다고 함은, 악한 행동을 한 사람을 윤리적으로나 도덕적으로 악인이라고 판결해야 마땅하지만 죄가 없다고 판결했다는 말입니다. 하나님의 기준에서 문제가 있는데도 문제가 없다고 판결했다는 말입니다. 분명히 범법자인데도 법을 위반하지 않았다고 판결함을 말합니다.

우리 주님은 모든 행동에 의로운 분이시며, 모든 일에 은혜로운 분이십니다(시 145:17).14 그래서 주님이 모든 것을 판단하는 기준이십니다. 하나님 관점, 곧 하나님이 세운 기준에서 문제가 있는 사람을 문제가 없다고 판결함은 잘못된 판결입니다. 일반 사람이 문제가 있다고 생각하는 상식으로 볼 때도 문제가 있는데, 얼굴 때문에 문제가 없다고 주장하는 사람이 있습니다. 분명, 양심에 문제가 있습니다. 요즘 정치를 보면 그런 현상이 두드러집니다. 군대 생활은 한 사람이면 휴가 관련 상식을 잘 압니다. 그런데 어떤 정치인은 군대에서 휴가를

---

13 Harold G. Stigers, "צָדֵק," in *Theological Wordbook of the Old Testament*, ed. R. Laird Harris, Gleason L. Archer Jr., and Bruce K. Waltke, vol. 2 (Chicago: Moody Press, 1980), 1879.

14 Stigers, "צָדֵק," *TWOT*, 2:1879.

카카오톡 메신저로 연장할 수 있다는 비이성적이며 자기합리화하는 발언을 합니다. 그런데 그것에 동조하는 사람들도 있습니다.

이렇게 주장하고 이것을 동조하는 사람을 가리켜서 옳지 않은 것을 옳다고 하는 사람이라고 합니다. 그리고 이렇게 주장하는 것을 성경은 "옳지 않다", 곧 '악하다'라고 말합니다. 그래서 우리는 공정한 문화를 만들어야 합니다. 먼저 우리가 부정을 저지르지 않아야겠고, 공정한 사회를 만들어야 합니다. 진영 논리나 얼굴 때문에 옳고 그름을 혼동하지 말아야 합니다. 그럴 때 공정한 사회, 건강한 사회, 공의로운 사회를 만들 수 있습니다.

그러면 부정한 판결을 하면 어떤 결과가 올까요? 악한 것을 주장하면 어떤 결과를 초래할까요?

II. 불공정한 판결은 저주와 비난을 받지만, 공정한 판결은 기쁨과 복을 받는다(24~25절).

불공정하게 판결하면 백성에게서 저주와 비난을 받습니다. 지혜자는 말합니다. "백성에게 저주받고, 뭇 민족에게서 비난받는다"(24절). 이 말씀에서 백성이나 민족은 공동체 일원을 말합니다. 국가로 이야기한다면 국민 한 사람 한 사람이라고 할 수 있습니다. 재판관이 자기 사람을 봐주면서 부정하게 판결하면, 사람들이 그를 저주하고 비난한다는 말입니다. '저주한다' 그리고 '비난한다'라고 표현합니다. '저주한다(קָבַב, 카바브)'는 경멸한다는 뜻입니다.15 그리고 '비난하다

---

15 '저주하다'는 '카바브(קָבַב)'이다. 이 단어가 '나카브(נָקַב)'에서 파생했는지, 아니면 '카바브(קָבַב)'에서 파생했는지를 두고 논의한다. 나카브에서 왔다면, 재판관 판결이 공정하지 않아 경멸한다는 뜻이다. 나카브는 원래 나무에 구멍 뚫기 또는 굴 뚫기를 뜻한다. 비유적으로, 하나님을 공경하지 않음이나 하나님께 불경스러운 말하기 또는 하나님을 모독하기, 또는 사람을 저주하거나 경멸한다는 뜻이다. '나카브' 뜻을 더 자세히 살피려면, Milton C.

(זָעַם, 자암)'는 분노하는 상태나 분노를 표출하는 행동을 의미합니다.16 그렇다면 '비난하다'는 분노하는 상태나 분노를 표출하는 행동을 뜻합니다. 백성이 그런 사람을 경멸하거나 그에게 분노한다는 뜻입니다. 백성에게 공공의 적이라는 말입니다.

그런데 이 두 단어는 능동형 미완료형(Qal imperfect)입니다. 능동형 미완료형은 사람들이 적극적으로 나서서 불의한 재판관이나 불의한 재판에 동조하는 사람을 경멸하고 저주한다는 의미입니다. 미완료는 아직 완성되지 않았다, 끝나지 않았다는 뜻입니다. 언젠가는 그것이 끝난다는 뜻입니다. 그렇다면 능동형 미완료형은 끝날 때까지 사람들이 그 사람들을 계속 경멸하며, 그들에게 계속 화를 낼 뿐 아니라 분노를 계속 표출한다는 뜻입니다. 한차례 부정한 판결로 이름과 명예에 금이 갔다는 말입니다. 지금까지 잘하다가 안면 때문에나 불의한 이익 때문에 잘못된 생각을 하고 잘못된 판결을 하면, 지금까지 쌓아온 명예가 사라진다는 뜻입니다. 구약시대에는 중범죄자에게 돌을 던져 처벌했습니다. 그래서 예수님께서 유대교 지도자에게 "침례자 요한이 스스로 왔느냐, 아니면 하나님에게서 왔느냐?"라고 질문했을 때, 그들은 대답하지 못했습니다. 왜냐하면 그들 편의대로 잘못 대답하면, 백성에게 돌로 맞아 죽기 때문입니다. 지금은 돌로 맞아 죽지는 않습니다. 그러나 백성에게 존경받지 못합니다. 오히려 비난받고 저주받습니다. 평생 씻지 못할 죄를 저질렀기에, 자기가 내린 불의한 판결의 대가를 받습니다.

Fisher, "נָקַב," 『구약원어 신학사전 (하)』, R. 레어드 해리스, 글리슨 L. 아쳐 2세, 브루스 K. 월트케 편집, 번역위원회 옮김 (서울: 요단출판사, 1986), 1409를 참조하라. 이 구절에서는 하나님을 공경하지 않는다는 의미보다는, 재판관을 공경하지 않는다, 경멸한다는 뜻이다.

16 Leon J. Wood, "זָעַם," in *Theological Wordbook of the Old Testament*, ed. R. Laird Harris, Gleason L. Archer Jr., and Bruce K. Waltke, vol. 1 (Chicago: Moody Press, 1980), 563.

하지만 공평한 재판관은 사람으로부터 기쁨을 얻으며 좋은 복도 받습니다. "**그러나 악인을 꾸짖는 사람은 기쁨을 얻을 것이며, 좋은 복도 받을 것이다**"(25절). 죄 있는 사람을 책망하고 죄가 있다고 판결하는 재판관에게는 백성으로부터 많은 존경과 축복을 받습니다. '기쁨을 얻는다'를 『쉬운 성경』은 '**형통한다**'라고 번역합니다. '기쁨(נָעֵם, 나엠)'이라는 단어는 '외모가 아름답다', '음식이 맛이 있다'를 표현할 때 씁니다. 이 용어는 또한 행운, 지혜, 물질의 유익이 온다고 할 때도 씁니다. 더 나아가 은혜를 입는다는 의미도 있습니다.17 올바른 판결을 하는 사람은 지혜나 물질의 유익을 받는다는 의미입니다. 게다가 건강의 축복 그리고 하나님에게서 은혜를 받습니다. 그 결과, 그는 형통합니다.

그리고 지혜자는 "좋은 복도 받는다."라고 말합니다. 여기서 '좋은 복'은 복을 강조하는 용법입니다. 복은 복인데 좋은 복을 받습니다. 복이 좋거나 나쁠 수 없고, 그냥 좋습니다. 그렇다면 좋은 복은 많은 복을 받는다는 의미로 해석할 수 있습니다. 좋은 복, 많은 복이 하늘로부터 올바르게 판결하는 사람에게 부어진다는 의미입니다.18 공평한 사람에게는 물질이나 지혜의 행운이 깃들 뿐 아니라 하늘의 복이 내려집니다. 그러다 보니 자연스럽게 그는 번영하며 큰 행복을 누립니다. 편애하여 불의한 판결을 하는 사람은 저주나 비난당하지만, 공평한 판결을 하는 사람은 많은 복을 받습니다.

---

17 Marvin R. Wilson, "נָעֵם I," in *Theological Wordbook of the Old Testament*, ed. R. Laird Harris, Gleason L. Archer Jr., and Bruce K. Waltke, vol. 2 (Chicago: Moody Press, 1980), 1384; Wilson, "נָעֵם," 585.

18. Waltke, *Proverbs 15~31*, 292.

결론

 사법부가 살아야, 국가가 살고 국민이 살 수 있습니다. 그래야, 나라가 온전할 수 있습니다. 교회도 마찬가지입니다. 성도가 올바른 마음, 올바른 정신을 가져야 합니다. 교회가 바르게 살아야 이 세상이 바로 설 수 있기 때문입니다. 소돔과 고모라가 멸망한 원인은 하나님의 사람들이 바르게 살지 못하여 이웃에게 덕을 끼치지 못했기 때문입니다. 롯이 바르게 살고 롯의 아내가 바르게 살았다면, 소돔과 고모라 운명은 분명히 바뀌었습니다. 롯의 두 딸이 바르게 살아서 영향을 주었다면, 소돔과 고모라 운명은 분명히 바뀌었습니다. 소돔과 고모라 멸망은 그곳에 거주하는 거주민의 잘못 때문입니다. 그러나 또한 하나님의 백성이었던 롯의 가족에게 잘못이 없었다고 할 수 없습니다. 그런 면에서 한국 문제는 일정 부분 우리 그리스도인이 올바르게 살지 못하고 영향을 주지 못한 면에서 책임이 있습니다.

 지혜자는 우리에게 권면합니다. 사법부가 올바르게 판결해야 공의로운 사회를 만들 수 있듯이, 이 세상의 빛과 소금이어야 하는 성도가 올바르게 살아야 세상이 평안해지고 공의로운 사회를 만들 수 있다고 말합니다. 그러므로 우리는 우리 자신을 돌아봐야 합니다. 주님 앞에서 세상 사람보다 정말로 더 정직하게 살아가고 있는지 스스로 성찰해야 합니다. 우리는 정직하게 살아야 합니다

추가 2 잠언 24:26~27
건강한 공동체를 만듭시다

중심 내용: 건강한 공동체는 정직하며 책임 있는 행동으로 만든다.

I. 건강한 공동체는 서로에게 신실하고 정직해야 만들 수 있다(26절).

II. 건강한 공동체는 먼저 자기 책임을 완수해야 만들 수 있다(27절).

서론

우리는 공동체를 이루며 살아갑니다. 공동체를 이루는 삶은 사실 하나님 은혜이며 섭리입니다. 왜냐하면 하나님도 공동체를 이루며 존재하시기 때문입니다. 성부 하나님, 성자 하나님, 성령 하나님, 곧 세 분이 한 공동체로 만물을 통치하십니다. 공동체를 이루신 하나님은 우리에게 공동체를 이루게 하십니다. 작게는 가정이라는 공동체, 더 크게는 교회라는 공동체를 주셨습니다. 더 나아가 사회라는 공동체를 주셨습니다. 이 공동체에서 우리는 각자가 맡은 사명을 완수해야 합니다. 어떻게 하면 건강한 공동체를 이룰 수 있을까요? 잠언에서 지혜자는 건강한 공동체를 이루는 법을 가르칩니다. 그것은 정직이요, 책임입니다.

건강한 공동체를 만들려면, 먼저 서로에게 신실하고 정직해야 합니다.

I. 건강한 공동체는 서로에게 신실하고 정직해야 만들 수 있다(26절).

지혜자는 26절에서 말합니다. "바른말을 해주는 것이 참된 우정이다." 참된 우정은 친구에게 바른말을 함으로 드러납니다. 친구가 듣고 싶어 하는 말을 하는 게 참된 우정이 아닙니다. 친구가 들어야 할 말을 하는 게 참된 우정입니다. 친구와 관계뿐 아니라 사람과 관계도 마찬가지입니다. 우리는 상대방이 듣고 싶어 하는 말을 하는 데 아주 익숙한 상태입니다. 아부까지는 아니지만, 상대방이 듣고 싶어 하는 말이나 듣기 좋은 말을 하는 게 예의라고 생각합니다. 그래야 상대방과 원만한 관계를 유지해 갈 수 있다고 생각합니다. 복잡한 사회에서 좋은 관계를 해치고 싶지 않은 마음이 우리에게 있습니다. 그래서 해야 하는 말이나 들어야 하는 말 대신, 듣기 좋은 말이나 듣고 싶어 하는 말을 합니다. 직언하지 못하고 돌려서 말하거나 듣기 좋은 말만 합니다. 그러나 참된 친구라면 참된 지인 관계라면 듣고 싶어 하는 말이나 듣기 좋은 말이 아니라, 들어야 하는 말을 해야 합니다. 참된 친구라면 말이지요.

들어야 하는 말을 해야 한다고 하니까, 사귀는 이성 친구, 곧 여자친구나 남자친구에게도 적용하는 경우가 있습니다. 그러나 연애할 때나 결혼한 가정에서는 조심해야 합니다. 여자 친구나 아내가 "나 예뻐"라고 말할 때는 예쁘다는 말을 듣고 싶어서 하는 질문입니다. 그런데 듣고 싶어 하는 말이 아니라 들어야 하는 말을 한다고 "너 예쁘지, 근데 누구보다는 못해"라고 하거나 "여기는 좀 고쳐야 하지 않을까?"라고 말하는 순간, 관계에 문제가 생깁니다.

그러면 이럴 때는 어떻게 해야 할까요? "예쁘다"라고 해야 합니다. '예쁘다', '예쁘지 않다'는 절대적인 용어가 아니라, 주관적이며 상대적인 표현입니다. "고슴도치도 자기 새끼는 예뻐 보인다"라고 하지 않습니까. 이 말은 예쁘다는 기준이 개인 주관에 따라 달라진다는 뜻입니다. 한국에서는 뚱뚱한 사람보다 홀쭉하고 날씬한 사람을 미의 기준에서 더 좋은 점수를 받습니다. 하지만 필리핀에서는 반대입니다. 뚱뚱한 사람을 더 선호합니다. 미의 기준이 나라마다 다르기에 나타나는 현상입니다. 예쁘다는 주관적 표현이기에, 사랑하는 사람에게는 예쁘다고 해야 합니다. 사랑하니까 예쁘다고 해야 합니다. 이 세상에서 가장 예쁘다고 해야 합니다.

그런데 본문에서 지혜자가 말하는 바른말은 남녀 관계나 주관적 판단에서 하는 말을 의미하지 않습니다. 오히려 **객관적이며 도덕적·윤리적으로 볼 때 정직한 말**(נְכֹחָה, 나코하)을 의미합니다. 사실 26절도 법정에서 일어나는 일로 해석할 수 있습니다.[1] 이것이 법적으로 쓰일 때는 바른 대답, 곧 자신이 본 바를 정직하며 솔직하게 말하는 대답을 말합니다.[2] 증인으로 나온 사람은 듣고 본 그대로 이야기해야 합니다. 주관적 사고나 사상으로 거짓으로 증언하면 안 됩니다.

법정에서만이 아니라 가정이나 사회에서도 정직한 말은 중요합니다. 가정에서 남편이나 아내는 서로에게 정직해야 하며 진실해야 합니다. 서로 속이면 안 됩니다. 분명 잘못했으면 잘못했다고 인정하고 용서를 구해야 합니다. 변명하려고, 부담스러운 상황을 피하려고 거짓말하지 말아야 합니다. 공동체에서도 마찬가지입니다. 잘못한 일은 정직하게 잘못했다고 해야 합니다. 이 핑계 저 핑계 대며 늘어놓지 말아야 합니다. 사업관계에서도, 대인관계에서도 마찬가지입니다. 어떤 상황이나 관계에서, 항상 정직해야 합니다.

---

[1] Bruce K. Waltke, *Proverbs 15~31*, New International Commentary on the Old Testament, ed. Robert L. Hubbard Jr. (Grand Rapids: Wm. B. Eerdmans Publishing Company, 2005), 658.

[2] Marvin R. Wilson, "נָכֹחַ," 『구약원어신학사전 (하)』, R. 레어드 해리스, 글리슨 L. 아쳐 2세, 브루스 K. 월트케 편집, 번역위원회 옮김, (서울: 요단출판사, 1986), 1365a.

또한 정직하게 말하기는 참된 우정을 표시합니다. 26절을 문자적으로 해석하면 이런 뜻입니다. "정직한 대답을 하는 사람은 입에 키스하는 것과 같다." 바른말을 하는 사람은 입에 키스하는 사람, 곧 입 맞추는 사람과 같다는 표현입니다. 이것을 『새번역』은 "바른말을 해주는 것이 참된 우정이다"라고 번역합니다. 『개역개정』은 "적당한 말로 대답함은 입맞춤과 같다"라고 해석하고, 『쉬운성경』은 "적절하게 대답하는 자는 입술에 입맞춤하는 것과 같다."라고 번역합니다. 고대 중근동 지방에서 입 맞추는 행위(נָשַׁק, 나샤크)는 일반 관습이었으면서도 중요한 일을 할 때 했습니다. 입맞춤에는 사랑으로 입맞춤이 있습니다. 보통 연인과 입맞춤을 말합니다. 그리고 가족, 부모나 자녀, 형제자매, 아내나 아내 부모님에게 입맞춤도 사랑으로 입맞춤입니다.3 그리고 존경으로 입맞춤도 있습니다. 사무엘 선지자가 사울에게 기름을 부을 때, 사울의 입을 맞추면서 "주님께서 그대에게 기름을 부으시어, 주님의 소유이신 이 백성을 다스릴 영도자로 세우셨습니다"라고 말했습니다(삼상 10:1). 이때 입맞춤은 존경과 충성으로 입맞춤입니다. 그래서 입맞춤은 사랑이나 존경, 또는 서로 협력하고 서로에게 헌신과 충성을 의미하는 상징 행동입니다.4

『새번역』이 입맞춤을 '참된 우정'으로 번역은 의미를 잘 이해하고 의역했습니다. 참된 우정, 참된 충성과 헌신, 참된 사랑은 정직한 말로 드러납니다. 때로는 정직한 말이 상대방에게 아픔을 줄 수 있습니

---

3 Milton C. Fisher, "נָשַׁק I,"『구약원어신학사전 (하)』, R. 레어드 해리스, 글리슨 L. 아쳐 2세, 브루스 K. 월트케 편집, 번역위원회 옮김 (서울: 요단출판사, 1986), 1435.

4 Waltke, Proverbs 15~31, 293에 따르면, '나샤크(נָשַׁק)'가 Qal형으로 쓰인 26가지 용례를 조사하고 결론을 내린다. 입맞춤은 가족 사랑을 상징적으로 표현한다. 또한 친구에게 헌신과 충성을 의미하며, 신하가 지도자에게 또는 지도자가 신하에게 헌신과 충성을 의미할 때도 쓰였다(창 41:40; 삼상 10:1; 15:5). 그런데 비유적으로는 의와 평화 사이 사랑스러운 관계를 이야기하며, 신약에서는 인사 형태로 쓰인다(롬 16:16; 고전 16:20).

다. 그러나 객관적 사실이며 윤리적으로 문제가 있다면, 그대로 이야기해야 합니다.

친구에게나 지인에게 사실을 사실로 이야기하기는 쉬운 일이 아닙니다. 때때로 오해를 살 수 있습니다. 잘난체한다고 오해를 살 수도 있습니다. 융통성이 없는 사람처럼 보일 수도 있습니다. 우정보다 다른 것을 먼저 생각한다고 비난받을 수 있습니다. 그러나 정말 존경한다면, 정말로 사랑한다면, 사실 그대로 이야기해야 합니다. 이 말은 무조건 하라는 말이 아닙니다. 말할 상황일 때는 해야 한다는 뜻입니다. 아무리 좋은 말도 들을 준비가 되었을 때 해야 합니다. 들을 준비가 되어 있지 않은 사람에게 정직하게 말하면 관계가 깨질 수 있습니다. 그래서 잠언에서는 아침에 큰소리로 인사는 저주와 같다고 했습니다. 그래서 들을 준비한 상황에서 또는 반드시 그 말을 해야 하는 상황에서, 지혜롭게 해야 합니다.

사실 그대로를 이야기하는 게 중요합니다. 자신에게 유리하게 하려고 핑계를 대려고, 사실을 왜곡하지 마시기 바랍니다. 관계를 생각해서 진리를 왜곡하는 말하기는 더욱 옳지 않습니다. 자기에게 손해라더라도, 사실 그대로 이야기해야 합니다. 진리 그대로 이야기해야 합니다. 관계는 정직에 근거하기 때문입니다. 건강한 공동체는 서로에게 정직해야 만들 수 있습니다.

건강한 공동체를 만들려면, 두 번째로 책임을 지는 행동을 해야 합니다.

II. 건강한 공동체는 먼저 자기 책임을 완수해야 만들 수 있다(27절).

지혜자는 27절에서 말합니다. "**네 바깥일을 다 해놓고 네 밭일을 다 살핀 다음에, 네 가정을 세워라.**" 이 말에 중요한 단어가 셋입니다. 바깥일, 밭일, 가정입니다. 지혜자는 먼저 바깥일과 논밭 일을 다 마치라고 말합니다. 그다음에 가정을 세우라고 권면합니다. 이 말은 가정을 세우려면 먼저 바깥일과 밭일을 해야 한다는 뜻입니다. '가정을 세운다'라는 말뜻은 '집을 짓는다'입니다. 지혜자는 충고하고 있습니다. 거할 집을 짓기 전에 먼저 바깥일이나 논과 밭을 다 마무리하고 준비해야 한다고 말입니다.

"바깥일"을 의미하는 히브리어는 '멜라카(מְלָאכָה)'입니다. 이 단어는 사자, 대리인을 의미하는 '말라크(מַלְאָךְ)'에서 파생했습니다. 사자나 대리인이 수행하는 임무를 '멜라카'라고 합니다. 그래서 바깥일, 곧 멜라카는 전문 직업이나 말씀을 전하기, 또는 특별한 임무나 공식적 사명을 수행하기를 의미합니다.5 그리고 '밭일'은 농사를 짓는 일을 말합니다. 농경 문화에서 밭일은 농사를 짓는 일입니다. 그런데 바깥일과 밭일은 때때로 거의 같은 의미입니다. 왜냐하면 농부에게 특별히 주어진 임무가 바로 농사짓기이기 때문입니다. 굳이 차이를 둔다면 바깥일은 자신에게 주어진 특별한 사명이고, 밭일은 일반 일로 해석할 수 있습니다. 오늘날 우리 상황에서 보면 직장 생활과 그밖에 주어진 일일 수 있습니다. 그것이 사람마다 다릅니다. 그러나 중요한 점은 집을 짓기 전에 자기에게 주어진 일을 잘해야 한다는 것입니다.

집을 짓기 전에 주신에게 주어진 일이나 농사를 먼저 끝마치라고 충고합니다. 왜 이렇게 충고할까요? 그 이유를 알려면, 당시 상황을 이해해야 합니다. 왕이 특별한 명령을 했다고 합시다. 그러면 명령을 받은 사람은 먼저 그 일을 해야 합니다. 아무리 자기 집을 짓는 일이 중요하다 하더라도, 왕이 한 명령을 먼저 수행해야 합니다. 하나님은 바울에게 예수님의 부활을 전하라는 특별한 명령을 하셨습니다. 바울은 그 사명을 자기 집을 짓는 일보다 중요하게 여겼습니다. 밭일, 농사짓는 일도 마찬가지입니다. 농사를 짓지 않은 채 집만 짓는 일은 잘못입니다. 농사를 지어야 생활에 필요한 것을 공급받을 수 있기 때

---

5 Andrew Bowling, "מְלָאכָה," 『구약원어신학사전 (하)』, R. 레어드 해리스, 글리슨 L. 아쳐 2세, 브루스 K. 월트케 편집, 번역위원회 옮김 (서울: 요단출판사, 1986), 1068b.

문입니다. 농경 문화에서 농사는 가정이나 사회에서 경제적 기본입니다. 농경 문화에서 농사를 짓지 않고 집을 짓는다면, 크나큰 경제적 어려움을 겪습니다. 가정은 경제적으로 어려워지고 가족은 고통을 겪습니다. 그래서 밭일을 먼저 하라고 권면합니다.

집짓기는 가정을 세우는 일을 말합니다. 가정을 이루는 일을 말합니다. 첫째는 결혼을 의미합니다. 사실, 고대에는 신부를 데리고 올 때는 지참금을 지급해야 했습니다. 그런데 결혼해서 가정을 이루겠다는 사람이 일하지 않으면, 지참금을 준비할 수 없습니다. 지참금이 없으면 아내를 데리고 올 수 없습니다. 그래서 먼저 열심히 일해서, 아내를 데려오는 데 필요한 지참금을 먼저 준비해야 했습니다.

27절에서 지혜자는 두 가지를 교훈합니다. 하나는 **우선순위 문제**입니다.6 집을 짓지 말라는 말이 아닙니다. 가정을 이루지 말라는 말도 아닙니다. 자기에게 주어진 사명을 '먼저' 감당하라는 말입니다. 경제 문제를 먼저 생각하라는 말입니다. 그러고 나서 집을 지어야 합니다, 곧 가정을 꾸려야 합니다. 결혼뿐 아니라 사회생활에서 해야 하는 일도 마찬가지입니다. 무엇이 중요하고, 무엇이 우선해야 하는가에 우리는 귀를 기울여야 합니다. 가정을 세우려면 먼저 해야 할 일을 먼저 해서 경제 기반을 준비해야 합니다. 대학에 진학하기, 직장에 들어가기도 마찬가지입니다. 먼저 준비해야 하는 일이 있습니다. 무엇이 먼저인가를 생각해야 합니다. 나중에 할 일을 먼저 하면 안 됩니다. 가정을 바로 세우려면, 우리는 우선순위 문제를 먼저 고려해야 합니다. 가정 경제 필요도 채우지 못하면서 이것저것을 한다고 해서는 안 됩니다. 가장이라면 가정 필요를 먼저 채워야 합니다. 그것이 가장이 해야 하는 일이기 때문입니다.

또 하나는 **책임 문제**입니다. 가정을 이루고, 가정을 세우려면, 먼저 바깥일과 밭일을 해야 함은 책임 문제를 이야기합니다. 가정을 이루

---

6 Waltke, *Proverbs 15~31*, 294.

기에 앞서, 먼저 자기가 해야 하는 일을 해야 합니다. 남편으로서 책임은 가정 경제를 일입니다. 경제적으로 생활할 수 있는 여건을 만들지도 않고 결혼하려 하면 위험합니다. 가정을 세우는 일도 마찬가지입니다. 남편으로서 임무는 가정 경제를 책임져야 합니다. 재정 책임을 지지도 않으면서 가정을 건강하게 세우려 함은 거짓입니다. 먹고 사는 문제를 해결하지 않으면서 어떻게 가정을 건강하게 이루며 세울 수 있을까요? 가정뿐 아니라 사회에서도 마찬가지입니다. 자기에게 주어진 책임을 다해야 합니다. 그래야 자신이 속해 있는 공동체를 건강하게 세울 수 있습니다.

책임지려 할 때, 무엇이 우선인지를 생각해야 합니다. 예수님은 집을 건축하려면 먼저 계산해야 한다고 말씀합니다. 누가복음 14:28입니다. "너희 가운데서 누가 망대를 세우려고 하면, 그것을 완성할 만한 비용이 자기에게 있는지를, 먼저 앉아서 셈하여 보아야 하지 않겠느냐?" 건축할 때, 그것을 완성하려면 비용을 먼저 계산해야 하듯이, 가정을 세우려고 할 때 먼저 가정 경제를 계산해야 합니다. 그래서 바깥일과 밭일을 먼저 하라고 권고합니다. 이것이 책임 있는 행동입니다. 어떤 일을 할 때는 가정이 어떻게 될 것인지 먼저 계산하고 자기가 책임진다는 마음 자세로 시작해야 합니다. 이 자세는 가정, 교회, 사회 일원으로서 믿는 성도가 가져야 하는 마땅한 자세입니다. 27절은 전쟁이나 재난 또는 사업하다가 실패한 특별한 상황을 이야기하지 않습니다. 일반 상황을 말합니다. 일반 상황에서 각자는 자기 책임을 다해야 합니다.

결론

오늘 본문에서 지혜자는 건강한 공동체를 만들려면 어떻게 해야 하는지를 권면합니다. 법정에서, 가정에서, 사회에서 공동체 일원으로서 어떻게 해야 하는가를 조언합니다. 건강한 공동체를 만들려면 정직해야 합니다. 그리고 성경이 가르치는 바에 따라 우선순위를 정하고 어떤 상황에서도 자기가 책임진다는 자세로 살아가야 합니다. 믿는 성도는 잠언 말씀에 도전받아서, 이제 사회 공동체 일원으로서 "서로에게 정직하고, 또한 내 책임은 반드시 완수하겠다"라고 결심하고 실천함으로 건강한 공동체를 만드는 데 이바지하시기를 바랍니다.

지혜자 잠언

추가 3 　잠언 24:28~29
원한 관계 해결은 주님께 맡깁시다

중심 내용: 개인 원한 관계는 직접 복수하지 않고, 주님께 맡겨서 해결한다.

I. 이웃에게 피해를 주는 행위는 개인 원한 관계에 기인할 수 있다(28절).

II. 개인 원한 관계는 직접 보복하지 않고, 주님께 맡겨서 해결한다(29절).

서론

　지혜자의 추가 잠언은 상당 부분 법정에서 일어나는 일에 할애합니다. 그만큼 사회정의에 관심이 있다는 이야기입니다. 그런데 한국 사회에 부정부패가 아주 심각한 상황입니다. 검사나 판사는 모든 국민이 법 앞에서 평등해야 한다는 사실을 망각하고서, 자기를 임명한 사람만을 추종하는 듯한 일을 하고 있습니다. 참으로 안타까운 현실입니다. 이런 부정한 여러 사건에서, 우리는 세상 법이 아니라 하나님을 믿고 신뢰해야 함을 다시금 배웁니다.

　잠언 24:23~26 그리고 오늘 본문인 28~29절은 법정에서 일어나는 일을 다룹니다. 23~25절이 재판관을 대상으로 한 교훈이라면,

28~29절은 증인석에 서는 일반인을 대상으로 한 교훈입니다. 재판관은 청탁받았거나 개인 관계가 있다고 부정한 재판을 해서는 안 된다고 교훈하고 있습니다. 이 말씀은 사회 지도자가 들어야 하는 교훈입니다. 사회 지도자는 청탁받았거나 안면이 있다고 부정한 특혜를 주어서는 안 되고, 오히려 더더욱 정직해야 합니다.

오늘 본문 28~29절에서, 지혜자는 재판관이 아니라 일반 사람에게 교훈합니다. 일반 사람은 거짓 증언을 하지 말아야 합니다. 특히, 자기에게 잘못한 일이 있다고 그것을 가지고 현재까지 물고 늘어지면서 잘못이 없는데도 잘못이 있듯이 꾸미지 말아야 합니다. 오늘은 본문을 근거로, 「원한 관계 해결은 주님께 맡깁시다」라는 제목으로 말씀을 전하겠습니다.

I. 이웃에게 피해를 주는 행위는 개인 원한 관계에 기인할 수 있다(28절).

28절입니다. "너는 이유도 없이 네 이웃을 치는 증언을 하지 말고, 네 입술로 속이는 일도 하지 말아라." 아무 이유도 없이 죄가 없는 사람에게 해를 끼치려는 잘못을 범하지 말라고 경고합니다. "이유도 없이(חִנָּם, 히남)"는 '동기나 근거 없이', '원인 없이'라는 뜻입니다.[1] 그래서, '이유도 없이 … 증언하지 말라'라는 권고는, 아무런 잘못도 없고 증거도 없는데도 이웃을 해치려는 마음에서 거짓으로 증언하지 말라는 뜻입니다. 그런데 '이유도 없이'는 '은혜', '친절' '호의'를 의미하는 단어 '하난(חָנַן)'에서 나왔습니다.[2] 은혜나 친절은 보통 여유가 있는 사람이 궁핍한 사람에게 베푸는 자비로운 마음을 말합니다. 또

---

[1] Francis Brown, S. R. Driver, and Charles Briggs, eds., *A Hebrew and English Lexicon of the Old Testament with an Appendix Containing the Biblical Aramaic* (Oxford: Clarendon Press, 1906; reprint, Peabody, MA: Hendrickson Publishers, 1979), 336.

[2] The NET Bible, Proverbs 24:28, n. 52.

한 실제로 권리가 있는 사람이 권리가 없는 사람에게 베푸는 일을 말합니다.3 그렇다면 '이유도 없이'는 아무런 근거나 증거 없다는 의미도 있지만, 자비나 친절한 마음이 없음도 말하기도 합니다. 불쌍히 여기는 마음이 없는 무자비한 마음을 말합니다. 긍휼 없이 무자비하게 이웃을 쳐서 해코지하는 행위를 말합니다. 사실 본문은 법정 배경에서 나온 말입니다. 하지만 이 원리는 일반 생활에도 적용할 수 있습니다. 다른 사람에 관한 험담이나 없는 말을 지어내지 말라는 뜻입니다.4 증언하려면 근거가 있어야 하는데, 근거 없이 남을 험담하거나 부풀려서 상대방을 해치려는 의도로 말하면 공동체를 무너뜨립니다.

흔히, 증인은 어떤 사건에 관한 지식이 있는 사람이나 그것을 보고 들은 바를 근거로 증언하는 사람입니다. 구약에서는 법정에서 유죄판결을 내리는 데 증인이 두세 명이어야 한다고 말합니다(민 35:30; 신 17:6). 그리고 두세 명 증언으로 유죄판결을 받으면, 증인으로 나선 사람이 먼저 돌을 집어 유죄판결을 받은 사람에게 던지게 했습니다(신 17:7).5 증인으로 나온 사람에게 자기 말에 책임을 지게 하려는 의도입니다. 증인의 말 한마디 한마디가 피고인의 생사까지도 결정하는 중요한 일임을 상기하게 하려는 조치였습니다. 그래서 모세율법에는 거짓 증언을 금지했습니다(출 20:16). 게다가 거짓 증언을 엄격하게 다루었습니다. 거짓 증언이 판명되면, 그가 증언하여 해치려고 한 사람에게 부과한 형벌과 똑같은 형벌을 받게 했습니다(신 19:16~21).6

---

3 Edwin Yamauchi, "חָנַן," 『구약원어신학사전 (상)』, R. 레어드 해리스, 글리슨 L. 아쳐 2세, 브루스 K. 월트케 편집, 번역위원회 옮김 (서울: 요단출판사, 1986), 694.

4 트렘퍼 롱맨 3세, 『잠언 주석』, 베이커 지혜 문헌·시편 주석 시리즈, 임요한 옮김 (서울: 기독교문서선교회, 2019), 698.

5 Carl Schultz, "עוּד," 『구약원어신학사전 (하)』, R. 레어드 해리스, 글리슨 L. 아쳐 2세, 브루스 K. 월트케 편집, 번역위원회 옮김 (서울: 요단출판사, 1986), 1576.

그런데도 왜 이웃을 해치려고 거짓 증언을 할까요? 증언이라는 용어에서 그 원인과 배경을 찾아볼 수 있습니다. 증언은 히브리어로 '에드(עֵד)'입니다. '에드'는 '우드(עוּד)'에서 나왔습니다. '우드'는 '**되돌아가다, 반복하다**'라는 뜻이 있습니다. 반복해서 되돌아가려는 속성이나 관습을 말할 때, '우드'를 사용했습니다.7

그렇다면 무엇을 되돌리려고 했을까요? 무엇을 반복하려고 할까요? 보복하려는 마음입니다. 29절이 우리 이해를 돕습니다. 자기가 당한 일을 갚으려 말라는 경고입니다. 곧, 보복하지 말라는 경고인데요. 단지 개인 원한 관계 때문에 보복하지 말라는 의미입니다.8 계속 보복하려는 속성, 관습을 말합니다. 29절과 연결을 하면, 보복하려는 마음으로 이웃을 쳐서 넘어뜨리려고 거짓 증언을 한다는 뜻입니다. 복수의 화신이 되어서 이웃을 넘어뜨리려고 거짓 증언을 하는 행위입니다.9 "너는 이유도 없이 네 이웃을 치는 증언을 하지 말라"라는 말씀

---

6 Schultz, "עוּד," 1576.

7 Schultz, "עוּד," 1576.

8 Paul E. Koptak, *Proverbs*, NIV Application Commentary, ed. Terry Muck [Grand Rapids: Zondervan Publishing House, 2003], 565에 따르면, 28절과 29절이 서로 관련이 있는데 28절에서 어떤 사람이 거짓으로 증언하는 이유는 보복하는 방법이라고 말한다. 그렇다면 29절에서 피해를 본 사람이 28절에서 보복하려는 마음에서 거짓 증언을 하려고 한다는 뜻이다. Kathleen A. Farmer, *Proverbs & Ecclesiastes: Who Knows What is Good?*, International Theological Commentary, ed. Fredrick Carlson Holmgren and George A. F. Knight (Grand Rapids: Wm. B. Eerdmans Publishing Company, 1991), 115에도 비슷한 견해를 제시하고 있다. 그는 설사 이웃이 우리를 고통스럽게 했어도 우리는 이웃에게 거짓으로 증언하지 말아야 함을 28~29절이 가르친다고 말한다. R. N. Whybray, *Proverbs*, New Century Bible Commentary, ed. Ronald E. Clements (Grand Rapids: Wm. B. Eerdmans Publishing Company, 1995), 355에서는 28절과 29절이 서로 관련이 있다는 주장에 동의하지 않는다. 28절은 단순히 '너의 이웃'이라고 했지, 이것이 29절과 연관이 있다고 보기는 어렵다고 주장한다.

은, 아무런 근거도 없이 거짓으로 증언을 금지합니다. 하지만 이 표현은 또한 불쌍히 여기지 않고 무자비한 마음으로 복수하려고 거짓 증언을 하지 말라는 경고입니다. 개인 원한 관계로 자비나 친절한 마음은 사라진 상태입니다. 복수하려는 여신의 종이 되어 버렸습니다. 그래서 반복하여 보복하려는 마음에서 거짓 증언을 합니다. 이것을 금지하고 있습니다. 이웃과 원한 관계가 있어도, 이웃이 하지 않은 일을 한 일처럼 험담하거나 거짓말을 꾸미면 안 됩니다. 이른바 가짜 뉴스를 만들어서 이야기하면 안 됩니다. 복수하겠다는 일념으로 사실을 왜곡해서도 안 됩니다.

사실, 우리는 너무나 자주 이런 잘못을 범하고 있습니다. 과거 문제를 마음에 담아 두었다가 죄 없는 사람을 걸고넘어지는 경우를 많이 봅니다. 죄 있는 사람에게 죄가 있다고 말함은 잘못이 아닙니다. 잘못된 증언이 아닙니다. 그러나 개인 원한 관계로 사실을 왜곡하면서 하지 않은 일을 한 것처럼 만든다면 큰 문제입니다. 다윗이 사울 왕을 피하려 도망할 때 놉에 가서 제사장 아히멜렉에게 음식을 요청합니다. 그러자 제사장 아히멜렉은 보통 빵은 없고 거룩한 빵만 있다고 말합니다. 아비멜렉이 한 대답에, 다윗은 그거라도 좋다고 하자 다윗의 부하들이 깨끗하다면 주겠노라고 하면서 아히멜렉이 물러낸 빵을 줍니다. 사울의 신하 중 하나인 에돔 사람 도엑은 이 장면을 보았습니다. 그는 사울에게 아히멜렉이 다윗과 모의하고 다윗이 해야 할 일을 주님께 여쭙고 그에게 도움을 주었다고 거짓 증언을 하였습니다. 거짓 증언 결과, 아히멜렉의 가족인 제사장 85명과 그 성읍 사람은 모두 사울 왕에 의하여 몰살됐습니다(삼상 21~22장).[10] 이처럼 거짓으로 증언한 결과는 처참합니다.

---

[9] Bruce K. Waltke, *Proverbs 15~31*, New International Commentary on the Old Testament, ed. Robert L. Hubbard Jr. (Grand Rapids: Wm. B. Eerdmans Publishing Company, 2005), 296에서는, '이유도 없이 증언하는 것'을 개인 원한을 갚는 수단으로 사람에게 차별하려고 법정에서 이루어지는 과정을 남용한 것으로 본다.

[10] Waltke, *Proverbs 15~31*, 296.

거짓 증언은 입술로 속이는 죄입니다. "네 입술로 속이는 일도 하지 말아라." "속이는 일"을 의미하는 단어는 '파타(פָּתָה)'입니다. 이 단어는 '무엇이 옳은지 그른지에 대하여 분별하되, 판단은 하지 않고 유혹에 대하여 개방적인 태도'를 보이는 것을 말합니다.11 '네 입술로 속이는 일도 하지 말라'는 현재 일이 옳은지 그른지를 분별하지도 않고 무조건 과거사 때문에 거짓말을 하는 죄를 짓지 말라는 말입니다. 곧, 과거사 때문에 이웃을 쳐서 넘어뜨리려고 거짓으로 증언하는 일이 바로 자기 입술로 속이는 죄라고 경고합니다.

성경은 우리에게 위증하지 말라, 모함하지 말라고 경고합니다. 이웃을 넘어뜨리려고 거짓 증거, 곧 거짓말을 하지 말라고 경고합니다. 특히 과거 원한 관계 때문에 사실을 왜곡해서는 안 된다고 경고합니다. 과거 원한 관계에 갇혀 살면, 사회생활에서 모난 삶을 살 수밖에 없습니다. 사회생활을 하다 보면 한두 번은 원한 관계를 경험합니다. 나도 남에게 남도 나에게 그렇게 하기에, 그것을 덮고 넘어가려고 마음을 먹어야 합니다. 그런데 그것을 덮고 넘어가지 못해서 마음에 두고 복수하면, 결국은 보복에 또 보복하는, 끊을 수 없는 순환고리를 만듭니다.

성도는 더불어 살아가는 삶이어야 합니다. 다른 사람이 유익하도록 살아가는 삶입니다. 주기도문이 이 사실을 증명하고 있습니다. 주기도문에서 자주 등장하는 용어가 있습니다. 그것은 '우리'입니다. "하늘에 계신 우리 아버지, 오늘 우리에게 필요한 양식을 주시고, 우리가 우리에게 죄지은 사람을 용서한 것같이 우리 죄를 용서하여 주시고, 우리를 시험에 들지 않게 하시고"(마 6:9~13). 주기도문에서 핵심은 나 개인이 아니라 공동체인 우리입니다. 개인이 겪는 상처와 아픔은 주님으로부터 치료받고, 공동체를 위해서 살라고 강조합니다. 그런데

---

11 Louis Goldberg, "פָּתָה," 『구약원어신학사전 (하)』, R. 레어드 해리스, 글리슨 L. 아처 2세, 브루스 K. 월트케 편집, 번역위원회 옮김 (서울: 요단출판사, 1986), 1853.

과거 개인 원한에 사로잡히면, 복수가 또 다른 복수를 낳기에 결국 자기는 물론이고 사회도 고통받습니다.

28~29절은 서로 관련이 있습니다. 29절이 원인이고 28절이 결론일 수 있습니다. 곧, 원한 관계 때문에(29절) 거짓 증언, 거짓말, 험담을 할 수 있습니다(28절). 그런데 이것을 바꾸어 말하면 28절이 원인이고 29절이 결과일 수도 있습니다. 다른 말로 하면, 거짓 증언을 했기 때문에(28절) 상대방에게 보복하려는 마음을 가질 수 있습니다(29절). 성경은 그것을 경계하고 있습니다.

II. 개인 원한 관계는 직접 보복하지 않고, 주님께 맡겨서 해결한다(29절).

29절에서 지혜자는 말합니다. "너는 '그가 나에게 한 그대로 나도 그에게 하여, 그가 나에게 한 만큼 갚아 주겠다' 하고 말하지 말아라." 사람은 자기에게 잘한 사람에게는 감사하는 마음을 가집니다. 그러나 자기에게 잘못한 사람에게는 앙심을 가질 수 있습니다. 특히, 어려울 때 자기에게 화살을 겨눈 사람이나 고통을 준 사람에게 보복하려는 마음을 가질 수 있습니다. 위증하는 것, 곧 거짓 증언이나 거짓말로 이웃에게 해를 끼치는 행위도 잘못이지만, 그것 때문에 복수하려는 칼을 품는 태도도 잘못입니다. 성경에는 이른바 황금률이 있습니다. 마태복음 7:12입니다. "그러므로 너희는 무엇이든지, 남에게 대접받고자 하는 대로, 너희도 남을 대접하여라. 이것이 율법과 예언서의 본뜻이다." 남에게 대접받으려면 먼저 대접해야 합니다. 이것을 반대로 말하면 '남이 나에게 나쁜 일을 했다면 남에게 그대로 하지 말라'입니다.[12] 내가 복수하면, 또 다른 복수가 나에게 부메랑처럼 되돌아옵니다. 탈무드에 이런 말이 있습니다. "남이 너에게 하지 않기를 바라는 것을 남에게 하지 말라"(*b. Snahedrin* 31a).[13] 이 황금률은 남에게 잘

---

12 Farmer, *Proverbs & Ecclesiastes*, 115.

13 The NET Bible, Proverbs 24:29, n. 55.

해야 할 뿐 아니라 남에게 해를 끼치지 말라고 합니다. 성경은 사랑하고 포용하는 정신을 강조합니다. 타락으로, 우리는 사랑하고 포용하는 정신을 많이 잃었습니다. 예수님이 오신 목적 중 하나는 이 잃어버린 사랑과 포용을 회복하는 것입니다.

물론 성경은 이른바 보복 법을 허용했습니다. 출애굽기 21:24~25입니다. "눈은 눈으로, 이는 이로, 손은 손으로, 발은 발로, 화상은 화상으로, 상처는 상처로, 멍은 멍으로 갚아야 한다." 잠언 24:24에서는 "악인에게 '네가 옳다'라고 하는 자는 백성에게서 저주받고, 뭇 민족에게서 비난받을 것이다"라고 했습니다. 이 두 구절을 보면, 잘못한 일에 눈을 감지 말고 그대로 갚아야 한다고 말합니다. 그런데 오늘 본문 잠언 24:29은 보복하지 말라고 경고합니다.

성경이 가르치는 바가 상충하고 있습니다. 어떻게 상충하는 구절을 조화롭게 만들 수 있을까요?

사회 질서나 하나님의 공의를 유지하는 문제인지 아니면 개인 원한 관계인지 관점에서, 보아야 합니다. 출애굽기에서 "눈에는 눈, 이에는 이"는 공동체 질서 유지와 관련이 있습니다. 공동체 질서 유지에는 법이 있어야 합니다. 법에 따라 처리해야 합니다. 그래야 사회는 보호가 되고, 사회 질서는 유지가 됩니다. 강자라고 법 위에 있을 수 없고, 약자라고 법 밑에 있게 해서는 안 됩니다. 사회를 유지하려면 약자든 강자든 모두 법 앞에 평등해야 하고, 모두 법에 따라 균등하게 보호받아야 합니다. 그리고 잠언 24:24은 하나님의 공의와 관련이 있습니다. 하나님의 공의에 따라, 죄를 죄라고 말해야 합니다. 죄를 죄가 아니라고 말함은 하나님의 공의를 왜곡하는 일입니다. 하나님의 공의는 죄를 반드시 처벌하라고 말합니다. 먼저 공의를 세우고, 그다음에 용서 문제를 다뤄야 합니다. 그래서 십자가가 필요했습니다.

그런데 본문에서 말하는 바는 사회의 질서나 하나님 공의 관점이 아닙니다. 개인 원한 관계입니다. 29절에서 "그가 나에게 한 그대로"

라는 용어에 주의해야 합니다. "그가 나에게 한 그대로"는 사회 질서 문제가 아닙니다. 하나님 공의 문제도 아닙니다. 개인 원한 관계입니다. "그가 나에게 한 만큼 갚아 주겠다"라는 말은 이웃이나 친구가 나에게 행한 죄와 잘못을 그대로 되갚아주겠다는 뜻입니다. 본문에서 '나에게 한 일(כְּפָעֳלוֹ, 커파알로)'은 좋은 일이 아니라 악한 일을 뜻합니다.14 그가 나에게 악한 일을 했기에, 나도 그에게 악한 일로 보복하려는 (עָשָׂה, 아사)15 의지를 말합니다. 이렇게 보복하려 함은 잘못이며 죄이기에, 하지 말라고 경고하고 있습니다.

그리스도인은 하나님께서 공의를 이루신다고 믿어야 합니다. 하나님은 공의로우시기에, 우리는 사회 공의에 반대하는 사람에 맞서서 공의를 지켜야 합니다. 잘못한 일은 잘못했다고 평가해야 합니다. 처벌받아야 할 일은 마땅히 처벌해야 합니다. 그래야 사회 공의가 설 수 있습니다. 그러나 개인 원한 관계는 자기가 처벌하지 말고 하나님께 맡기라고 말씀하십니다.16 쉽지 않은 일이지만, 보복하려는 마음이 일어날 때 우리는 참고 인내하면서 하나님께 맡겨야 합니다. 하나님은 우리가 당하는 아픔을 다 알고 계십니다. 성경은 원수 갚은 일은 우리 영역이 아니고 하나님의 영역이라고 말씀하고 있습니다. 잠언

---

14 동사 '파알(פָּעַל)'이나 명사 '포알(פֹּעַל)'은 둘 다 사람 행위를 묘사할 때는 도덕적 행위를 가리키는데, 긍정적 의미로도 쓰이지만 많은 경우는 부정적 의미를 쓰인다. Victor P. Hamilton, "פָּעַל," 『구약원어신학사전 (하)』, R. 레어드 해리스, 글리슨 L. 아쳐 2세, 브루스 K. 월트케 편집, 번역위원회 옮김 (서울: 요단출판사, 1986), 1972를 참조하라.

15 '아사(עָשָׂה)'는 '행하다, 성취하다' 뜻인데, 하나님께 쓰일 때는 하나님께서 하신 위대한 활동, 창조나 이스라엘 백성에게 행하신 역사를 강조한다. 그런데 흔히는 도덕적 의무를 말한다. 그래서 본문은 복수한다 또는 원수를 갚는다는 의미로 쓰였다. Thomas E. Mccomiskey, "עָשָׂה," 『구약원어신학사전 (하)』, R. 레어드 해리스, 글리슨 L. 아쳐 2세, 브루스 K. 월트케 편집, 번역위원회 옮김 (서울: 요단출판사, 1986), 1708을 보라.

16 Waltke, *Proverbs 15~31*, 296.

24:12이 그 사실을 말합니다. "마음을 헤아리시는 주님께서 어찌 너의 마음을 모르시겠느냐? 너의 목숨을 지키시는 주님께서 다 알고 계시지 않겠느냐? 그분은 각 사람의 행실대로 갚으실 것이다." 신명기 32:35은 하나님께서 친히 원수를 갚아 주신다고 하였습니다. "원수 갚는 것은 내가 하는 일이니, 내가 갚는다. 원수들이 넘어질 때가 곧 온다. 재난의 날이 가깝고, 멸망의 때가 그들에게 곧 덮친다."

예수님도 원수 갚는 것은 하나님의 영역이라고 하셨습니다. 마태복음 5:38~39입니다. "'눈은 눈으로, 이는 이로 갚아라'라고 말한 것을 너희는 들었다. 그러나 나는 너희에게 말한다. 악한 사람에게 맞서지 말아라. 누가 네 오른쪽 뺨을 치거든, 왼쪽 뺨마저 돌려대어라." 왜냐하면 원수 갚는 일은 우리 영역이 아니기 때문입니다. 바울도 성경을 상기하면서 원수 갚는 것을 하나님께 맡기자고 했습니다. "사랑하는 여러분, 여러분은 스스로 원수를 갚지 말고, 그 일은 하나님의 진노하심에 맡기십시오. 성경에도 기록하기를 '원수 갚는 것은 내가 할 일이니, 내가 갚겠다'라고 주님께서 말씀하신다고 했습니다"(롬 12:19).

성경은 보복 원리를 말합니다. 사회 질서를 유지하려는 데, 하나님의 공의를 나타내려는 데만 보복을 허락했습니다. 하지만 개인 원한 관계를 말할 때는 보복 원리보다는 사랑과 용서 원리를 사용하길 바라십니다. 그리고 보복은 하나님께 맡겨야 합니다. 하나님께서 갚아 주시기 때문입니다.

결론

오늘 본문에서 지혜자는 개인 원한 문제를 직접 해결하지 말라고 권면합니다. 내가 개인 원한 관계를 만드는 원인일 수 있습니다. 내가 먼저 거짓 증언, 즉 거짓말로 상대방을 해치려고 했을 수도 있습니다. 아니면 상대방이 먼저 나에게 했기에 내가 그에 상응하게 보복하려고 하다 보니 개인 원한 관계를 만들었을 수도 있습니다. 내가 먼저 잘못했든지 아니면 상대방이 먼저 잘못했든지, 믿는 사람 자신이 복수의 화신이 되어 해결하려고 해서는 안 된다는 점이 중요합니다. 개인 원한 관계는 보복으로 해결되지 않기 때문입니다. 자기가 해결하려고 하면 할수록 문제는 꼬입니다. 복수는 복수를 낳습니다. 보복 운전은 보복 운전을 낳아, 결국 둘 다 다칩니다. 보복은 해결책이 아니라 오히려 더 큰 보복을 만드는 원인일 뿐입니다. 그러므로 개인 원한 관계는 주님께 맡겨야 합니다. 주님은 공의로운 하나님이시기 때문입니다. 오히려 우리는 용서해야 합니다. 용서하고 포용하는 정신을 실천해야 합니다.

추가 4 더 거둘 수 있게 힘써 뿌립시다
잠언 24:30~34

중심 내용: 게으름은 가난을 뿌려 거두고, 부지런함은 부와 복을 뿌려 거둔다.

I. 게으른 자의 지경은 철저하게 무너지고 황폐해진다(30~31절).

II. 그 결과, 가난과 빈곤은 홍수처럼 들이닥친다(32~34절).

서론

오늘 본문에서 지혜자는 게으름과 나태를 경고합니다. 우리 속담에 "뿌린 대로 거둔다"라는 말이 있습니다. 게으름과 나태함을 뿌리면, 가난과 빈곤이 닥칩니다. 하지만 부지런함을 뿌리면, 부유함과 복이 찾아옵니다. 사람은 습관적으로 쉬고 싶은 마음이 있습니다. 이것을 극복하는 길은 의지력으로 결단입니다. 머리에만 맴돌게 하지 말고, 생각하는 바를 실천해야 합니다. 날씨가 추워지면, 밖으로 나가 운동하기가 싫습니다. 그러나 의지적으로 결단하여 밖으로 나가 운동을 시작하면, 나오기를 잘했다는 생각이 들고 몸도 그렇게 반응합니다. 그래서 "해야 하는데"라고 하면서, 하려는 마음만 품지 말고 실천으로 옮기는 의지력으로 결단해야 합니다. 오늘은 「더 거둘 수 있게 힘써 뿌립시다」라는 제목으로 말씀을 전하겠습니다.

I. 게으른 자의 지경은 철저하게 무너지고 황폐해진다(30~31절).

30절입니다. "게으른 사람의 밭과 지각이 없는 사람의 포도원을 내가 지나가면서 보았더니." 지혜자가 우연한 기회에 시골길을 걷고 있었습니다. 사람들은 논과 밭에서 열심히 일하고 있었습니다. 시골길을 걷던 중에 게으른 자의 밭과 지각이 없는 자의 포도원을 지나가다(עָבַרְתִּי, 아바르티)[1] 깜짝 놀랐습니다. 무엇이 그를 깜짝 놀라게 했는지는 조금 있다가 말씀드리겠습니다.

먼저, '게으른 사람'과 '지각이 없는 사람'이 누구인지를 먼저 살펴보겠습니다. "게으른 사람"에서 '게으른(עָצֵל, 아첼)'은 나태함, 동작이 느리며 꾸물거림을 나타냅니다.[2] 그래서 게으른 사람은 나태한 사람이요, 일하기 싫어 꾸물꾸물 대거나 어기적거리는 사람입니다.

---

[1] "지나가다"는 히브리어로 '아바르티(עָבַרְתִּי)'이다. 일반적인 뜻은 '통과하다'이다. 그러나 네 가지 다른 뜻도 있다. 1) 단순한 움직임, 2) 이곳에서 저곳으로 이동, 3) 장애물이나 장벽을 극복, 4) 영적 의미로는 언약이나 율법을 위반 등이다. 여기서는 일반적인 뜻인 통과한다는 의미로 쓰였다. 이 단어에 관한 자세한 내용은 Francis Brown, S. R. Driver, and Charles Briggs, eds., *A Hebrew and English Lexicon of the Old Testament with an Appendix Containing the Biblical Aramaic* (Oxford: Clarendon Press, 1906; reprint, Peabody, MA: Hendrickson Publishers, 1979), 719; Gerard van Groningen, "עָבַר,"『구약원어신학사전 (상)』, R. 레어드 해리스, 글리슨 L. 아쳐 2세, 브루스 K. 월트케 편집, 번역위원회 옮김 (서울: 요단출판사, 1986), 1556.

[2] Ronald B. Allen, "עָצֵל,"『구약원어신학사전 (하)』, R. 레어드 해리스, 글리슨 L. 아쳐 2세, 브루스 K. 월트케 편집, 번역위원회 옮김 (서울: 요단출판사, 1986), 1672.

반면에 "지각이 없는 사람"은 의지적으로 행동하는 능력이 부족한 사람을 말합니다. '지각(לֵב, 레브)'은 마음이나 심장을 의미하는 용어입니다. 곧, 감정, 사고, 의지를 표현하고 행동하는 능력을 말합니다.3 그리고 '없다(חָסֵר, 하사르)'는 부족하다, 결핍하다, 모자라다 따위를 뜻합니다.4 결국, '지각이 없다(חֲסַר־לֵב, 하사르-레브)'는 마음이나 심장이 부족하다는 뜻이요. 감정을 표현하거나 사고하여 의지적으로 행동하는 능력이 부족한 상태를 말합니다. 그래서 '지각이 없는 사람'은 의지적으로 행동하는 능력이 부족한 사람을 말합니다.

그런데 '게으른 사람'과 '지각이 없는 사람'이 30절에서 나란히 쓰입니다. 이것은 게으름이 지각 부족에서 나옴을 의미합니다. 곧, 사고나 의지적으로 행동하는 능력이 부족한 결과로 나타나는 현상이 바로 게으름입니다. 생각이나 의지를 행동으로 표현하는 능력이 부족하기에, 게을러지고 나태해집니다. 그래서 게으른 사람은 일반적으로 의지가 부족한 사람이 아니라 의지를 행동으로 표현하는 능력, 다시 말해 행동으로 옮기는 힘이 부족한 사람입니다. 또한 생각이나 사고를 행동으로 옮기기를 매우 싫어하는 사람입니다. 마음으로는 해야 하는 걸 알지만, 실제 행동으로 옮겨서 실천하기를 주저합니다. 이런 패턴이 반복하면 게으른 사람이 됩니다.

지혜자가 이런 사람의 논밭과 포도원을 보았습니다. 그런데 깜짝 놀랐습니다. 그들의 논과 밭 그리고 포도원은 가시덤불로 엉겅퀴로 덮여 있었기 때문입니다. 그리고 돌담은 무너져 밭인지 포도원인지

---

3 Andrew Bowling, "לֵבָב," 『구약원어신학사전 (상)』, R. 레어드 해리스, 글리슨 L. 아쳐 2세, 브루스 K. 월트케 편집, 번역위원회 옮김 (서울: 요단출판사, 1986), 1071.

4 Jack B. Scott, "חָסֵר," 『구약원어신학사전 (상)』, R. 레어드 해리스, 글리슨 L. 아쳐 2세, 브루스 K. 월트케 편집, 번역위원회 옮김 (서울: 요단출판사, 1986), 705.

구별할 수 없었습니다. 31절입니다. "거기에는 가시덤불이 널려 있고, 엉겅퀴가 지면을 덮었으며, 돌담이 무너져 있었다." 농작물을 재배하려면 논과 밭을 잘 관리해야 하는데, 오히려 논과 밭에 잡초만 자라고 있었습니다. '가시덤불'은 엉겅퀴나 쐐기풀을 의미합니다.5 반면에 '엉겅퀴(חָרוּל, 하룰)'는 잡초의 일종입니다.6 엉겅퀴나 잡초는 경작하지 않는 빈 땅이나 노는 땅에서 아주 빨리 자라는 특징이 있는 풀입니다. 이런 현상은 돌보지 않은 논이나 밭, 집 마당, 운동장에 잡초로 가득한 모습에서 쉽게 발견할 수 있습니다.

게으른 자의 논과 밭 그리고 포도원은 가시덤불, 엉겅퀴, 잡초로 뒤덮였습니다. 우리말 성경에는 잘 표현하지 않지만, 히브리어 성경에서는 '모든(כֻּלּוֹ, 쿠로)' 그리고 지면(פָּנָיו, 파나브)이 있습니다. 논과 밭 그리고 포도원의 모든 지면에 가시덤불, 엉겅퀴, 잡초로 완전히 뒤덮여 있었다는 뜻입니다. 전체가 잡초로 덮여 있어서, 논인지 밭인지 포도원인지 구분할 수 없을 정도로 황폐한 상태였습니다.

지혜자가 특별히 포도원을 지칭한 데는 의미가 있습니다. 모든 농사가 다 가치가 있지만, 고대나 지금이나 포도원은 특별히 가치가 있고 귀중한 자산이었습니다. 포도송이를 판매하거나 부가가치가 높은 포도주를 만들어 판매를 할 수 있기 때문입니다. 이러한 판매 수입은 가정에 물질적인 부를 가져다줍니다. 그래서 포도원 주인은 포도원을 관리하려고 인내하며 많은 노동력과 물질을 투자합니다.

---

5 Leonard J. Coppes, "קִמּשׂ," 『구약원어신학사전 (하)』, R. 레어드 해리스, 글리슨 L. 아쳐 2세, 브루스 K. 월트케 편집, 번역위원회 옮김 (서울: 요단출판사, 1986), 2033에 따르면, '가시덤불'은 엉겅퀴 또는 쐐기풀이다(사 34:13; 호 9:6).

6 Leon J. Wood, "חרל," 『구약원어신학사전 (상)』, R. 레어드 해리스, 글리슨 L. 아쳐 2세, 브루스 K. 월트케 편집, 번역위원회 옮김 (서울: 요단출판사, 1986), 743에 따르면, 잡초의 일종으로 '이집트 콩'이다. 스바냐 2:9에서는 '거친 풀'로 번역한다.

지혜자가 포도원을 특별히 언급함은 사업에 관한 은유일 수 있습니다.7 논과 밭이 일상생활 공간이면, 포도원은 물질적으로 더 부유하게 하는 사업체일 수 있습니다. 그런데 주인의 게으름으로 모든 것이 부실한 상태입니다. 사람이 게으르면, 생활은 물론이거니와 사업까지도 어려워집니다. 돌담까지도 무너진 상황을 봤습니다. 돌담은 자연 그대로 돌을 놓아서 만든 담을 말합니다.8 이 돌담은 여우나 들짐승 침범을 막아 경작지를 보호하려고 만든 울타리입니다.9 그렇다면 돌담이 무너진 상태는 외부 약탈자로부터 공격이나 침입을 막을 수 없는 상태라는 뜻입니다.10 경작지는 잡초로 덮여 완전히 폐허 상태라 더는 열매를 거의 맺을 수가 없습니다. 그나마 열린 열매마저 약탈자 침입에 무방비 상태입니다. 그 결과, 농경지나 사업체가 철저하게 황폐한 상태입니다. 게을러지고 나태해지면 생활은 물론이거니와 생활 터전인 사업체도 완전히 무너집니다.11

---

7 Bruce K. Waltke, *Proverbs 15~31*, New International Commentary on the Old Testament, ed. Robert L. Hubbard Jr. (Grand Rapids: Wm. B. Eerdmans Publishing Company, 2005), 298.

8 Waltke, *Proverbs 15~31*, 299에 따르면, '돌담(גֶּדֶר אֲבָנָיו, 게데르 아바나브)'이 반죽을 바르지 않은 돌로 만들어진 담이라면, '호마(חוֹמָה)'는 도시나 건물 주위를 보호하는 큰 벽을 의미한다.

9 트렘퍼 롱맨 3세, 『잠언 주석』, 베이커 지혜 문헌·시편 주석 시리즈, 임요한 옮김 (서울: 기독교문서선교회, 2019), 700에 따르면, 돌담은 밭의 경계를 세우는 벽이다.

10 Roland E. Murphy, *Proverbs*, Word Biblical Commentary, ed. Bruce M. Metzer, David A. Hubbard, and Glenn W. Barker, vol. 22 (Waco, TX: Word Books, 1998), 186.

11 Richard J. Clifford, *Proverbs*, Old Testament Library, ed. James L. Mays, Carol A. Newsom, and David L. Petersen (Louisville, KY: Westminster John Knox Press, 1999), 218.

영적 삶도 마찬가지입니다. 주님 사역을 게으르게 할 때, 영혼은 철저하게 폐허 상태가 됩니다. 하나님 말씀을 읽고 듣는 데 나태해지면, 껍데기만 남는 신앙인이 됩니다. 믿는 사람으로 착각하게 하는 경건한 모양새가 있을지 모르지만, 마음은 황폐해져서 믿지 않는 사람과 다를 바가 없이 경건의 능력은 찾아볼 수도 없습니다. 이런 사람은 결국 생활에서 불평, 불만, 원망으로 가득한 삶을 살아갑니다. 세상 것을 추구하며 살아가는 이름뿐인 성도입니다. 이처럼 무늬만 성도는 아무런 영향력도 주지 못하는 죽은 신앙, 영적 파산자입니다.

게으르면, 경작지가 폐허가 되고 영적으로도 파산한 신앙 상태에 이릅니다. 그 결과는 무엇일까요? 지혜자는 32~34절에 그 결과를 언급합니다. 가난해지고 빈곤해집니다.

II. 그 결과, 가난과 빈곤은 홍수처럼 들이닥친다(32~34절).

폐허 상태인 농경지와 포도원을 보고, 지혜자는 생각하고 교훈도 없습니다.12 32절입니다. "나는 이것을 보고 마음 깊이 생각하고, 교훈을 얻었다." 우리는 책이나 성경에서 교훈을 얻을 수 있습니다. 말씀을 읽고 배우면서 교훈을 얻을 수 있습니다. 설교 말씀을 들음으로 교훈을 얻을 수 있습니다. 스승이나 부모에게서 교훈을 배울 수 있습니다. 자연을 보면서도 교훈을 얻을 수 있습니다. 지혜자는 자연을 관찰하면서 자연에 나타난 현상에서 교훈을 얻습니다. 그 교훈이 바로 33~34절입니다.13 "조금만 더 자야지, 조금만 더 눈을 붙여야지, 조금만 더 팔을 베고 누워있어야지 하면, 가난이 강도처럼 들이닥치고, 빈곤이 방패로 무장한 용사처럼 달려들 것이다." 사람이 게으르지고 나태해질 때, 가난이 급습한다는 말입니다. 가난해지지 않으려면,

---

12 Waltke, *Proverbs 15~31*, 299에 따르면, '나'는 개인감정을 강조한다. 스스로 주의를 기울였다, 의식했다는 점을 강조한다.

13 이 구절은 잠언 6:10~11에서 언급한 바 있다.

의지를 불태워 게으름과 싸워야 합니다. 나태해지려는 마음과 싸워야 합니다. 우리 마음에는 조금만 더, 조금만 더, 조금만 더 하면서 안주하려는 바람이 가득합니다. 조금만 더 쉬려 합니다. 조금만 더 놀려 합니다. 조금만 더 눈을 붙이려 합니다.

일해야 열매를 거둘 수 있습니다. 열심히 일해도 자기가 일한 만큼 열매를 얻지 못하는 경우가 많습니다. 이것이 타락한 이후에 받은 징계 중 하나입니다. 창세기 3:17~18입니다. "남자에게는 이렇게 말씀하셨다. '네가 아내의 말을 듣고서, 내가 너에게 먹지 말라고 한 그 나무의 열매를 먹었으니, 이제, 땅이 너 때문에 저주를 받을 것이다. 너는, 죽는 날까지 수고를 하여야만, 땅에서 나는 것을 먹을 수 있을 것이다. 땅은 너에게 가시덤불과 엉겅퀴를 낼 것이다. 너는 들에서 자라는 푸성귀를 먹을 것이다.'" 처음 사람이 창조되었을 때는 하나님께서 모든 것을 공급해 주셨습니다. 사람은 먹을 것을 걱정하지 않고 하나님께서 주신 사명만 생각하고 감당하면 되었습니다. 뱀이 한 말에 유혹돼 하나님께 순종하지 않고 불순종합니다. 그 결과, 하나님의 징계를 받았습니다. 그 징계로 사람은 일해야만 먹을거리를 얻을 수가 있었습니다. 그런데 사람은 일한 만큼 열매를 얻지 못합니다. 왜냐하면 땅이 가시덤불과 엉겅퀴를 내기 때문입니다. 가시덤불 그리고 엉겅퀴와 같은 잡초 때문에, 사람은 쉬지 못하고 계속 일해야만 했습니다.

농사를 지어 본 사람은 압니다. 농촌에서 살아본 사람은 압니다. 일이 얼마나 많은지. 돌아서면 일입니다. 밭을 갈고 씨를 뿌리고, 잡초를 제거해야 합니다. 잡초를 제거했는데도 돌아서면 잡초가 자라납니다. 그러면 또 제거해야 합니다. 그렇게 해야 가을에 열매를 거둘 수 있습니다. 열매를 거둔 다음에는 곧바로 밭을 갈아야 합니다. 그래야 잡초가 덜 생깁니다. 농촌에는 계속 일이 있습니다. 물론 농한기도 있지만, 이때도 일해야 합니다. 매일 일해도, 아무리 부지런해도 바라는 만큼 열매를 얻기가 어렵습니다. 그런데 게으른 사람은 '조금만 더', '조금만 더', '조금만 더'라고 하면서 쉬고, 자고, 눕습니다.

지혜자는 '조금만 더'를 세 번이나 말합니다. 이른바 강조 용법입니다. 사람은 조금만 더 쉬고 싶어 하면서도 조금만 더 가지고 싶어 합니다. "조금만 더(מְעַט, 마아트)"는 양이나 수가 적음을 의미합니다. 매우 적은 양, 매우 적은 수를 의미합니다.14 조금만 더 자고 싶은 게 사람 마음입니다. 조금만 더 눈을 붙이고(תְּנוּמוֹת, 터누모트)15 싶은 게 사람 마음입니다. 조금만 더 팔을 베고(חִבֻּק, 히부크)16 누워 있고 (לִשְׁכָּב, 리스카브)17 싶은 게 사람 마음입니다. 조금만 더 쉬고 싶은 마

---

14 Victor P. Hamilton, "מְעַט," 『구약원어신학사전 (상)』, R. 레어드 해리스, 글리슨 L. 아쳐 2세, 브루스 K. 월트케 편집, 번역위원회 옮김 (서울: 요단출판사, 1986), 1228.

15 R. Laird Harris, "נום," 『구약원어신학사전 (하)』, R. 레어드 해리스, 글리슨 L. 아쳐 2세, 브루스 K. 월트케 편집, 번역위원회 옮김 (서울: 요단출판사, 1986), 1325에 따르면, '눈을 붙인다'는 히브리어로 '터누마(תְּנוּמָה)'이다. 터누마는 선잠이나 수면을 의미하는데, 잠언에서는 상징적으로 나태함이나 활동하지 않음을 뜻한다(잠 23:21; 6:10; 24:33).

16 '팔을 베고 누워'는 히브리어로 손을 모은다는 의미로 쓰이는 '히부크(חִבֻּק)'이다. 이 동사는 '하바크(חָבַק)'에서 나왔다. 하박은 일반적으로 사랑을 표현하는 데 쓰였다. 첫 번째는 다정함이나 애정을 표현하려고 다른 사람을 포옹하는 뜻이고, 두 번째는 사랑하는 연인이 포옹하는 뜻이며, 세 번째는 자애를 나타내는 암시적인 표현이다. 그런데 전도서에서는 나태함을 의미하는 데 쓰였다. 잠언 24:33에서 누우려고 손을 모음은 게으름을 상징한다. Gerard van Groningen, "חָבַל," 『구약원어신학사전 (상)』, R. 레어드 해리스, 글리슨 L. 아쳐 2세, 브루스 K. 월트케 편집, 번역위원회 옮김 (서울: 요단출판사, 1986), 596을 참조하라.

17 Victor P. Hamilton, "שָׁכַב," 『구약원어신학사전 (하)』, R. 레어드 해리스, 글리슨 L. 아쳐 2세, 브루스 K. 월트케 편집, 번역위원회 옮김 (서울: 요단출판사, 1986), 2381에 따르면, '눕다(שָׁכַב, 샤카브'는 Qal형으로 주로 성교하려고 눕는다는 뜻이다. 성관계 문맥에서, 하나님의 뜻에 따르는 올바른 성관계를 언급할 때도 있지만, 부정적인 의미, 곧 간통이나 성적 탈선에 주로 쓰였다. 그렇다면 잠언 24:33에서 쉬려고 팔을 베는 행위는 일해야 하는 시간에 성관계하려고 침대에서 빈둥거림을 뜻할 수 있다. 하지만 33절에

음, 조금만 더 게을러지고 싶고, 조금만 더 나태해지려는 마음을 이겨야 합니다. '조금만 더'를 이겨내야 합니다.

영적 싸움도 마찬가지입니다. 아침에 새벽 기도에 나오기가 얼마나 어려운지 모릅니다. 졸음과 싸워야 하고, 쉬고 싶은 마음과 싸워 이겨야 새벽기도에 나올 수 있습니다. 그리고 새벽기도가 끝나고 집으로 가면 또 다른 싸움이 기다립니다. 침대에 들어가서 잠깐 자고 싶어 하는 마음이 들기 때문입니다. '조금만 잘까, 조금만 누울까'라는 생각과 싸워야 합니다. 그 싸움에서 지면, 침대에 들어가죠. 그런데 이겨야 상쾌하게 정상 생활을 할 수 있습니다. 우리 삶에는 싸움이 계속 있습니다. 우리는 매일매일을 나태함이나 게으름과 싸워야 합니다. 육신의 편안함을 추구하는 욕구와도 힘있게 싸워야 합니다. 육신의 나태함과 싸워야 할 뿐 아니라 영적 나태함과 싸워야 합니다. 이기면 보상이 있습니다. 사실, 져도 보상이 있습니다. 물론 우리가 바라는 보상이 절대 아닙니다.

지혜자는 게으름이나 나태함과 싸워 졌을 때 겪는 결과를 34절에 말합니다. "**가난이 강도처럼 들이닥치고, 빈곤이 방패로 무장한 용사처럼 달려들 것이다.**" 게으른 사람에게 주어지는 결과는 '가난'입니다.[18] 논과 밭 그리고 포도원에 가시덤불과 엉겅퀴로 뒤덮였고 돌담이 무너졌다면, 가난한 삶은 당연합니다. 가난은 빈곤한 상태, 결핍한 상태를 말합니다.[19] 가난은 사회 계층에게서 가장 낮은 층에 있는 상태를 가리킬 때 사용합니다.[20] 하지만 '빈곤(חֶסֶר, 하세르)'은 부족, 결

서 이 단어가 더 자야지, 더 눈을 붙여야지와 병행하여 쓰인 점을 볼 때, 부정적 성관계보다는 쉬려고 눕는 행위, 곧 게으름으로 이해가 더 좋겠다.

18 Clifford, *Proverbs*, 218.

19 Bruce K. Waltke, *Proverbs 1~15*, New International Commentary on the Old Testament, ed. Robert L. Hubbard Jr. (Grand Rapids: Wm. B. Eerdmans Publishing Company, 2004), 339.

20 William White, "רוּשׁ," 『구약원어신학사전 (하)』, R. 레어드 해리스,

핍을 의미하는 단어입니다. 지각이 없는 사람에서 '없다'가 바로 이 단어입니다.21 먹을 음식이 부족한 상태 또는 먹을 음식이 없는 상황을 빈곤이라고 합니다.22 가난과 빈곤은 다른 단어이지만, 뜻은 같습니다. 사회에서 가장 빈곤한 계층에 있는 상태를 말합니다. 일상생활에서 가장 기본인 먹을거리가 없는 빈곤한 경제 상태를 말합니다.

그런데 오늘 본문에서, 게으르고 나태한 사람에게는 땅도 있고 포도원도 있습니다. 그렇다면 이 사람은 열심히 일하면 평범한 삶 이상을 살 수가 있습니다. 그런데 게으르고 나태해서 사회 공동체에서 가장 빈곤층으로 전락했습니다. 게으름 핀 결과, 가장 하층에서 빌어먹는 사람 처지입니다.

가난이 강도처럼 들이닥치고 빈곤이 방패로 무장한 용사처럼 달려듭니다. "**강도처럼 들이닥친다**"라는 말은 기대하지 않았는데 갑자기 들이친다는 뜻입니다. 스스로 방어할 준비를 하지 않았는데 갑자기 강도가 들이닥치는 것처럼, 가난이 들이닥친다는 뜻이지요.23 그리고 "**방패로 무장한 용사처럼 달려든다**"라는 말은 강력한 힘을 가진 약탈자가 힘으로 밀어붙인다는 뜻입니다.24 강도처럼 아무도 모르게 갑자기 훔치는 행위를 뜻하지 않습니다. 빤히 지켜보고 있는 데도 힘으로 밀어붙여서 빼앗아 가는 행동을 말합니다. 강력한 힘을 가진 약탈자가 힘으로 밀어붙이면, 구원할 사람은 아무도 없습니다.25 그러니 당

글리슨 L. 아쳐 2세, 브루스 K. 월트케 편집, 번역위원회 옮김 (서울: 요단출판사, 1986), 2138.

21 Scott, "חָסֵר," 705.

22 Waltke, *Proverbs 1~15*, 339.

23 Waltke, *Proverbs 1~15*, 340.

24 The NET Bible, Proverbs 24:34, n. 61은 '무장한 용사'가 '강도'와 함께 나란히 쓰여서, '무장한 범죄자'로 보아야 한다고 주장한다.

25 Waltke, *Proverbs 1~15*, 341.

연히 빼앗깁니다. 예상치 못할 때, 가난과 빈곤이 게으르고 나태한 사람에게 세차게 몰아닥칩니다. 그들은 가난과 빈곤에서 도저히 빠져나올 가망이 없습니다. 이것이 바로 게으른 사람 나태한 사람이 직면하는 현실입니다. 이것이 바로 의지적으로 행동하지 않는 사람에게 다가오는 현실입니다.

영적인 빈곤, 영적인 가난도 마찬가지입니다. 조금만 놀고 조금만 쉬고 조금만 자고 나서 주님의 일을 하겠다고 게으름 피울 때, 영적인 가난과 영적인 빈곤은 피할 수 없습니다. 과거에 열심히 섬겼으니까 이제는 쉬어도 된다는 나태함이 들 때, 영적 가난과 빈곤에서 우리는 도저히 벗어날 수 없습니다. 그러므로 더 늦지 않게 어떻게 해서든지 우리는 영적 가난과 영적 빈곤에서 벗어나야 합니다.

결론

우리는 지혜자에게서 어떤 사람이 가난하게 되는지를 배웠습니다. 가난은 게으름 때문에 오기도 하고 나태함 때문에 오기도 합니다. 그러나 모든 가난이 게으르거나 나태해서 오는 건 아닙니다.[26] 열심히 노력하는데도 가진 게 없거나 환경이 뒷받쳐 주지 못해서 오기도 합니다. 하지만 오늘 본문에서 지혜자는 그런 사람에 관하여 이야기하지 않습니다. 가진 게 있고 환경이 뒷받침해 주는데도 게을러서 나태해서 오는 가난을 말합니다. 땅과 소유가 있고 또한 능력도 있어 열심히 하면 되는데, 더 놀고 싶어서, 더 쉬고 싶어서, 더 눕고 싶어서 게으름을 피우는 사람을 대상으로 말합니다. 이런 사람은 가난과 빈곤을 피할 수 없습니다.

---

26 Kathleen A. Farmer, *Proverbs & Ecclesiastes: Who Knows What is Good?*, International Theological Commentary, ed. Fredrick Carlson Holmgren and George A. F. Knight (Grand Rapids: Wm. B. Eerdmans Publishing Company, 1991), 115.

우리는 지혜자가 한 권고를 귀 기울여 듣고 도전받아야 합니다. 하나님은 게으름과 나태함을 경고하십니다. 영적 게으름, 영적 나태함을 경고하십니다. 조금만 더 일찍 일어납시다. 조금만 더 노력합시다. 조금만 더 섬깁시다. 조금만 더 기도하고 전도합시다. 조금만 더 부지런 합시다. 그러면 하나님께서 준비하신 복, 하나님 은혜가 우리에게 반드시 옵니다.

참고자료

Bibliography

◼ 밝힘. 자료마다 저자 이름을 쓰는 양식에 따른다.

주석 · 문법

개릿, 두에인. 『잠언, 전도서, 아가』. 황의무 옮김. The New American Commentary. 서울: 부흥과개혁사, 2019.

롱맨, 트렘퍼, 3세. 『잠언 주석』. 임요한 옮김. 베이커 지혜 문헌 · 시편 주석 시리즈, 트렘퍼 롱맨 3세 편집. 서울: 기독교문서선교회, 2019.

스미스, 리처드 H. 『쌤통의 심리학: 타인의 고통을 즐기는 은밀한 본성에 관하여』. 이영아 옮김. 서울: 현암사, 2015.

월리스, 대니얼. 『월리스 중급 헬라어 문법』. 김한원 옮김. 서울: 한국기독학생회출판부, 2019.

Block, Daniel I. *Judges, Ruth: An Exegetical and Theological Exposition of Holy Scripture*. New American Commentary, ed. E. Ray Clendenen, vol. 6. Nashville, TN: Broadman and Holman Publishers, 1999.

Brown, Francis, S. R. Driver, and Charles Briggs, eds. *A Hebrew and English Lexicon of the Old Testament with an Appendix*

Containing the Biblical Aramaic. Oxford: Clarendon Press, 1906. Reprint, Peabody, MA: Hendrickson Publishers, 1979.

Bush, Frederic. *Ruth, Esther*. Word Biblical Commentary, ed. David A. Hubbard and Glenn W. Barker, vol. 9. Waco, TX: Word Books, 1996.

Clifford, Richard J. *Proverbs*. Old Testament Library, ed. James L. Mays, Carol A. Newsom, and David L. Petersen. Louisville, KY: Westminster John Knox Press, 1999.

Delitzsch, Franz. *Proverbs, Ecclesiastes, Song of Solomon*. Translated by M. G. Easton. 3 vols. in 1 ed. Biblical Commentary on the Old Testament, ed. C. F. Keil and F. Delitzsch, vol. 6. Edinburgh: T. & T. Clark, 1866-1891. Reprint, Peabody, MA: Hendrickson Publishers, 1966.

Farmer, Kathleen A. *Proverbs & Ecclesiastes: Who Knows What is Good?* International Theological Commentary, ed. Fredrick Carlson Holmgren and George A. F. Knight. Grand Rapids: Wm. B. Eerdmans Publishing Company, 1991.

Gesenius, Wilhelm, E. Kautzsch, and A. E. Cowley. *Gesenius' Hebrew Grammar*. 2nd English ed. rev. in accordance with the Twenty-Eighth German ed. (1909) by A. E. Cowley, with a facsimile of the Siloam inscription by J. Euting, and a table of alphabets by M. Lidzbarski. Oxford: Clarendon Press, 1978.

Kidner, Derek. *Proverbs: An Introduction & Commentary*. Tyndale Old Testament Commentaries, ed. D. J. Wiseman, vol. 15. Downers Grove, IL: InterVarsity Press, 1964.

Koptak, Paul E. *Proverbs*. NIV Application Commentary, ed. Terry Muck. Grand Rapids: Zondervan Publishing House, 2003.

Koehler, Ludwig, and Walter Baumgartner. *The Hebrew and Aramaic Lexicon of the Old Testament*. Revised by Walter Baumgartner and Johann Jakob Stamm with assistance from Benedikt

Hartmann et al. Translated and edited under the supervision of M. E. J. Richardson. Vol. 1. Leiden: E. J. Brill, 2001.

Koehler, Ludwig, and Walter Baumgartner. *The Hebrew and Aramaic Lexicon of the Old Testament*. Revised by Walter Baumgartner and Johann Jakob Stamm with assistance from Benedikt Hartmann et al. Translated and edited under the supervision of M. E. J. Richardson. Vol. 2. Leiden: E. J. Brill, 2001.

Longman, Tremper, III. *Proverbs*. Baker Commentary of the Old Testament Wisdom and Psalms, ed. Tremper Longman III. Grand Rapids: Baker Academic, 2006.

Murphy, Roland E. *Proverbs*. Word Biblical Commentary, ed. Bruce M. Metzer, David A. Hubbard, and Glenn W. Barker, vol. 22. Waco, TX: Word Books, 1998.

Pratico, Gary D., and Miles V. Van Pelt. *Basics of Biblical Hebrew Grammar*. Grand Rapids: Zondervan Publishing House, 2001.

Waltke, Bruce K., and M. O'Connor. *An Introduction to Biblical Hebrew Syntax*. Winona Lake, IN: Eisenbrauns, 1990.

Waltke, Bruce K. *Proverbs 1~15*. New International Commentary on the Old Testament, ed. Robert L. Hubbard Jr. Grand Rapids: Wm. B. Eerdmans Publishing Company, 2004.

Waltke, Bruce K. *Proverbs 15~31*. New International Commentary on the Old Testament, ed. Robert L. Hubbard Jr. Grand Rapids: Wm. B. Eerdmans Publishing Company, 2005.

Whybray, R. N. *Proverbs*. New Century Bible Commentary, ed. Ronald E. Clements. Grand Rapids: Wm. B. Eerdmans Publishing Company, 1995.

The NET Bible. In Bible Works 7.

Theological Wordbook of the Old Testament (*TWOT*) ∥ 『구약원어 신학사전』

Theological Wordbook of the Old Testament. Edited by R. Laird Harris, Gleason L. Archer Jr., and Bruce K. Waltke. 3 vols. Chicago: Moody Press, 1980. ∥『구약원어신학사전』. 레어드 해리스, 글리슨 L. 아쳐 2세, 브루스 K. 월트케 편집. 3권. 번역위원회 옮김. 서울: 요단출판사, 1986.

Alden, Robert L. "אָוָה II." In *TWOT*, 1:18 (40). ∥『구약원어신학사전』, 상:21~22 (40).

Alden, Robert L. "אוֹי." In *TWOT*, 1:19 (42). ∥『구약원어신학사전』, 상: 22 (42).

Alexander, Ralph H. "יָגַע." In *TWOT*, 1:361~62 (842). ∥『구약원어신학사전』, 상:449 (842).

Allen, Ronald B. "עָמָל." In *TWOT*, 2:675 (1639). ∥『구약원어신학사전』, 하: 841 (1639).

Allen, Ronald B. "עָרַב." In *TWOT*, 2:693~94 (1686). ∥『구약원어신학사전』, 하:866~67 (1686).

Austel, Hermann J. "שָׁמַע." In *TWOT*, 2:938~39 (2412). ∥『구약원어신학사전』, 하:1173~74 (2412).

Austel, Hermann J. "שַׁעַר." In *TWOT*, 2:945~46 (2437). ∥『구약원어신학사전』, 하:1182 (2437).

Bowling, Andrew. "טוֹב." In *TWOT*, 1:345~46. ∥『구약원어신학사전』, 상: 429~31.

Bowling, Andrew. "לָבַב." In *TWOT*, 1:466~67 (1071). ∥『구약원어신학사전』, 상:577~78 (1071).

Bowling, Andrew. "רוּם." In *TWOT*, 1:837~39 (2133). ∥ 『구약원어신학사전』, 하:1048~50 (2133).

Bowling, Andrew. "מַלְאָכָה." 『구약원어신학사전』, 하:575~76 (1068b).

Carr, G. Lloyd. "מָסָךְ." In *TWOT*, 1:516 (1220). ∥ 『구약원어신학사전』, 상:641~42 (1220).

Cohen, Gary G. "שִׂיחַ." In *TWOT*, 2:875~76 (2255). ∥ 『구약원어신학사전』, 하:1095~96 (2255).

Coppes, Leonard J. "אָדַם." In *TWOT*, 1:10~11 (25). ∥ 『구약원어신학사전』, 상:11~13 (25).

Coppes, Leonard J. "דָּלַל." In *TWOT*, 1:190 (433). ∥ 『구약원어신학사전』, 상:236 (433).

Coppes, Leonard J. "חָשַׁךְ." In *TWOT*, 1:329 (765). ∥ 『구약원어신학사전』, 상:413 (765).

Coppes, Leonard J. "נָוָה." In *TWOT*, 2:561~62 (1322). ∥ 『구약원어신학사전』, 하:698~99 (1322).

Coppes, Leonard J. "נוּר." In *TWOT*, 2:565~66 (1333). ∥ 『구약원어신학사전』, 상:704~5 (1333).

Coppes, Leonard J. "קָנָא." In *TWOT*, 2:802~3 (2038). ∥ 『구약원어신학사전』, 하:1002~3 (2038).

Coppes, Leonard J. "קָנָה." In *TWOT*, 2:803~4 (2039). ∥ 『구약원어신학사전』, 하:1003~5 (2039).

Coppes, Leonard J. "קָרַע." In *TWOT*, 2:816 (2074). ∥ 『구약원어신학사전』, 하:1020~21 (2074).

Culver, Robert D. "רִיב." 『구약원어신학사전』, 하:1057~59 (2159).

Feinberg, Charles L. "אָמֵץ." In *TWOT*, 1:53~54 (117). ‖ 『구약원어신학사전』, 상:66~67 (117).

Feinberg, Charles L. "אָמַר." In *TWOT*, 1:54~55 (118). ‖ 『구약원어신학사전』, 상:67~69 (118).

Fisher, Milton C. "נַעַר." In *TWOT*, 2:585~86 (1389). ‖ 『구약원어신학사전』, 하:729~30 (1389).

Fisher, Milton C. "נָפַל I." In *TWOT*, 2:586~87 (1392). ‖ 『구약원어신학사전』, 하:730~31 (1392).

Fisher, Milton C. "נָצַל." *TWOT*, 2:594 (1407). ‖ 『구약원어신학사전』, 하:739~40 (1407).

Fisher, Milton C. "נָשַׁק." 『구약원어신학사전』, 하:754~55 (1435).

Gilchrist, Paul R. "יָסַר." In *TWOT*, 1:386~87 (877). ‖ 『구약원어신학사전』, 상:480~81 (877).

Gilchrist, Paul R. "יָעַץ." In *TWOT*, 1:390~91 (887). ‖ 『구약원어신학사전』, 상:484~85 (887).

Goldberg, Louis. "אוּל." In *TWOT*, 1:19~20 (44). ‖ 『구약원어신학사전』, 상:22~24 (44).

Goldberg, Louis. "בָּגַד." In *TWOT*, 1:89~90 (198). ‖ 『구약원어신학사전』, 상:110~11 (198).

Goldberg, Louis. "בִּין." In *TWOT*, 1:103~4 (239). ‖ 『구약원어신학사전』, 상:128~30 (239).

Goldberg, Louis. "בַּיִת." In *TWOT*, 1:105~7 (241). ‖ 『구약원어신학사전』, 상:130~33 (241).

Goldberg, Louis. "חָכַם." In *TWOT*, 1:282~84 (647). ‖ 『구약원어신학사전』, 상:354~56 (647).

Goldberg, Louis. "כָּסַל." In *TWOT*, 1:449~50 (1011). ‖ 『구약원어신학사전』, 상:555~56 (1011).

Goldberg, Louis. "פָּתָה." 『구약원어신학사전』, 하:927~28 (1853).

Hamilton, Victor P. "אָרַב." In *TWOT*, 1:68~69 (156). ‖ 『구약원어신학사전』, 상:84~85 (156).

Hamilton, Victor P. "אָשֵׁר." In *TWOT*, 1:80~82 (183). ‖ 『구약원어신학사전』, 상:98-100 (183).

Hamilton, Victor P. "נָבֵל." In *TWOT*, 1:146~47 (307). ‖ 『구약원어신학사전』, 상:181~82.

Hamilton, Victor P. "הֵ." In *TWOT*, 1:204 (460). ‖ 『구약원어신학사전』, 상:254 (460).

Hamilton, Victor P. "הָיָה." In *TWOT*, 1:213~14 (491). ‖ 『구약원어신학사전』, 상:266~68 (491).

Hamilton, Victor P. "הָפַךְ." In *TWOT*, 1:221-22 (512). ‖ 『구약원어신학사전』, 상:276~77 (512).

Hamilton, Victor P. "מָצָא." In *TWOT*, 1:521 (1231). ‖ 『구약원어신학사전』, 상:647~48 (1231).

Hamilton, Victor P. "מָתַק." In *TWOT*, 1:537~38 (1268). ‖ 『구약원어신학사전』, 상:669~70 (1268).

Hamilton, Victor P. "פָּתַח." In *TWOT*, 2:743~44 (1854). ‖ 『구약원어신학사전』, 하:928~29 (1854).

Hamilton, Victor P. "פָּעַל." 『구약원어신학사전』, 하:912 (1792).

Hamilton, Victor P. "שָׁדַד." In *TWOT*, 2:906 (2331). ‖ 『구약원어신학사전』, 하:1132~33 (2331).

Hamilton, Victor P. "שָׁכַב." In *TWOT*, 2:921~22 (2381). ‖ 『구약원어신학사전』, 하:1151~52 (2381).

Haris, R. Laird. "אָחַר." In *TWOT*, 1:33~34 (68). ‖ 『구약원어신학사전』, 상:40~42 (68).

Harris, R. Laird. "כָּשַׁל." In *TWOT*, 1:457~58 (1050). ‖ 『구약원어신학사전』, 상:566 (1050).

Harris, R. Laird. "נוּם." In *TWOT*, 2:563 (1325). ‖ 『구약원어신학사전』, 하:701 (1325).

Haris, R. Laird. "שָׁאַל." In *TWOT*, 2:891~93 (2303). ‖ 『구약원어신학사전』, 하:1114~17 (2303).

Hartley, John E. "יָשַׁע." In *TWOT*, 1:414~16 (929). ‖ 『구약원어신학사전』, 하:514~16 (929).

Hartley, John E. "צָרַר I." In *TWOT*, 2:778~79 (1973). ‖ 『구약원어신학사전』, 하:971~72 (1973).

Hartley, John E. "צָרַר II." 『구약원어신학사전』, 하:972~73 (1974).

Hartley, John E. "קָוָה I." In *TWOT*, 2:791~92 (1994). ‖ 『구약원어신학사전』, 하:987~88 (1994).

Hartley, John E. "שׂדה." In *TWOT*, 2:871 (2236). ‖ 『구약원어신학사전』, 하:1090 (2236).

Kaiser, Walter C. "לָחַם I." In *TWOT*, 1:476~77 (1104). ‖ 『구약원어신학사전』, 상:589~90 (1104).

Kaiser, Walter C. "לִיץ." In *TWOT*, 1:479 (1113). ‖ 『구약원어신학사전』, 상:593~94 (1113).

Kaiser, Walter C. "לָקַח." In *TWOT*, 1:481~82 (1124). ‖ 『구약원어신학사전』, 상:596~98 (1124).

Kaiser, Walter C. "מוֹט." In *TWOT*, 1:493~94 (1158). ∥『구약원어신학사전』, 상:611~13 (1158).

Kaiser, Walter C. "נָצַר II." In *TWOT*, 2:594~95 (1407). ∥『구약원어신학사전』, 하:740~41 (1407).

Kalland, Earl S. "דָּבַר." In *TWOT*, 1:178~81 (399). ∥『구약원어신학사전』, 상:221~25 (399).

Kalland, Earl S. "דְּבַשׁ." In *TWOT*, 1:181~82 (400). ∥『구약원어신학사전』, 상:225 (400).

Kalland, Earl S. "מָלַל I." In *TWOT*, 1:510~11 (1201). ∥『구약원어신학사전』, 상:633~34 (1201).

Lewis, Jack P. "בְּאֵר." In *TWOT*, 1:87~88 (194). ∥『구약원어신학사전』, 상:107~09 (194).

Lewis, Jack P. "גִּיל." In *TWOT*, 1:159 (346). ∥『구약원어신학사전』, 상:196~97 (346).

Lewis, Jack P. "דַּעַת." In *TWOT*, 1:366~67 (848c). ∥『구약원어신학사전』, 상:454~56 (848c).

Livingston, G. Herbert. "חָטָא." In *TWOT*, 1:277~79 (638). ∥『구약원어신학사전』, 상:347~50 (638).

Livingston, G. Herbert. "רָעַע I." In TWOT 2:854~56 (2191). ∥『구약원어신학사전』 하:1069~73 (2191).

Livingston, G. Herbert. "רָשַׁע." In *TWOT*, 2:863~64 (2222). ∥『구약원어신학사전』, 하:1080~83 (2222).

Martens, Elmer A. "בּוֹא." In *TWOT*, 1:93~95 (212). ∥『구약원어신학사전』, 상:116~18 (212).

Mccomiskey, Thomas E. "אָיַב." In *TWOT*, 1:36~37 (78). ‖ 『구약원어신학사전』, 상:44~45 (78).

Mccomiskey, Thomas E. "אִישׁ." In *TWOT*, 1:38~39 (83). ‖ 『구약원어신학사전』, 상:47~48 (83).

Mccomiskey, Thomas E. "אָנַשׁ I." In *TWOT*, 1:58~59 (135). ‖ 『구약원어신학사전』, 상:73 (135).

Mccomiskey, Thomas E. "אנשׁ II." In *TWOT*, 1:59 (136). ‖ 『구약원어신학사전』, 상:73~74 (136).

Mccomiskey, Thomas E. "אנשׁ III." 『구약원어신학사전』, 상:74~75 (137).

Mccomiskey, Thomas E. "עָשָׂה." 『구약원어신학사전』, 하:876~78 (1708).

Oswalt, John N. "גָּבַר." In *TWOT*, 1:148~49. ‖ 『구약원어신학사전』, 상:183~84.

Oswalt, John N. "כּוּן." In *TWOT*, 1:433~34 (964). ‖ 『구약원어신학사전』, 상:534~35 (964).

Oswalt, John N. "כהה." In *TWOT*, 1:436~37 (973). ‖ 『구약원어신학사전』, 상:531 (957).

Oswalt, John N. "כְּלָיָה." In *TWOT*, 1:440~41 (983a). ‖ 『구약원어신학사전』, 상:543~44 (983a).

Patterson, R. D. "סָבָא." In *TWOT*, 2:615 (1455). ‖ 『구약원어신학사전』, 하:765 (1455).

Patterson, R. D. "סוג I." In *TWOT*, 2:619 (1469). ‖ 『구약원어신학사전』, 하:770 (1469).

Schultz, Carl. "עוּף I." In *TWOT*, 2:654~55 (1582). ‖ 『구약원어신학사전』, 하:813~14 (1582).

Schultz, Carl. "עָזַז." In *TWOT*, 2:659~60 (1596). ‖ 『구약원어신학사전』, 하:820~21 (1596).

Schultz, Carl. "עַיִן I." In *TWOT*, 2:662~63 (1612a). ‖ 『구약원어신학사전』, 하:824~25 (1612a).

Schultz, Carl. "עַיִן II." 『구약원어신학사전』, 하:825 (1613).

Schultz, Carl. "עָלַז." In *TWOT*, 2:670 (1625). ‖ 『구약원어신학사전』, 하:834 (1625).

Schultz, Carl. "עוּד." 『구약원어신학사전』, 하:806~08 (1576).

Scott, Jack B. "אַיִן." In *TWOT*, 1:37~38 (81). 『구약원어신학사전』, 상:46 (81).

Smick, Elmer B. "כָּרַת." In *TWOT*, 1:456~57 (1048). ‖ 『구약원어신학사전』, 상:565~66 (1048).

Smick, Elmer B "גָּזַל." In *TWOT*, 1:157~58 (337). ‖ 『구약원어신학사전』, 상:194 (337).

Stigers, Harold G. "צָדֵק." In *TWOT*, 2:752~755 (1879). ‖ 『구약원어신학사전』, 하:939~42 (1879).

Van Groningen, Gerard. "חָבַל V." In *TWOT*, 1:259 (596). ‖ 『구약원어신학사전』, 상:322~23 (596).

Waltke, Bruce K. "בָּזָה." In *TWOT*, 1:98~99 (224). ‖ 『구약원어신학사전』, 상:122 (224).

Waltke, Bruce K. "בָּנָה." In *TWOT*, 1:116~18 (255). ‖ 『구약원어신학사전』, 상:145~47 (255).

Waltke, Bruce K. "בַּעַל." In *TWOT*, 1:119~20 (262). ‖ 『구약원어신학사전』, 상:148~150 (262).

Waltke, Bruce K. "נֶפֶשׁ." In *TWOT*, 2:587~91 (1395a). ∥ 『구약원어신학사전』, 하:731~36 (1395a).

Waltke, Bruce K. "שָׂמַח." In *TWOT*, 2:879 (2268). ∥ 『구약원어신학사전』, 하:1099~100 (2268).

Waltke, Bruce K. "שבט." In *TWOT*, 2:897 (2314). ∥ 『구약원어신학사전』, 하:1121~22 (2314).

Waltke, Bruce K. "תָּכַן." In *TWOT*, 2:970 (2511). ∥ 『구약원어신학사전』, 하:1213 (2511).

White, William. "רְאֵם." In *TWOT*, 1:825 (2096). ∥ 『구약원어신학사전』, 상:1032 (2096).

White, William. "רָבַץ." In *TWOT*, 2:830 (2109). ∥ 『구약원어신학사전』, 하:1038 (2109).

White, William. "רָפָה." In *TWOT*, 2:858~59 (2198). ∥ 『구약원어신학사전』, 하:1074~76 (2198).

Wilson, Marvin R. . "נָכַר." In *TWOT*, 2:579~80 (1368). ∥ 『구약원어신학사전』, 하:721~23 (1368).

Wilson, Marvin R. . "נָעֵם." In *TWOT*, 2:585 (1384). ∥ 『구약원어신학사전』, 하:728 (1384).

Wilson, Marvin R. "נָכֹחַ." 『구약원어신학사전』, 하:720~21 (1365a).

Wiseman, Donald J. "יָשַׁר." In *TWOT*, 1:417~18 (930). ∥ 『구약원어신학사전』, 상:516~19 (930).

Wolf, Herbert. "דֶּרֶךְ." In *TWOT*, 1:196~97 (453). ∥ 『구약원어신학사전』, 상:244~46 (453).

Wolf, Herbert. "הָגָה." In *TWOT*, 1:205 (467). ∥ 『구약원어신학사전』, 상:256 (467).

Wolf, Herbert. "הָנֵה II." 『구약원어신학사전』, 상:256~57 (468).

Wolf, Herbert. "זָמַם." In *TWOT*, 1:244~45 (556). ‖ 『구약원어신학사전』, 상:303 (556).

Wood, Leon J. "זָלַל." In *TWOT*, 1:244 (554). ‖ 『구약원어신학사전』, 상:302~03 (554).

Wood, Leon J. "זָנָה." In *TWOT*, 1:246~47 (563). ‖ 『구약원어신학사전』, 상:305~06 (563).

Wood, Leon J. "זָעַם." In *TWOT*, 1:247 (568). ‖ 『구약원어신학사전』, 상:307 (568).

Wood, Leon J. "חָרָה." In *TWOT*, 1:322 (736). ‖ 『구약원어신학사전』, 상:403~04 (736).

Wood, Leon J. "חָשַׁב." In *TWOT*, 1:329~30 (767). ‖ 『구약원어신학사전』, 상:413~14 (767).

Yamauchi, Edwin. "חָדַל I." In *TWOT*, 1:264~65. ‖ 『구약원어신학사전』, 상:329~30 (609).

Yamauchi, Edwin. "חָדַל II." 『구약원어신학사전』, 상:330 (610).

Yamauchi, Edwin. "חָנַן." 『구약원어신학사전』, 상:378~81 (694).

Youngblood, R. F. "תּוֹעֵבָה." In *TWOT*, 2:976~77 (2530a). ‖ 『구약원어신학사전』, 하:1221~22 (2530a).

Theological Dictionary of the Old Testament (*TDOT*)

Theological Dictionary of the Old Testament. Edited by G. Johannes Botterweck, Helmer Ringgren, and Heinz-Josef Fabry. Translated by David E. Green. 15 Vols. Grand Rapids:

Wm. B. Eerdmans Publishing Company, 1974.

Cazelles, Henri. "אֱוִיל." In *TDOT*, 1:137~40.

Hasel, G. F. "יָנַע." In *TDOT*, 5:385~93.

Jepsen, A. "חָזָה." In *TDOT*, 4:280~90.

López, García. "שָׁמַע." In *TDOT*, 15:279~305.

Maass, Fritz. "אָדָם." In *TDOT*, 1:75~87.

Ottosson, Mshnud. "גְּבוּל." In *TDOT*, 2:361~66.

Schüpphaus, J. "גָּזַל; גָּזֵל; גֶּזֶל; גְּזֵלָה." In *TDOT*, 2:456~58.

The New International Dictionary of Old Testament Theology and Exegesis (*NIDOTTE*)

The New International Dictionary of Old Testament Theology and Exegesis. Edited by Willem A. VanGemeren. 5 vols. Grand Rapids: Zondervan Publishing House, 1997.

Hamilton, Victor P. "נטה." In *NIDOTTE*, 3:91~93.

Matties, Gordon H. "גבל." In *NIDOTTE*, 1:802~4.

Tomasino, Anthony. "מהר." In *NIDOTTE*, 2:857~59.